LAROUSSE du Chat

LAROUSSE du Chat

COMPORTEMENT • SOINS • RACES

Sous la direction du
Dr ROUSSELET-BLANC

LAROUSSE

21 Rue du Montparnasse 75283 Paris cedex 06

Cet ouvrage a été établi sous la direction du docteur **Pierre Rousselet-Blanc**
avec le concours des personnalités suivantes :

Bérengère Bienfait, journaliste
Philippe Bossé, maître de conférence, service de zootechnie, École nationale vétérinaire d'Alfort
Anne Caron, docteur vétérinaire
François Moutou, docteur vétérinaire, chercheur au Centre national d'études vétérinaires et alimentaires, École nationale vétérinaire d'Alfort, membre du comité scientifique du W.W.F. – France
Patrick Pageat, docteur vétérinaire, éthologue
Germaine Petter, directeur de recherches au C.N.R.S.
Christiane Sacase, journaliste
Michel Thérin, docteur vétérinaire
Roger Wolter, professeur de nutrition

Direction éditoriale
Laure Flavigny, Édith Ybert, Tatiana Delesalle-Féat, Jeanne Videau

Consultante
Christiane Sacase

Lecture-correction
Annick Valade, assistée de Chantal Barbot et Ghislaine Malandin

Direction artistique
Emmanuel Chaspoul, assisté de Jacqueline Bloch et Sophie Compagne

Iconographie
Nathalie Bocher-Lenoir, Christian Limouzy, Anne-Marie Moyse-Jaubert, Marie-Annick Réveillon

Conception graphique
Maxence Sherf

Mise en pages
Studio Primart

Illustrations
Joël Blanc (pages 100,101,136,152,183, 233)
Charles Jaillard (pages 19, 92, 93, 94, 96, 97, 98, 99, 204, 206, 210, 211, 212, 213, 215, 216)

Fabrication
Annie Botrel

Index
Thomas Winock

Distributeur exclusif au Canada :
Messageries ADP, 1751 Richardson, Montréal (Québec)

ISBN 2-03-517429-5

Préface

Comme elle nous paraît lointaine, cette image du chat véhiculée par Buffon, témoin de siècles de relatif mépris ! Non, le chat n'est plus pour nous ce « domestique infidèle qui se sert de nous par commodité ». Il n'est plus le fourbe, le voleur hypocrite à la griffe rapide. S'il est entré dans notre maison par la petite porte, il a su trouver sa place au salon ; ce petit « tigre d'appartement » est désormais bien ancré dans notre vie quotidienne et dans notre cœur.

En nombre, il est près d'éclipser le chien. Qu'ils adoptent des chats de gouttière ou qu'ils assouvissent leur passion de collectionneurs de chats de race, ses inconditionnels sont de plus en plus nombreux. D'évidence, le chat est un animal de compagnie qui sait se plier aux contraintes de notre temps. Il est peu encombrant, sa propreté est légendaire, sa présence impose moins de servitudes à ses maîtres que celle du chien et sa beauté comble les esthètes les plus exigeants.

Ses formes, la souplesse et la grâce de ses mouvements, l'acuité de son regard, mais aussi sa tendresse et la force de son attachement sont propres à séduire. Porteur de mystère, il ravit tous ceux qui sont attentifs aux correspondances ésotériques qui enrichissent le monde sensible. Jouant à volonté du caractère malléable de son patrimoine génétique, les éleveurs ont créé de pures merveilles d'harmonie et d'élégance. Jugez-en à la lecture de cet ouvrage où sont recensées plus de 35 races et leurs multiples variétés. Pour la petite histoire, apprenez que l'on ne connaissait que huit races de chats en 1900 ! Que de chemin parcouru...

Nous avons voulu également faire le point sur tous les progrès accomplis dans les domaines de la médecine, de la nutrition, de la psychologie et du comportement du chat. Car le chat, s'il remplit pleinement son rôle d'animal de compagnie, est aussi un patient de choix pour les vétérinaires : des revues, des congrès, des travaux scientifiques importants lui sont consacrés. Jusqu'au législateur qui se penche sur son cas, et veille à sa protection, aux conditions de sa vente, à son identification...

Le *Larousse du chat* réunit les meilleurs auteurs pour vous informer sur l'histoire de ce gentil félin, sa vie au quotidien, son comportement, les soins qu'il requiert... Il a l'ambition de vous offrir l'ensemble des connaissances disponibles à ce jour pour que la cohabitation avec lui vous soit le plus heureuse possible.

TABLE DES MATIÈRES

CHAPITRE 1

Le chat hier et aujourd'hui

Le chat dans l'histoire

Vénéré comme un dieu en Égypte ancienne, brûlé sur le bûcher au Moyen Âge, le chat a subi les passions contradictoires des hommes, sans cesser de poser sur eux la même prunelle énigmatique et sereine. À la fois proche et distant, ce chasseur de rats est devenu l'âme de nos foyers. Il nous fascine et n'a jamais cessé d'inspirer les poètes, les peintres, les sculpteurs et les musiciens.

Petite histoire du domestique infidèle

Seul animal qui ait réussi à domestiquer l'homme, le chat entretient avec lui une grande intimité, ce qui amena le romancier français Théophile Gautier à le décrire, au XIXe siècle, comme « une bête philosophique, ami de l'ordre et de la propreté, (qui) veut bien être votre ami mais non pas votre esclave ». Indépendance, réserve, pudeur, dignité sont des caractéristiques de ce petit félin qui est, en outre, un chasseur intrépide. Moins communicatif que le chien, mais aimant et fidèle comme lui, il sait exprimer ses états d'âme et reconnaître son maître. L'histoire du chat demeure une énigme : d'où vient-il ? Depuis quand partage-t-il la maison des hommes ? Pourquoi l'Occident l'a-t-il si mal accepté et si indignement traité jusqu'à l'époque moderne ? Et, tout d'abord, d'où vient son nom ?

Il viendrait d'Afrique où il se nomme *kadista* en nubien. Les Grecs l'appellent *kattos* ou *katta*, les Latins *catus*, d'où viennent *gato* en espagnol, *gatto* en italien, *cat* en anglais, *Katze* en allemand, *kot* en polonais et *chat* en français.

Quand à *Pussy*, c'est la transcription – à l'anglaise – de *Pascht* ou *Bastet*, déesse-chatte de l'Égypte ancienne.

La déesse Bastet
Dans l'Égypte ancienne, la chatte devient l'attribut de la déesse Bastet. Fille du dieu soleil Râ, cette divinité bénéfique favorisait les naissances heureuses et protégeait la famille.

Une histoire qui commence en Égypte

Dans l'Antiquité égyptienne (de 4 000 avant J.-C. à 100 avant J.-C. environ), le chat connut son heure de gloire, car il tuait les rats, grands dévoreurs de grains, et chassait les serpents, nombreux sur les bords du Nil. On l'admirait pour sa beauté et on le craignait pour ses qualités « magiques », qui n'étaient autres que la propriété de ses pupilles de se rétracter à la lumière de la Lune et du Soleil. La chatte a été identifiée à Bastet, déesse de la Fécondité. Le chat était si bien vénéré par les Égyptiens qu'à sa mort, toute la famille se rasait les sourcils en signe de deuil ; en cas d'incendie, on sauvait d'abord le chat tutélaire et, s'il périssait brûlé, la famille survivante se salissait de suie et battait sa coulpe par les rues de la ville. Tuer un chat, même involontairement, était un crime qui était le plus souvent puni de mort : le coupable était lapidé par le peuple.

***Athéniens tenant un chat* (Marbre grec 510 av. J.-C.)**
Chez les Grecs anciens, le chat est déjà un animal familier, mais peu répandu. Ses représentations sont rares.

Un demi-dieu désacralisé dans le monde gréco-romain

Exportés frauduleusement d'Égypte par des marchands phéniciens, les chats domestiques se répandirent peu à peu dans tous les pays de la Méditerranée. En Grèce, où la fouine tenait déjà le rôle

du chat et protégeait les récoltes des rongeurs, l'accueil fut mitigé : « Vous vous lamentez sur un chat malade, dit le poète grec Anexandrid à un Égyptien, moi, je l'achèverais pour en avoir la peau ! » Un socle de statue, daté de 480 avant J.-C., montre des jeunes Grecs excitant un chien contre un chat. Sans adorer le chat, comme les Égyptiens, les Grecs se contentèrent de l'adopter comme un animal dont ils ne reconnurent pas les dons de chasseur. Rome assimila en revanche et le compagnon et le chasseur de rats et Bastet, la déesse.

En 392, alors que l'esprit romain avait fait fusionner les cultes de Bastet et de Diane, l'interdiction des cultes païens par l'empereur chrétien Théodose fut à l'origine d'une subite méfiance à l'égard du chat, méfiance qui allait persister des siècles durant…

Le chat en Asie

La Chine connut le chat dès la dynastie des Han, il y a 3000 ans environ, donc peu après l'Égypte. Animal de compagnie plutôt réservé aux femmes, on lui prêta parfois le pouvoir d'attirer le mauvais sort et, paradoxalement, d'éloigner les démons grâce à ses yeux brillant la nuit. Li-Show, divinité agreste, avait même, dit-on, l'apparence d'un chat. C'est au VIe siècle après J.-C. que le chat parvint au Japon, mais il n'y fut réellement introduit qu'en l'an 999, pour le treizième anniversaire de l'empereur Ichijo. Tantôt bénéfique, avec son pelage en écaille-de-tortue porte-bonheur, tantôt maléfique avec sa queue fourchue, le chat connut un si grand succès au Japon qu'une loi du XVIIIe siècle interdit d'enfermer les chats adultes et d'en faire commerce. Tout comme l'Égypte, l'Inde a honoré le chat et a donné à la déesse de la Fécondité Sasti l'apparence d'une chatte. Peut-être faut-il y voir la version indienne de l'Égyptienne Bastet.

L'Europe médiévale « diabolise » le chat

L'Europe du bas Moyen Âge ne fut pas hostile au chat qui, par ses talents de chasseur, s'attirait la sympathie des paysans. Faisant fi du jugement de l'Église qui considérait l'animal comme une créature démoniaque, couvents et monastères s'en servaient contre les rongeurs de tout poil, et plus d'un saint médiéval appréciait son amitié. Hélas ! le renouveau des cultes païens, après la peste noire et ses ravages (25 millions de morts en vingt ans), vers le milieu du XIVe siècle, signa la perte du petit félin, associé désormais aux cultes « infernaux ». L'Inquisition, avec le pape Innocent VIII et son édit de 1484, trouva normal de sacrifier des chats à l'occasion des fêtes populaires. Et ce fut le début d'une longue période de persécution.

Gravure des *Caprices* de Goya (1746-1828)
Dans ce recueil de 80 gravures, des chats démoniaques font partie intégrante de l'univers de la magie noire.

Brûlé avec les sorcières

Contrairement aux chiens, vaches, cochons, etc. qui passèrent devant les tribunaux, le chat n'était pas jugé mais condamné en même temps que son maître, sorcier ou sorcière, et brûlé vif sur la place publique, pour la plus grande joie des badauds. Il faudra attendre le règne de Louis XIV pour que cessent ces mauvais traitements.

Une réhabilitation tardive

De nombreux foyers accueillirent néanmoins le chat durant cette période sombre. Mais ce n'est qu'au XVIIe siècle qu'il est mentionné comme ani-

Huile sur toile de David Teniers le Jeune (1610-1690)
Ce peintre flamand, célèbre pour ses représentations de scènes populaires, place le chat familier au centre de la l'œuvre, symbolisant ainsi l'ascension de ce chasseur de rats, devenu l'hôte privilégié de la ferme familiale.

mal familier dans des textes. Le fabuliste Jean de La Fontaine comme le peintre François Desportes nous montrent un animal apprécié pour son élégance, sa drôlerie, mais que sa ruse, sa fausse modestie et son efficacité de chasseur font craindre autant que son cousin le renard, autre héros privilégié des célèbres *Fables*.

Illustration de Tenniel pour *Alice au pays des merveilles* (1865)
Le chat du Cheshire, au sourire énigmatique, croise souvent le chemin d'Alice.

Du XVIIIe siècle à nos jours

Lorsque enfin le vent tourna, les persécutions avaient été bien près de décimer l'espèce. Puis, le rat brun, nouveau venu en Europe, y apporta la peste. Et voilà le chat réhabilité, à tel point que le premier matou vendu au Paraguay en 1750 fut échangé contre une livre d'or en barre ! Les chats prirent alors du service dans les magasins, les bureaux, les entrepôts, les fermes, et sur les vaisseaux. Certaines compagnies d'assurances exigeaient que les cargos soient dûment surveillés par un contingent de matous et de chattes à chaque voyage ! Au milieu du XIXe siècle, le chat fut définitivement établi dans les foyers, tandis que le chien se vit relégué à la niche.

Le chat dans tous ses états

Les écrivains, les peintres et les musiciens sont nombreux à aimer les chats et il n'est pas un domaine de la culture qui n'ait rendu hommage à la séduction à deux visages du petit félin.

Le chat, personnage littéraire

Dès le Moyen Âge, le chat apparaît dans les bestiaires satiriques ou moralisateurs, décrivant des mœurs qui sont loin d'être bonnes. Ainsi, le chat Tibert du *Roman de Renart* est cruel et fourbe. Au cours des trois siècles suivants, le chat s'impose dans la littérature universelle. Jean de La Fontaine (1621-1695) donne au chat ses lettres de noblesse dans des fables aussi sages qu'inoubliables, où s'accomplit une osmose entre la nature du chat et la nature humaine. Du *Chat botté* de Charles Perrault (1697) aux *Peines de cœur d'une chatte anglaise* de Balzac (1799-1850), le chat poursuit sa carrière littéraire avec quelques éclipses aussi énigmatiques que celle du chat du Cheshire, dans *Alice au pays des merveilles* (1865) de Lewis Carroll. Nombreuses sont les œuvres des XIXe et XXe siècles qui continuent à donner au chat la place d'honneur. Comme *le Chat noir* d'Edgar Poe (1809-1849) ou « le Chat qui s'en va tout seul », dans *Histoires comme ça pour les petits*, de Rudyard Kipling en 1902, *le Chat sous la pluie* d'Ernest Hemingway (1898-1960) et, bien sûr, les romans de Colette, amoureuse des chats s'il en fut, dont *la Chatte* paraît en 1933.

Aujourd'hui, avec *Sa Majesté le chat* de Louis Nucera, *les Chats de Venise* de Robert de Laroche ou *le Chat dans tous ses états* de Jean-Louis Hüe, l'histoire d'amour des écrivains et du petit félin continue.

La poésie, elle aussi, a honoré les chats avec Baudelaire surtout, qui sut si bien célébrer ces animaux « puissants et doux, orgueil de la maison, aux beaux yeux, mêlés de métal et d'agathe » et dont la voix « endort les plus cruels maux et contient toutes les extases ».

La romancière française Colette (1875-1954) et son chat
Kiki la Doucette partagea avec Toby Chien la première place dans le cœur de l'écrivain.

Acteur de cinéma et héros de dessins animés

Dès la création du cinéma, à la fin du XIXe siècle, le chat devint la star des contes de fées portés à l'écran (*la Chatte blanche, le Chat botté*) par les frères Lumière. La bande dessinée, surtout américaine, prit le relais avec *Krazy Kat* (1913) de George Herriman, *Pat Hibulaire* de Walt Disney et, aujourd'hui, *Garfield* de Jim Davis. Transfuges des dessins animés, quelques héros sont passés à la bande dessinée, parmi lesquels le plus célèbre entre les deux guerres, *Félix le Chat* (1920) d'Otto Messmer et Pat Sullivan. Il faut citer aussi *Tom et Jerry* (1940) de Joe Barbera et William Hanna, *Sylvestre et Titi* des studios Gaumont et *les Aristochats* (1970) des studios Disney. Les chats de dessins animés réservés aux enfants faisaient aussi la joie des grands qui, au début des années 1970, se réservèrent celui de *Fritz the Cat*, de Robert Crumb, symbole de la dégénérescence et du vice.

***Fritz the Cat* fait du cinéma (1970)**
Star de la BD underground américaine, ce chat « disjoncté » symbolise les G.I. traumatisés par la guerre du Viêt-nam.

Des chats en chair et en os apparurent aussi dans des films. D'abord Pomponnette, le double de l'épouse infidèle du boulanger (1938) de Marcel Pagnol. Honteuse de sa fugue amoureuse face au « pauvre Pompon », peut-être, mais se moquant ouvertement du boulanger trompé... Plus tard, *Un jour un chat*, du Tchécoslovaque Voitech Wasny, en 1963, reprend le mythe du chat magicien qui voit les humains sous la couleur de leurs qualités et de leurs défauts: les sincères en bleu, les hypocrites en violet, etc. *Kati et le Chat sauvage* d'Agoston Kollanyi, en 1955, est un chef-d'œuvre du genre fantastique. *L'Incroyable Randonnée*, des studios Disney, en 1963, met en scène les aventures d'un Siamois à la recherche de ses maîtres. L'inimitable *Espion aux pattes de velours* (1965) montre un chat siamois, devenu malgré lui agent secret, à la recherche d'un voleur de saumon. Avec son souci de vérité, de réalisme, mais aussi sa capacité à nous plonger dans des univers oniriques, le cinéma n'a pas trahi sa vocation: réels ou animés, câlins, rusés, astucieux et toujours énigmatiques, ses chats sont bel et bien passés à la postérité.

Âme de la musique et de la chanson

Le chat est le héros sans partage d'un grand nombre de comptines, poèmes et chansons qui font alterner l'humour et la tendresse: *le Chat de la mère Michel*, *Trois Petits Minous*, *Brave Margot*, *le P'tit Bout de la queue du chat*, pour ne citer que les plus connus. Les grands musiciens ont eux aussi rendu hommage au chat. Ainsi, Chopin (1810-1848) composa une entraînante *Valse du chat*. Rossini (1792-1868) composa un irrésistible *Duo des chats*, et Prokofiev (1891-1953) sut évoquer le chat avec un art magistral dans *Pierre et le Loup*. Le jazz aussi a chanté le chat, avec le morceau désormais classique de Zey Confrey, intitulé *Kitten on the Keys*.

Inspirateur des peintres et des sculpteurs

Dès l'Égypte ancienne, le chat a été sculpté, peint, dessiné, gravé. Symbole d'indépendance et de liberté, il a figuré sur le bouclier des Romains et sur les armes du duc de Bourgogne. Il a été l'emblème de la liberté pendant la guerre d'indépendance de Hollande et la Révolution française. Le XIIIe siècle le représente aux côtés de saint François d'Assise; le XVe siècle avec saint Jérôme dans sa cellule. Mais il évoque aussi le mal, associé à Judas chez Ghirlandaio, Luini, Cellini. Léonard de Vinci étudie ses attitudes et les décompose. Giulio Romano, dans sa *Madone au chat* (1523), n'y voit que le mal. *L'Annonciation* (1584) et *le Repos en Égypte* (1574) le montrent de façon plus réaliste, mais ce n'est qu'au XVIIe siècle que Jan Breughel peint *Minet au paradis*.

L'Occident décrit dès lors un chat plus proche de la vérité et par là même plus sympathique. Pensons à la délicieuse *Leçon de lecture du chat* du peintre néerlandais Jan Steen (v. 1626-v. 1679), au *Dévidoir* (1759) de Greuze, ou à *la Femme au chat* (1880) de Renoir. Depuis, Miró, Steinlen, Picasso et Jacques Nam ont exposé des chats représentant les défauts et les qualités des hommes. Et, aujourd'hui, Bernard Vercruyce brosse, dans ses peintures à l'huile et ses aquarelles, un chat idéal.

***La Symphonie des chats* (1868), de Moritz von Schwind**
Les chats ont inspiré des peintres comme Moritz von Schwind, dont les thèmes étaient également empruntés à la musique.

***Femme au chat* (1912), de Pierre Bonnard**
Le chat est au centre de cette peinture intimiste qui évoque les plaisirs et la quiétude de la vie domestique.

Le chat de nos jours

Le chat, dit-on, est l'animal familier par excellence de notre époque. Il est beau, tendre, discret et s'adapte bien à la vie en appartement. Ses besoins sont modestes, et son goût de l'indépendance donne à ceux qui le côtoient un parfum de liberté.

L'animal citadin du futur

En ce début du XXIe siècle, les 24 millions de foyers français abritent presque 8,5 millions de chats et près de 8 millions de chiens ! La vie en ville s'accommode volontiers de la compagnie du chat, moins encombrant que son rival dans le cœur des hommes, le chien.
Indépendant, le chat peut sortir seul et sans laisse… sur les toits, par exemple, et se passe – comme son maître – des promenades indispensables de son ennemi intime. Peut-être est-il en passe de devenir l'animal des villes par excellence. Moins exubérant que le chien et plus contemplatif, amateur de confort, le chat est capable de rester seul de longues heures sans se plaindre, goûtant le voluptueux plaisir du sommeil et le bonheur de jeux mystérieux. Ses maîtres n'éprouvent pas, à le laisser seul, la culpabilité qui parfois s'attache à la possession d'un chien, que l'on est obligé de garder enfermé ou au bout d'une chaîne, et qui ameute le voisinage avec les marques d'un désespoir aussi compréhensible que bruyant. Serein et seul maître à bord en votre absence, le chat vous accueille sans reproche, avec la gratitude discrète de qui ne compte que sur soi.

La Grande-Bretagne « invente » le chat de luxe

Il existe depuis longtemps une rivalité féline entre la Grande-Bretagne et la France, la première revendiquant d'être le pays du chat. Un siècle avant la naissance de Jésus-Christ, des marchands phéniciens soudoyèrent des Égyptiens et leur achetèrent des chats sacrés qu'ils embarquèrent à bord de leurs navires. Or, la Phénicie faisait commerce de l'étain avec la Cornouailles, où le chat, jusque-là inconnu, devint très vite une intéressante monnaie d'échange. Le Gallois Howel le Bon, prince de Galles du Sud, édicta en outre la première loi de protection des animaux. Quant à saint Patrick, patron des Irlandais, il est représenté entouré des nombreux chats qui l'ont aidé à libérer son pays des serpents.
Tous ces faits concourent à faire de la Grande-Bretagne, et plus particulièrement de l'Angleterre, la patrie du chat. Au cours de la période victorienne, on découvrit que ce petit félin n'était pas seulement utile, mais qu'il était beau ; aussi devint-il bientôt un objet de luxe à la mode. La première exposition de chats eut lieu à Londres, en 1871, au Crystal Palace. (La version américaine de cette manifestation vit le jour en 1895, au Madison Square Garden.) Son succès fut tel qu'elle ouvrit la voie à une tradition, encore vivace de nos jours.

Le chat gâté, mais aussi abandonné

Animal de salon, cible de la publicité, consommateur de produits alimentaires, d'accessoires et autres produits félins, vedette de cinéma ou héros littéraire, le chat pourrait se croire au paradis, mais il n'en est rien, hélas ! Même si les maîtres prennent plus largement conscience des obligations et des responsabilités liées à la compagnie d'un chat – on demande plus souvent au vétérinaire d'euthanasier des portées de chatons que l'on aurait jetées ou noyées il y a vingt ans à peine –, un gros effort reste à faire.
En dépit des sommes considérables dépensées pour le confort de nos petits compagnons, combien de chats – devenus soudain une gêne pour leurs maîtres – sont abandonnés, voire tués à la veille des vacances ? Combien d'achats enthousiastes ne sont que des caprices vite regrettés ?
Une conférence réunissant chats des villes et chats harets (retournés à la vie sauvage), où seraient comparées leurs conditions d'existence, ne manquerait pas d'être éloquente…

Chats des villes et chats des champs

La densité de population des chats sauvages et domestiques dépend de différents facteurs, dont l'abondance de nourriture et le confort de l'abri. En France, dans les ports, près des hôpitaux et des usines, on ne compte pas moins de 150 chats au kilomètre carré. En milieu plus hostile et rural, la moyenne tombe à 6 chats au kilomètre carré. Les chats domestiques sont dans l'Hexagone au moins quatre fois plus nombreux (8 millions) que les chats semi-sauvages (2,5 millions).

Les chats errants

Les chats ruraux sont des prédateurs opportunistes – rivaux des chasseurs – qui se nourrissent des proies abondant sur place : souris, campagnols, petits lapins, poissons, oiseaux, etc. Les chats errants des villes, à défaut de la qualité, disposent des tonnes d'ordures ménagères dont regorgent nos poubelles. Susceptibles de transmettre parasites et maladies aux chats domestiques, les chats errants sont regardés avec suspicion, et des mesures – stérilisation des matous, par exemple – sont prises pour limiter leur fécondité. Contraints à l'exil loin des habitations, traqués dans leur milieu naturel progressivement détruit, les chats harets sont destinés à mourir de faim ou de froid, quand ce n'est pas d'un coup de fusil.

Mais les abus et les mauvais traitements sont plus rares aujourd'hui, grâce à l'information : nul n'ignore plus le sort des animaux abandonnés ou mutilés dans des laboratoires de mise à l'essai de cosmétiques et la recherche médicale.

Le chat objet d'étude

Joignant l'agrément à l'utilité, le chat n'est plus seulement un animal de compagnie et un ratier impénitent, il est désormais intégré en milieu psychiatrique comme aide thérapeutique susceptible de calmer la tension nerveuse, et dans les prisons où il aide les détenus à supporter leur solitude forcée.

De plus en plus prisé, le chat suscite un engouement qui peut aller jusqu'à la passion. Les bandes de chats errants dans nos villes peuvent toujours compter sur la générosité d'amis désintéressés qui les approvisionnent régulièrement. Le nombre de chats traités chez les vétérinaires tend aujourd'hui à rejoindre celui des chiens. Le premier congrès de vétérinaires sur les chats s'est tenu en 1990. Autant d'indices d'un intérêt que ne dément pas la recherche génétique : les chats constituent en effet un champ d'exploration remarquable. Des races nouvelles sont créées et on assiste véritablement à l'avènement du chat de race.

La personnalité énigmatique du chat en fait un objet d'étude passionnant et qui n'a pas fini d'étonner ses observateurs. La connaissance de sa physiologie, de sa diététique, de ses mœurs et de sa psychologie ne cesse de s'enrichir, pour le plus grand plaisir de ceux qui l'aiment et de ceux qui le découvrent pour s'y attacher définitivement.

Un chat citadin
Il vit dans un environnement douillet, reçoit de la nourriture à satiété, mais il n'oublie pas pour autant son instinct de chasseur.

Les origines du chat

Ce petit fauve familier, compagnon de jeux de nos enfants, a derrière lui une longue histoire mouvementée qui se confond avec celle de ses frères et cousins sauvages. Il forme avec ces derniers une grande famille, celle des Félidés, qui regroupe de nombreuses espèces de grande, de moyenne et de petite taille.

Des origines très anciennes

Les origines du chat se confondent avec celles des Félidés. Leur ancêtre commun est le premier représentant de l'ordre des carnivores où les dents carnassières, à l'instar de celles des chats et à la différence de celles des chiens et des autres carnivores (la hyène tachetée exceptée), sont démunies de partie broyeuse, la partie tranchante étant très développée, du fait du régime strictement carnassier des Félidés.
Leur diversité, quand ils apparaissent à l'ère tertiaire, dans des faunes datant de 34 millions d'années, est révélatrice d'un passé déjà ancien et d'une origine plus ancienne encore. Mais leur ancêtre commun demeure inconnu et l'on doit se borner à le situer dans son époque, l'éocène – entre -55 et -50 millions d'années –, et parmi de petits carnivores, arboricoles ou terrestres, d'Eurasie et d'Amérique du Nord, les *Miacoidea.*

Les ancêtres des félins actuels

Les Félidés de l'oligocène – de -34 à -25 millions d'années – se répartissent déjà en deux sous-familles : les Nimravinés, de la taille d'un lynx à celle d'une panthère, dont l'histoire s'achève sans descendance au miocène (entre -25 et -7 millions d'années) et les Félinés, de la taille d'un chat ou plus petits. Parmi ces derniers se cache l'ancêtre de tous les Félidés actuels : *Proailurus.*
Au miocène, les *Pseudaelurus*, descendants de *Proailurus*, se diversifient. De la taille d'un lynx, ils habitaient à l'origine les forêts d'Eurasie, puis ils pénétrèrent en Afrique et gagnèrent aussi l'Amérique du Nord. Avant de disparaître, il y a dix millions d'années environ, ils donnèrent souche aux Félidés modernes, dont l'essor fut favorisé par le développement des steppes et des savanes, riches en proies herbivores. Vers -10 millions d'années réapparurent des Félidés à longues canines dont nos lointains ancêtres de l'âge de la pierre connurent les derniers spécimens. Les lignées actuelles des petits et grands félins paraissent s'être enracinées il y a près de 5 millions d'années. Originaires d'Asie, elles se sont dispersées dans le monde entier au cours du pliopléistocène (de -5 millions d'années à -12 000 ans), sauf à Madagascar et en Australie.

Lions, panthères, guépards, lynx et chats

Des lions et des panthères, appartenant à des espèces différentes de celles que nous connaissons aujourd'hui, vivaient en Europe il y a 2 à 3 millions d'années. Originaires d'Asie, les *Panthera leo* et *Panthera pardus* pénétrèrent en Europe il y a 600 000 ans, et s'éteignirent voilà 12 000 ans. Habitants des cavernes, le lion et les autres spécimens étaient d'une taille supérieure à celle de leurs représentants actuels.
Un guépard géant, *Acynonyx pardinensis*, apparu il y a 3 millions d'années, chassait dans les étendues herbeuses de l'Europe occidentale. Il s'est éteint il y a 700 000 ans. Parmi les petits félins, le lynx d'Issoire, qui vivait en Auvergne il y a 3,5 millions d'années, avait un corps plus long et des pattes plus courtes que son descendant actuel, le lynx du Nord.
Enfin, *Felis lunensis*, découvert dans un gisement d'Italie datant de 1,8 million d'années, semble être l'ancêtre du chat sauvage actuel, *Felis silvestris*. Sensiblement de la même taille, il n'en diffère que par quelques détails de sa dentition. Il est très répandu dans les gisements de la dernière glaciation.

Du chat sauvage au chat domestique

Comment définir l'identité du chat domestique ? Où et quand situer son berceau ? Comment s'est effectué le passage à la domestication ?
Le nom de *Felis catus* lui a été attribué par Linné. L'animal décrit par le savant naturaliste en 1758, et « découvert » dans une forêt du sud de l'Europe, était un chat domestique au pelage marbré, peut-être retourné à la vie sauvage.
Le chat domestique appartient bel et bien à la même espèce que le chat sauvage, largement répandu et représenté par le chat forestier d'Europe (*Felis silvestris*), le chat ganté d'Afrique (*Felis libycus*) et le chat des steppes (*Felis ornata*) de l'Inde et du Pakistan.
La domestication n'a pas réussi à isoler le chat domestique de sa souche sauvage. Si une population de chats domestiques vit au voisinage d'une population de chats sauvages dits « chats harets », des hybridations ont lieu par l'intermédiaire de chats domestiques retournés à la vie sauvage, entre mâle sauvage et femelle haret (les harets

mâles étant éliminés de la compétition par les mâles sauvages, plus dominants). Les descendants mâles mi-sauvages mi-harets, croisés avec des chattes domestiques, transmettent ensuite des gènes sauvages à la population domestique. Mais, étant donné le nombre croissant de chats domestiques, les gènes sauvages sont progressivement éliminés, et la population domestique ne risque pas d'être déstabilisée.

Hypothèses historique ou biologique

Jusqu'aux années 1970, on attribuait la domestication du chat aux Égyptiens. Hérodote, historien grec du IVe siècle, rapporte que des chats domestiques vivaient dans les maisons égyptiennes un siècle auparavant. Les Égyptiens connaissaient en réalité les chats domestiques depuis beaucoup plus longtemps, comme en témoignent des peintures datées de 2000 ans avant J.-C., ainsi que les innombrables chats momifiés retrouvés lors des fouilles dans les nécropoles. Le chat rayé égyptien ne différant guère du chat ganté, espèce sauvage commune en Afrique, on en conclut que le chat domestique dérivait du chat ganté.

Depuis 1971, une autre hypothèse, fondée sur le volume du cerveau, rattache le chat domestique au chat sauvage de l'Inde et du Pakistan. Le savant naturaliste Schauenberg a montré en effet que ce dernier a une capacité crânienne inférieure à celle du chat ganté africain et à celle des chats momifiés d'Égypte, mais voisine de celle du chat domestique. Le premier chat domestique serait donc le chat doré de l'Inde et du Pakistan. Cette origine est néanmoins controversée.

Quoi qu'il en soit, la domestication du chat semble être le résultat d'une imprégnation des nouveau-nés par l'homme : celui-ci a dû capturer des chatons dont les yeux étaient encore fermés et les élever à l'écart de la mère.

Devenus adultes, ces chats, qui n'avaient pas appris à capturer des proies par nécessité, avaient perdu une grande partie de leur agressivité. L'homme a dû aussi favoriser la sélection d'individus plus doux, même si le chat reste un animal insoumis, au caractère indépendant.

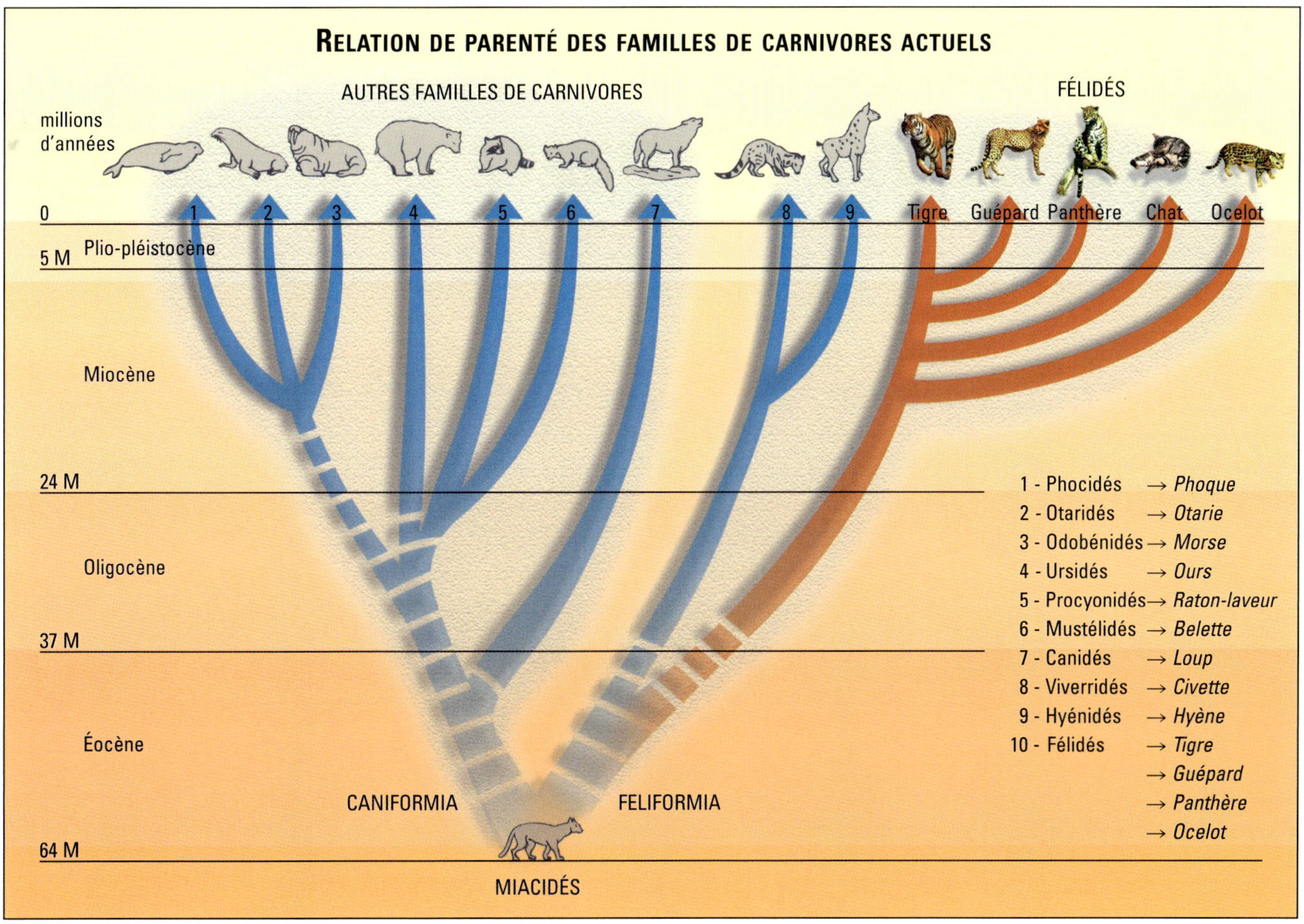

Les Félidés du monde entier

Issu du chat sauvage présent sur les rives orientales de la Méditerranée, le chat domestique est un représentant de l'espèce biologique, Felis silvestris, *même si, pour des raisons historiques et de convenance, on a pris l'habitude de le désigner sous le nom de* Felis catus. *Il appartient à la grande famille des Félidés.*

La famille des Félidés

Chat, lynx, puma, guépard, tigre ou ocelot ont un air de famille indéniable. Les trente-six espèces de Félidés connues constituent en effet un ensemble morphologique homogène, même si leur étude comparée n'est pas simple. Quoique de taille et de poids variables – ils pèsent de 2 à 300 kilos –, tous les Félidés, ou félins dans le langage courant, partagent néanmoins un certain nombre de comportements ainsi que des traits anatomiques qui les rendent immédiatement reconnaissables. Or, leur vaste répartition géographique naturelle (Amérique du Nord, Amérique du Sud, Asie, Europe et Afrique) laisse supposer que l'évolution des peuplements dans tous ces continents ne s'est pas déroulée partout de la même façon. La présentation qui suit témoigne de la richesse de la famille des Félidés par région biogéographique. Malheureusement, de nombreuses espèces sont de plus en plus rares, et même menacées de disparition.

Puma *(Felis concolor)*
Ce félin américain est le plus grand des représentants du genre *Felis.*

Félins d'Amérique

• **Le puma** (*Felis concolor*). C'est la seule espèce présente du Canada à la Patagonie. C'est un animal d'une bonne taille : un adulte peut peser de 40 à 100 kilos, selon les régions, et mesurer de 1 à 1,40 mètre, avec une queue qui peut atteindre 90 centimètres. La couleur de son pelage uni, robe rare chez les Félidés, varie du gris au rouge. Chasseur de Cervidés, le puma sait aussi se rabattre sur des proies plus petites en cas de nécessité. Sa présence ne menace pas les populations chassées. En Amérique du Nord, un mâle adulte s'octroie un domaine vital qui peut atteindre 200 km^2. Solitaire, le puma évite scrupuleusement le territoire d'animaux voisins.

Le puma a été éliminé de tout l'est des États-Unis et du Canada. Il ne survit qu'en très petit nombre en Floride, où on l'appelle « panthère ». Dans l'Ouest, on le nomme « cougouar » ou « lion des montagnes ». Il resterait 20 000 pumas au nord du Mexique, mais la population d'Amérique centrale et d'Amérique du Sud est très mal connue.

• **Le jaguar** (*Panthera onca*). C'est le plus grand félin d'Amérique. Son poids moyen (entre 60 et 120 kilos) en fait un animal puissant et massif. Cousin de la panthère de l'Ancien Monde, il lui ressemble avec son pelage tacheté de rosettes, au centre desquelles figurent des points noirs. Le jaguar était répandu du sud des États-Unis (Texas, Arizona) à l'Argentine ; malheureusement, l'espèce a perdu les deux tiers de sa répartition en Amérique centrale et près de 40 % en Amérique du Sud à cause de la destruction directe et du déboisement.

Solitaires, les jaguars sont liés aux forêts tropicales sèches et humides, chaque animal occupant un territoire exclusif qui atteint plusieurs centaines de kilomètres carrés. Chasseur à l'affût, le jaguar capture toutes les proies qu'il rencontre (pécaris, cerfs, tapirs, tatous, opossums, etc.), changeant de secteur quand les proies se sont dispersées. Il continue d'être pourchassé avec acharnement par l'homme bien que le commerce de sa peau soit interdit.

• **Le lynx du Canada** (*Felis canadensis*) **et le lynx roux, ou bobcat** (*Felis rufus*). Ils se rencontrent en Amérique du Nord. Les deux espèces vivent solitaires sur des domaines de plusieurs dizaines de kilomètres carrés, le premier en Alaska, au Canada et dans le nord des États-Unis, le second du sud du Canada au Mexique. De taille moyenne, pesant de 7 à 14 kilos, les lynx se reconnaissent à leur courte queue, à leurs favoris faciaux, aux pinceaux ornant leurs oreilles et à leur robe tachetée. Chasseurs de petites proies comme les lièvres, les rongeurs et les oiseaux, ils interfèrent peu avec l'homme. La fourrure de l'espèce nordique est particulièrement recherchée au Canada.

• **L'ocelot** *(Felis pardalis)*. Il est à peu près de la taille du lynx (de 8 à 15 kilos en moyenne), mais il s'en distingue par sa livrée aux dessins et aux coloris chauds, par sa queue plus longue et par son habitat. L'ocelot est présent du Texas, où il est très rare, à l'Argentine. Il monte aux arbres mais chasse le plus souvent à terre de petits mammifères (rongeurs, opossums, voire marcassins et pécaris) et aussi des oiseaux. Plutôt nocturne, il se repose généralement pendant la journée. Sa magnifique fourrure a bien failli lui être fatale. Le commerce en est désormais interdit.

• **Le margay** *(Felis wiedii)*. Il ressemble à un petit ocelot, quoique de proportions différentes. Il pèse de 7 à 9 kilos, possède une longue queue et des métatarses (chevilles) très mobiles qui en font un excellent grimpeur. C'est l'un des Félidés les plus arboricoles, capable de descendre d'un arbre la tête en bas. On le rencontre du Mexique à l'Argentine. Il chasse à terre et dans les arbres de petits vertébrés et même des paresseux. Officiellement protégé, il est néanmoins pourchassé pour sa belle fourrure. L'Amérique du Sud héberge encore cinq autres espèces encore méconnues, mais déjà menacées par le commerce des fourrures.

• **Le petit chat-tigre** *(Felis tigrina)*. Il est présent du Costa-Rica à l'Argentine, pèse de 2 à 3 kilos et ressemble à un ocelot en miniature.

• **Le chat de Geoffroy** *(Felis geoffroyi)*, **le kodkod** *(Felis guigna)* **et le colocolo** *(Felis colocolo)*. Ils sont liés aux zones boisées du Brésil à la Patagonie.

• **Le chat des Andes** *(Felis jacobita)*. Adapté aux éboulis rocheux d'altitude des Andes, dans l'atmosphère froide et sèche de la montagne, il est présent jusqu'à 5000 mètres d'altitude entre le Pérou et le Chili.

• **Le jaguarondi** *(Felis yagouaroundi)*. Il a un pelage uni, soit rougeâtre, soit grisâtre et il ressemble à une mangouste plus qu'à un chat. Il pèse de 5 à 9 kilos, et se rencontre du sud-est des États-Unis au nord de l'Argentine.

Jaguarondi
(Felis yagouaroundi)
Ce petit félin américain, aux allures de mangouste, a un physique très original.

Félins d'Europe et d'Asie continentale

• **Le chat forestier** *(Felis silvestris)*. Il ressemble à un gros chat domestique légèrement rayé et doté d'une queue touffue marquée de quelques anneaux noirs. Avec un poids moyen de 4 à 6 kilos et un pelage dense, il semble souvent plus massif que le chat domestique. Sa répartition est discontinue dans la péninsule Ibérique, dans l'est de la France, le sud de la Belgique et l'ouest de l'Allemagne, l'Écosse, le sud de l'Italie et dans les Balkans. On le rencontre aussi de la Turquie à l'ouest de la Chine, au Moyen-Orient et en Afrique ainsi que sur les grandes îles méditerranéennes (Sardaigne, Corse et Sicile).

Mieux protégé que voilà quelques décennies, ce petit félin regagne peu à peu du terrain. En France, les forêts de Lorraine sont bien peuplées par l'espèce. Le chat forestier chasse les rongeurs et sort souvent en plaine pour les capturer. Il s'abrite volontiers dans des terriers. La femelle met au monde une portée de 3 ou 4 chatons par an, au printemps.

• **Le lynx d'Europe** (*Felis lynx*). Il ressemble au lynx du Canada, sa face étant moins ronde et moins plate. Un peu plus grand, il atteint 20 kilos à l'âge adulte. Rare en Europe occidentale, il est mieux représenté vers l'est et se rencontre dans toute la taïga sibérienne, jusqu'au Pacifique. Chasseur de lièvres et de chevreuils, il est lui-même pourchassé pour sa fourrure. En France, il a peut-être survécu dans les Pyrénées, a été réintroduit en 1983 dans les Vosges, et il est revenu dans le Jura. Il est un peu plus petit en Espagne et au Portugal, et son pelage est plus nettement tacheté que dans le Nord.

• **Le chat des déserts de Chine** (*Felis bieti*). Il est très mal connu. Il est un peu plus grand que le chat forestier et son pelage, assez pâle, est très légèrement rayé. On le rencontre dans les steppes de Mongolie et du centre-nord de la Chine, jusqu'à 3 000 mètres d'altitude. Ses pattes relativement poilues sont adaptées à la marche sur le sable.

Lynx d'Europe *(Felis lynx)*
Il ressemble à son cousin du Canada, en un peu plus grand. Rare en Europe occidentale, il se rencontre dans toute la taïga sibérienne.

• **Le manul** (*Felis manul*). Il est présent de la mer Caspienne à l'Extrême-Orient russe, à travers les déserts d'Asie centrale. Bien adapté au froid et à l'altitude, il porte un pelage long et dense. Sa robe grise n'est rayée que sur la face et la queue. Il pèse entre 3 et 5 kilos.

• **La panthère des neiges** (*Panthera uncia*). C'est un magnifique félin des montagnes d'Asie, au pelage blanc ou crème marqué de taches grises ou noires. On la rencontre encore de l'Afghanistan à l'ouest, à la Mongolie et la Russie au nord-est, et de l'Inde à la Chine et au Bhoutan, au sud-est. L'espèce habiterait encore une surface de 1 230 000 km² répartis entre huit pays, avec une population estimée à 4 000 individus. Cet animal mesure de 1 à 1,30 mètre, auxquels s'ajoutent de 0,80 à 1 mètre de queue. Son poids varie entre 35 et 45 kilos en moyenne. La panthère des neiges chasse essentiellement des ongulés de montagnes (chèvres markhors, bouquetins, mouflons ou bharals) sans compter les marmottes. Quoique solitaires, les panthères des neiges partagent leurs domaines vitaux entre voisines. Officiellement protégée, l'espèce est toujours menacée par la chasse et la disparition de ses proies habituelles.

Félin d'Afrique et du Moyen-Orient

• **Le lion** (*Panthera leo*). C'est probablement l'un des Félidés les mieux connus et le moins typique. Il subsiste du sud du Sahara au nord de l'Afrique du Sud. La seule population asiatique, au nord-ouest de l'Inde, rappelle que sa répartition était plus vaste autrefois. Les adultes pèsent de 120 à 250 kilos. La crinière des mâles augmente l'impression de puissance. Si les jeunes sont tachetés, les adultes ont le pelage uni. La vie sociale du lion est unique chez les Félidés. Les femelles d'un clan sont habituellement parentes entre elles et les mâles entre eux, mais leurs origines respectives sont différentes. Les jeunes sont souvent élevés en commun. Les lions capturent des proies de grande taille : zèbres, gnous, voire buffles. En dehors des réserves, les lions se raréfient en Afrique, et évitent les déserts et la grande forêt.

• **La panthère ou léopard** (*Panthera pardus*). Ce félin pèse de 30 à 90 kilos. C'est une espèce solitaire qui vit dans les zones boisées. Elle survit dans l'Atlas marocain, en certains points de la péninsule arabique, en Turquie et jusqu'en Corée.

Discrète, elle chasse à l'affût de petites antilopes qu'elle cache souvent dans les arbres pour les soustraire aux autres prédateurs. Sa belle robe tachetée est trop souvent convoitée par l'homme.

• **Le guépard** *(Acinonyx jubatus)*. Il est plus haut sur pattes que la panthère et aussi plus léger : de 35 à 70 kilos. Il s'agit également d'un félin atypique, plutôt diurne et chasseur à courre de gazelles. Il fréquente encore les bordures du Sahara et les savanes herbeuses d'Afrique. Il a récemment disparu d'Arabie mais survit en Iran. Son pelage est tacheté de points et non de rosettes comme celui de la panthère. Ceux d'Afrique australe ont le pelage rayé. L'espèce est en régression sur une grande partie de son aire géographique.

• **Le chat doré** *(Felis awata)*, **le serval** *(Felis serval)* **et le caracal** *(Felis caracal)*. On trouve aussi trois félins de taille moyenne en Afrique (6 à 8 kilos) : le chat doré africain dans les forêts, le serval dans les savanes humides, et le caracal dans les zones sèches.

Le chat doré a plusieurs robes : rayées ou unies, grises ou dorées. Le serval est haut sur pattes. Ses grandes oreilles lui permettent d'entendre ses petites proies dans les territoires herbeux. Le caracal a des oreilles en pinceaux et une robe unie de couleur fauve. Il fréquente l'Afrique du Nord et atteint l'Inde à travers le Moyen-Orient.

• **Le chat de Libye.** C'est la sous-espèce africaine du chat forestier européen.

• **Le chat à pieds noirs** *(Felis nigripes)*. Il vit dans le sud de l'Afrique, dans les déserts et les steppes. Son poids adulte ne dépasse pas 2 à 3 kilos.

• **Le chat des sables** *(Felis margarita)*. Présent du Sahara, à l'ouest, au Turkestan, à l'est ; il est à peine tigré.

• **Le chaus** *(Felis chaus)*. Plus asiatique qu'africain, il se trouve en Mésopotamie, en Inde et en Thaïlande, mais pas plus à l'ouest qu'en Égypte. Nettement plus grand, il pèse de 5 à 15 kilos. Haut sur pattes, il possède une courte queue rayée, habite les fourrés denses, les roselières et les forêts.

Félins d'Asie du Sud-Est

• **Le tigre** *(Panthera tigris)*. C'est probablement le félin asiatique le plus connu. On pouvait le rencontrer des rives de la mer Caspienne à la Corée, et de la Sibérie à l'île de Bali. Aujourd'hui,

Panthère d'Afrique ***(Panthera pardus)*** **ou léopard**
Comme tous les Félidés chassés pour leur superbe pelage, la panthère est une espèce menacée.

il a disparu d'Iran, de Bali et de Java et les populations de Chine sont menacées. Les plus grands tigres sont ceux de Sibérie et de Mandchourie, dont le poids peut atteindre 300 kilos pour les mâles. Ces animaux sont solitaires, mais le domaine vital d'un mâle recouvre en partie celui de quelques femelles. Le tigre chasse surtout les cerfs, mais il peut également capturer des sangliers, des buffles ou des singes. Les tigres doivent être strictement protégés : ils étaient encore 100 000 en 1920, mais il n'en reste aujourd'hui que quelques milliers en Inde et probablement quelques centaines ailleurs.

• **La panthère longibande** *(Neofelis nebulosa)*. Ce beau félin vit dans les forêts denses de l'Asie tropicale. La panthère longibande pèse entre 15 et 25 kilos, et sa queue est presque aussi longue que le corps (environ un mètre). De grandes taches grises sur un pelage jaunâtre lui ont valu le nom de panthère nébuleuse. On la rencontre du sud de la Chine au Népal, et de la Birmanie à Bornéo. Elle a été récemment éradiquée à Taiwan. Très arboricole, elle chasse aussi à terre. Les canines du mâle sont, toutes proportions gardées, les plus développées de tous les Félidés actuels.

• **Le chat doré asiatique** *(Felis temminckii)*. C'est l'équivalent oriental de l'espèce africaine. Il pèse entre 12 et 15 kilos. Son pelage est uni ou tacheté. La queue est relativement courte. La tête porte des marques blanches et noires. On trouve le chat doré asiatique de l'Himalaya à Sumatra, et de l'Inde au sud de la Chine, essentiellement en forêt, mais aussi dans des paysages plus dégagés ou de semi-montagne.

• **Le chat du Bengale** *(Felis bengalensis)*. Il se rencontre du Pakistan à la Chine, à travers tous les pays du bloc indo-malais. Vers le nord-est, il remonte jusqu'en Mandchourie et en Extrême-Orient russe. Dans ces régions froides, les animaux sont grands, le pelage est très dense, gris, et les taches peu marquées. Vers le sud et les îles de la Sonde, le pelage devient plus chaud. Le poids du chat du Bengale varie de 3 à 7 kilos selon les régions. Ce félin habite des milieux variés, de la forêt tropicale à la taïga, et fréquente parfois des zones de fourrés et de buissons quand les grands arbres manquent. Il chasse de petites proies, surtout à terre : petits vertébrés, rongeurs, oiseaux, lézards et poissons. Comme toutes les espèces de Félidés, celle-ci souffre de destruction directe et de la disparition de son milieu naturel.

• **Le chat pêcheur** *(Felis viverrina)*. C'est un animal puissant, de 7 à 14 kilos. Le pelage est gris et peu marqué. La tête est large, la queue relativement courte. On le rencontre du sud de la Chine à l'Indonésie (Java et Sumatra) et, vers l'ouest, jusqu'au Pakistan et à Sri Lanka. Il fréquente les zones humides où il capture poissons, grenouilles et mollusques, mais aussi des oiseaux ou de petits mammifères.

• **Le chat marbré** *(Felis marmorata)*. Il ressemble à une version miniature de la panthère longibande. Sa fourrure, douce et épaisse, présente des nuances de brun, de gris, de roux, avec de grandes taches sur les flancs. Arboricole, il chasse les oiseaux dans les arbres. On le rencontre du Népal à Sumatra et à Bornéo.

• **Autres espèces asiatiques**

L'Asie tropicale héberge encore quatre petites espèces mal connues : le chat d'Iriomote *(Felis Iriomotensis)*, découvert en 1967, est limité à une île de 292 km² dans l'archipel des Ryukyu, au sud du Japon.

Le chat rouilleux *(Felis rubiginensis)*, pesant à peu près 2 kilos à l'âge adulte, est limité au sud de l'Inde et à Sri Lanka. Le chat bai *(Felis badia)* au pelage uni ressemble à un petit chat doré. Il ne pèse que 3 ou 4 kilos. On ne le rencontre qu'à Bornéo. Le chat à tête plate *(Felis planiceps)* est probablement l'espèce la plus adaptée à l'eau et à la pêche. Présent en Malaisie, à Bornéo et à Sumatra, il pèse environ 2 kilos. Ses pattes, et surtout sa queue, sont relativement courtes.

Tigres de Sibérie
Ces imposants félins dont le poids peut atteindre 300 kilos, sont de puissants prédateurs qui chassent leurs proies sur plusieurs centaines de kilomètres carrés.

CHAPITRE 2

Le chat au quotidien

Avoir un chat

Vivre avec un chat n'est pas une décision qui se prend à la légère. Vous devez d'abord vous poser honnêtement quelques questions : vous sentez-vous capable de le comprendre et de l'aimer, de vous en occuper quotidiennement, d'assumer toutes vos responsabilités de maître ? Si oui, sachez aussi que vous vous engagez pour de longues années de vie commune.

À chacun son chat

Conseils préliminaires aux maîtres pressés et méticuleux : un chaton réclame beaucoup de soins. Préférez un chat adulte si vous êtes trop occupé. Évitez aussi de prendre un chat à poil long qu'il faut brosser longuement et quotidiennement, mais qui perd néanmoins ses poils sur coussins et moquettes. Les chats à poil court supportent davantage la chaleur que les Persans au poil long et soyeux. Bref, posez-vous d'abord quelques questions.

Un chat de race ?

La race est affaire de goût. Le Persan à la robe somptueuse est, pour certains, le roi des chats, tandis que d'autres lui préfèrent l'élégance et la finesse du Siamois aux yeux bleus. Peut-être attachez-vous plus d'importance à la personnalité qu'à l'aspect physique. Vous apprécierez alors la sensibilité et la tranquillité qui font la réputation des Persans, ou la nature démonstrative des Siamois qu'on dit bavards, intelligents et comédiens ; mais chaque race a ses exceptions et chaque chat – noble ou roturier – son caractère. Et les chats de gouttière, dont certains sont fort beaux, ne sont pas les moins attachants.

Un chat ou une chatte ?

Les chattes sont souvent câlines et plus calmes que les chats. Quoique subissant des chaleurs bruyantes, une femelle entière se montrera plus facile à vivre qu'un mâle non castré, fugueur et bagarreur, qui déposera partout des marques d'urine malodorante, insupportables en appartement. À moins que vous ne souhaitiez voir votre chat se reproduire, il est vivement conseillé de le faire castrer, surtout s'il est citadin. Opérés, chats et chattes ont en général un comportement normal et dénué d'agressivité.

Attention ! N'achetez pas un mâle pour une femelle et vice versa. Chez la femelle, l'anus et l'orifice génital sont beaucoup plus rapprochés que chez le mâle, mais ce détail ne se perçoit pas au premier coup d'œil. Pour faire la différence, posez plusieurs chatons sur une table, écartez la queue et la fourrure si nécessaire, et... exercez vos talents d'observateur.

Le chat s'accommode très bien de vivre seul en compagnie des humains. Si vous voulez vous entourer de plusieurs chats, choisissez-les jeunes et élevez-les ensemble. Un deuxième chat, accueilli tardivement au foyer, risque d'être rejeté par le premier qui y a élu domicile. Si les femelles s'entendent bien, il semble que les mâles cohabitent moins facilement, mais, là encore, les préférences se définissent en fonction du caractère et non pas exclusivement en fonction du sexe.

Chaton balinais
Doux et mignon, drôle, attendrissant, le chaton est irrésistible. Avant de succomber à son charme, pensez qu'il exige beaucoup d'attentions et qu'il faudra le surveiller de près car il fait des bêtises.

Quel chaton choisir dans une portée ?

Attendez qu'il ait atteint cinq semaines pour accueillir un chaton chez vous, huit semaines étant considéré comme l'âge idéal pour qu'il s'attache et à la maison et à son maître.

Le chaton le plus triste et le plus abattu de la portée a des chances de vous attendrir, mais mieux vaut ne pas céder à ce premier élan car vous risquez, à brève échéance, d'avoir à soigner un petit chat souffrant de problèmes de santé ou de troubles du comportement.

Un chaton agressif gardera probablement son caractère turbulent à l'âge adulte. Vous mettrez du temps à apprivoiser celui qui, à votre approche, se montrera timide et peureux, mais celui qui viendra à vous sans crainte et se laissera caresser volontiers ne posera guère de problème d'adaptation.
Le chaton en bonne santé est joueur, vigoureux et dodu. Son ventre est rond mais non pas ballonné. À la palpation, ses flancs ne saillent pas et ses pattes sont droites. Il a l'œil vif et les paupières propres. La membrane nyctitante (troisième paupière qui, chez le chat adulte, apparaît plus ou moins à l'angle interne de l'œil) n'est pas apparente. Le nez ne coule pas. L'intérieur des oreilles est net. Les dents de lait sont bien blanches et la dentition complète. Les gencives sont roses et sans trace d'inflammation. Le poil est lustré et la fourrure ne cache aucun parasite. Le tour de l'anus est propre et sec.

Achat ou adoption ?

Vous pouvez faire l'acquisition d'un chat de race chez un marchand spécialisé, un éleveur amateur, ou un club félin, sur les conseils d'un vétérinaire ou par petite annonce, mais n'oubliez pas les refuges des sociétés de protection animales où quantité de chats abandonnés ne demandent qu'à élire domicile chez un nouveau maître. Les chats de gouttière, souvent élégants et sympathiques, y abondent. Vous pouvez aussi y choisir un chaton selon vos vœux ou y dénicher un chat de race.

Accueillir un chat

Le chaton que vous avez élu deviendra adulte en un an et ne cessera de vous séduire et de vous amuser par ses facéties. Bien dans ses meubles, il mènera sa petite vie princière pour votre plaisir.
Que vous jetiez votre dévolu sur un chaton ou sur un chat adulte, quelques achats s'imposent. Prévoyez une assiette creuse que vous laverez après chaque repas, et un bol pour l'eau fraîche que vous renouvellerez deux fois par jour. Afin de favoriser ses habitudes, choisissez un coin repas facile d'accès, éloigné de son bac. Par précaution, il vaut mieux jeter la nourriture dédaignée par le chat, sauf les croquettes, inaltérables à l'air. N'oubliez pas le sac de litière et l'indispensable bac que vous installerez au calme, sur un sol lavable. La corbeille d'osier, assez profonde et garnie d'un coussin moelleux, doit être à l'écart des courants d'air et des radiateurs.

L'arrivée

Le week-end paraît le meilleur moment pour accueillir un chaton à la maison.
Rassuré par la présence de ses nouveaux maîtres, il supportera mieux d'être séparé de sa mère et arraché à la portée. Pour le sécuriser, n'hésitez pas à le bercer, à le caresser et à lui parler, en respectant toutefois son gros besoin de sommeil.
Évitez de crier, de claquer les portes et de passer l'aspirateur. Entre deux sommes, le chaton explorera les alentours sous votre surveillance discrète. Profitez d'un moment où il fait sa toilette pour lui donner à manger. Habituez-le à prendre ses repas dans un endroit fixe et, si vous disposez d'un jardin, vous pourrez même le faire sortir.
Dès son réveil et après chaque repas, posez-le sur la litière propre et encouragez-le à gratter comme pour enterrer ses excréments. La mère chatte lui a déjà appris les rudiments de l'hygiène féline et il se pliera bientôt au rituel.
S'il passe la première nuit à miauler de désespoir, une bouillotte tiède dans sa corbeille l'aidera à s'endormir. Certains chatons apprécient le tic-tac d'un réveil, d'autres une musique en sourdine. S'il continue à miauler, vous pouvez l'installer près de vous et lui parler doucement. Mais si vous le prenez dans votre lit, vous ne pourrez plus l'en déloger.

Chatte persane et ses chatons
Qu'ils soient de race ou de gouttière, les chatons se montrent tour à tour sérieux, facétieux, agités, indolents, au gré de leurs humeurs.

Choix de corbeilles et de coussins
Une corbeille confortable où se lover, un coussin moelleux feront le bonheur de votre chat.

Bacs
Le bac doit être garni d'une litière ; il sera régulièrement nettoyé et désinfecté une fois par semaine.

ATTENTION DANGER !

La curiosité est un des charmes du chaton, aussi devez-vous prendre quelques précautions, même si vous gardez l'œil sur lui.

- Ne laissez pas traîner les fils électriques qu'il est tentant de mordiller ; des cache-prises peuvent se révéler utiles.
- Les casseroles au feu sur la cuisinière sont toujours susceptibles de se renverser et les plaques chauffantes ne refroidissent pas vite ; mieux vaut ne pas pouvoir y poser la patte.
- Ne laissez pas votre chaton sans surveillance dans une pièce aux fenêtres ouvertes, ou en liberté sur le balcon.
- Gardez la porte du jardin fermée les premiers jours, afin de lui laisser le temps de s'habituer à son nouvel environnement.
- Empêchez-le de sortir la nuit, sous peine de ne plus le revoir.
- Éloignez aiguilles à coudre, épingles et autres objets tranchants qu'il pourrait avaler ou qui risqueraient de le blesser.
- Un pare-feu est recommandé devant la cheminée. Le chat de la légende se couchait dans la cendre encore chaude avant de se transformer en démon…
- Et gare aux plantes qui sont toxiques.

Le trousseau

• **Paniers et sacs.** Le panier d'osier, bien utile pour les visites chez le vétérinaire comme en voyage, a l'avantage d'être stable, douillet et bien aéré. Il sera parfait pour un long voyage en train ou en voiture. Plus légers, les sacs de toile plastifiée avec hublot sont pratiques pour les voyages en avion et s'il ne fait pas trop chaud. Pour absorber son urine, tapissez de papier journal le fond du panier ou du sac (la toile garde davantage les odeurs que l'osier, d'un nettoyage plus facile). Il existe également des cages en grillage léger et d'un entretien commode.

• **La corbeille.** Elle doit être assez grande pour que votre chat puisse l'adopter définitivement. Ne vous froissez pas s'il donne sa préférence à un fauteuil, ou s'il ne dédaigne pas de faire un petit somme sur un meuble ou dans une « flaque » de soleil, sur le parquet… Corbeille et coussin sont à nettoyer avec soin une fois par mois.

• **Le bac.** Un simple plateau en tôle émaillée ou en plastique peut convenir, mais il existe dans le commerce des bacs munis de couvercles qui empêchent les projections, isolent l'animal, dissimulent à la vue les excréments et maîtrisent les odeurs. Désinfectez le bac à l'eau javellisée ou ammoniaquée une fois par semaine. Les produits à base de créosol et de phénol sont toxiques pour les chats. Des désodorisants atténuent les mauvaises odeurs émanant du bac. Il existe un nouveau bac auto-nettoyant qui élimine totalement les odeurs. Quand le chat l'utilise, des capteurs électroniques actionnent un rateau qui entraîne les parties souillées dans une boîte hermétiquement close. Celle-ci se vide tous les trois ou quatre jours seulement.

• **La litière.** Choisissez une litière très absorbante ; hygiénique, elle facilitera le nettoyage du bac.

• **Le griffoir.** Il peut être utile si votre chat ne peut pas s'ébattre dehors.

• **Les jouets.** Ceux en forme de souris amusent surtout les maîtres. Le chat leur préfère souvent une balle, une bobine ou un bouchon au bout d'une ficelle. Attention aux objets susceptibles d'être mis en pièces ou avalés.

• **L'herbe à chat.** S'il vit enfermé, votre chat appréciera une poignée d'herbe hebdomadaire.

• **Le collier et la laisse.** Ils sont recommandés si vous vous déplacez avec le chat. Le collier ne dispense pas du tatouage et doit être muni d'une partie élastique pour éviter un étranglement accidentel.

• **Le collier antiparasite.** Il est nécessaire si le chat a accès à l'extérieur.

L'hygiène de votre chat

Pour garder votre chat en bonne santé, il est indispensable de lui prodiguer des soins réguliers. Son penchant pour le confort s'allie à un goût naturel pour la toilette, mais vous pouvez l'encourager et l'aider dans ses bonnes habitudes, pour son plaisir et le vôtre, que sa robe soit claire ou sombre, au poil court ou au poil long et soyeux.

Des soins indispensables

À grands coups de langue râpeuse, le chat fait consciencieusement sa toilette plusieurs fois par jour, non sans avaler quelques poils qui, en général, passent sans difficulté par son tube digestif et sont éliminés. Il arrive néanmoins qu'une boule de poils se forme dans l'estomac, cause de désagréments pour le chat. Pour l'éviter, le meilleur moyen est de brosser régulièrement votre chat.

Une robe impeccable

Le nécessaire de toilette

S'il a le poil court, vous aurez besoin d'une brosse à cheveux en crins naturels, d'une peau de chamois ou d'un gant de velours, et d'un peigne fin. S'il a le poil long, il vous faudra une étrille ou une brosse métallique, un peigne à grosses dents, une brosse dure (évitez les brosses en Nylon qui risquent de casser le poil). Pour tous les chats, des ciseaux à bouts ronds, une pince à guillotine pour les griffes et un shampooing sont utiles.

Le brossage

Habituez-le de bonne heure au brossage et il finira par y prendre goût. Dès l'âge de trois mois, brossez-le en douceur et pas longtemps. Le chat adulte se pliera sans difficulté à ces séances, à condition de lui donner des soins réguliers et progressifs. Faites alterner coups de brosses et caresses pour le rassurer. Nombreux sont les chats qui ne tardent pas à apprécier ce traitement, au cours duquel vous placerez l'animal à bonne hauteur, sur une table. Pour les chats à robe courte, passez, une fois par semaine, la fourrure au peigne fin dans le sens du poil, puis à la brosse douce. Ensuite lustrez la robe avec un gant de velours si elle est sombre, une peau de chamois si elle est claire. Pour les chats à robe longue, le brossage doit être quotidien. Démêlez d'abord la fourrure avec soin au peigne métallique. Faites bien attention aux nœuds, que vous déferez poil par poil, à moins que vous ne soyez obligé de les couper à la base, avec des ciseaux à bouts ronds et en prenant garde à ne pas entamer la peau.

Commencez par démêler les pattes, puis le dos et les flancs, et enfin le ventre en faisant bouffer le poil. Brossez d'abord à rebrousse-poil puis dans le sens du poil et de bas en haut pour donner du gonflant à la collerette. Si le poil est un peu huileux, vous pouvez saupoudrer légèrement la fourrure de talc avant de commencer l'opération du brossage.

En période de mue – au printemps et à l'automne –, le brossage doit être quotidien, quelle que soit la longueur de la robe. (Les mues peuvent être plus fréquentes pour les chats vivant en appartement.)

Le bain

Le bain n'est pas pour le chat une habitude courante. Il ne s'impose que si le chat a accidentellement souillé sa robe, mais, si votre désir d'hygiène absolue est le plus fort, sachez qu'un bain tous les trois mois suffit amplement car des bains trop fréquents élimineraient le sébum protecteur du poil et la vitamine D que le chat renouvelle en se couchant au soleil. Évitez le bain si votre chat manifeste une franche horreur de l'eau. Néanmoins, la plupart des chats consentent au bain, certains

Le chat à sa toilette
Il se nettoie plusieurs fois par jour à grands coups de langue.

Le brossage
Un bon brossage quotidien est indispensable pour entretenir la robe d'un chat à poil long. Le chaton doit y être habitué très tôt et en douceur.

même l'apprécient, surtout s'ils y ont été accoutumés de bonne heure. Une baignoire de bébé ou une grande bassine en plastique posée sur une planche, par-dessus la baignoire, constitue le dispositif idéal. Plongez le chat dans l'eau tiède ou arrosez-le progressivement avec le jet de la douche au minimum de sa pression. Ne mouillez pas la tête et tenez solidement l'animal. Un assistant peut être utile si le chat est nerveux. Après un premier shampooing, rincez soigneusement et répétez l'opération si la robe est très sale. Utilisez un gant pour laver et rincer la tête.
À la différence du chien, le chat ne s'ébroue pas, aussi faut-il l'envelopper dans une serviette pour l'éponger, avant de le sécher avec un linge sec. Utilisez ensuite un sèche-cheveux silencieux ou un radiateur soufflant pour un séchage parfait.
Si votre chat est calme et apprécie ces attentions, vous pourrez le peigner et le brosser, sinon il vaudra mieux le remettre à l'abri dans son panier. Pour les chats réfractaires au bain, il existe des shampooings secs, moins efficaces et qui nécessitent ensuite un brossage vigoureux. Attention ! il ne faut jamais mouiller une fourrure qui n'a pas été au préalable parfaitement démêlée. Si de la colle souille la fourrure, évitez l'emploi de dissolvants, toxiques pour le chat. Laissez sécher et retirez le plus gros à la main. En cas d'échec, coupez les poils collés aux ciseaux. La peinture sera épongée avec du papier absorbant, et le poil lavé avec un savon doux et de l'eau tiède. Le goudron sera ramolli avec de l'huile végétale ou du beurre qu'on enlèvera ensuite avec du papier absorbant. Puis on lavera le poil comme ci-dessus.

Petits soins d'entretien

La chasse aux indésirables

La lutte contre les parasites externes est indispensable, sauf si votre animal vit enfermé et ne rencontre jamais d'autres animaux. Sinon, il risque d'avoir des puces, des tiques, voire des poux.
• **Les puces.** Le chat qui vit à la campagne ou s'ébat dans un jardin sera protégé par un collier antiparasite, efficace contre les puces. Certaines précautions sont à prendre avec les chatons, les chats malades et les chats allergiques à ce type de collier. N'oubliez pas de laisser le collier à l'air libre pendant une journée avant de le passer au cou de votre animal. Efficace pendant trois mois, il perd ses qualités s'il est mouillé. Le chat qui a des puces se gratte et sa fourrure présente des petits points facilement repérables près de la queue et sur le cou. Ces visiteuses indésirables sont dangereuses, car elles transmettent maladies et parasites, irritent la peau, provoquent des allergies et, si elles sont nombreuses, engendrent des anémies.
La liste des insecticides est longue, mais attention : ne les utilisez pas indifféremment ! Ceux qui sont destinés aux chiens peuvent être toxiques pour les chats. Choisissez de préférence aux poudres, difficiles à utiliser, des produits antiparasitaires sous forme de spray, un liquide à distiller entre les omoplates, des gouttes buvables ou des comprimés. Vous pouvez également faire un shampooing antiparasite à votre chat, ce qui ne le dispensera pas de porter un collier anti-puces. Le coin du chat, sa corbeille, son coussin doivent être régulièrement passés à la poudre insecticide. Mieux : vous pouvez traiter la maison avec un insecticide d'environnement.
• **Les tiques.** Fréquents à la campagne, ces parasites affectionnent surtout les chiens. Ils peuvent cependant se fixer derrière les oreilles du chat et sont faciles à repérer quand ils sont gorgés de

sang. Ne les arrachez pas sans les avoir au préalable endormis avec un coton imbibé d'éther; le rostre resterait fiché dans la peau de votre animal et pourrait former un abcès. Vous en débarrasserez votre chat à l'aide d'une pince à épiler. Un petit ustensile, disponible chez les vétérinaires, permet d'enlever les tiques sans avoir à les endormir.

• **Les poux.** Rares chez le chat, ils sont tenaces et plusieurs traitements sont en général nécessaires pour en venir à bout.

• **Les vers.** Le chat qui vagabonde à l'extérieur doit être régulièrement vermifugé par un produit polyvalent. Pour éviter la contamination, on obligera les enfants à se laver les mains soigneusement après avoir joué avec un chat, et on protégera le tas de sable qui leur sert de terrain de jeu avec une bâche en plastique, pour éviter que les chats et les chiens ne viennent le souiller de leurs déjections.

La bouche

Le tartre peut entraîner des affections des dents et des gencives. Le chat qui ronge des os ou mâche de la nourriture solide salive et élimine mécaniquement le tartre. Celui qui est exclusivement nourri de pâtée risque de devoir subir un détartrage aux ultrasons, pratiqué par le vétérinaire.
Pour prévenir le tartre, variez l'alimentation de votre chat: alternez pâtées, viande en morceaux et croquettes. On peut à la rigueur lui nettoyer les dents à l'aide d'une brosse à dents pour enfants. Frottez, une fois par semaine, ses gencives avec un dentifrice spécial vendu par les vétérinaires.

Le nez

Le nez d'un chat en bonne santé ne coule pas. Si cela se produisait, nettoyez les narines avec un coton imbibé d'eau tiède, pour éviter la formation de croûtes, et enduisez-les de vaseline.

Les griffes

Ces armes redoutables ne s'usent pas. Lorsqu'elles s'aiguisent exagérément, coupez-les à l'aide d'une pince à guillotine. Pour cela, maintenez fermement la patte de l'animal et pressez à la base de la griffe pour la déloger de son étui. Sectionnez la partie translucide et prenez garde à ne pas entamer la partie rosée, qui renferme nerfs et vaisseaux sanguins. L'ablation des griffes, réclamée par certains maîtres sur des chats qui commettent trop de dégâts, est une intervention mutilante. Les chats opérés sont incapables de se défendre et de grimper aux arbres. Si, exceptionnellement, elle est envisagée, l'opération doit être pratiquée sur des animaux qui ne sont pas appelés à sortir. Elle consiste à sectionner des ligaments sous la dernière articulation, aux pattes avant, et comporte des risques d'infection.

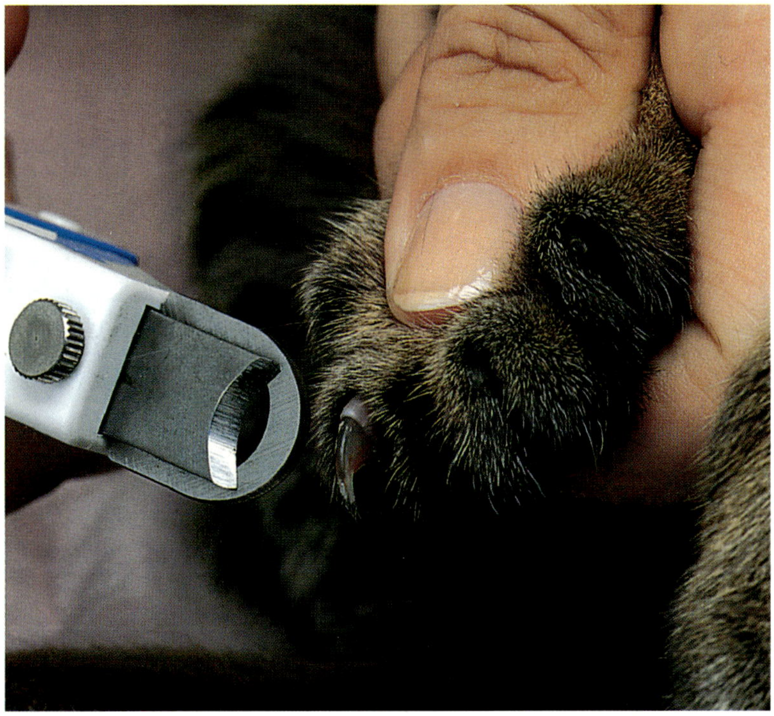

La coupe des griffes
Cette opération délicate exige de la précision et du doigté pour ne pas entamer la partie rose de la griffe, au risque de faire souffrir le chat.

Les yeux

Chez certains chats dont les yeux coulent, il se forme un dépôt brunâtre très inesthétique sur les robes claires. Un nettoyage quotidien avec un coton imbibé de camomille est indispensable. Il

Le tatouage

Depuis le 1er janvier 1999, tous les chats vendus ou cédés à titre gracieux par un éleveur doivent être obligatoirement tatoués avant la transaction. Ceux qui sont appelés à séjourner en camping ou en centre de vacances ou dans les régions contaminées par la rage doivent être tatoués et vaccinés. Le tatouage est un numéro unique, composé de lettres et de chiffres indélébiles inscrits au dermographe, sous anesthésie générale, sur la face interne de l'oreille droite du chat. Ce matricule correspond à une carte à trois volets, assortie d'un double, où figurent le numéro d'identification, la race et le signalement du chat, les nom, adresse et signature du vétérinaire ayant effectué le tatouage, et les coordonnées du maître. Les chats tatoués sont recensés au Fichier national félin (FNF), où quelque 2 millions de chats sont déjà enregistrés. Dès que l'animal est tatoué, le propriétaire reçoit sa carte d'immatriculation. En cas de perte d'un chat, l'informatisation du fichier permet de prendre contact rapidement avec le maître et facilite la recherche de l'animal. Le propriétaire conserve l'un des volets et envoie l'autre sans délai au FNF. Le vétérinaire est tenu d'en conserver le double pendant trois mois au moins. S'il change d'adresse, le propriétaire en informe le FNF qui établira une nouvelle carte. En cas de vente du chat, l'ancienne carte est renvoyée au plus tard le jour qui suit la vente et le nouveau propriétaire en reçoit une nouvelle.

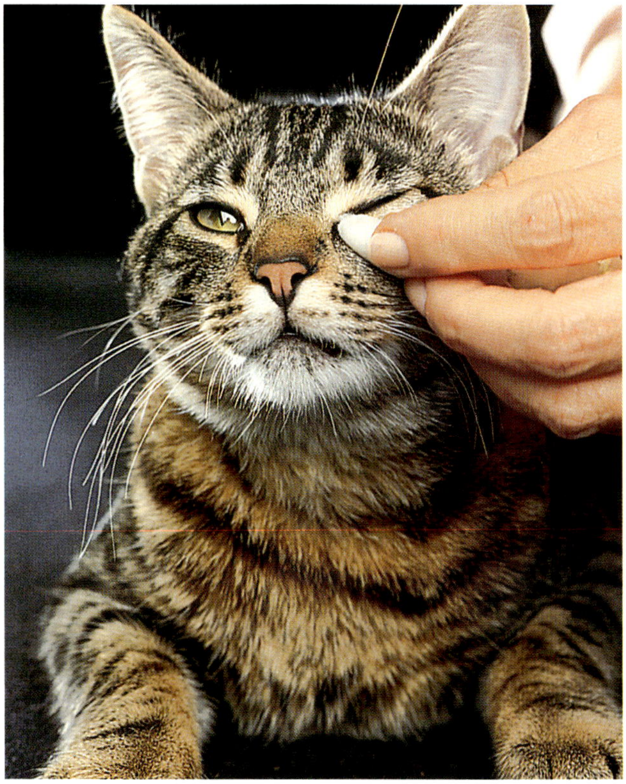

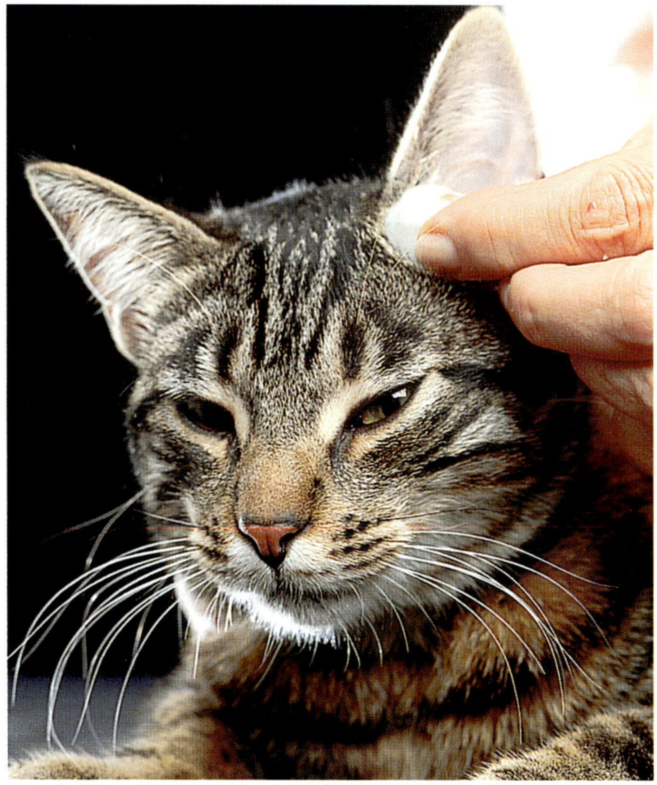

Soins des yeux
Si un chat à fourrure claire a les yeux qui coulent, un nettoyage quotidien s'impose. Pour les fourrures sombres, un soin hebdomadaire suffit.

Soins des oreilles
Examinez l'intérieur des oreilles de votre chat une fois par semaine et ne laissez pas le cérumen s'accumuler.

faudra changer le coton pour chaque œil. Ce traitement devra être hebdomadaire chez les chats à fourrure sombre.

Les oreilles

Il est recommandé d'examiner les oreilles de votre chat une fois par semaine. Si elles sont envahies de poils, on les épilera doucement à la main. Ne laissez pas le cérumen s'accumuler. Nettoyez l'intérieur de l'oreille en faisant tourner doucement un bouchon de coton imbibé d'eau tiède. Laissez le chat secouer la tête et passez un coton sec sur l'extérieur de l'oreille. Évitez l'emploi de l'huile d'amande douce et de l'alcool, et l'utilisation du Coton-Tige.

Les soins courants

Donner un comprimé ou des gouttes à un chat, lui prendre la température ou le panser ne sont pas toujours faciles. Il faut savoir être patient, posséder la technique, et les précautions ne sont pas inutiles pour éviter morsures et coups de griffes. Si votre chat est nerveux, une aide n'est pas superflue. Pour le contenir, demandez à quelqu'un de le maintenir fermement à plat sur une table, en appuyant sur son arrière-train et en immobilisant ses pattes avant.

Donner un médicament

Une fois le chat ainsi maintenu, d'une main appuyez aux commissures pour l'obliger à ouvrir la bouche, de l'autre introduisez le comprimé ou la pilule le plus loin possible au fond de la gorge. Maintenez ensuite la bouche fermée le temps qu'un réflexe de déglutition se produise. Pour administrer un comprimé, on peut également le réduire en poudre et l'incorporer à la nourriture du chat, si l'odeur n'est pas répulsive. On peut aussi mélanger le comprimé réduit en poudre à du lait concentré et en enduire la patte du chat, lequel ne manquera pas de se lécher.

• **Des gouttes ou un sirop.** Si le chat refuse le médicament dans sa pâtée, mettez celui-ci dans une seringue sans aiguille que vous introduirez dans la gueule de l'animal, par le côté et derrière la barrière des dents. Laissez couler doucement.

• **Des gouttes dans le nez.** Faites-vous aider pour tenir le chat. D'une main tenez fermement la tête au niveau de la nuque, de l'autre instillez doucement les gouttes dans chaque narine.

• **Des gouttes dans l'œil.** Le chat étant maintenu comme ci-dessus, faites couler le liquide ou la pommade directement sur la cornée, le compte-gouttes ou le tube étant tenus en arrière et au-dessus de l'œil de l'animal pour ne pas l'effrayer.

Badigeonner la gorge

Ouvrez la gueule du chat d'une main en appuyant aux commissures de ses lèvres. Maintenez l'animal dans cette position et, de l'autre main, introduisez dans sa gueule un coton préalablement imbibé du produit à badigeonner. Le chat va mâchonner un instant le coton avant de le recracher, mêlant ainsi le produit à sa salive.

Prendre la température

Faites-vous aider pour maintenir le chat immobile sur une table en appuyant sur ses épaules. Soulevez la queue et introduisez un thermomètre enduit de vaseline dans l'anus. Laissez-l'y une minute. La température normale du chat est de 38,5 °C. À partir de 40 °C, il faut considérer que la température est élevée.

Mettre un suppositoire

Le chat étant maintenu dans la même position que pour la prise de température, mettez un gant et introduisez profondément le suppositoire enduit de vaseline. Maintenez la queue plaquée contre l'anus pour éviter l'expulsion.

Faire une piqûre sous-cutanée

Les piqûres sous-cutanées sont à la portée de tout le monde, alors que les intraveineuses et les intramusculaires sont du ressort du vétérinaire. Le chat étant maintenu à plat ventre sur une table, tirez la peau au-dessus du cou, désinfectez avec un coton imbibé d'alcool à 90° ; enfoncez l'aiguille d'un coup sec, parallèlement à la peau, et pressez doucement le piston de la seringue.

L'ARMOIRE À PHARMACIE

- Alcool à 90° pour désinfecter.
- Bétadine pour les blessures.
- Pommade antibiotique.
- Gel gastro-intestinal et antivomitif.
- Sirop contre la toux.
- Vermifuge : à donner deux fois par an.
- Lotion contre les démangeaisons.
- Antinauséeux et calmant pour le voyage.
- Produit pour nettoyer les oreilles.
- Pommade pour les coussinets.
- Thermomètre, coton, compresses stériles, bandes normales et élastiques, sparadrap, écouvillons.
- Pince à épiler pour retirer les épines.
- Pince à guillotine pour les griffes, ciseaux à bouts ronds.
- Attention à l'utilisation de l'aspirine chez le chat (précautions à prendre).

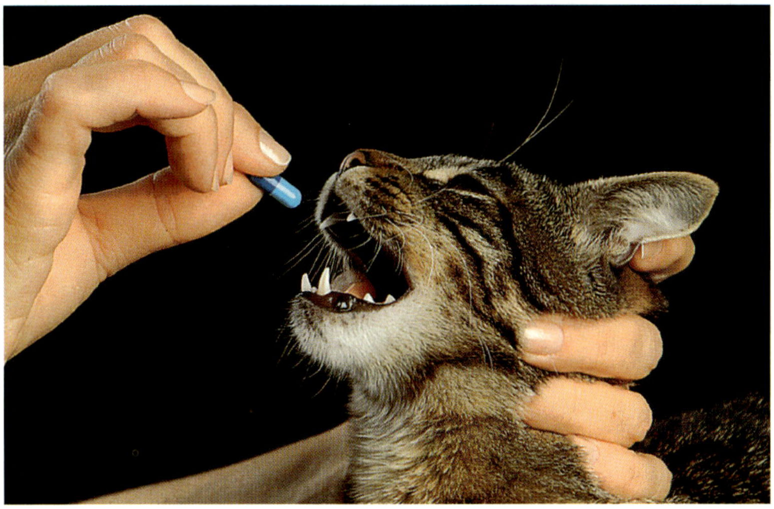

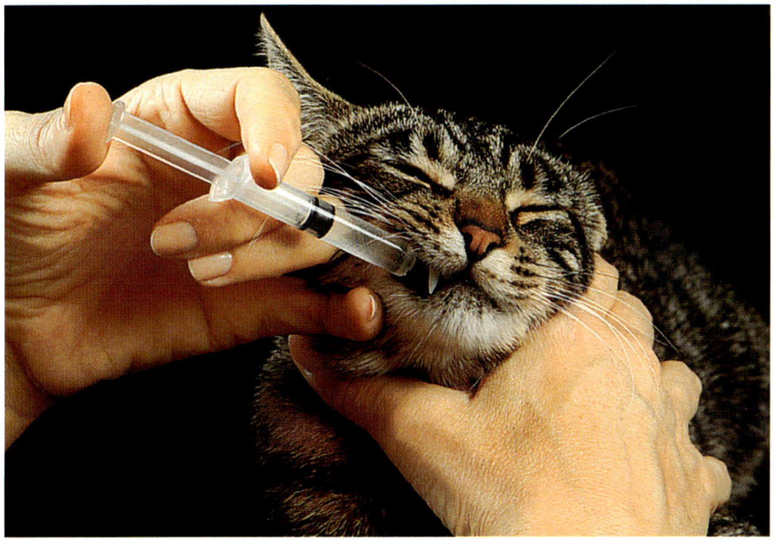

Administration d'un médicament
Un comprimé ou une gélule doit être introduit loin au fond de la gorge. Un médicament liquide sera administré avec une seringue sans aiguille.

Faire un pansement

Pour bander une patte, faites passer la bande au-dessus et au-dessous de l'articulation. Pour panser la tête, faites un bandage en huit, en passant autour des oreilles que vous laisserez libres. Pour la queue, fixez d'abord un long morceau de la bande dans le sens de la longueur, puis faites tourner le reste autour. Pendant le pansage, un chat remuant devra être maintenu par une tierce personne.

Porter son chat blessé

Si votre chat est agressif, enveloppez-le dans une grande serviette et transportez-le dans une caisse assez grande. Sinon, prenez-le en le tenant d'une main sous la poitrine, de l'autre sous l'arrière-train. Si vous redoutez une fracture de la colonne vertébrale, déplacez-le le moins possible et transportez-le sur une planche que vous aurez doucement glissée sous son corps.

Voyages et vacances

Si le chat est un chasseur hardi et rusé, il craint la pluie et le froid et se complaît à la vie en appartement. Le chat citadin ne se déplace pas, si ce n'est pour rendre visite à son vétérinaire. Mais les vacances l'obligent souvent à être un voyageur malgré lui.

En ville

Grâce à sa petite taille, le chat a accès gratuitement à tous les moyens de transports urbains, à condition qu'il soit enfermé dans un sac ou un panier. Son transport en taxi dépend du bon vouloir du chauffeur, mais il est rare de se voir refuser une course à cause d'un chat. Si votre chat est nerveux, parlez-lui doucement afin de le rassurer. Les voyages plus lointains nécessitent davantage d'organisation.

En train

Vous pouvez transporter votre chat – si vous avez acquitté le prix de sa place – dans un panier, un sac ou une cage. Le panier d'osier est le plus stable et le plus confortable, même s'il existe aujourd'hui des sacs de luxe avec « hublot-espace ». Prenez la précaution d'en tapisser le fond de papier journal pour éviter tout risque de fuite intempestive. Les chats répugnent à rester enfermés trop longtemps. Prévoyez une laisse de façon à le prendre sur vos genoux de temps en temps et proposez-lui à boire.

Le chat globe-trotter
Cette cage est agréée par les compagnies aériennes.

En voiture

Avant de prendre la route avec votre chat, il n'est pas inutile de le familiariser avec la voiture en l'habituant à de courtes promenades. S'il est nerveux, administrez-lui un calmant une demi-heure avant le départ. Les médicaments contre le mal des transports sont en vente en pharmacie.
Pour votre confort et celui de votre petit passager, installez son panier sur la banquette arrière. En aucun cas il ne doit voyager dans le coffre. Un chat paisible restera volontiers sur la plage arrière, tenu en laisse par précaution, avec son bac à proximité. Laisser un chat en liberté dans une voiture en marche peut être à l'origine d'un accident grave. Si vous faites un long voyage, prévoyez de vous arrêter tous les deux cents kilomètres pour lui donner à boire et autorisez-lui une petite promenade hygiénique en laisse.
Inutile de le nourrir durant le voyage. Un repas léger avant le départ suffit. Attention au coup de chaleur ! Ne laissez surtout pas votre chat vous attendre à l'heure du déjeuner dans une voiture en plein soleil, même avec les vitres entrouvertes.

En avion

La gent féline n'apprécie guère les transports aériens. L'administration d'un calmant et les conseils d'un vétérinaire sont vivement recommandés avant le départ.

À l'hôtel

Le chat est le bienvenu dans un grand nombre d'établissements hôteliers signalés par les bons guides. Prévoyez le bac et la corbeille indispensables à son confort, et placez l'un dans la salle de bains, l'autre dans la chambre. Un chat laissé seul dans une pièce inconnue peut miauler de détresse et déranger tout l'étage. Il est préférable de l'emmener dans son panier au restaurant.

En camping

Tous les terrains de camping n'acceptent pas les animaux, même vaccinés, et il est plus prudent de se renseigner au préalable. Seuls les chats paisibles et non fugueurs apprécieront les vacances sous la tente ou en caravane, les autres risquent de perturber, voire de gâcher, les vacances de leurs maîtres.

Si vous passez vos vacances à la mer, évitez de l'emmener à la plage et de le laisser attaché au pied du parasol : le chat n'est pas un animal de garde.

À la campagne

Tenez-le enfermé un jour ou deux, s'il ne connaît pas les lieux, pour lui permettre de s'habituer. Évitez les risques de bagarres, en particulier pour le chaton et le chat âgé. Veillez à ce qu'il ne s'éloigne pas de la maison, sous peine d'être pris dans un piège ou victime d'un coup de fusil. S'il n'est pas tatoué, faites-lui porter un collier avec vos nom et adresse. Inspectez régulièrement sa fourrure, pour le débarrasser des parasites, et ses pattes, où des épines et des épillets peuvent se loger. Les poisons destinés à détruire les animaux nuisibles peuvent lui être fatals.

En pension

Vous devez vous séparer de votre chat pendant quelque temps ? Bien soigné, il survivra à l'épreuve. S'il est indépendant, vous pouvez le laisser à la maison à condition qu'une personne de confiance vienne prendre soin de lui. Une visite quotidienne s'impose, deux sont préférables. Vous pouvez installer chez vous un ami ou un parent désireux de visiter votre ville ou votre région, et qui s'occupera de son petit hôte silencieux. Vous pouvez également le confier à un propriétaire de chats de vos amis, qui en usera de même avec vous pendant ses vacances.
Il existe des pensions à tous les prix, sérieuses et moins fiables, luxueuses et sommaires. Vous vous en procurerez la liste auprès des sociétés de protection animale (qui ne s'en portent pas garantes), dans la presse animalière et les pages jaunes, sur le Minitel ou sur Internet. N'hésitez pas à réserver en mai pour le mois d'août, surtout en ville.

Précautions à prendre

Comparez les prix et les services. Les pensions trois étoiles sont les plus chères, mais pas nécessairement les meilleures. N'hésitez pas à vous rendre sur place pour vérifier la propreté et la taille des boxes, l'état des animaux, etc. Les établissements sérieux, qui travaillent en liaison avec un vétérinaire, vous réclameront le carnet de vaccination à jour du petit pensionnaire. Le vaccin antirabique est obligatoire dans tous les départements où sévit la rage.

Persan en voyage
Les paniers en osier ou de plastique rigide, légers et aérés, sont à la fois confortables et pratiques.

Avant la mise en pension de votre chat, et pour prévenir tout risque de maladie grave pendant son séjour, faites-le vacciner et par la même occasion faites-lui passer une visite et établir un certificat de bonne santé. Les frais de vétérinaire d'un chat pendant son séjour en pension sont à la charge du maître, mais, si l'animal a été contaminé pendant son séjour, vous pouvez engager la responsabilité de l'établissement, à condition d'avoir un carnet de santé à jour.
Votre chat se sentira moins dépaysé si vous lui laissez son coussin ou sa corbeille. N'oubliez pas de fournir la photocopie de son carnet de santé et les coordonnées d'une personne à contacter en cas de problèmes sérieux. Le chat en pension peut en effet se laisser dépérir. N'hésitez pas à téléphoner pour prendre de ses nouvelles.
Dans un bon établissement, son caractère, ses préférences alimentaires et, le cas échéant, son régime seront pris en compte. N'omettez pas de signaler que votre chatte est en chaleur, si c'est le cas. Vous risqueriez de vous retrouver avec une portée de chatons que vous auriez bien du mal à offrir au directeur de la pension… Un dernier conseil : il vous sera demandé des arrhes lors de la réservation, exigez un reçu en échange.

Amours félines

Grandes amoureuses, les chattes sont aussi très prolifiques et peuvent donner naissance à trois portées par an. À moins de vous sentir une vocation d'éleveur – avec l'attention et la patience que cela suppose – et d'avoir la certitude de placer les chatons, mieux vaut faire stériliser votre chatte.

Des amours tumultueuses

L'activité sexuelle des chats se déroule en été, au début de l'automne et à la fin du printemps, où elle atteint son paroxysme.

L'apparition des chaleurs chez la femelle peut être favorisée par la lune, un changement brutal du temps ou la présence de mâles dans les parages.

Les chattes d'appartement, isolées, ont des chaleurs moins fréquentes et plus courtes que celles qui vivent en liberté. La solitude peut même empêcher l'apparition des chaleurs.

Certaines chattes sont capables de se reproduire dès l'âge de quatre mois, les races à poil court étant plus précoces que celles à poil long. On compte en moyenne trois cycles de trois semaines par an, et la chatte est fécondable pendant six à dix jours par cycle.

Mâles et femelles connaissent en règle générale des amours tumultueuses. Dès le début de l'œstrus, la chatte change de voix et lance des miaulements plaintifs en guise d'appels au mâle. Sa vulve gonfle et elle recherche les caresses. Il lui arrive même de déroger à ses habitudes de propreté pour uriner hors de son bac. Si certaines chattes en chaleur se contentent de rouler sur le dos en ronronnant, d'autres, moins discrètes – les Siamoises par exemple –, sont prises de frénésie et miaulent sans répit sur un ton aigu (un séjour dans une pièce noire et silencieuse pourra tenter de les calmer).

La proximité d'une femelle en chaleur ne manque pas de troubler le mâle. Enfermé dans un appartement, il lance son cri de parade, cherche à fuguer à la première occasion et dépose partout des marques d'urine à l'odeur âcre et tenace. Ne laissez pas les fenêtres ouvertes, il risquerait de sauter dans le vide. En l'absence de femelle, il n'hésite pas à poursuivre les autres mâles de ses assiduités.

En liberté, les mâles se livrent des combats sanglants pour remporter les faveurs de la femelle en chaleur, et vont jusqu'à tenter de castrer leurs rivaux à coups de dents. Évitez de lâcher un jeune mâle si des femelles en chasse rôdent dans les parages. Agressé par les vieux matous du quartier, il risquerait de revenir en piteux état, avec une mauvaise plaie causée par les crocs d'un jaloux.

L'accouplement
Après une cour spectaculaire et bruyante, la saillie est brève et brutale.

Le choix de l'étalon

Même si la chatte est sans pedigree, pour avoir de beaux chatons, il est préférable de l'accoupler avec un mâle dont la robe s'accorde avec la sienne pour la couleur et la longueur. Le propriétaire d'une chatte de race doit sélectionner l'étalon avec soin, prendre connaissance de ses origines et obtenir un certificat de santé attestant qu'il n'est atteint d'aucune maladie qui serait contagieuse.

Les services d'un étalon sont payants. Le prix de la saillie est à débattre entre les propriétaires. Le maître de l'étalon peut réclamer en paiement le plus beau chaton de la portée. La chatte doit être elle aussi en bonne santé et de préférence vaccinée avant l'accouplement. Il est recommandé de lui administrer un vermifuge polyvalent avant sa rencontre avec le mâle. Évitez d'accoupler une femelle et un mâle présentant les mêmes défauts, les chatons issus du croisement risqueraient d'hériter ces mêmes anomalies en plus graves.

Vous trouverez un étalon en vous adressant à un club de race ou au vétérinaire, en passant une annonce dans la presse spécialisée ou en consultant le Minitel et les sites Internet.

Les présentations

L'expérience montre qu'il est préférable de conduire la femelle chez le mâle pour que la rencontre porte ses fruits, et de les laisser en présence pendant trois ou quatre jours. Laissez la chatte explorer seule le territoire à sa guise avant de lui présenter le mâle.

Les chatteries disposent de pièces spéciales coupées par un grillage, ce qui permet aux deux animaux de se flairer et de se regarder à loisir. La chatte a la possibilité de se soustraire aux regards du mâle dans un coin ménagé à cet effet. Les deux partenaires sont ensuite mis en présence. La femelle commence en général par cracher et montrer les griffes, tandis que le mâle appelle sur un ton plaintif. S'il a déjà de l'expérience ou si le couple se connaît, la parade sera brève.
Un chat inexpérimenté qui tenterait de monter une femelle non consentante déclencherait à coup sûr une vigoureuse réaction d'agressivité. Il est donc conseillé de mettre un mâle novice en présence d'une femelle paisible ou ayant déjà été saillie.
Le maître observera les deux partenaires discrètement et interviendra en cas de rejet manifeste. Le vétérinaire prescrira un calmant pour une chatte trop nerveuse, voire même l'insémination artificielle. À moins que le maître ne désire renouveler l'expérience avec un nouveau mâle.

L'accouplement

Quand la chatte se montre réceptive, elle se laisse approcher, flairer et même lécher par le mâle. Puis elle relève l'arrière-train, présente sa vulve et met sa queue sur le côté tandis qu'elle pétrit le sol de ses pattes avant, dans une attitude évoquant celle adoptée pendant les chaleurs. Le mâle la chevauche brutalement et lui maintient la nuque à l'aide de ses dents et de ses pattes avant.
La saillie est rapide et peut se produire jusqu'à dix fois en une heure. Au moment de l'éjaculation du mâle, la femelle laisse échapper un cri aigu caractéristique, réaction aux sensations vaginales provoquées par les papilles cornées dont est hérissé le pénis du mâle. La séparation est immédiate et la femelle se retourne contre le mâle, dans un comportement propre à la famille féline. Après l'accouplement, la chatte se détend, roule sur le dos et ronronne avant de faire sa toilette. Il arrive aussi qu'elle distribue des coups de griffes, à la vive surprise du mâle qui, quoique polygame, est tout prêt à manifester sa tendresse et à lécher sa partenaire du moment.
Une chatte non fécondée continue à lancer ses miaulements plaintifs et il faut envisager de la présenter de nouveau à l'étalon.
Pendant la semaine qui suit la monte, il est plus prudent d'empêcher la femelle de sortir pour lui éviter d'être saillie par d'autres mâles et de nouveau fécondée. L'accouplement déclenchant l'ovulation, la chatte pond en effet une dizaine d'ovules qui peuvent être fécondés par différents mâles. Ce phénomène, dit de superfétation, se traduit par la naissance de chatons de géniteurs différents, ce qui présente quelques inconvénients si l'on possède une chatte de race.
Si une chatte de race se laisse séduire par un chat de gouttière, la portée qui résulte du croisement est altérée. Mais, si la chatte s'accouple lors des chaleurs suivantes avec un partenaire de sa race, les chatons de cette nouvelle portée seront de pure race, contrairement à ce qu'on croit souvent.
Après une saillie non désirée, l'ovulation peut être stoppée par une injection pratiquée dans les vingt-quatre heures qui suivent.
Une chatte saillie ne donne pas toujours naissance à des chatons. Sa fertilité peut être perturbée par une alimentation déséquilibrée, une carence en vitamines A et en iode, une infection de l'utérus, des problèmes hormonaux ou urinaires, des kystes ovariens, etc. Une consultation est alors nécessaire pour identifier le problème.

Contraception et stérilisation

Pilule et piqûre contraceptives. Ce sont les deux moyens de contraception utilisés pour les chattes. La pilule supprime ou retarde le cycle en cours. Elle est administrée avant les chaleurs, ou au plus tard dès les premiers signes. La piqûre bloque le cycle de la femelle pendant six à huit mois. La contraception ne se pratique que sur une chatte à l'appareil génital sain, et il est indispensable de lui permettre d'avoir des chaleurs normales de temps en temps.
La stérilisation de la chatte. Chez la femelle, la stérilisation consiste en une ovariectomie, ou ablation des ovaires, qui se pratique à partir de 6 ou 7 mois, même si elle n'a pas eu ses chaleurs.
Il est possible d'opérer une chatte plus âgée, même si elle a eu plusieurs portées. L'intervention se fait toujours sous anesthésie générale.
La chatte vous sera en général rendue le soir même et les points de suture seront retirés une dizaine de jours plus tard.
La castration du mâle. Le mâle qui vit en appartement et ne peut assouvir son instinct sexuel sera moins perturbé et plus facile à vivre s'il est castré.
La castration fait aussi disparaître l'odeur forte de l'urine du mâle. L'intervention, des plus bénignes, se pratique également sous anesthésie générale. Elle peut intervenir dès l'âge de six mois, mais il est préférable d'attendre huit ou neuf mois, quand le chat est définitivement formé.
Effets et méfaits. La castration rend les chats plus doux mais en aucun cas amorphes, contrairement à ce qu'on croit souvent.
Seul inconvénient, les animaux castrés sont guettés par l'obésité, que l'on préviendra en réduisant d'un tiers leur ration quotidienne et en les encourageant au jeu. Un moyen contraceptif temporaire ou définitif, administré à la chatte, évite au maître de la faire avorter grâce à des injections pratiquées dans les douze jours suivant la saillie. La pratique répétée des avortements peut être dangereuse pour la chatte. La contraception contribue à limiter le triste problème de l'euthanasie des chatons et de leur abandon. Il n'est pas rare de voir des portées – que l'on n'a pas réussi à placer – lâchées dans la nature avec l'espoir qu'elles rencontreront une âme compatissante. En réalité, les chats rejetés finissent en sursis au refuge, ou deviennent des chats errants, bel et bien abandonnés.

Gestation et mise bas

Caressante et calme, la chatte qui attend des petits réclame de vous une attention redoublée. Votre présence discrète mais amicale pourra se révéler utile pendant toute cette période, et même au-delà.

La gestation

La chatte porte ses petits entre 65 et 69 jours et réclame, au cours de cette période, davantage de soins et une alimentation plus riche. Vous augmenterez progressivement ses rations quotidiennes vers la fin de la période de gestation, et tiendrez compte de ce qu'elle mange par petites quantités, du fait de la compression de son estomac par la masse des fœtus.

Le début de la gestation passe presque inaperçu. Vers la quatrième semaine, la palpation prudente révèle des embryons de la grosseur d'une bille. Le ventre de la chatte commence à s'arrondir. Vers le trente-cinquième jour, un halo rose apparaît autour des tétons et les mamelles se mettent à gonfler. La chatte est de moins en moins alerte et grossit.

Une douzaine de jours avant la mise bas, on peut sentir les chatons bouger. La dernière semaine, la future mère donne des signes de nervosité et arpente la maison à la recherche d'un nid.

Vous pourrez lui installer un carton garni d'un coussin recouvert d'un linge propre, dans un coin tranquille, à l'abri des courants d'air, mais il est possible qu'elle jette son dévolu sur un fauteuil, un lit, un tiroir ou le fond d'une armoire. Si vous ne voyez pas d'inconvénient à son choix, vous vous bornerez à disposer un linge propre à l'endroit voulu.

Dans le cas contraire, vous interdirez fermement le lieu qu'elle aura choisi pour lui permettre d'en chercher un autre. La veille de l'événement, la chatte fait de nombreuses incursions dans son nid et donne des signes d'inquiétude, mais, au moment de la mise bas, elle se montre discrète et la naissance peut se dérouler à l'insu du maître.

QUAND FAUT-IL INTERVENIR ?

- Si la mère ne débarrasse pas spontanément le chaton de la membrane qui l'enveloppe, dégagez le museau du nouveau-né avec un linge propre et présentez-le à la chatte. Si elle se refuse à le lécher, frictionnez-le doucement avec une serviette pour l'empêcher de prendre froid et stimuler sa respiration.
- Si la mère ne réussit pas à expulser un chaton en dépit de ses efforts, enduisez la vulve de vaseline et tirez doucement la tête du chaton. Cette traction, associée aux poussées de la mère, suffit en général à le libérer. Sinon, il faut réclamer l'assistance du vétérinaire.
- Lorsqu'un chaton ne respire pas, dégagez la membrane qui obstrue le museau à l'aide d'un linge propre, et frictionnez l'animal pour stimuler sa respiration. Prenez-le délicatement et balancez-le la tête en bas pour le débarrasser des mucosités qui l'empêchent de respirer. L'ultime solution sera de pratiquer le bouche-à-bouche.
- Si la chatte ne tranche pas elle-même le cordon, faites-le à sa place avec une paire de ciseaux stérilisés, à 3 cm environ du nombril. Nouez ensuite l'extrémité du cordon avec un fil dentaire ou un fil passé dans une solution antiseptique.
- Il arrive que la chatte dévore sa progéniture après avoir coupé le cordon ombilical. La seule solution est de soustraire la portée à la mère. On la lui représentera un moment après et, si elle persiste dans son rejet, il faudra envisager une mère suppléante ou les élever sans son aide.
- Si un seul chaton est rejeté, c'est qu'il présente une tare ou une malformation. Dans ce cas, il faut mieux le faire euthanasier.

La mise bas

Le jour J, la vulve est dilatée, les contractions commencent et peuvent durer plusieurs heures, jusqu'à la perte des eaux, qui sera suivie de l'expulsion du premier chaton. Pendant les contractions, la respiration devient plus courte. La chatte émet parfois un ronronnement puissant très particulier, et il lui arrive de se montrer nerveuse. L'expulsion des chatons se fait au rythme d'un tous les quarts d'heure. Une portée moyenne en compte quatre ou cinq. La durée de la mise bas est variable. Il n'y a pas lieu de s'inquiéter si la mère ne montre aucun signe de perturbation. Dès qu'un chaton est expulsé, la chatte déchire à coups de langue râpeuse la membrane qui l'enveloppe, stimulant ainsi la respiration du nouveau-né. Ensuite, elle tranche le cordon ombilical et absorbe le placenta expulsé après chaque naissance, ce qui favorise la lactation. Elle lèche la région anale des chatons afin de stimuler leur fonction d'élimination.

Dans la majorité des cas, la chatte suit son instinct et tout se passe très bien, même si un chaton se présente le postérieur en premier. Si vous assistez à la naissance, restez discret et rassurez votre chatte de la voix si elle paraît nerveuse.

Après la naissance

La mère et ses petits ont besoin de tranquillité. D'instinct, la mère les réchauffe contre ses flancs et les lèche avec sollicitude. Guidés par leur odorat, les chatons trouvent les mamelles et s'endorment dès qu'ils ont tété.

Il faut attendre le lendemain de la mise bas pour changer la litière et éviter, pendant les premiers jours, de toucher les chatons. Ne laissez sous aucun prétexte les enfants s'approcher de trop près sous peine de les exposer à de sérieux coups de griffes. Les chattes les plus caressantes deviennent très agressives pour protéger leur progéniture. Ne cherchez pas les excréments des chatons, la chatte les absorbe. Si les petits ne crient pas, s'ils tètent vigoureusement entre deux sommes et si la mère est calme, tout va bien. Votre rôle se bornera à

Chatte persane et ses petits
Juste après la mise bas, la mère a besoin de tranquillité. Elle s'occupe très bien de ses chatons et, pendant les premiers jours, vous éviterez de les toucher.

pourvoir la mère en nourriture et en eau fraîche. Une femelle qui allaite a besoin d'une ration quotidienne deux fois supérieure à la normale, et jusqu'à cinq fois supérieure quand les chatons atteignent quatre à cinq semaines.

Le développement du chaton

À la naissance, le bébé chat est sourd et aveugle et pèse de 70 à 135 gammes. Incapable de se tenir sur ses pattes, il rampe, s'accroche à une mamelle et est totalement dépendant de sa mère.

Son cordon ombilical tombe au bout de deux ou trois jours. Ses yeux s'ouvrent au plus tôt le huitième jour. Son développement est rapide : à trois ou quatre semaines, il coordonne déjà ses mouvements et commence à marcher derrière sa mère, laquelle se déplace avec dignité, la queue en chandelle, en signe de ralliement.

Les jeux commencent dès la troisième semaine. À deux mois, quand le chaton est sevré, il se décide à faire preuve d'indépendance. La mère surveille sa portée et rappelle les téméraires à l'ordre quand elle ne les rapporte pas au nid par la peau du cou.

Les chatons élevés par leur mère prennent vite le chemin du bac et apprennent par imitation à recouvrir leurs excréments.

La mère pourvoyant à tous les besoins de sa famille, vous n'aurez rien à faire au cours des deux premiers mois, sinon lui éviter les inconvénients des courants d'air. Maintenez la température de la pièce au-dessus de 20 °C et, en cas d'apparition de diarrhée chez les petits, demandez conseil au vétérinaire. Un chaton qui ne joue pas souffre de troubles physiques ou psychologiques. Une vermifugation peut s'avérer nécessaire à la troisième semaine, sur les conseils du vétérinaire. Lorsqu'ils ont atteint huit semaines, vous pouvez jouer avec les chatons et favoriser ainsi leur socialisation.

Le sevrage

Dès la sixième semaine, les chatons peuvent absorber des bouillies lactées, des purées de légumes et de la viande hachée. Si le chaton ne sait pas laper, apprenez-lui à lécher un doigt trempé dans la bouillie.

Ne retirez pas trop précocement les chatons de la portée pour les donner, sous peine de les perturber. Il est bon d'attendre la sixième semaine, lorsqu'ils sont capables de se nourrir seuls.

Les chatons sevrés persistent souvent à vouloir téter en dépit du refus de la mère. On les dissuadera en enduisant les tétons d'un répulsif non toxique ou d'un mélange de vaseline et de quinine.

Ce qu'il ne faut pas faire

- Noyer un chaton indésirable ou mal formé. Le vétérinaire se chargera de l'euthanasier.
- Supprimer tous les chatons d'une portée. Il est nécessaire d'en laisser au moins un à la mère chatte.
- Imiter la mère et prendre les chatons par la peau du cou.
- Laisser la chatte en liberté avant le sevrage des petits. Si surviennent de nouvelles chaleurs, elle risque une nouvelle grossesse périlleuse pour sa santé.
- Laisser sortir les chatons avant leur première vaccination (neuf semaines après la naissance), et durant la semaine qui suit les premiers vaccins.

L'instinct maternel
La chatte assure naturellement tous les besoins de sa portée. Vous n'aurez à intervenir que si elle n'a pas assez de lait.

Soins des chatons après la naissance

Les chatons qui crient et s'agitent au lieu de dormir après la tétée ont faim. Il faudra leur donner le biberon pour pallier l'insuffisance de la lactation de la mère. Si, après la naissance des petits, la chatte refuse de s'occuper de sa portée, placez les petits dans une corbeille à 25 ou 30 °C. On peut obtenir cette température en plaçant auprès d'eux une bouillotte entourée d'un chiffon de laine, ou en installant la corbeille sous une lampe à infrarouge. Il faudra changer souvent les linges au fond de la litière.

Si vous devez aussi nourrir les petits : le premier jour, prélevez du colostrum en tirant sur les mamelles de la chatte, et donnez-le à absorber au compte-gouttes aux chatons. Ce liquide, qui précède le lait, sert à les immuniser. On donnera le biberon de huit à douze fois par jour au début, et, si l'on ne dispose pas de lait de chatte reconstitué (vendu en pharmacie), on utilisera un quart de lait de vache bouilli mélangé à un jaune d'œuf et à une cuillerée à café de lactose.

Si le chaton ne tète pas automatiquement, prenez-le fermement au creux de la main sans serrer, et touchez ses lèvres du bout de la tétine pour déclencher le réflexe de la succion. Il existe dans le commerce des biberons spéciaux, mais un biberon de poupée peut faire l'affaire. Utilisez une seringue hypodermique si le chaton est trop faible. Remplacez l'aiguille par un tube de plastique que vous glisserez avec précaution dans l'œsophage. Tous les objets utilisés doivent être lavés et stérilisés avec soin pour éviter tout risque d'infection.

Les premiers jours, nettoyez le tour de l'anus des chatons avec un coton imbibé d'eau tiède et massez-leur le ventre pour stimuler les fonctions d'élimination.

Dès la troisième semaine, il est souhaitable d'entraîner les chatons allaités artificiellement à boire dans une écuelle pour amorcer la préparation au servage. Enfin, il faut surveiller leur poids.

QUAND APPELER LE VÉTÉRINAIRE ?

Avant la naissance
- Si un liquide jaune verdâtre ou teinté de sang s'écoule de la vulve de la chatte.
- Si elle a un bassin trop étroit. On fera alors pratiquer une césarienne vers le 63e jour de la gestation.

Pendant la naissance
- Si elle fait deux heures d'efforts sans succès. Les chatons sont peut-être trop volumineux et une césarienne peut s'avérer alors nécessaire.
- Si après une première expulsion la chatte fait deux heures d'efforts sans résultat.
- Si, la tête du chaton apparaissant, elle ne réussit pas à l'expulser.
- Si elle est anormalement nerveuse et semble souffrir en pure perte.

Après la naissance
- Une hémorragie vaginale nécessite une consultation d'urgence.
- Si votre chatte se met à haleter et à trembler (signes d'une crise d'éclampsie), elle doit sans délai recevoir une injection de calcium.
- Si, douze heures après la mise bas, elle paraît anormalement fatiguée et nerveuse et manque d'appétit, n'hésitez pas à lui faire consulter le vétérinaire.
- Des pertes de sang malodorantes ou des sécrétions purulentes sont le signe de la métrite, une infection susceptible de se déclencher après une mise bas difficile, ou si un placenta n'a pas été expulsé. Dans ce cas, un traitement antibiotique est nécessaire.
- Il arrive qu'une partie de l'utérus, voire même la totalité de l'organe, descende dans le vagin. L'intervention immédiate du vétérinaire s'impose. En attendant, s'il est apparent au bord de la vulve, on la protégera avec un coton imbibé d'eau tiède, recouvert d'un linge propre.
- La vigueur des tétées au cours desquelles les chatons mordillent et griffent les mamelles peut entraîner une mammite, ou inflammation, qui peut également se produire lorsque la chatte a trop de lait.
  Des compresses adoucissantes à base de camphre soulageront la chatte, mais une consultation sera quand même nécessaire.

CHAPITRE 3

Nourrir son chat

Les bases de l'alimentation

En matière alimentaire, le comportement du chat renforce le particularisme de l'espèce. En résumé, c'est un buveur rare et sobre et un goûteur délicat ; il a de fortes préférences alimentaires, innées ou acquises surtout à la période du sevrage. C'est aussi un consommateur mesuré.

Un mangeur délicat

Le chat est exposé à la déshydratation. Il ajuste mal son abreuvement et tarde à boire plus, même quand ses besoins sont brusquement accrus, par exemple, lorsqu'il doit lutter contre une forte chaleur. En outre, sa production urinaire est faible (souvent une seule miction par jour) et ses urines très concentrées. Il faudra donc l'encourager à boire et ne pas le faire passer sans transition d'une ration humide à une alimentation sèche.
Pour sa nourriture, le chat manifeste des préférences marquées liées à l'odeur, la consistance et la texture des aliments, et à leur goût. Il flaire méticuleusement sa ration avant de manger, surtout si elle ne lui est pas familière. Il préfère les morceaux faciles à saisir (sans se salir les moustaches), les présentations humides, souples et onctueuses. Parmi les formes de nourriture sèche, il aime davantage les croquettes que les granulés ou les biscuits, mais apprécie peu les flocons et les farines.
Le chat mastique sommairement et déglutit vite. Toutefois, il est souvent moins glouton que le chien (et moins attiré par le sucré). En revanche, il serait peu sensible à la couleur de sa nourriture.
Le chat préfère manifestement les matières d'origine animale. Il apprécie généralement le poisson (particulièrement le saumon) et le foie (mais à l'état cru, celui-ci peut se révéler laxatif), puis les viandes (spécialement le poulet), avant les abats, et il ne prise guère le sang. Il aime davantage la viande grillée et les aliments composés humides (conserves) plutôt que ses propres proies s'il chasse.
Très fidèle à ses habitudes alimentaires, le chat est dépendant des goûts acquis surtout dès l'âge de 5 à 7 semaines, d'où la nécessité de bien l'éduquer lors de la préparation au sevrage.
Lors d'un changement de régime, on veillera à toujours lui ménager une transition gustative, en mélangeant progressivement sur plusieurs jours le nouvel aliment avec l'ancienne pâtée.
Quand il dispose librement de sa nourriture, le chat a tendance à grignoter. Il fait spontanément de multiples petits repas (7 à 16), largement répartis au cours de la journée et même de la nuit, et boit une vingtaine de fois par 24 heures.

Les principaux éléments nutritifs et leur rôle

La nature et la quantité des éléments nutritifs (ou nutriments) nécessaires au chat sont conditionnées par la digestion. Tous les aliments sont composés d'eau et de matière sèche. Cette dernière est consti-

Le chat à table
Il est sensible à l'odeur, au goût et à la texture des aliments. Veillez à lui offrir une alimentation équilibrée et n'oubliez pas l'eau fraîche.

tuée de diverses matières minérales et de matière organique dans laquelle on distingue les glucides, les lipides (matières grasses) et les protides ou protéines.

Les glucides

L'amidon en est le meilleur représentant. Abondant dans les céréales (riz, blé, maïs, orge…) et leurs dérivés ainsi que dans les pommes de terre, il faut qu'il soit très cuit (plus que pour l'homme) pour pouvoir être bien digéré par le chat.

La cellulose brute se trouve dans le tissu de soutien des légumes verts et des enveloppes de céréales. Presque totalement indigestible par les carnivores, la cellulose n'intervient que par son rôle de stimulant de l'intestin. Elle contribue ainsi à l'hygiène digestive du chat et prévient la constipation et ses complications. Elle permet aussi, donnée en plus forte proportion, d'abaisser le niveau alimentaire réel sans réduire le volume de la ration.

Les lipides

Ce sont d'abord des sources énergétiques appétissantes très concentrées. Bien digérées et métabolisées par les carnivores, elles sont particulièrement utiles pour augmenter la valeur énergétique de la ration, notamment pour des femelles en période de reproduction; inversement, leur excès prédispose à l'obésité les chats sédentaires ou vieillissants.

Surtout, les lipides doivent contenir des acides gras essentiels (A.G.E.), dont l'organisme du chat ne sait pas assurer la synthèse, mais qui contribuent à la prévention des maladies de la peau et des altérations de la fourrure, de la surcharge graisseuse du foie, de l'infertilité… Les meilleures sources d'A.G.E. sont habituellement les huiles végétales (de maïs, de tournesol ou de pépins de raisin), mais aussi d'origine animale (graisses de porc ou de volaille, chair de poisson). Ces matières grasses ne doivent être utilisées que très fraîches ou parfaitement conservées.

Les protéines

Les protéines, abondantes dans l'œuf, le lait et ses dérivés, le poisson, la viande, les levures et les légumineuses (pois, haricots secs), jouent un rôle important dans la production de substances essentielles au bon fonctionnement de l'organisme: enzymes (digestives et métaboliques), hormones et anticorps (qui conditionnent la résistance immunitaire). Les protéines sont encore plus indispensables, lors de la gestation, de la lactation et de la croissance des jeunes.

Les minéraux

Les minéraux ont des fonctions irremplaçables, soit comme constituants structuraux (par exemple dans l'os), soit comme régulateurs des échanges cellulaires (dans le sang, en particulier), ou comme activateurs des réactions biologiques.

On distingue:

– les macro-éléments: calcium et phosphore (essentiels à la minéralisation osseuse), sodium, potassium et magnésium;

– les oligo-éléments: fer, cuivre, zinc, manganèse, iode, sélénium.

Les vitamines

Composés organiques indispensables à la vie (d'où leur nom), les vitamines sont solubles soit dans les matières grasses (liposolubles), soit dans l'eau (hydrosolubles).

– Les vitamines liposolubles (A, D, E, K) se concentrent dans les lipides (œuf, crème du lait, huile de poisson). Ces vitamines, consommées

Caractéristiques et fonctions des principaux minéraux

Minéraux	Sources alimentaires	Fonctions
Calcium (Ca)	lait, fromage	formation des os et des dents, coagulation sanguine, transmission nerveuse
Phosphore (P)	lait, fromage, viande, volaille, grains de blé	formation des os et des dents
Potassium (K)	viande, lait, nombreux fruits	équilibre hydrique de l'organisme, fonction nerveuse
Sodium (Na)	sel de table	équilibre hydrique de l'organisme, fonction nerveuse
Magnésium (Mg)	grains de blé entier, légumes à feuilles vertes	fonctions métaboliques, neuromusculaire, enzymatique, cellulaire, coagulation sanguine
Fer (Fe)	œufs, viande, légumes à feuilles vertes	constituant de l'hémoglobine et d'enzymes participant au métabolisme de l'énergie
Cuivre (Cu)	viandes, foie	croissance cellulaire, formation de l'hémoglobine, fixation du calcium et du phosphore
Zinc (Zn)	viandes, foie	élaboration protéique: croissance, cicatrisation, production d'anticorps
Iode (I)	poisson, sel marin	fonction thyroïdienne
Sélénium (Se)	poisson, foie	protection musculaire, anti-oxydation des graisses

avec excès, exposent à des intoxications (hypervitaminoses) qui se révèlent souvent plus dangereuses pour le chat que les carences.
– Les vitamines hydrosolubles (B1, B2, PP, B6, B12, H...) sont largement répandues dans les aliments d'origine animale et végétale. L'organisme du chat ne pouvant les stocker que faiblement, il faut lui en fournir de façon régulière et en quantité importante, d'autant qu'il n'y a pas, avec ce type de vitamines, de risque d'hypervitaminose.

La digestion des aliments

L'appareil digestif du chat est relativement simple. Son estomac est une poche volumineuse. Cet organe étant capable de jouer le rôle de réservoir prédigestif, les repas d'un chat peuvent être relativement espacés. Les aliments solides sous forme de morceaux, qui sont lentement solubilisés par le suc gastrique, sont retenus dans l'estomac pendant 3 à 8 heures. Au contraire, les farines et surtout les liquides quittent l'estomac assez rapidement. Les repas trop volumineux qui surchargent l'estomac tendent à en accélérer la vidange. À l'inverse, les graisses et la cellulose soluble, qui augmentent la viscosité du contenu gastrique, ralentissent le transit. Les sécrétions gastriques, stimulées par l'ingestion alimentaire, sont très riches en acide chlorhydrique, ce qui limite les proliférations microbiennes. L'intestin grêle du chat ne retient la matière en digestion que pendant une heure. Cependant, c'est le segment essentiel de la digestion, grâce à des sécrétions abondantes et efficaces. Ainsi, les protéines et les matières grasses y sont particulièrement bien digérées, mais pas les amidons. Il vaut mieux donc limiter la part de céréales, pommes de terre ou tapioca dans les rations et, surtout, les faire bien cuire. Les sucres sont plus facilement digérés et résorbés, au risque de favoriser obésité et diabète.
Réduit chez le chat encore plus que chez le chien, le gros intestin a pour principal rôle d'absorber une bonne part des minéraux et de l'eau résiduelle, conduisant à l'élimination de matières fécales suffisamment sèches, consistantes et bien moulées; la présentation des excréments du chat (volume, humidité apparente, couleur, odeur) fournit d'ailleurs de bonnes indications sur la qualité de son alimentation. Les fibres alimentaires contribuent à retenir de l'eau dans les matières fécales et à en augmenter le volume, prévenant le risque de constipation.

CARACTÉRISTIQUES ET FONCTIONS DES VITAMINES

Vitamines	Sources alimentaires	Fonctions	Stockage dans l'organisme
Vitamine A	foie, graisses et huiles, jaunes d'œufs	vision, protection des membranes, résistance anti-infectieuse, croissance, reproduction	oui
Vitamine D	poissons, volailles, foie, œufs, huile de foie de poisson	minéralisation	oui
Vitamine E	graisses et huiles, germes de céréales	anti-oxydant	oui
Vitamine K	poissons, foie, œufs, céréales	coagulation sanguine	non
Vitamine B	foie, levure, jaunes d'œufs et céréales complètes	assimilation des glucides, protides, protection cutanée, fonctionnement nerveux...	non (sauf pour la vitamine B12)
Vitamine C	fruits et légumes frais	stimulant des défenses naturelles	non

Les besoins alimentaires du chat

Les besoins alimentaires du chat sont d'ordre à la fois quantitatif et qualitatif: ils exigent un certain niveau d'apport énergétique, principalement sous forme de glucides et de lipides, et surtout un équilibre alimentaire (par rapport à l'énergie) mettant en cause les protéines, les minéraux et les vitamines.
Le chat est un carnivore strict. Il s'est adapté, au cours de son évolution, à une alimentation à peu près exclusivement carnée, caractérisée par sa forte proportion d'eau, de protéines, de matières grasses, par la présence (surtout dans le foie) de vitamine A en nature et par une richesse en vitamines B, ainsi que par une absence quasi totale de glucides. Cependant, ses besoins en minéraux sont assez similaires à ceux des autres espèces carnivores domestiques.
Ce régime explique:
– sa tendance à ne pas boire suffisamment;
– ses besoins supérieurs en protéines totales et en arginine, ainsi qu'un besoin spécial en taurine (essentiellement d'origine animale);

– l'obligation de lui fournir des acides gras indispensables d'origine animale ;
– ses besoins particuliers en vitamine A et en vitamines du complexe B.

Les aliments : une source d'énergie

Les dépenses énergétiques du chat sont connues avec une assez bonne précision en raison du format et du mode de vie relativement standardisés de cet animal. Les quantités d'aliments journellement nécessaires peuvent donc être ajustées en fonction de la valeur énergétique des aliments. Celle-ci peut se définir comme la fraction utile à l'organisme, après déduction des pertes fécales, urinaires et gazeuses. Calculée à partir des teneurs en protéines, glucides non cellulosiques et lipides, affectées de certains cœfficients (dans le cas du chat, protéine : 3,45, glucide : 3,27 et matières grasses : 8,02), elle est évaluée en kilocalories d'énergie métabolisable (kcal E.M.). Bien entendu, il faut adapter le niveau alimentaire à chaque chat, selon l'évolution de son état d'entretien. Un animal castré ou âgé, dont les dépenses physiques diminuent, devrait recevoir un régime moins concentré, à l'inverse d'une femelle gestante ou de jeunes en croissance.

Ainsi, il faut respecter des rapports précis entre chaque constituant alimentaire et l'énergie pour offrir à son chat tous les éléments nutritifs indispensables en quantité suffisante et équilibrée. Si la concentration énergétique de la ration augmente, par exemple par un apport accru de matière grasse, il est nécessaire de rehausser parallèlement les teneurs en acides aminés indispensables, acides gras essentiels, calcium, phosphore... Inversement, si cette concentration est diminuée par davantage de cellulose, il convient de réduire d'autant les taux des différents éléments indispensables, sachant qu'une consommation plus élevée en volume maintiendra le niveau des apports journaliers.

Des besoins en eau faibles

Habitué à consommer dans la vie sauvage des proies riches en eau qui nécessitent peu d'abreuvement complémentaire, le chat, spontanément, boit peu. Il réalise d'ailleurs une excellente économie de l'eau, dont il perd le minimum dans les matières fécales et dans les urines. Pour satisfaire ses besoins, il faut mettre en permanence à sa disposition une eau fréquemment renouvelée.

Les erreurs à éviter

- Tout changement brutal de régime alimentaire interdisant une bonne adaptation des facultés digestives à la nature de la ration (prévoir au moins cinq jours de transition, et de deux à trois semaines en préparation au sevrage).
- Les surcharges alimentaires par suralimentation globale et/ou repas trop peu nombreux ou mal répartis en période de grands besoins (femelles en reproduction, jeunes en croissance rapide).
- Les excès de glucides, difficilement digestibles dans l'intestin grêle : excès d'amidon ou insuffisance de cuisson de celui-ci, intolérance au lactose...
- L'emploi abusif de protéines comportant ces mêmes défauts en raison de leur origine (résidus du parage des viandes de boucherie, par exemple) ou à la suite d'une cuisson trop forte et trop prolongée.

Une grande richesse en protéines

Les protéines doivent en pratique représenter dans la nourriture du chat adulte au moins 25 % de l'énergie, soit 25 à 30 % de la matière sèche alimentaire (selon la concentration énergétique qui dépend surtout de la richesse en lipides). Comme tous les animaux supérieurs, le chat requiert l'apport des dix acides aminés indispensables classiques, notamment :
– la lysine, importante pour la croissance, certes abondante dans les sources protéiques animales mais bloquée ou même détruite par des traitements thermiques trop brutaux ;
– la méthionine, essentielle pour la production pilaire, mais relativement déficiente dans les produits d'origine animale, dans les graines (pois) et dans le tourteau de soja ;
– l'arginine qui commande la détoxication de l'ammoniac résultant de la dégradation des pro-

Besoins alimentaires (par animal et par jour)

Âge du chat	Poids (en kg) de l'animal	Besoins énergie en kcal E.M.	Aliments (en g) sec	1/2 humide	boîte
chaton nouveau-né	0,12	46	–	–	30
chaton 5 semaines	0,5	125	34	42	85
chaton 10 semaines	1	200	54	71	128
chaton 20 semaines	2	260	68	91	170
chaton 30 semaines	3	300	76,5	105	200
mâle à l'entretien	4,5	360	100	130	230
femelle à l'entretien	3	250	70	85	160
chatte gestante	3,5	350	90	122	227
chatte allaitante	3	600	156	213	400
mâle castré	4	320	85	113	200
femelle castrée	2,5	200	57	71	130

téines, et dont la carence chez le chat se manifeste très rapidement par des graves troubles nerveux avec tétanies évoluant vers le coma et la mort. En outre, le chat et l'ensemble des Félidés se distinguent par une exigence supplémentaire en un acide aminé spécial : la taurine.
Une déficience en cet élément essentiel provoque en effet chez les Félins une dégénérescence centrale de la rétine, qui induit une cécité irréversible, un dysfonctionnement de l'olfaction et de la production biliaire et une insuffisance cardiaque correspondant à la « maladie du cœur dilaté », similaire à une affection de l'homme. La prévention de ces troubles très graves passe par la consommation d'aliments d'origine animale qui sont généralement riches en taurine, sauf le lait de vache qui en serait trente fois plus pauvre que le lait de chatte.

Des matières grasses en quantité abondante

Comme tous les carnivores, le chat digère parfaitement bien toutes les matières grasses (beurre, margarine, etc.), grâce à une forte sécrétion de bile et de lipase pancréatique.
Ces matières grasses peuvent représenter jusqu'à 30 à 40 % de la ration, soit de 50 à 60 % des apports énergétiques, à condition d'ajuster en conséquence tout l'équilibre alimentaire.

ALIMENTATION ET BEAUTÉ DE LA FOURRURE

La peau est le miroir de la santé ; elle reflète toute insuffisance organique et tout désordre fonctionnel, notamment ceux d'origine alimentaire. En respectant les règles générales de l'équilibre alimentaire du chat pour maintenir sa bonne hygiène digestive et éviter toute carence, on favorise aussi la beauté de sa fourrure, plus dense, souple, brillante… Autant d'atouts pour le confort de l'animal et le plaisir de son propriétaire !

Beaucoup de facteurs nutritionnels interviennent.

- Les acides aminés soufrés (méthionine et cystine) sont les constituants majeurs des poils comme des griffes, dont l'élaboration met également en jeu des apports d'oligo-éléments et de vitamines.
- Les acides gras essentiels apportés par les huiles de table assurent déjà une bonne prévention des dermatoses responsables d'une peau épaisse et enflammée, sèche ou grasse, souvent dépilée, sensible à l'apparition de plaies guérissant difficilement ; ils améliorent aussi le luisant et la souplesse de la fourrure. Mais d'autres acides gras contenus dans certaines huiles végétales (onagre, pépins de cassis) et surtout dans des huiles de poisson (en évitant celles de foie de poisson qui exposent à des hypervitaminose A et D) ont un intérêt diététique particulier, en rapport avec leurs propriétés anti-inflammatoires.
- Dans les oligo-éléments, le zinc est très complémentaire des acides gras essentiels, favorisant en particulier la cicatrisation des plaies. Le cuivre contribue à la souplesse du poil, à son lustre, à sa résistance, ainsi qu'à la pleine expression de sa couleur.
- La vitamine A est aussi bien connue pour son action protectrice de la peau. Et, de toutes les vitamines B, les plus importantes pour la beauté du chat sont la vitamine B6 et la biotine.

Parmi les acides gras essentiels, le chat a besoin d'acide linoléique, dont sont bien pourvues les huiles de tournesol, de maïs ou de pépins de raisin ; une cuillerée à café par chat et par jour d'une de ces huiles en complément d'une ration ménagère est une quantité suffisante pour couvrir l'apport recommandé.
Les chats ont également besoin d'acide arachidonique ; à la différence des chiens, ils exigent donc un minimum de matière grasse d'origine animale, en nature ou caché dans la viande (saindoux, graisse de volaille).
D'autres acides gras fournis par des huiles végétales particulières (onagre ou autres), la graisse de cheval ou les huiles de poisson peuvent avoir des indications diététiques spéciales, notamment en cas de dermatoses ou de diabète ou en raison d'un grand âge.

Des besoins particuliers en vitamines

Comme tous les Félidés, et par opposition avec les autres animaux, le chat se révèle incapable de convertir en vitamine A le carotène contenu dans les végétaux verts et les carottes ; de ce fait, il est totalement tributaire d'apports directs, sous forme de produits animaux (foie spécialement) ou d'origine synthétique.
En revanche, le chat, à la différence du chien, tire très bien parti des rayons ultraviolets du soleil pour élaborer, au niveau de sa peau, de la vitamine D qu'il récupère ensuite lors de sa toilette méticuleuse.
Le besoin du chat en vitamine E, qui est le meilleur antioxydant dans l'organisme, augmente avec la teneur alimentaire en huiles qui sont riches en acides gras très oxydables.
Ses besoins en vitamines B sont nettement supérieurs à ceux du chien, jusqu'à cinq fois dans le cas de la vitamine B1. Celle-ci risque d'ailleurs de faire défaut en premier, en raison de sa relative rareté et de sa grande sensibilité aux traitements thermiques.
Les aliments industriels en contiennent des doses supplémentaires systématiques tenant compte des pertes prévisibles en cours de préparation ou de conservation. Sans que ce soit indispensable avec des préparations ménagères riches en produits frais de bonne qualité, l'incorporation à la ration de levure sèche apporte une garantie supplémentaire de bien couvrir les besoins particuliers du chat en vitamine B.

Quels aliments choisir ?

Pour assurer à son compagnon félin une alimentation appétissante et équilibrée en protéines, acides gras essentiels, minéraux et vitamines, le propriétaire peut choisir soit de préparer lui-même la nourriture de son chat – rations ménagères ou familiales –, soit de recourir aux aliments préparés de manière industrielle.

Les rations ménagères

Ce mode d'alimentation amène à sélectionner des matières premières variées et à les associer selon diverses proportions, en fonction de l'âge, de la situation physiologique ou de l'état de santé de l'animal, de façon à ajuster l'équilibre des apports alimentaires à ses besoins nutritifs. Ces aliments se répartissent en quatre grandes catégories.

Les sources protéiques

• **Les viandes.** Elles ont des compositions inégales et apparaissent très diverses par leur taux de collagène (nerfs) et leur richesse en matière grasse. Leur valeur alimentaire varie selon que leur composition les rapproche ou les éloigne de la « viande maigre » qui sert généralement de référence (par viande maigre, on entend les viandes parées de leur gras visible : l'apport de lipides est alors du même ordre que celui du muscle proprement dit, c'est-à-dire assez faible).

Qu'elles soient rouges ou blanches, les viandes ont une teneur protéique se situant entre 20 et 22 % du produit frais. Il faut savoir aussi que la viande est très pauvre en minéraux, particulièrement en calcium par rapport au phosphore.

Le bœuf ou le cheval doit être donné cru ou légèrement poêlé, mais pas bouilli. Au contraire, le porc doit être bien cuit pour supprimer tout risque de contamination parasitaire. La chair de volaille admet des cuissons variées.

La viande pour chiens et chats, vendue sous cette appellation, se caractérise par une bonne qualité des protéines, une grande richesse en matières grasses et une faible teneur en minéraux. Sa forte concentration énergétique la destine plutôt aux chats en période de reproduction ou de croissance. Au contraire, en période normale, il faut en limiter la consommation, ou la diluer plus que d'ordinaire avec légumes verts et carottes. Surtout, cette viande grasse impose de revoir les rations préconisées pour de la viande maigre en réduisant fortement la part des céréales.

• **Le foie.** Il est remarquable par la qualité de ses protéines et sa richesse en oligo-éléments et en vitamines. Assez rapidement altérable et quelque peu laxatif à l'état cru, il gagne à être cuit. Bien que très apprécié du chat, il ne devrait représenter que 10 % de sa ration ou ne constituer son plat de résistance qu'une fois par semaine, à cause de sa forte teneur en vitamine A (dont l'abus prédispose aux hémorragies).

• **Les abats.** Le mou (poumon) à l'état frais convient à l'adulte sédentaire, car il est peu énergétique et sa valeur protéique est relativement bonne, supérieure à la couenne de porc et surtout aux tendons.

Résidus de cuisson des lards ou des graisses de bœuf, les cretons ont une valeur intermédiaire ; la rate est meilleure et les tripes assez proches de la viande au plan de l'efficacité azotée.

• **Le poisson.** C'est aussi une source azotée de la meilleure qualité, mais qui s'abîme vite et nécessite donc une cuisson précoce, ce qui a en outre le mérite de détruire un facteur antivitamine B1.

Comme pour la viande, on distingue des poissons maigres (sole, colin, daurade, raie, cabillaud, etc.) et des poissons gras (anchois, hareng, maquereau, sardine, saumon, thon, truite, anguille, etc.), ce dont il faudra tenir compte dans l'équilibre de la ration. Les déchets d'effilage ont l'inconvénient de contenir beaucoup d'éléments osseux ; un abus (comme dans le cas de farine de viande) expose à de l'amaigrissement, tout en favorisant la constipation. Il vaut mieux aussi retirer les arêtes qui pourraient se piquer dans le tube digestif.

• **Les produits lactés et les œufs (cuits durs).** Ce sont des sources de protéines de haute qualité. Le lait apporte aussi du calcium, et, dans le cas de produits entiers, des vitamines liposolubles. Ces produits sont spécialement conseillés pour les reproductrices et les jeunes en croissance. Certes, la digestion du lactose (sucre du lait) décline après le sevrage. Mais la véritable intolérance au lait frapperait seulement de 2 à 3 % des chats. De

Ration type

Alimentation	%	femelle de 2,5 kg	femelle en gestation	femelle en lactation	mâle castré de 4 kg	mâle de 4,5 kg
viande rouge	50 %	50 g	75 g	150 g	75 g	85 g
riz à cuire	20 %	20 g	30 g	60 g	30 g	35 g
légumes verts	20 %	20 g	30 g	60 g	30 g	35 g
levure sèche huile C.M.V.	10 %	10 g	15 g	30 g	15 g	20 g
total ration familiale		100 g	150 g	300 g	150 g	175 g
aliment complet humide (boîte)	130 g	200 g	400 g	200 g	230 g	
aliment complet sec		50 g	75 g	150 g	75 g	85 g

L'alimentation préparée
Les aliments industriels sont parfaitement équilibrés sur le plan nutritionnel, sains, très appréciés par les chats, et pratiques pour le maître.

Les rations ménagères
Viande ou poisson, œufs, céréales, riz et légumes verts composent une ration équilibrée.

façon générale, on peut donner au moins de 5 à 10 % de produits lactés, de préférence du lait frais et, plus encore, des dérivés fermentés pour les sujets sensibles aux diarrhées : les yaourts sont bien digérés par les chats et améliorent leur hygiène digestive. Tous les fromages sont utilisables s'ils ne sont pas trop fermentés.

Les sources énergétiques

Les céréales apportent essentiellement de l'énergie sous forme d'amidon qui doit toujours être très cuit pour pouvoir être bien digéré. Les préparations floconnées, expansées ou soufflées sont très pratiques. Si vous souhaitez donner du riz blanc à votre chat, il vaudra mieux le cuire jusqu'au stade du grain collant.
Le chat digère plus difficilement les pommes de terre que les céréales. Il semble mieux tolérer le pain rassis que le pain frais. Les légumineuses (graines de haricots, pois…) le prédisposent aux flatulences et aux désordres digestifs. Les gâteaux et sucreries, trop rapidement digérés, favorisent obésité ou diabète.

Les sources de lest

Les légumes verts (salades, haricots verts) et les carottes sont surtout des diluants énergétiques qui gonflent le volume de la ration et facilitent le transit intestinal du chat. Particulièrement utiles lorsque les besoins sont faibles, quand le chat est menacé de constipation (sujet âgé) ou d'obésité, ils doivent être bien cuits à l'eau.
Médiocrement appétissants pour le chat, il faudra veiller à bien les mélanger avec le reste de sa ration. Les poireaux peuvent être, comme les choux et les oignons, à l'origine de flatulences désagréables.

Les compléments d'équilibre

Ils sont indispensables pour prévenir les déficiences en acides gras essentiels, en minéraux et en vitamines.
On recommande de donner une cuillerée à café par chat et par jour d'huile de table (plutôt de tournesol, de maïs que d'arachide ou surtout d'olive), de levure sèche et d'un complément minéral vitaminé (C.M.V.).

La ration de base

Pour établir la ration de base, les proportions respectives de tous ces ingrédients seront finalement les suivantes :
- 50 % de viande maigre, d'abats ou de poisson ;
- 20 % de flocons de céréales ou de riz soufflé (pesés secs) ;
- 20 % de légumes verts ou de carottes (cuits) ;
- 10 % d'un complément d'équilibre (soit une cuillerée à café par jour d'huile, de levure et de C.M.V.).

Bien entendu, il conviendra d'ajuster cet ordre de grandeur selon le poids et l'état physiologique de l'animal. De plus, les proportions viandes/céréales varieront selon qu'on utilisera de la viande maigre ou grasse, et que les céréales seront pesées sèches ou imbibées.

Dans le cas d'un chat adulte, mâle ou femelle, à l'entretien, un seul repas par jour à heure fixe (le soir de préférence) peut suffire.

Les aliments préparés

Les aliments préparés grâce aux méthodes industrielles offrent la possibilité d'un rationnement plus sûr, plus précis, plus pratique et généralement plus économique. Les aliments complets ne nécessitent aucun ajout. Les aliments complémentaires doivent être associés à de la viande ou à des céréales cuites.

En fonction de leur humidité, les fabrications industrielles se répartissent en trois catégories.

Les aliments humides (conserves), caractérisés par leur richesse en eau (de 70 à 80 %), font largement appel aux sous-produits d'abattoirs ainsi qu'aux dérivés de la pêche écartés de la commercialisation directe. Ils comportent également des céréales et des légumes (bien cuits au cours de la stérilisation), et des compléments utiles (minéraux, vitamines). Ils se présentent sous différentes formes (mousse fine, terrine, petits morceaux) avec une grande variété de saveurs. Riches en protéines et en matières grasses d'origine animale, ils sont très appétissants et faciles à digérer. Étant donné leur haute valeur énergétique, il convient d'en limiter le niveau de consommation pour éviter le risque d'embonpoint.

Les aliments semi-humides (sous emballage souple) dosent de 30 à 60 % d'eau. Très appétissants et digestibles, ils se présentent comme une sorte de viande hachée.

Les différents aliments complets
Ils se présentent sous trois formes : humide, semi-humide, ou sèche (croquettes).

Les aliments secs (croquettes, granulés, biscuits) renferment moins de 14 % d'eau. Leur haut degré de déshydratation garantit leur conservation. Ils contiennent des mélanges à base de céréales, de farines de viande ou de poisson, de tourteaux, complétés par des matières grasses, des minéraux et des vitamines.

Présentés sous forme extrudée (croquettes poreuses), ces aliments complets doivent s'accompagner d'eau fraîche laissée à disposition en permanence. Si cette condition est bien respectée, on peut en généraliser l'emploi, d'autant que leur coût est relativement peu élevé.

Lors du passage d'une alimentation humide à une alimentation sèche, chez un chat sevré qui a déjà de solides habitudes alimentaires avec une faible propension à boire, il est prudent de mouiller l'aliment sec (éventuellement avec du lait) pour le présenter d'abord en soupe ou en bouillie.

Déchiffrer les composants sur une étiquette d'aliment préparé

- « viande » = muscle strié.
- « viandes » (les, des, aux) = toutes les parties comestibles de l'animal, muscles et abats (avec interdiction de qualificatifs tels que « vrais », « pures », « 1er choix »).
- « morceaux » = fragments d'un tout, à différencier de « boulettes », « bouchées », « pâtées », qui signifient mélange plus ou moins reconstitué.

Par rapport aux dénominations employées, les taux de l'ingrédient sont les suivants :
- « au goût de... », « aromatisé à... » = de 0 à 4 % ;
- « au... » = de 4 à 14 % ;
- « riche en... » = de 14 à 26 % ;
- « marque + ingrédient (ex. Dupont-foie) = de 26 à 100 %.

Menus spéciaux

Clé d'une bonne santé et gage de longévité, l'alimentation doit répondre, quantitativement et qualitativement, aux besoins particuliers de l'animal. Or, ces besoins varient sensiblement selon son âge et son état physiologique. Il s'agira alors d'augmenter ou de diminuer les rations et d'en varier surtout la composition.

La chatte en période de reproduction

La nourriture d'une chatte en période de reproduction demande à être modulée. Une légère suralimentation (5 à 10 % au-dessus du niveau d'entretien) pendant la période ovulatoire stimulera la prolificité d'une femelle un peu maigre ou juste en état. Au contraire, cela ne ferait qu'aggraver le cas des femelles trop grasses qui ont déjà un plus petit nombre de fœtus. L'embonpoint excessif expose aussi à des difficultés de mise bas.

Pendant la gestation

Pour faire face à la croissance très rapide des fœtus, les besoins de la chatte augmentent nettement à partir du 2e mois. Son alimentation doit alors être bien pourvue en protéines. On peut ajouter à la ration d'entretien de 5 à 10 % de viande, de produits lactés ou d'œufs cuits.

Durant la seconde partie de la gestation, on veillera au bon équilibre alimentaire, notamment en ce qui concerne le rapport phosphocalcique, qui favorise la formation du squelette des fœtus et prévient les risques de déminéralisation chez la chatte en lactation.

Vers la fin de la gestation, quand l'appétit décline et que le volume des repas est réduit, on donnera une ration très énergétique répartie sur au moins deux repas par jour. Ainsi, la chatte augmente son poids propre d'environ 20 % pendant la gestation, ce qui lui permet de faire face ensuite à une lactation exigeante au cours de laquelle elle perdra ses réserves pour revenir peu à peu à son poids initial.

Pendant l'allaitement

La production de lait a une nette tendance à augmenter avec la taille de la portée. Pour couvrir la totalité des besoins des chatons, la mère ne doit donc pas perdre trop de poids : il faut lui fournir trois à quatre fois par jour, sinon en permanence, une ration appétente très concentrée, à plus forte teneur en graisses. On doit relever aussi le taux protéique dans l'aliment complet ou y ajouter jusqu'à 10 % de viande, d'œufs cuits, de fromage blanc ou même de lait frais qui ont l'avantage d'améliorer l'appétibilité.

Il faut bien entendu toujours contrôler l'équilibre de l'ensemble de la ration, en particulier pour les apports phosphocalciques afin d'éviter notamment les risques de tétanie de lactation.

Lors du tarissement

À partir de la 6e semaine, la sécrétion lactée diminue spontanément. Il est préférable d'accélérer le processus de tarissement pour ne pas épuiser la mère : on réduit alors assez rapidement la quantité d'aliment qui lui est offerte, tout en distribuant directement davantage de nourriture à la portée. Il est même conseillé d'imposer à la mère un jour de jeûne, puis de revenir progressivement à la ration d'entretien à raison d'un quart de celle-ci le 2e jour, puis de la moitié le 3e et de deux tiers le 4e,

RATION POUR CHATTE GESTANTE*

Exemple de ration ménagère	
bœuf maigre	120 g
haricots verts	30 g
riz cuit	60 g
huile	3 c. à café
levure sèche	1 c. à café
C. M. V.	1 c. à café

Exemple de ration industrielle	
humide	403 g
semi-humide	241 g
sèche	142 g

* besoins : 400 kcal/jour

RATION POUR CHATTE ALLAITANTE*

Exemple de ration ménagère	
bœuf maigre	180 g
lait entier	110 g
œuf entier	1 (= 60 g)
carottes	50 g
riz cuit	50 g
huile	5 c. à café
levure sèche	2 c. à café
C. M. V.	2 c. à café

Exemple de ration industrielle	
humide	806 g
semi-humide	482 g
sèche	283 g

* besoins : 800 kcal/jour

À chaque âge son menu
Le chaton à peine sevré, la chatte en période de reproduction, l'adulte et le chat âgé n'ont pas les mêmes besoins alimentaires.

avec une part entière à partir du 5e jour. On écarte ainsi grandement les risques de congestion mammaire et de mammites.

L'alimentation du chaton

L'alimentation des nouveau-nés ne demande une réelle intervention humaine que dans des cas particuliers, par exemple, si la mère chatte est absente ou si sa lactation est insuffisante ou son lait de mauvaise qualité…

Il est quand même indispensable de surveiller l'allaitement naturel en pesant les chatons tous les jours au moins pendant la première semaine. Leur poids doit augmenter de 5 à 10 % chaque jour et, en moyenne, doubler en neuf jours. Les chatons qui perdent plus de 10 % de leur poids aussitôt après la naissance manquent de vitalité, boivent peu, se déshydratent, se refroidissent et meurent fréquemment s'ils ne sont pas alimentés de force. Tout chaton qui perd du poids en 24 heures, ou qui cesse d'en gagner deux jours de suite, devrait recevoir une alimentation complémentaire.

L'allaitement naturel

Sur le plan alimentaire, le plus important pour le chaton nouveau-né est de consommer précocement et suffisamment le colostrum (sécrétion lactée initiale fournie par la mère), riche en éléments anti-infectieux qui ne peuvent être fournis qu'au cours des premières 24 heures. Durant les deux ou trois premières semaines, le lait maternel couvre normalement, à lui seul, les besoins quantitatifs et qualitatifs des chatons. Pendant cette période, la sécrétion lactée augmente et s'ajuste assez bien à l'évolution des besoins de la portée. Les mamelles postérieures qui ont tendance à produire davantage de lait sont les plus recherchées par les chatons.

À partir de la troisième semaine, la production laitière de la mère commence à plafonner, alors que les besoins nutritifs de la portée continuent d'augmenter. À ce moment-là, les chatons manifestent de l'intérêt pour la nourriture solide, molle et agréable au goût : le sevrage peut dès lors se préparer très progressivement.

Le sevrage

La préparation au sevrage doit débuter à partir de l'âge de deux semaines en complément de l'allaitement. Pour le maître, commencer à nourrir les chatons est l'occasion de développer les meilleurs liens avec eux. Cette complémentation alimentaire est d'autant plus nécessaire à partir de la 5e semaine que la mère produit moins de lait (jusqu'à tarir spontanément vers 7 à 8 semaines) ; le chaton risque alors une sévère sous-alimentation, qui peut se compliquer d'une baisse des défenses immunitaires.

L'aliment complémentaire doit être hautement digestible pour le chaton, tout en l'adaptant à son futur régime. Proposez-lui du lait de vache en y mélangeant peu à peu une proportion croissante de l'aliment qui sera utilisé par la suite. Au début, le chaton risque de bouder ce nouvel aliment. Faites-lui sucer un doigt trempé dans le liquide. Si l'aliment complet est sous forme sèche, commencez par le tremper pour aboutir à une soupe de plus en plus épaisse, avant de le donner sec.

En dehors des tétées, ce complément alimentaire sera donné une fois par jour dans un premier temps, puis jusqu'à quatre ou cinq fois. On doit aussi peu à peu en augmenter le volume et la consistance pour faire face à l'appétit croissant du chaton, surtout à partir de la 5e semaine. On peut également laisser cet aliment en libre disposition, avec l'eau de boisson.

Lorsque le chaton absorbe suffisamment de ration complémentaire et qu'il la digère bien, il n'est plus nécessaire de prolonger l'allaitement. Un sevrage ainsi bien préparé peut intervenir sans difficulté dès l'âge de six semaines. On pourra alors passer à trois ou quatre repas par jour, puis à deux pendant la seconde partie de la croissance, éventuellement à un seul pour un chat adulte.

Préparation de lait maternisé : quelques conseils

Nettoyez bien vos ustensiles après chaque utilisation. Ne préparez à l'avance que le minimum de lait reconstitué (à conserver au réfrigérateur ou au congélateur), à réchauffer à 39 °C avant de le donner au chaton.

- Le lait de vache non modifié convient mal aux chatons. Une solution pratique consiste à ajouter un jaune d'œuf par 200 ml de lait de vache (concentré entre 20 et 25 % de matière sèche) non sucré, ou à mélanger un verre de lait entier, un verre de crème liquide (à 12 % de matière grasse) et un jaune d'œuf.
- Les laits en poudre pour bébés peuvent être employés en cas d'urgence, à condition de doubler les concentrations préconisées pour les nourrissons humains.
- Les aliments d'allaitement spécialisés (vendus en pharmacie ou chez les vétérinaires) reproduisent plus exactement la composition du lait de carnivores.
- Si l'on constate une diarrhée (signe d'un trouble digestif), on doit immédiatement arrêter de donner du lait pendant au moins 24 à 48 heures, au profit d'eau de riz ou de carottes, avant de revenir progressivement à une ration normale.

Au départ, le nombre de repas doit être élevé, en commençant tôt le matin et en finissant tard le soir pour ne pas surcharger l'estomac du chaton. On le réduira peu à peu en fonction de l'âge.

L'allaitement artificiel

Le succès de l'allaitement artificiel dépend de plusieurs conditions : le substitut du lait maternel doit se rapprocher suffisamment de celui du lait de chatte ; il faut l'administrer de manière précoce et fréquente, avec une hygiène rigoureuse, et en veillant à un nursing satisfaisant. Il faut maintenir les chatons qui ne peuvent profiter de la chaleur de leur mère et de la portée entre 30 et 33 °C la première semaine et 27 °C la deuxième.

Réveillez le chaton avant le repas, en le frictionnant très légèrement avec un linge humide. Après le repas, massez-lui délicatement le périnée avec un coton imbibé d'eau tiède pour déclencher les réflexes de miction et de défécation (autant que possible déjà sur la litière).

Si le nouveau-né n'a pas pu absorber de colostrum, il devra être protégé par des sérums polyvalents, des antibiotiques, associés à de fortes doses de vitamines A et B.

Le lait reconstitué se donne avec un biberon pour poupée, pendant les deux premières semaines au moins. La tétine, bien percée, doit laisser perler le lait quand le biberon est renversé pour éviter la fatigue du chaton et les fausses déglutitions.

Le chaton boit chaque jour une quantité de lait représentant de 25 à 30 % de son poids. Dès le début de la 3e semaine, il est souhaitable d'entraîner les chatons allaités artificiellement à boire dans une écuelle pour les préparer au sevrage. Des pesées hebdomadaires sont indispensables. Normalement (mais cela dépend bien sûr des races), les chatons pèseront vers 6 mois environ 2,4 kg pour les femelles et 3,2 kg pour les mâles.

Le chat âgé

Le bien-être de votre chat sera prolongé au maximum si vous adaptez son alimentation à son âge. Il s'agit surtout de renforcer les teneurs en cellulose, en acides aminés indispensables, en acides gras essentiels, ainsi qu'en la plupart des minéraux (à l'exception du phosphore qui doit être abaissé).

L'activité physique d'un chat âgé étant généralement moindre, ses besoins énergétiques diminuent de 20 % : sa ration devra donc être réduite pour éviter l'obésité. Pour contrer la constipation, souvent due au ralentissement du transit digestif, remplacez une partie des céréales par des légumes verts.

Le vieillissement se manifeste aussi par un affaiblissement des facultés d'assimilation de l'animal – ce qui provoque généralement une fonte des muscles et une déminéralisation osseuse –, le maître veillera à donner des protéines de qualité et du calcium, ainsi que des produits lactés.

Enfin, il faudra tenir compte des risques d'insuffisance rénale chronique – urémie et ostéofibrose. Pour y pallier, le maître fournira des protéines d'excellente qualité (viande sans collagène, poisson, œufs, produits laitiers), des apports renforcés en vitamines D, K et B, et il évitera de saler la nourriture de son vieux compagnon.

L'allaitement artificiel
Au cours des deux premières semaines, le chaton sera nourri au biberon s'il est séparé de sa mère ou si celle-ci manque de lait.

Ration pour chat âgé*

Exemple de ration ménagère	
morue	20 g
lait entier	50 g
œuf entier	1 (= 60 g)
haricots verts	50 g
riz cuit	10 g
huile	1 c. à café
levure sèche	1,5 c. à café
C. M. V.	1 c. à café
Exemple de ration industrielle	
humide	222 g
semi-humide	133 g
sèche	78 g

* besoins : 220 kcal/jour

Régimes pour chats malades ou obèses

Le rôle de la nutrition ne se limite pas à assurer la croissance du chaton, ou plus généralement l'entretien du chat adulte. En instaurant un régime approprié, en cas de problème de santé de l'animal, on contribue grandement à sa guérison. Éviter les carences alimentaires, une nourriture trop riche ou trop copieuse, permet aussi de prévenir certaines maladies.

Diabète

Le diabète sucré peut-être d'origine génétique, hormonale, immunologique, virale ou en rapport avec tout stress ou maladie.
La diététique palliative consiste à augmenter le taux de cellulose et à étaler la digestion de l'amidon en choisissant des éléments à digestion progressive, en fractionnant les apports et en étalant la digestion afin de contribuer à stabiliser la glycémie qui suit le repas.
Les céréales et le pain gardent donc une bonne place dans l'alimentation du chat diabétique, en plus des sons, légumes verts, pulpes de fruits. Par contre, on interdira les sucres et sucreries dont la digestion quasi immédiate conduit à une forte hyperglycémie. Les matières grasses, surtout les viandes grasses de ruminants, doivent être limitées. En outre, la ration doit comporter des protéines aisément digestibles et d'excellente qualité. On conseille aussi de multiplier par deux la proportion d'oligo-éléments et des vitamines B et D, ainsi que des acides gras essentiels (sous forme d'huile de maïs, tournesol, poisson), et de fractionner les repas (trois par jour).

Pathologie osseuse

Des carences en acides aminés indispensables, des déficits en oligo-éléments, notamment par des régimes exclusivement carnés conduisent à la production d'os légers et fragiles. Une carence en vitamine A réduit la croissance des os longs et entraîne des malformations pouvant comprimer la moelle épinière, divers nerfs crâniens, ou même l'encéphale. Un excès de vitamine A dû à une consommation excessive de foie ou de poisson gras affecte le développement des dents, la croissance osseuse, et tend à calcifier les ligaments ou tendons.
Des carences associées en calcium, phosphore et vitamine D sont à l'origine d'une insuffisance de minéralisation de l'os en formation chez le jeune ou chez l'adulte (rachitisme), tandis que les excès de phosphore ou de vitamine D entraînent une altération plus grave du tissu osseux qui se déminéralise (ostéofibrose).
Une alimentation équilibrée est donc primordiale. Les rations ménagères habituelles doivent en conséquence être complétées par un composé minéral adéquat riche en calcium (environ une cuillerée à café par jour).

Insuffisance rénale

L'insuffisance rénale chronique, la plus grave affection qui menace les chats âgés, est une cause fréquente de mortalité. Il n'existe aucun traitement médical. Mais une diététique adaptée peut freiner l'évolution de l'affection. Il faut :
– donner à boire en abondance, quitte à renouveler plus fréquemment la litière ou à laisser sortir le chat plus souvent ;
– fournir un régime très appétissant pour éviter la sous-alimentation ;
– ajuster strictement la teneur protéique aux besoins, sans excès, pour éviter l'accumulation de déchets difficiles à éliminer ; la qualité protéique sera renforcée en utilisant les meilleures sources : viande, lait et dérivés, œufs, poisson ;
– abaisser les apports de phosphore, sodium, magnésium, sulfates ;

RATION POUR CHAT DIABÉTIQUE*

Exemple de ration ménagère	
fromage blanc	50 g
œuf entier	1 (= 60 g)
haricots verts	20 g
riz cuit	20 g
huile	1 c. à café
levure sèche	1 c. à café
C.M.V.	1 c. à café

* besoins : 210 kcal/jour

RATION POUR CHAT INSUFFISANT RÉNAL CHRONIQUE

Exemple de ration ménagère	
viande maigre	30 g
yaourt	60 g
riz cuit à l'eau	60 g
son de blé	3 g
beurre	5 g
huile de table	5 g
levure sèche	5 g
C.M.V.	10 g

– rehausser la fourniture d'oligo-éléments, de vitamine D (modérément), de vitamines B ;
– améliorer l'hygiène digestive et lutter contre l'inflammation digestive voire les ulcères intestinaux ;
– fractionner la ration en trois repas par jour, afin de tempérer l'urémie postprandiale.

Insuffisance hépatique

En cas d'insuffisance hépatique, une diététique adaptée est indispensable. Il faut :
– avoir recours à des sources protéiques très digestibles et de haute valeur biologique (le fromage blanc à 20 % de matière grasse, le yaourt, les œufs cuits durs sont recommandés) ;
– ajouter à la ration de l'huile de maïs ou de tournesol et du poisson pour apporter les acides gras essentiels dont le besoin est accru ;
– privilégier les glucides, notamment sous forme de riz très cuit, particulièrement utiles et moins dangereux que les graisses ;
– rehausser le lest (son, carottes, légumes verts) ;
– réadapter le complément minéral ;
– fractionner de préférence les repas au cours de la journée.

Calculs urinaires

La « maladie de la pierre », ou calculs urinaires, est une affection qui toucherait trois fois plus les mâles que les femelles. Les causes tiennent surtout à une insuffisance d'abreuvement et à un déséquilibre minéral (carence en potassium, teneur trop élevée en magnésium).
La prévention alimentaire, très efficace, obéit à des règles précises :
– l'introduction d'un aliment sec doit se faire progressivement ;
– il faut laisser en libre disposition une eau de boisson fraîche et renouvelée (pour inciter l'animal à boire, on peut y ajouter 0,5 à 1 g de sel par jour ou toute préparation soluble très appréciée du chat concerné) ;
– on fournira à l'animal un aliment de bonne qualité, caractérisé par une forte concentration énergétique et un excellent équilibre minéral ;
– chez des sujets prédisposés (par exemple, très faibles buveurs), et surtout chez des chats déjà atteints d'urolithiase, on utilisera des aliments diététiques spécialisés, capables à eux seuls de dissoudre des calculs préformés grâce à une accentuation transitoire de l'acidité urinaire.

Chat obèse
Le traitement de l'obésité chez le chat implique de la part de son maître une grande vigilance et beaucoup de suivi.

L'obésité

L'obésité est un excès d'embonpoint qui correspond à une accumulation abusive de graisses de réserve telle que le poids de l'animal dépasse de 15 % (ou plus) le poids normal défini par le standard de la race selon le sexe et l'âge.

Les principales causes. L'obésité frappe plus souvent les femelles, les castrés, les chats vieillissants, les sédentaires et, bien sûr, tous les chats trop gâtés par leur maître. Une fois acquise, elle a tendance à se maintenir. Une ration normale peut donc l'entretenir, voire la renforcer. Le chat obèse n'est donc pas nécessairement un animal qui mange plus qu'un autre.

Le régime à suivre. Lutter contre l'obésité impose avant tout de réduire fortement l'alimentation tout en respectant les besoins en protéines, acides gras essentiels, minéraux et vitamines.
En pratique, on diluera la ration en diminuant la part des graisses (sans supprimer la cuillerée à dessert d'huile de table quotidienne) et des céréales (riz, flocons) au profit des légumes verts et des carottes, on mélangera bien les aliments pour éviter une consommation sélective. Le régime peut avoir pour base 1/4 de viande maigre, 1/4 de fromage blanc maigre, 1/2 de légumes verts, et sera distribué 2 ou 3 fois par jour afin de mieux tempérer la faim. On peut aussi recourir à des préparations industrielles spécialisées, à faible concentration énergétique et bien équilibrées. Ces restrictions s'appliquent pendant deux à trois mois en général ; la perte hebdomadaire de poids est en moyenne de 3 % au cours des six premières semaines, puis de 2 %.

Ration pour chat obèse*

Exemple de ration ménagère	
bœuf maigre	25 g
carottes	60 g
riz cuit	10 g
huile	1 c. à café
levure sèche	1,5 c. à café
C.M.V.	1 c. à café

* besoins : 160 kcal/jour

Troubles digestifs

La nourriture joue un rôle très important dans la prévention et le traitement des troubles digestifs qui, chez le chat, se traduisent souvent par des vomissements, des diarrhées et de la constipation. Par ailleurs, le chat risque d'avaler des substances toxiques et de s'empoisonner.

Vomissements

Des vomissements répétés peuvent avoir un caractère pathologique aigu ou chronique. Mais, chez le chat, on admet comme normaux les vomissements ou régurgitations dont la fréquence ne dépasse pas une fois par semaine, ou trois ou quatre fois par mois.

Les mesures diététiques à prendre :

– respecter un jeûne complet d'au moins 12 heures et, dans les 12 heures suivantes, ne distribuer l'eau qu'en petite quantité mais souvent ;

– après disparition des symptômes, réalimenter l'animal avec modération (repas peu copieux et nombreux) ;

– choisir un aliment très digestible et peu gras (par exemple, poulet bouilli) ;

– après 48 heures de régime, si l'état continue de s'améliorer, revenir peu à peu à l'alimentation habituelle.

Constipation

Ses causes sont variées : consommation abusive d'os ou d'un autre aliment difficile à digérer et pouvant former bouchon dans le gros intestin, changement brutal de régime, excès de glucides ou de protéines peu digestibles…

Plus fréquente chez les chats sédentaires, obèses ou âgés, la constipation peut être évitée par une augmentation du taux de cellulose absorbée sous forme de légumes verts, de carottes ou, mieux, de gros son de blé.

Diarrhées

L'alimentation est ici doublement concernée : elle a pu être à l'origine des troubles et elle peut jouer un rôle correcteur.

En règle générale, le propriétaire :

– assurera en permanence un excellent abreuvement ;

– fractionnera la ration en deux ou trois petits repas journaliers ;

– choisira des matières premières très digestibles : viande rouge crue, poisson frais, œuf cuit, fromage blanc et yaourt (plutôt que du lait), huiles végétales fraîches et crues, riz cuit (mais pas de légumes verts ou de flocons fibreux) ;

– renforcera les apports minéraux solubles : sel, oligo-éléments, vitamines B (par exemple, levure de bière).

Intoxications et empoisonnements

De nombreuses substances peuvent provoquer intoxications et empoisonnements.

• **Sel de cuisine.** Consommé en trop grande quantité sans que cela soit compensé par un abreuvement abondant, le banal sel de cuisine est toxique pour le chat. Le chat peut aussi le trouver dans des saumures ou dans la neige salée. Soif intense, diarrhées, convulsions, incoordination des mouvements sont des signes de cette intoxication. Le meilleur antidote reste l'eau.

• **Plantes.** Dieffenbachia, cyclamen, ficus, poinsettia, fruits de pommier d'amour…, mâchonnés par jeu ou par ennui, peuvent provoquer chez le chat des symptômes aussi bien de nature digestive, rénale, hépatique que nerveuse, cutanée ou oculaire.

• **Champignons.** Ceux qui sont vénéneux pour l'homme le sont aussi pour le chat : amanite phalloïde, vireuse, printanière, ou panthère.

• **Oignons.** Même cuits ou déshydratés, ils ont des propriétés hémolytiques (destruction des globules rouges) et peuvent déclencher une anémie.

• **Cacao, café.** La surconsommation brutale de poudre de cacao, comme de chocolat ou de concentré de café, entraîne hyper-excitabilité, forte production d'urine, crises tétaniques et, éventuellement, mort de l'animal.

• **Insecticides.** L'intoxication par les insectides organochlorés (D.D.T., Crésyl, H. C. H.) peut résulter de la contamination accidentelle de l'aliment ou d'un emploi erroné pour le déparasitage externe de l'animal, qui ingère alors l'insecticide en faisant sa toilette.

• **Antiparasitaires.** Le chat est aussi menacé par les traitements antiparasitaires des locaux ou même du bois servant à la préparation de la sciure ou des copeaux utilisés comme litière. À plus forte raison, les organophosphorés et le « tue-limaces » ainsi que la strychnine sont des poisons violents.

• **Herbicides.** Parmi les herbicides, le paraquat est le plus souvent incriminé.

• **Autres produits chimiques.** À la base de nombreux antigels, de détergents, ainsi que de produits ménagers pour polir et de certains produits cosmétologiques, l'éthylène-glycol est fatal pour le chat à la dose de 1,5 ml par kilo de poids. Les composés phénoliques, tels que l'aspirine, sont également dangereux pour lui.

CHAPITRE 4

Comprendre son chat

La mère et ses petits

La déesse à tête de chat de l'Égypte ancienne était celle de la Fécondité, mais le comportement maternant de la chatte n'est pas seulement un «fait de nature». Il est aussi le résultat d'un apprentissage et subit même actuellement des modifications en liaison directe avec les conditions de vie de l'animal.

La mise bas

Comme de nombreuses femelles de mammifères, la chatte attend la nuit pour mettre ses petits au monde. Dans les jours qui précèdent la mise bas, elle aménage un nid dans un coin à l'abri et facilement défendable. Les chattes de compagnie affectionnent, par exemple, les armoires. Quelques heures avant l'événement, la chatte est inquiète, parfois agressive et ne supporte plus d'être touchée. Elle préfère s'isoler dans son nid.

Les chattes qui mettent des petits au monde pour la première fois sont maladroites et ne savent comment leur administrer des soins. Celles qui ont eu l'occasion d'observer des femelles expérimentées sont plus habiles. Chez les chats errants vivant en bandes autour de points de ravitaillement, les jeunes femelles inexpérimentées sont souvent assistées par la génération des mères et des « tantes » qui se chargent de rompre les cordons et les enveloppes fœtales, et prodiguent les premiers soins aux nouveau-nés. Il faut sans doute voir dans cette solidarité l'amorce d'une organisation sociale nouvelle chez l'espèce. Les chattes de compagnie qui vivent dans la société des hommes rechercheront, pour leur part, la présence de leur maître et il n'est pas rare que le sommeil de celui-ci soit interrompu par une mère chatte venue s'installer sur son lit pour mettre bas en sa présence. Dans ce cas, la sortie du premier chaton est généralement accompagnée de plaintes de détresse invitant le maître des lieux à manifester sa solidarité et sa compréhension.

Un maternage assidu

Durant la période néonatale, les chatons sont totalement dépendants de leur mère. Elle assure leurs besoins élémentaires, non seulement pour l'alimentation, mais pour toutes les autres fonctions (régulation de la température corporelle des chatons suivant les variations de l'environnement, déclenchement de la défécation et de la miction par léchage de la région périnéale).

Le rôle de la mère chatte ne se limite pas à des fonctions végétatives. En les retournant et en les léchant, elle stimule ses chatons et c'est tout leur développement sensoriel qui s'en trouve favorisé. La mère passe de 60 à 80 % de son temps dans le nid jusqu'à ce que les chatons aient atteint

Un maternage assidu
Le premier mois qui suit la naissance, la mère chatte consacre les trois quarts de son temps à ses petits. Puis son assiduité se relâche jusqu'au sevrage.

Une tendre mère
Les chattes de compagnie, très proches de leur maître, s'occupent en général longtemps de leurs chatons, et ceux-ci deviennent des adultes sociables.

4 semaines. Son assiduité se réduit ensuite considérablement et c'est de 5 à 30 % de son temps qu'elle consacre à des chatons âgés de 5 semaines et demie. Avec l'acquisition de la mobilité volontaire et coordonnée entre 1 et 2 mois, voire plus, le chaton recherche activement et de façon croissante la présence de sa mère. Au-delà d'un mois, c'est lui qui réclame et réalise le contact avec elle, et non l'inverse. Le temps passé par la mère auprès de ses chatons peut servir de mesure à l'attachement qui les unit. Plus le détachement est tardif, plus le chaton aura « besoin » de la présence de ses congénères. Cette dépendance affective est elle-même largement conditionnée par la propre histoire de la chatte. Les femelles très dépendantes sur le plan affectif, et en particulier les chattes de compagnie qui vivent en lien étroit avec les humains, garderont leurs chatons plus longtemps et créeront des lignées de chatons très sociables.

L'environnement jouera probablement un rôle important dans ce phénomène. L'abondance d'une nourriture de qualité et l'absence d'autres femelles en chaleur – et donc susceptibles de stimuler le retour des cycles chez la mère – favorisent la persistance des liens entre la mère et ses petits. Quoique créées par l'homme de toutes pièces, les conditions de vie des chats sont déterminantes pour leur évolution actuelle vers un comportement plus sociable, voire social.

Pourquoi le chat ronronne-t-il ?

Dès qu'ils ont quelques jours, les chatons ronronnent lorsqu'ils tètent. Si, dans cette situation, la signification de satisfaction ne semble pas faire de doute, il est plus difficile d'expliquer pourquoi certains chats ronronnent chez le vétérinaire tandis qu'ils ont peur ou qu'ils souffrent. Le ronronnement pourrait alors être davantage le résultat d'un certain type de stimulation émotionnelle – qu'elle soit agréable ou non – plutôt qu'une expression de bonheur.

Le ronronnement est certainement l'un des comportements les plus connus et les plus recherchés chez le chat. Spécifique de cette espèce, il est, dans l'esprit de la plupart d'entre nous, synonyme de bien-être et de quiétude. À tel point que l'expression ronronner s'emploie non seulement pour décrire ce comportement du chat, mais aussi pour qualifier la bonne marche d'un moteur, la répétition d'un événement agréable, etc. Pourtant, ni son mécanisme ni sa signification ne sont parfaitement élucidés. On sait que ce sont les mouvements alternatifs de l'air dans l'appareil respiratoire, lors de l'inspiration puis de l'expiration, qui provoquent cette sonorité. Mais on ignore si seules les cordes vocales sont en cause ou si d'autres structures anatomiques interviennent. Il semble cependant que l'ensemble du système respiratoire serve de caisse de résonance aux vibrations des cordes vocales détendues, ce qui expliquerait le fait que, lorsqu'un chat ronronne, il est impossible de l'ausculter tant les bruits cardiaques et respiratoires sont souvent couverts par le ronronnement. Sur le plan comportemental, il est assez étrange de constater que le ronronnement n'existe pratiquement pas chez les autres Félidés, pourtant très proches du chat. Comme l'aboiement chez le chien, le ronronnement serait-il l'un des acquis de la domestication ?

Les étapes de la vie du chaton

À la naissance, le chaton est dans l'impossibilité de survivre seul. Il est aveugle, mais ses autres sens fonctionnent déjà. Il est donc tout de suite capable de s'alimenter et d'établir avec sa mère les contacts indispensables à son développement.

Développement et comportement

L'étude du développement d'une espèce s'intéresse d'abord au développement sensori-moteur. Puis lorsque le chaton se déplace et que tous ses sens fonctionnent, on peut passer à l'étude de ses relations avec ses congénères et avec les autres espèces.
Le comportement du chaton évolue en fonction de son développement neurologique et corporel et des stimulations extérieures. L'interaction entre ces stimuli et la maturation du système nerveux central influencent les connexions entre les cellules nerveuses (ou neurones). Au cours de la première phase de développement du chaton, ces cellules émettent des prolongements qui leur permettront de se transmettre les informations venant de l'extérieur. L'absence ou l'excès de stimulation peut entraîner des séquelles irréversibles et de graves troubles du comportement.
Le développement du chaton commence avant même la naissance et se poursuit à travers différentes phases critiques, jusqu'à l'autonomie.
De nombreux facteurs sont en interaction et impriment dans son système nerveux le modèle de ce qui deviendra des effets sociaux à long terme. Certains de ces facteurs déterminent ou favorisent l'apparition de troubles du comportement qui sont propres à la période de croissance.

Avant la naissance

Comme de nombreux vertébrés, le chaton acquiert d'abord le système perceptif, tactile et thermique (au 24e jour de la gestation) ; puis le système d'équilibration dépendant de l'oreille interne (au 54e jour), le système auditif et, enfin, le système visuel. L'acquisition de l'odorat et du goût est précoce, mais difficile à situer dans le temps.
Le toucher est essentiel dans l'organisation des réflexes de survie du chaton. Il est présent dès le 24e jour de la gestation. L'embryon de 15 mm de long fléchit un membre lorsqu'on en pince l'extrémité dès le 37e jour de gestation. Tout contact provoque un mouvement de la tête du chaton vers la source de stimulation (le phénomène est plus facile à repérer après la naissance). On a ainsi pu observer, par exemple, les deux mouvements suivants :
– contact latéral : le chat tourne la tête ou tout le corps en direction du contact ;
– contact du nez avec un objet chaud : le chaton pousse le nez contre l'objet. C'est le *rooting reflex*.
Le chaton tète au 50e jour de la gestation. Loin d'être insensible aux stimulations extra-utérines, il saisit le cordon ombilical et le tète lorsque sa mère miaule.
Comme de nombreuses espèces, le chaton naît « prématuré », c'est-à-dire qu'il est insuffisamment développé pour survivre seul. Il est néanmoins pourvu du nécessaire pour établir le contact vital avec sa mère, rester près d'elle et s'alimenter.

Les étapes du développement du chaton

Âge	Acquisitions
– 36 jours	sensibilité tactile
– 7 jours	développement de l'équilibration
+ 7 jours	ouverture des yeux
+ 15 jours	orientation auditive ; début de la locomotion
+ 21 jours	olfaction efficace thermorégulation pratiquement fonctionnelle recherche visuelle de la mère
+ 28 jours	jeux sociaux ; audition
+ 35 jours	cycle de sommeil de type adulte ; comportement prédateur retournement aérien

Le chat nouveau-né

La plupart des études scientifiques qui ont été menées portent sur le développement des chatons après la naissance. Ces études abordent successivement l'acquisition des cinq sens, la motricité et le domaine psycho-social. Ce sont là en effet les éléments fondamentaux pour comprendre le développement comportemental du chaton.
• **Le toucher.** Présent et déjà bien développé à la naissance, le toucher est primordial jusqu'à ce que les autres systèmes sensoriels permettent au chaton d'utiliser de nouveaux moyens d'orientation dans l'espace. Stimulé, le sens du toucher chez le chaton se développera plus harmonieusement et favorisera la tolérance de l'animal aux contacts physiques à l'âge adulte.
Les chatons nés dans des portées peu nombreuses risquent de mal supporter les contacts tactiles trop marqués, sauf si la mère ou l'éleveur multiplient les stimulations, telles que caresses et manipulations. Il sera aussi nécessaire de compenser le manque de stimulations tactiles chez les chatons orphelins. Les réflexes tactiles d'orientation du chaton nouveau-né disparaissent vers 2 à

3 semaines et sont remplacés par une orientation sous contrôle visuel. En effet, le chaton a, dès lors, fait l'acquisition de la vision.

• **L'odorat.** Déjà développé à la naissance, l'odorat va encore évoluer jusqu'à 3 semaines. Il joue un rôle essentiel dans les réflexes d'orientation et de tétée. Il est responsable du choix d'une mamelle de prédilection dès le 3e jour après la naissance. On observe que les réactions de détresse manifestées par le chaton lorsqu'on le retire du nid sont calmées si on lui fournit l'odeur du nid. De même, un chaton déposé à proximité du nid s'oriente grâce à son odorat pour le retrouver.

• **Le goût.** Partiellement acquis à la naissance, le goût s'affine par la suite. À 10 jours, le chaton distingue les quatre saveurs de base : sucrée, salée, amère, acide.

• **L'ouïe.** Quoique doté d'un canal auditif externe fermé à la naissance, le chaton n'est pas sourd et réagit par un sursaut de tout le corps ou une contraction des paupières à des bruits violents et soudains, et cela, dès le lendemain de la naissance. Il s'avère ainsi beaucoup plus précoce que le chiot, qui ne présente ce réflexe que vers l'âge de 3 semaines.

La zone du cerveau chargée d'analyser les sons commence à fonctionner 2 à 3 jours après la naissance du chaton. L'ouverture du canal auditif externe se fait entre 6 et 14 jours ; elle est complète à 17 jours. Au 12e jour, le chaton tourne la tête en direction de la source des bruits perçus. Entre 13 et 16 jours, il n'hésite pas à aller explorer la source des bruits. Vers le 20e jour après sa naissance, il reconnaît les sons connus émanant de ses congénères, de sa mère ou de la personne qui prend soin de lui, et réagit aux bruits inconnus par une posture d'intimidation.

• **La vue.** Le chaton naît avec les paupières soudées, ce qui ne l'empêche pas de percevoir des différences de luminosité. Son développement oculaire est comparable à celui d'un fœtus humain de 5 mois. La région du cerveau chargée d'analyser les images donne les premiers signes d'activité dès le 4e jour après la naissance, et la rétine est fonctionnelle à partir du 6e jour.

Les premiers clignements de paupières déclenchés par la lumière apparaissent entre le 50e jour de gestation et le 13e jour après la naissance, soit 6 jours après la naissance en moyenne. Les paupières s'ouvrent en général entre le 7e et le 10e jour après la naissance, en moyenne au 9e jour. À partir du 11e jour, le chaton tourne la tête pour suivre les objets en mouvement. Du 15e au 25e jour, l'orientation visuelle se développe. Le chaton suit des yeux sa mère et les autres chatons de la portée. La vue remplace alors totalement le toucher, qui servait jusque-là de moyen d'orientation. Le *rooting reflex* disparaît, sauf chez les chatons qui se sont développés dans un milieu pauvre en stimulations, ou qui ont souffert d'une carence de contact maternel. Jusqu'au 12e jour, le chaton cligne des paupières et détourne la tête sous des éclairages trop violents. Par la suite, la fermeture des paupières

L'éveil des sens
Le système sensoriel du nouveau-né est d'abord centré sur la mère, puis, dès la deuxième semaine, grâce au développement de la vue, de l'ouïe et de l'odorat, le chaton va commencer à explorer son environnement.

L'ouverture des yeux chez le chaton

Elle est influencée par de nombreux facteurs :

- les caractéristiques visuelles du géniteur transmises génétiquement au chaton, semblent revêtir une grande importance ;
- l'absence de lumière active le processus, tandis que la présence de lumière le retarde ;
- les chatons femelles ouvrent les yeux plus tôt que les mâles ;
- les chatons de femelles jeunes ouvrent les yeux plus précocement que les chatons de femelles plus âgées ;
- la manipulation précoce des chatons accélère le processus de 24 heures ;
- le maintien d'un chaton dans l'obscurité complète pendant les trois premiers mois de son existence entraîne une cécité permanente ; cela tendrait donc à prouver que la vision du chaton est aussi directement conditionnée par son environnement.

Un grand dormeur
Le chaton a besoin de beaucoup de sommeil. Jusqu'à l'âge de 3 semaines, il recherche le contact de sa mère et de ses frères pour dormir. Une fois adulte, il restera un dormeur invétéré.

sera suffisante pour protéger l'œil contre la lumière. La couleur de l'iris change dès le 23e jour. À 25 jours, l'acuité visuelle est bonne. Entre le 25e et le 35e jour, le chaton a intégré les données tactiles fournies par le tâtonnement de la patte et les données visuelles, et est désormais capable d'éviter le vide et les obstacles qui encombrent son chemin. Vers le 35e jour, les fluides de l'œil sont complètement transparents. La vision à 10 semaines est 16 fois mieux définie que celle à 2 semaines. Le développement de l'œil et du système nerveux optique se poursuit jusqu'au quatrième mois.

• **Une ouverture sur l'environnement.** D'abord centré sur la mère, le système sensoriel du chaton – limité au goût, à l'odorat et au toucher – se développe rapidement et permet, dès la deuxième semaine, grâce au plein développement de l'odorat, de la vue et de l'ouïe, une ouverture sur l'environnement par le biais de l'exploration.

La locomotion

À la naissance, le chaton est incapable de supporter le poids de son corps sur ses pattes arrière ; en revanche, ses pattes avant sont solides, il peut ramper sur plusieurs mètres sans fatigue. À 10 jours, il supporte le poids de son corps et, à 15 jours, il marche. À 18 jours, il se déplace là où son envie le mène. À 19 jours, il sait rétracter ses griffes. À 20 jours, il reste assis sur son arrière-train sans tomber. À 25 jours, face à un danger ou en situation de peur, il n'appelle plus sa mère au secours mais se soustrait volontairement à la menace en sifflant et en feulant, le dos arqué et le poil hérissé. Vers la cinquième semaine, le chaton a acquis la plupart des caractéristiques de la locomotion du chat adulte. Vers 10 à 11 semaines, il sait marcher en équilibre, et le retournement sur une surface étroite n'a plus de secret pour lui.

• **Le retournement aérien.** Lâché dans le vide en chute libre, le chat possède la capacité remarquable de se retourner pour retomber sur ses pattes. Si cette stupéfiante qualité est absente à la naissance, elle apparaît entre le 21e et le 24e jour, et sera définitivement acquise au 40e jour.

• **La patte.** La patte est un organe essentiel de l'orientation. C'est par le toucher que le chat s'oriente alors qu'il est encore aveugle. Si le tâtonnement tactile existe à la naissance, avec placement de patte sous contrôle du toucher, placement de patte et exploration passent sous contrôle de la vision vers la troisième semaine et seront opérationnels vers 5 ou 6 semaines.

Le sommeil

L'homéothermie, ou contrôle de la température corporelle, le sommeil, l'élimination et l'alimentation ont leur importance dans le développement psychosocial du chaton.

L'homéothermie est mal développée à la naissance. Elle pousse le chaton à se déplacer de manière à éviter les zones fraîches et à tenter de gagner des zones chaudes.
Dormeur invétéré, le chat est l'animal le plus utilisé dans les études de physiologie du sommeil. Comme chez tous les mammifères, les phases de sommeil paradoxal (durant lesquelles il rêve) alternent avec les phases de sommeil profond, qui sont alors caractérisées par la très faible activité du cortex cérébral.

Dormir en groupe

Pour dormir, le chaton nouveau-né recherche le contact des autres chatons de la portée. L'absence de régulation de l'homéothermie en relation avec la température extérieure, influence notablement un comportement de sommeil en groupe.
La recherche de contacts tactiles avec la mère et les congénères constitue un second mécanisme régulateur. Le sommeil en groupe ou sur la mère se prolonge jusque vers l'âge de 3 semaines, où le sommeil solitaire commence à apparaître.
Le rythme du sommeil connaît une évolution très sensible de la naissance (sommeil paradoxal quasi permanent) à l'âge de 8 semaines (acquisition du rythme de sommeil adulte). C'est pendant certaines phases de sommeil profond que serait sécrétée l'hormone de croissance, ce qui expliquerait l'énorme besoin de sommeil du petit chat.

Manger et éliminer

Le chaton ne reçoit une alimentation lactée qu'au cours des trois premières semaines. En milieu naturel, la chatte commence à apporter des proies à la nichée entre la quatrième et la cinquième semaine. Les chatons sont capables de tuer leurs premières proies vers 5 ou 6 semaines. L'âge de 4 semaines marque donc le début du sevrage alimentaire. Pendant le sevrage, le chaton a tendance à imiter le comportement de la mère et à préférer la nourriture qu'elle choisit.
C'est ainsi qu'un chercheur ayant réussi à habituer une chatte à manger des bananes a constaté que les chatons préféraient les bananes à la viande. De même, habitués à un régime végétarien, des chatons devenus adultes ont néanmoins tué des rats mais se sont abstenus de les manger. L'expérience alimentaire précoce influence le régime nutritif des chats adultes. Les éthologistes – spécialistes du comportement animal – appellent acculturation le phénomène par lequel les générations se transmettent un comportement nouveau pour l'espèce, et qui a été acquis par un ou plusieurs individus « pionniers ».
L'émission d'urine et d'excréments est un réflexe déclenché par la stimulation de la région périnéale : c'est en léchant cette zone que la mère active le processus d'élimination chez ses petits. L'élimination spontanée apparaît, elle, vers 3 ou 4 semaines. En dehors de toute situation d'élimination, le chaton commence à gratter le sol vers 30 jours. Quelques jours plus tard, grattage et élimination sont coordonnés. Le chaton, qui apprend notamment par imitation de sa mère, est prêt à s'habituer au bac.

Communication et attachement

Le chat n'est pas tout à fait un animal social ; il ne vit pas en groupes organisés selon une hiérarchie avec distribution des tâches en fonction du rang. L'espèce présente toutefois des phases grégaires et même des formes d'organisation présociales. Enfin, la pérennité de l'espèce requiert l'existence de rapports sexuels qui exigent l'identification du partenaire, et donc des moyens de communication et d'apaisement.
Le chat subit actuellement une importante modification comportementale due aux conditions écologiques particulières qui sont les siennes en milieu urbain. Le rassemblement de bandes de chats autour des points de nourriture artificiellement créés par l'homme induit des contacts plus complexes entre les chats, et engendre un système présocial organisé autour des mères et de la maternité. Certains éléments du développement du chaton jouent en faveur de cette socialisation et de cette sociabilité. D'autres s'y opposent.

L'imprégnation et l'attachement

L'imprégnation et l'attachement désignent les phénomènes qui permettent au chaton de reconnaître sa mère et donc de mémoriser les caractéristiques de l'espèce à laquelle il appartient. L'acquisition de ces caractéristiques est indispensable à la survie du chaton et au bon développement de ses relations futures avec ses congénères. Le chat adulte ne sera capable d'identifier un partenaire sexuel, et donc d'assurer la reproduction, que si l'imprégnation s'est bien

Jeux de chatons
Un jeu comme la lutte est primordial pour l'établissement de relations entre le chaton et les membres de son espèce. Par ailleurs, en jouant avec des objets, il apprend les gestes du prédateur.

L'exemple maternel
Le chaton communique tout le temps avec sa mère qui lui enseigne les comportements propres à son espèce.

déroulée. L'attachement est difficile à mesurer. On l'étudie en constatant la détresse et les réactions du chaton retiré à la mère ou à tout autre individu auquel il est attaché.

Un chaton isolé dans un milieu inconnu se calme lorsqu'il est remis en présence de sa mère ou d'un membre de la fratrie. Un chaton élevé avec des chiots se calme en présence d'un chiot. Élevé avec des chiots et des chatons, il se calme en présence d'un chaton et non d'un chiot ou de tout autre animal – lapin, rat, oiseau – avec lequel il a été élevé. Il donne donc sa préférence à son congénère sur toute autre espèce, mais, en l'absence de congénère de son espèce dans le milieu d'élevage, il préfère le type d'individu avec lequel il a été élevé.

Ce phénomène joue un rôle important dans l'établissement des relations entre l'homme et le chat. Des chatons manipulés par une personne pendant 5 minutes par jour se laissent approcher 4 fois plus rapidement que des chatons non manipulés. En revanche, nourrir un chat ne suffit pas pour établir durablement l'attachement, même si ce peut être le début d'une relation. L'attachement nécessite des caresses et des jeux avec un individu capable de vocaliser, et s'établit par interaction sensorielle : il faut que la communication soit possible.

Communication

Les chatons communiquent sans relâche avec leur mère. Le chaton affamé, écrasé ou contraint pousse un cri de détresse. Pendant la tétée, il ronronne et pétrit le ventre maternel. De son côté, la mère pousse un appel – brrp, mhrn ou chirp – avant le toilettage des chatons et pendant la tétée. Dès que sa motricité est suffisante, le chaton se frotte à sa mère et engage ainsi le processus de marquage des objets familiers. En période de sevrage, la mère et le chaton communiquent grâce à un appel sonique-ultrasonique dont seule la composante sonique est accessible à l'oreille humaine. L'appel est lancé lorsque le chaton explore les alentours du nid. Il ne provoque pas de mouvement de la mère, mais est un contrôle du type : « Où es-tu ? – Je suis ici. » En situation de danger, la mère pousse un grognement d'avertissement, qui provoque le rassemblement des chatons et leur immobilisation.

Périodes sensibles

Une période sensible recouvre une tranche d'âge au cours de laquelle certains événements auront un effet persistant. Pendant ce laps de temps, tel ou tel apprentissage sera facilité et mémorisé à très long terme. Toute période sensible est précédée et suivie d'une période de moins grande sensibilité, et la transition entre les deux est progressive. La période sensible la mieux connue concerne l'acquisition des comportements nécessaires à la coexistence avec des congénères. Elle commence vers la deuxième semaine et s'achève vers la septième. Un chat isolé de ses congénères juste avant ou pendant la cinquième semaine n'a pas toujours une socialisation dite intraspécifique correcte. Il est préférable de le laisser en présence d'un congénère au-delà de 5 semaines. Pendant cette période, les congénères habituels sont la mère et la fratrie, et les contacts restent agréables en dépit du sevrage alimentaire. Si cette socialisation entre 2 et 7 semaines garantit l'identification des chatons à leur espèce, et l'orientation des comportements sexuels adultes vis-à-vis du partenaire adéquat, elle ne garantit

pas leur sociabilité, c'est-à-dire leur tolérance à la vie en groupe. À 7 semaines, fin du sevrage alimentaire, le chaton abandonne le jeu social au profit du jeu des objets. Le sevrage précoce aboutit toujours à une augmentation notable des comportements de jeu. C'est la réponse du chaton à son indépendance croissante. Le sevrage est un processus actif de la part de la chatte qui se soustrait à la tétée, rendue pénible par les coups de museau et les dents acérées des chatons. Lorsque la portée est nombreuse, on observe parfois des agressions de la mère à l'égard des chatons.

Jeux sociaux, jeux avec des objets

On ne connaît pas la fonction précise du jeu pour les chatons, mais son importance dans l'établissement des relations inter et intraspécifiques est évidente. Le jeu constitue un moment privilégié durant lequel le chaton va enregistrer les conséquences (contrôlées par les adultes) des différents comportements qu'il tente de mettre en œuvre. Les jeux sociaux débutent vers 3 semaines. Les jeux individuels avec des objets apparaissent plus tard, avec l'émergence de la régulation visuelle du placement de patte. Ils culminent vers 7 à 8 semaines et favorisent le comportement exploratoire, ainsi que les différents actes de la prédation. La différence entre jeux sociaux et jeux avec des objets laisse supposer qu'ils sont organisés et contrôlés séparément.

Les jeux sociaux

Parmi les jeux sociaux, la *lutte* est un des plus précoces et apparaît entre le 21e et le 23e jour. Un des partenaires est couché, ventre en l'air, l'autre debout, ou les deux sont couchés sur le côté. Engagée avec la mère, la lutte est apparemment violente; la mère laboure de ses griffes postérieures le ventre fragile du chaton, mais les blessures sont exceptionnelles. Ce jeu entre générations différentes induit l'inhibition du chaton et, peut-être, le respect de la mère. La lutte, deviendra un des éléments du comportement d'agression défensive. Les comportements nécessaires à la défense du territoire apparaissent entre 30 et 40 jours. Le *pas de côté* qui préfigure la menace de l'agressivité territoriale; puis la *poursuite*, qui sera utilisée après un combat pour le territoire ou dans la chasse; et enfin le *cabrer*, qui permettra la capture des oiseaux et le combat territorial (boxe).

Durant ces jeux, le chaton va aussi acquérir le contrôle de ses réponses agressives. Cela est évident lors de l'apparition de la posture dite *face-à-face*, qui consiste en des coups de patte vers la tête de l'adversaire, répétés, boxés ou plus délicats. Un jeu qui permet l'apprentissage de l'inhibition du coup de griffe. Ce comportement est utilisé par la mère pour punir son chaton, et par tout chat, pour taquiner un congénère ou faire réagir une proie moribonde.

Le contrôle de la morsure s'acquiert pendant la même période. Il apparaît dès la quatrième semaine. La morsure réciproque permet le contrôle du mordant (apprentissage de la morsure inhibée). Le cri du congénère entraîne un arrêt de la morsure. La morsure par le congénère apprend au chaton la relation entre morsure, douleur et cri. L'apprentissage de la morsure inhibée est une étape essentielle pour la vie en groupe. Elle transforme ce que certains spécialistes ont appelé le jeu-rude-de-culbute (*rough-and-tumble-play*) en combat-pas-très-sérieux (*not-very-serious-fighting*).

Les jeux avec des objets

Les jeux avec des objets débutent dès 4 ou 5 semaines. C'est la queue de la mère qui attire d'abord l'attention des chatons. Le jeu se poursuit avec de petits éléments disponibles sur place (feuilles, bouchons, etc.). Ces jeux deviennent plus fréquents vers 7 ou 8 semaines. Plusieurs comportements apparaissent alors, sous forme de séquences, et seront utilisés pour chasser petits rongeurs, lézards et oiseaux, ou pour pêcher des poissons. L'intérêt du chaton pour les objets cachés dans des coins d'accès difficile ou sous les meubles, et pour les objets mobiles, est révélateur des stimuli en cause dans les différentes conduites de prédation.

Apprendre la propreté

La propreté est en général acquise sans difficulté par le chaton, son apprentissage est précoce et se fait par imitation de la mère.
Toutefois, en cas d'adoption d'un chaton très jeune (moins de 20 jours), il est nécessaire de l'éduquer.
Après les repas, il recherche tout support meuble pour y faire ses besoins. Il faut l'installer dans une petite pièce au sol carrelé (sans tapis ni plante verte) qu'il ne quittera pas pendant une semaine, avec de la nourriture, de l'eau et, à l'écart, un bac à litière régulièrement entretenu (une litière souillée est dissuasive pour les chats). On n'autorisera l'accès aux autres pièces de la maison que lorsque l'apprentissage sera devenu une habitude.

Le chat, animal territorial

Le chat n'accepte pas toujours l'intrusion de congénères dans son « champ d'activité » qui englobe l'endroit où il joue, chasse, mange et où il exprime sa sexualité. Si les proies sont rares, ou si une femelle en chasse est présente, il peut aller jusqu'à l'affrontement, pour faire fuir les concurrents.

Un territoire bien délimité

La notion de territoire nous est si familière que nous croyons souvent tout savoir sur le sujet, et que nous l'employons pour expliquer des phénomènes disparates qui risquent de parasiter une étude correcte du comportement du chat. On peut définir le territoire comme une surface inclue dans le domaine vital typique d'un animal, délimitée par des « marques » et défendue contre les congénères.

Les différents types de territoires

Il existe deux grands types de territoires : les territoires de groupes (canidés sociaux, chimpanzés, gorilles, etc.) et les territoires individuels des espèces non sociales, parmi lesquelles le chat. Cette définition du territoire a rapidement posé des problèmes techniques et de contenu lorsqu'elle a été étendue des oiseaux (pour lesquels elle a été forgée initialement) aux autres espèces. Les premières observations, un peu hâtives, donnaient l'idée d'un milieu naturel transformé en quadrillage cadastral, avec des parcelles rigoureusement étanches sous peine de combats mortels entre les occupants. Une telle vision ne rendait pas compte des phénomènes de tolérance de l'intrus qu'on observe couramment sur le terrain. Les chercheurs préfèrent parler aujourd'hui de « champs territoriaux » : portions d'espaces dotées de fonctions comportementales précises.

Les champs territoriaux

Les champs territoriaux sont de trois types :
– le champ d'activité, caractérisé par le temps passé à des activités déterminées dans un espace donné ;
– le champ d'isolement en un lieu déterminé, qui est établi comme le rapport entre le temps passé par l'animal en ce lieu et le temps passé dans le même lieu par tous les individus ;
– le champ d'agression, mesuré par la probabilité en un lieu déterminé d'attaque ou de retraite pour un sujet.

Ces définitions savantes permettent de comprendre le comportement territorial du chat domestique, c'est à dire la manière dont il organise son espace.

Les champs d'activité correspondent au jeu, à la chasse, à la prise de nourriture et à la sexualité. Le chat se montre plus ou moins tolérant envers les intrus suivant l'activité en cause et le milieu. Si les proies sont abondantes dans le « champ de chasse », il tolère la présence de congénères. Les champs de chasse peuvent en outre se chevaucher. En revanche, si les proies sont rares, les contacts risquent d'être agressifs. De même, la tolérance est affaiblie en présence d'une femelle en chaleur qui a choisi un mâle. Dans ce cas, champ d'activité et champ d'agression se confondent. Le champ de jeu est au contraire un champ de tolérance totale.

Il peut y avoir plusieurs champs d'isolement selon les moments de la journée. La plupart des chats semblent néanmoins n'en avoir qu'un seul, de préférence en hauteur. Les intrusions sont mal acceptées, mais l'état émotionnel et physiologique du chat est déterminant dans la définition du champ d'agression à l'intérieur du champ d'isolement. Lorsque le chat est malade ou anxieux, le champ d'isolement tout entier se transforme en champ d'agression. En revanche, lorsque le chat est « en équilibre », le champ d'agression se

Le chat maître chez lui
Assez intolérant envers ses congénères, le chat sait chasser l'importun qui franchit les limites de son territoire : menaces vocales, postures d'intimidation, jusqu'au combat s'il le faut.

Un individualiste tolérant
L'utilisation de l'espace obéit à des lois. La plupart des chats aiment s'isoler en hauteur. Chacun à sa place, toujours la même, et cela évite les conflits.

confond avec les contours de son propre corps, ou même disparaît si l'intrus entretient des relations privilégiées avec le chat. Ainsi le maître n'est pas perçu comme un intrus si le chat a été imprégné par l'espèce humaine.

Le marquage

Les marques jouent un rôle essentiel et très complexe dans la délimitation du territoire. Il en existe deux grands types :
– celles destinées à signaler la présence d'un occupant et à fournir des informations sur ses caractéristiques (sexe, état émotionnel, gravidité, etc.) : c'est le marquage territorial ;
– celles qui permettent l'identification de certains objets et qui aident le chat à se repérer dans son environnement, tout en l'apaisant : c'est le marquage d'identification.

Le marquage territorial

Il passe par deux canaux de communication : le canal visuel et le canal olfactif. Le canal visuel véhicule deux types de marques : les marques par griffage, effectuées sur des supports très visibles (troncs d'arbre, accoudoirs de fauteuil, murs, etc.) et les marques rituelles de dépôt d'urine, qui présentent toutes les caractéristiques de la communication posturale. Le chat recherche un support en hauteur, sur un sol meuble, tourne son arrière-train vers le support, dresse la queue qui sera plus ou moins hérissée en fonction de l'état d'excitation, et piétine, toutes griffes dehors en écartant les doigts. Des vocalises sont émises lorsque l'excitation est à son comble. Le piétinement est d'autant plus intense que le rituel est effectué en présence d'un intrus agressif.
Différentes sécrétions phéromonales participent au trajet olfactif. Tout d'abord celles émises par des glandes situées dans les coussinets plantaires et peut-être entre les doigts. Elles sont libérées par le griffage et le piétinement. Plus tristement célèbres chez le mâle, les phéromones urinaires sont surtout présentes lors des émissions en jets effectuées par le chat debout. Elles sont le fait des mâles comme des femelles, et n'ont pas pour fonction d'interdire l'entrée du territoire. Les jets d'urine qui les contiennent font partie du rituel d'agression et témoignent de l'état d'excitation du chat. Les transgressions de certaines zones par des intrus ne sont qu'un des éléments déclencheurs. Enfin, chez le mâle entier, elles signalent la présence d'un mâle sexuellement actif et induisent en partie le comportement de cour des femelles. Les sécrétions des sacs anaux jouent un rôle encore mal connu chez le chat domestique. Elles semblent prévenir de la présence d'un congénère.

Le marquage d'identification

Il est réalisé grâce à des glandes contenant des phéromones situées sur la face. Le chat dépose ces marques en frottant sa tête sur l'objet à marquer – qui peut être le corps de l'homme, souvent sa jambe, ce que le maître interprète comme un signe d'affection. En réalité, ces marques permettent au chat de se repérer dans son environnement et exercent sur lui un effet calmant. Les marques sont régulièrement visitées et régénérées par le chat. Tout nouvel objet est marqué après exploration, s'il n'a pas provoqué d'expérience désagréable.

Défendre son territoire

L'agression territoriale est la réponse à toute transgression d'un champ d'agression (quel que soit le champ territorial avec lequel il est confondu). Elle se déroule suivant quatre phases :

– menace accompagnée de feulements, oreilles plaquées en arrière, poil hérissé et projection d'urine contre l'intrus ;
– intimidation ou « course en travers » ;
– combat ;
– poursuite du vaincu au-delà des marques territoriales.

L'agression par irritation est surtout présente en cas de transgression du champ d'isolement. Là, menace et attaque sont confondues, l'attaque se limitant à des coups de patte, griffes sorties (elles peuvent être rentrées chez les chats parfaitement éduqués ; ce sont les feulements qui donnent alors son sens à cette séquence).

Troupes de chats errants

De plus en plus nombreux dans les zones périurbaines et dans les jardins publics, les bandes de chats errants posent un problème écologique et social intéressant. Les chats qui constituent ces bandes ne se répartissent pas au hasard dans leur zone d'habitat. L'utilisation de l'espace s'effectue selon les « lois » des champs territoriaux décrites ci-dessus.

• **La recherche de nourriture.** Les champs d'activité consacrés à la recherche de nourriture sont largement communs à tous les sujets d'une même troupe. Les poubelles et les points de ravitaillement organisés par les amis des chats constituent des lieux de rassemblement sans discrimination. Des facteurs individuels peuvent pourtant modifier la tolérance des chats au contact avec les autres. C'est ainsi qu'on peut observer la formation de petits groupes d'affinités autour d'une même poubelle des abords de laquelle les intrus sont alors vigoureusement repoussés.

Il est cependant encore difficile de parler d'une véritable organisation sociale dans ces bandes de chats errants, aucune coopération réelle n'existant entre les individus, qui se nourrissent sans aucune préséance hiérarchique.

• **Les relations entre les mâles.** Hormis les contacts aux points d'alimentation, les relations entre les mâles sont très ténues, dépendant presque exclusivement des périodes de réceptivité sexuelle des femelles.

En période de repos sexuel, les contacts entre mâles peuvent être prolongés et inclure des jeux. En revanche, lorsque des chattes en chaleur sont à proximité, les combats sont fréquents entre mâles, et la tolérance est diminuée pendant les repas, même si la nourriture est abondante.

• **Les relations entre les femelles.** C'est dans ces relations entre femelles que semble s'amorcer une vie sociale. Les chattes ont tendance à se rassembler en petits groupes, soit par affinités, soit par parentèles. Les contacts sont très assidus avec de longues phases de toilette réciproque, entrecoupées de phases de jeu déclenchées par de petits mordillements. C'est au sein de ces groupes que s'organisent l'assistance aux femelles parturientes et la surveillance des chatons.

Chats errants
Ils vivent en bandes où il n'existe pas réellement d'organisation sociale. On observe cependant la formation de petits groupes de « copains » autour des « points de ravitaillement ».

Le chat prédateur

Le petit félin domestique est un redoutable prédateur, rompu à toutes les techniques de chasse des Félidés sauvages. Il chasse à l'affût et ses sens aiguisés lui permettent de repérer le moindre mouvement d'une proie éventuelle.

Un apprentissage précoce

Le comportement prédateur est essentiel pour la survie de l'individu chez une espèce prédatrice. Sa complexité et son efficacité, chez le chat, nécessitent un apprentissage précoce et un savoir que la mère s'emploie de bonne heure à communiquer à ses chatons.

Dans la nature, la mère apporte des proies mortes, puis vivantes, à ses chatons, dès la quatrième semaine. C'est le premier contact des chatons avec une nourriture autre que le lait maternel. En milieu urbain et dans les élevages, un tel comportement est très rare et les chatons n'ont pas l'occasion d'exercer leurs talents de chasseur avant l'âge de deux, voire trois mois. Certains deviennent pourtant d'excellents chasseurs par la suite.

Tous les mécanismes de l'apprentissage interviennent dans l'acquisition des talents de prédateurs (essai et erreur, renforcement différentiel, imitation), ce qui est normal pour une espèce dont l'histoire de sélection artificielle est relativement brève.

La prédation est un comportement indispensable en milieu naturel, même s'il est considéré comme accessoire chez le chat de compagnie. Les jeux sociaux et individuels imitent déjà certains comportements utilisés dans la chasse. La présence de comportements prédateurs (observation de la proie, capture) dans le groupe familial d'origine active le même comportement chez le chaton observateur. Le comportement de la mère est déterminant pour l'apprentissage de la capture de la proie, mais elle ne fait pas de démonstration visant à enseigner les techniques de chasse à ses petits. Elle les met dans des situations de plus en plus complexes et intervient lorsqu'ils perdent le contrôle de la proie. Il n'arrive jamais qu'elle leur « montre » le comportement le plus efficace. Plus le chaton est occupé avec la proie, moins la mère intervient.

L'attachement du chat à une espèce donnée désamorcera tout comportement de prédation dans sa direction. Ainsi, des chatons élevés avec des ratons voient leur comportement prédateur inhibé vis-à-vis des rats de même type que ceux avec lesquels ils ont été socialement liés. Ce qui ne les empêchera pas de capturer et de tuer des rats d'un autre type.

Un chasseur de proies mobiles

Le chat est un redoutable prédateur, merveilleusement équipé sur le plan anatomique et disposant de techniques très efficaces, acquises au cours du

Un mini-léopard
Certains chats de compagnie comme ce Bengal sont issus de croisements avec un cousin sauvage. La sélection s'efforce de garder leur belle robe et d'adoucir leur caractère.

Chat à l'affût
Parfaitement immobile, tous ses sens en éveil, le chat attend le moment propice pour bondir sur sa proie. Il la saisira ensuite dans ses griffes acérées et ne la tuera que s'il a faim.

développement de son comportement. C'est un chasseur de proies mobiles, exclusivement stimulé par le déplacement des proies. Le chat chasse à l'affût. Immobile sur un support choisi en fonction de la visibilité qu'il lui permet, il enregistre le moindre mouvement insolite alentour. C'est cette immobilité qui lui a valu l'épithète d'hypocrite. Son calme apparent ne tarde pas à céder la place à une approche en douceur de la proie, ou à une attaque aussi fulgurante (si la proie est à proximité) qu'inattendue. L'impassibilité apparente de l'animal n'est ainsi que le corollaire indispensable de la chasse à l'affût.

Le chat et la souris

La proie doit se déplacer le plus possible sans repérer le prédateur. Ensuite, elle est saisie à l'aide des griffes et des crocs, qui vont lui infliger une blessure mortelle. Lorsque la prédation n'est pas associée à la faim, la proie n'est pas mise à mort immédiatement. Commence alors un comportement – véritable séquence – qui a largement contribué à la mauvaise réputation du chat : le jeu du chat et de la souris. En réalité, il ne s'agit pas d'un jeu mais d'une activité « à vide ». Le chat n'a capturé sa proie que sous l'effet de la stimulation intense créée par le mouvement de la proie en question ; il est de même stimulé par ses tentatives de fuite quand il la relâche. Les proies du chat sont petites ou moyennes. Certains chats, experts, parviennent même à capturer des lièvres. D'autres sont consommateurs d'oiseaux tandis que d'autres encore préfèrent les rongeurs ou les petits reptiles. La consommation même varie. Les rongeurs sont en général avalés en entier, poils et os étant régurgités ensuite. Les chats amateurs d'oiseaux affichent en revanche une nette préférence pour la tête et les viscères.

Un prédateur plutôt paresseux

Les chasseurs et certaines associations de protection de la nature accusent parfois les chats d'exercer une pression écologique excessive sur la faune sauvage. En l'absence d'étude quantitative sérieuse, il est difficile de trancher la question, mais il faut néanmoins reconnaître que le chat, comme de nombreux félins, est un prédateur paresseux, plus prompt à piller les poubelles ou à capturer les animaux vieux et malades qu'à s'attaquer à des proies vigoureuses. Les ravages sont sans doute plus importants dans les régions de reproduction du gibier, où lapereaux, levrauts et poussins de faisans ou de perdrix constituent des proies faciles pour le chat vagabond.

Comportement sexuel du chat

Les combats des mâles autour des femelles et les plaintes des chattes en chaleur, ou chants de cour, ne manquent ni de mordant ni d'éloquence. Ces amours tumultueuses se déroulent en trois phases.

Romance et partie de bluff

Dans sa période de réceptivité sexuelle, la femelle émet des substances très attractives pour le mâle, les phéromones sexuelles. Ces « armes » chimiques sont susceptibles d'attirer plusieurs mâles dans un rayon considérable. Parallèlement, les chants de cour, particulièrement éloquents chez la Siamoise et l'Orientale, viennent en renfort de ces émissions, et, conjugués à elles, provoquent l'arrivée des mâles. Ceux-ci entrent aussitôt en compétition pour avoir les faveurs de la chatte et commencent à se menacer.

C'est alors à une véritable « partie de bluff » qu'ils se livrent, associant les postures de menace en vigueur dans l'agression territoriale : feulements et jets d'urine. Ces menaces suffisent en général à dissuader et à éloigner quelques prétendants, jusqu'à ce qu'il ne reste que deux ou trois mâles en lice, prêts pour l'affrontement direct.

La séquence d'agression est comparable à celle que nous avons décrite comme agression territoriale.

Finalement, le dernier mâle en place reconduit les vaincus sur quelques mètres, non sans les avoir copieusement arrosés d'une urine très fortement odorante. Il n'est pas pour autant arrivé au bout de ses peines. C'est maintenant que commence véritablement la cour.

Une cour spectaculaire

Pendant le pugilat, la femelle est restée assise à l'écart, parfaitement indifférente, tout occupée à sa toilette. L'approche du vainqueur déclenche tout d'abord de sa part des mimiques de menace. Elle feule, oreilles couchées en arrière, et fait face au mâle qui tente de se rapprocher de sa croupe. Elle lance par intermittence des coups de patte, griffes sorties, et peut passer brièvement à l'attaque. Lorsque le mâle s'approche trop près, la chatte pousse un cri strident et plutôt effrayant. Cette phase peut durer jusqu'à dix minutes. Il arrive que le mâle soit reconduit sans ménagement sur plusieurs mètres.

Lorsque la femelle se décide à accepter le mâle, les coups de patte deviennent de moins en moins agressifs, les griffes sont rentrées ; la chatte se laisse approcher, flairer et même lécher. Finalement, elle se lève en présentant la croupe, la queue rabattue sur le côté.

L'accouplement

Le mâle, qui s'est approché de la femelle, la saisit vigoureusement par la peau du cou avec ses dents. La femelle laisse échapper un cri aigu caractéristique. Le mâle resserre sa prise lors de chaque saillie. La monte se reproduit de deux à cinq fois, en moyenne.

L'ensemble de la copulation ne prend pas plus de 3 à 4 minutes. Elle peut même être plus rapide si le mâle est très expérimenté.

Dès la fin de la saillie, la plupart des femelles chassent aussitôt le mâle, dont elles ne supportent plus la présence.

Celui-ci commence alors à faire sa toilette, non loin de la femelle, mais hors de portée de ses éventuels coups de patte.

La saillie
Le mâle saisit la peau du cou de la femelle avec ses dents, ce qui a pour effet de l'immobiliser. Il la monte en moyenne deux à cinq fois de suite.

Le chat et l'homme

La socialisation du chaton aux humains est relativement précoce. Plus il est caressé et manipulé, mieux il s'adapte à la compagnie humaine qui sera son lot à l'âge adulte. Pour arriver à communiquer, le chaton et l'homme vont tous deux adapter leur comportement.

La socialisation du chaton

Certaines expériences tendent à laisser penser que la période sensible de socialisation du chaton aux humains débute à la deuxième semaine et s'affaiblit à la septième. Plus le chaton est manipulé, et plus longtemps il est manipulé, plus il apprend à se socialiser aux humains. Des chatons adoptés à 4 semaines montrent un attachement aux personnes supérieur à celui manifesté par des chatons élevés en laboratoire et manipulés 40 minutes par jour. Ces derniers montrent cependant un attachement aux humains supérieur à celui des chats élevés en laboratoire, mais manipulés seulement 15 minutes par jour. La fin de la période sensible de domestication dépend du milieu. Un environnement stressant raccourcit cette période et la limite à l'âge de 6 à 7 semaines. Un milieu favorable peut, en revanche, la prolonger jusqu'à la neuvième semaine, voire jusqu'à la seizième. C'est là un phénomène que l'on peut observer chez tous les mammifères : leur élevage en milieu très protégé provoque un allongement de la période de développement comportemental, la persistance de comportements ludiques à l'âge adulte et une meilleure capacité à traiter et à associer des informations variées.

Les systèmes de communication entre le chat et l'homme

La vie avec l'homme oblige le chat à développer des systèmes de communication interspécifique. Or, le chat privilégie naturellement la communication posturo-verbale, tandis que l'homme privilégie la communication verbale ; il est donc nécessaire que les deux protagonistes modifient leur comportement, chacun assimilant des éléments propres à l'autre espèce. Comme nous attendons de notre chat qu'il ne perturbe pas notre mode de vie, il est nécessaire par ailleurs de contrôler des comportements d'élimination et de marquage.
Le chat s'exprime avec tout son corps. Les deux extrémités – la face et la queue – sont les plus expressives et nous transmettent l'affectivité de notre petit compagnon. La voix du chat possède différentes intonations et modulations, qui sont autant de signes à déchiffrer. Il existe même des tables résumées de ces vocalises… Par la ritualisation, le maître réoriente un comportement élémentaire du chat vers une fonction de signalisation qui prend une valeur particulière entre eux. Tout comportement peut donc acquérir une valeur de communication, y compris des « mauvais » comportements, que les réactions du maître contribueront à ritualiser et donc à renforcer.

La propreté dans la maison

Si vous adoptez un chaton de 6 à 12 semaines, il est propre en ce sens qu'il ne souille ni son coin repas, ni l'espace où il joue et dort. Pour lui apprendre à respecter votre maison ou votre appartement, il faut conditionner la miction et l'élimination des excréments à un espace et à des conditions définis. Vous y parviendrez facilement en réduisant dès le début l'espace que vous octroierez à votre chat. Cantonnez-le dans une petite pièce (1 à 2 m^2) dont le sol sera dépourvu de toute surface souple. Ce réduit accueillera la corbeille, le coin repas et, à l'écart, le bac à litière du chaton. La litière doit être disponible en quantité suffisante (3 cm d'épaisseur sur 120 cm^2), absorbante et facile à fouir, le comportement de grattage étant, comme nous l'avons vu, le facteur déclenchant de l'élimination. Dès que l'association élimination-litière sera faite, vous pourrez permettre au chaton de jouir d'un espace plus grand.
La restriction initiale de l'espace peut être associée à un accès sous surveillance au reste de la maison, mais il faudra anticiper les besoins du chaton et le placer sur sa litière pour l'empêcher de revenir à des conditionnements fautifs du type élimination-carrelage, quand ce n'est pas élimination-tapis !

Contrôler les comportements de marquage territorial

Il s'agit essentiellement, pour le maître, de trouver comment limiter les dégâts occasionnés par le griffage intempestif… Comme toutes les espèces territoriales, le chat utilise différents systèmes de marquage destinés à signaler sa présence et la « coloration » de son humeur à d'éventuels visiteurs.
Deux systèmes de marquage sont en vigueur parmi les chats et les chattes : le marquage par griffage – utilisé de préférence par les femelles – et le marquage urinaire – plus caractéristique des mâles et dont nous avons déjà parlé.

Le griffage
Des griffoirs attrayants, placés dans des endroits stratégiques, éviteront que le chat ne fasse ses griffes sur les pieds des meubles ou les murs.

Soulignons que le griffage est un système de communication à la fois visuel et olfactif. Les marques sont toujours placées sur des supports visibles depuis les voies d'accès principales de la pièce ou de la zone qu'elles balisent. Des sécrétions phéromonales, émises par des glandes situées dans les coussinets, complètent les informations transmises. Le marquage urinaire est essentiellement olfactif et n'apparaît qu'à l'adolescence de l'animal.

Le marquage par griffage se développe en premier à partir de griffages anarchiques que le chaton entreprend sur les supports les plus variés. De nombreux maîtres croient à tort que la fonction principale du griffage est l'usure des griffes. En réalité, l'usure des griffes n'est qu'une conséquence indirecte d'un comportement qui appartient au domaine de la communication féline. Réalisé sur les fauteuils, le papier peint, les tapis et autres meubles, ce marquage est une dégradation d'autant plus insupportable pour de nombreux maîtres qu'il concerne toujours un objet directement visible depuis l'entrée de la pièce.

L'utilisation de griffoirs astucieusement placés peut être une solution au problème. Ces griffoirs devront être visibles depuis les voies de passage et rendus plus attrayants que les objets voisins, tout aussi bien placés.

Certaines substances peuvent aussi aider à obtenir l'effet désiré : l'eau de Javel, une solution diluée d'ammoniac et, surtout, l'extrait de bois d'olivier. Utilisez par exemple un griffoir en bois d'olivier, ou, plus simplement, un griffoir en bois quelconque que vous frotterez de noyaux d'olives concassés. Fournissez au chaton un ou plusieurs supports acceptables et désirables, bien visibles, à proximité de son coin de repos et dans les lieux de passage. Les griffoirs ne doivent pas être nettoyés.

Pour prévenir les marquages intempestifs, vous pouvez également déposer sur les supports inadéquats des compresses que vous aurez imprégnées des sécrétions des glandes situées sur le côté de la tête du chat (du menton à la base des oreilles), et qui sont des phéromones servant à le familiariser avec les objets. La présence de ces sécrétions s'oppose au dépôt d'autres marques.

Comment éviter le griffage ?

Le griffage n'est pas destiné à user les griffes mais à marquer les objets qui bornent les abords du territoire. Les griffoirs dissuasifs devront être visibles depuis l'entrée principale de la pièce. Les griffoirs vendus dans le commerce sont destinés à l'usure des griffes et souvent peu stimulants pour le chat. On les choisira de préférence en corde (chanvre) et on augmentera leur valeur stimulante en les frottant avec une solution composée d'une cuillerée à café d'eau de Javel et de 3 cuillerées à café d'eau. Mais l'eau de Javel pouvant appeler la miction, on lui préférera les noyaux d'olives concassés qui contiennent une substance analogue aux phéromones de marquage contenues dans les coussinets du chat. Ne cédez pas à la tentation de nettoyer le griffoir, qui perdrait alors tout intérêt.

Si votre chat s'est déjà attaqué aux accoudoirs de votre fauteuil préféré, vous l'empêcherez de piétiner au pied de l'objet de sa convoitise en fixant une feuille de plastique transparent froissée sur le sol. Le bruit et le contact mouvant suffisent souvent à repousser le chat.

On peut aussi recueillir des phéromones dits de familiarisation qui sont sécrétées par la peau sur les côtés de la tête du chat, en les frottant avec des compresses stériles que l'on déposera sur les zones déjà griffées.

Éduquer le chaton

Tout comme la maison et le mobilier, les personnes courent quelques risques physiques, mineurs mais gênants, liés au comportement normal du chaton, pour lequel l'homme est un territoire.

Si les chats apprennent à ne pas mordre au cours des jeux auxquels ils se livrent entre eux, il faut leur apprendre à en faire autant vis-à-vis des personnes, dont la peau est malheureusement plus fragile que celle des chats. Il suffit, quand on est

Un tendre compagnon
Pour le chaton, les caresses de sa maîtresse rappellent les contacts avec la mère et le sécurisent. À quelques exceptions près, les adultes restent tendres et caressants.

L'arbre humain
Le chaton a tendance à prendre les jambes de son maître pour un arbre et à grimper dessus. On ne doit pas le laisser faire car, s'il persistait à l'âge adulte, ce comportement deviendrait gênant.

mordu, d'émettre un cri aigu reproduisant l'effet de la morsure subie. Une caresse d'apaisement mettra fin au jeu de combat. Une autre technique consiste à arrêter immédiatement le jeu et à isoler le chat. Peu à peu, cette méthode entraîne la diminution et la disparition du comportement gênant.

L'homme est planté sur deux supports verticaux fort semblables, du point de vue du chaton, à deux troncs d'arbre. On peut comprendre qu'il soit très tentant, pour un chaton joueur, d'en faire l'ascension… Ce comportement ludique est souvent aussi favorisé par des personnes amusées par les prouesses du chaton, mais inconscientes qu'elles renforcent ainsi un mauvais apprentissage. En effet, un chaton ne sait pas faire la différence entre un pantalon de toile épaisse, un bas en Nylon ou une jambe nue, et le risque s'aggrave lorsque le comportement persiste chez le chat adulte, dont les griffes sont plus puissantes.

De même, on accepte d'un chaton qu'il nous saute sur les épaules, mais on n'appréciera pas forcément qu'un chat de cinq kilos nous prenne ainsi d'assaut ! Là encore, on fera appel aux techniques décrites plus haut pour réduire et faire cesser ce comportement.

Vivre avec un chat âgé

Le chat amorce son troisième âge à partir de dix ans. Il perd de sa souplesse, s'empâte, et ses périodes de sommeil s'allongent. Son pelage se ternit et devient plus clairsemé sur les tempes. Certains chats gardent les dents bien blanches et solidement plantées, d'autres les perdent. Leurs griffes s'allongent, inutiles. Atteint par les rhumatismes, l'animal se met à boitiller.

Une bonne hygiène de vie et quelques précautions aideront votre chat à vieillir en douceur.

Sachez aussi qu'il existe aujourd'hui des traitements susceptibles de ralentir le processus d'usure de l'organisme, mais ces cures de jouvence doivent être prescrites par le vétérinaire, après un véritable check-up de l'animal.

- Soignez son alimentation et sachez que de petits repas échelonnés tout au long de la journée seront plus faciles à digérer.
- Une consultation annuelle chez le vétérinaire permettra de déceler diabète, insuffisance rénale, affection de la peau, anémie, etc.
- Protégez-le des parasites, contre lesquels sa résistance s'est amoindrie.
- Évitez-lui les courants d'air et faites-le dormir dans un lieu sec et chaud.
- Administrez-lui deux fois par an un vermifuge prescrit par le vétérinaire.
- Brossez-le souvent, même s'il a le poil court, car, de lui-même, il fait de moins en moins souvent sa toilette.
- Nettoyez-lui les yeux et les oreilles. Ne le laissez pas avec le tour de l'anus souillé.
- Le chat âgé reste volontiers à l'écart. Parlez-lui, caressez-le, encouragez-le à prendre de l'exercice en jouant, sans excès.
- Évitez-lui les bagarres avec les chats et les chiens du voisinage. Ses réflexes sont moins bons et il risque de sérieux problèmes dans des rixes hasardeuses.
- Il supporte mal les changements. Si vous devez vous absenter, laissez-le à la maison et confiez ses soins à une personne sûre, plutôt que de le mettre en pension.

Le caractère du chat

Tout amateur de chats est prêt à décrire le caractère de son animal favori auquel il n'hésite pas à attribuer une personnalité «humaine». La notion de caractère se charge alors d'affectivité et perd tout support rationnel ou scientifique. Toutefois, on peut définir pour les chats des types de caractères basés sur les données comportementales.

Du mythe à la réalité

Stimulé de façon adéquate et variée au cours de la période néonatale, mis en contact avec des espèces différentes (et particulièrement avec l'homme), le chaton sera capable de supporter des modifications importantes de son environnement ou de vivre au sein d'une famille humaine. Au contraire, élevé dans un environnement monotone, avec pour seuls compagnons les autres chatons de la portée et sa mère, il lui sera difficile de s'adapter à d'autres situations. Des études portant sur de nombreux chats ont permis d'identifier cinq catégories de chats ; chacune de ces catégories correspond à un type de caractère lié aux expériences précoces du chaton.

- **Les chats vigilants.** Perpétuellement en éveil, les chats de ce type réagissent favorablement au moindre stimulus et explorent tout élément nouveau. Ils peuvent supporter des changements importants dans leur environnement.
- **Les chats sociables avec l'homme.** Ils recherchent la compagnie de l'homme et son contact, préfèrent les canapés et les coussins aux arbres et aux broussailles. Ils sont en général très dépendants de leur maître sur le plan affectif.
- **Les chats qui ont peur de l'homme.** Ces chats fuient tout contact, même visuel avec l'homme, et sont terrorisés lorsqu'on les capture. La manipulation par l'homme déclenche des diarrhées, des mictions, voire des vomissements ou même des syncopes.
- **Les chats agressifs avec l'homme.** Ils partagent avec les précédents – les chats qui ont peur de l'homme – un refus total de contact avec l'homme, mais, en cas de rencontre, la fuite sera remplacée par une série de postures d'intimidation, voire par une véritable agression.
- **Les chats hyper-réactifs.** Ils s'opposent au premier groupe – les chats vigilants – par leur incapacité à gérer les changements apportés à leur environnement. En état d'alerte perpétuel, ces chats réagissent violemment à toute perturbation de leur milieu, soit en agressant leur entourage, soit en fuyant définitivement les lieux.

L'importance de l'environnement dans la constitution du caractère du chaton est donc clairement établie, mais il ne faut pas perdre de vue que cette influence est en grande partie contrôlée par la mère, qui reste le principal agent de la mise en place et de l'assimilation des expériences vécues par le chaton.

Former son caractère
Quel sera le caractère de ce chaton Rex Selkirk, un nouveau venu dans le monde des chats ? Dans une certaine mesure on peut s'attendre à ce qu'il ait le comportement de sa race, mais celui-ci dépendra surtout de l'environnement dans lequel il a grandi et de ses premières expériences.

Les troubles du comportement

Il est désormais admis qu'un défaut ou une carence dans l'élevage du chaton peuvent entraîner des troubles dans son comportement à l'âge adulte. Certains de ces troubles ne seront en fait que des comportements gênants pour le maître. D'autres, plus graves, perturberont le chat lui-même.

Comportements gênants et perturbateurs

Ces troubles se développent entre le sevrage et la puberté, soit pendant l'enfance du chaton. Certains persistent à l'âge adulte, tandis que d'autres apparaissent pendant cette période. D'autres comportements, ne relevant pas de la pathologie, mais perçus comme une gêne par les maîtres, font l'objet d'une demande thérapeutique. Ces comportements perturbateurs sont souvent indépendants de l'éducation qui a été donnée au chat.

Destruction et agressivité

Quand la socialisation du chat à l'homme n'a pas été réalisée dans de bonnes conditions ou a été escamotée, des comportements normaux pour le chat, mais délinquants aux yeux du maître, apparaissent. Ils se rapportent essentiellement à la conduite locomotrice, aux jeux et aux fonctions éliminatoires. Des conduites répétitives et persistantes, souvent fixées par l'apprentissage, apparaissent.

Le chaton griffe, par exemple, sans discrimination le mobilier et joue avec n'importe quel objet jusqu'à sa destruction. Il faudra le reconditionner et peut-être le soumettre à une thérapie. De même, s'il n'a pas fait l'apprentissage de la morsure inhibée, saute intempestivement sur les épaules de ses familiers et leur grimpe le long des jambes, il lui faudra réapprendre à respecter les personnes grâce à une thérapie adéquate.

Quoique normalement socialisé et domestiqué, le chaton accumule vis-à-vis de l'homme un certain nombre de conduites agressives et prédatrices. Un chaton de 6 à 10 semaines suspendu par la peau du cou et présentant des réactions agressives, quand il devrait au contraire présenter une réaction normale d'inhibition, conserve par la suite une conduite agressive, qui peut même s'aggraver. Une mère agressive aura des chatons plus agressifs que la moyenne. Pour contrôler l'agressivité, une thérapeutique chimique peut être nécessaire.

Souillures

Le marquage urinaire apparaît chez le chaton à la puberté. On parle soit de souillure, soit d'énurésie-encoprésie fonctionnelle. Le chat fait ses besoins de façon répétée, dans des lieux non appropriés, en dehors de tout état susceptible d'expliquer ce comportement. Le plus souvent, le chaton se livre à ces conduites d'élimination en l'absence de maîtres punitifs. Il prend l'habitude de souiller un tapis ou autre support, et les souillures peuvent persister pendant des mois, voire des années. L'encoprésie est dite primaire si elle apparaît spontanément, et secondaire si elle fait suite à un dysfonctionnement du système digestif. Lorsque le symptôme est lié à un état d'anxiété caractérisé, il convient de traiter cet état. Le traitement complémentaire consistera en une limitation de l'espace réservé au chat, associée à un déconditionnement des supports qui ont sa préférence, et à un changement progressif de la signification pour l'animal des lieux d'élimination en lieux d'alimentation, de jeux et de socialisation. La miction, volontaire ou non, dans des lieux inadéquats participe du même processus et sera traitée grâce à la même thérapeutique, si on ne repère aucun état d'anxiété ou de dysfonctionnement responsable de l'énurésie.

Hyperactivité

Elle se manifeste comme une activité désorganisée et excessive, gênante pour les maîtres. Les périodes d'hyperactivité se manifestent dans des circonstances déterminées (la nuit par exemple) ou sont généralisées. Le chat court et bondit sans répit; il est incapable de se tenir à une activité stable (faire sa toilette, par exemple); il recherche continuellement des stimuli susceptibles de l'exciter; il s'obstine dans des activités gênantes en dépit de la dissuasion du maître (sauter sur la table pendant le repas, etc.).

L'hyperactivité est fréquemment associée à une intolérance à toute contrainte et à toute restriction de mouvement. Le chat manifeste alors des comportements agités et une agressivité dite d'irritation. Il existe souvent à ces comportements une prédisposition héréditaire et congénitale. Ils peuvent aussi être influencés par la pauvreté sensorielle du milieu de vie par rapport au milieu d'élevage, ou par la vie en appartement.

Asynchromie du rythme veille-sommeil

L'asynchronie est un trouble dont bien des maîtres ont souffert: le chaton dort lorsque ses maîtres sont réveillés et fait la sarabande pendant qu'ils dorment.

Sachez cependant que la somnolence diurne et l'activité nocturne ne sont pas une anomalie dans l'espèce féline, mais peuvent évidemment se révéler gênantes du point de vue des humains. Ce

trouble se rencontrerait plus souvent chez les chats qui vivent en milieu clos, ou qui se trouvent limités dans leur liberté de mouvement nocturne, quand ils sont enfermés la nuit par exemple.
Il ne faut pas confondre ce comportement avec la dyssomnie, dans laquelle le rythme veille-sommeil est désorganisé.

Troubles anxieux chez le chaton

L'anxiété chez le chat correspond à « un état de peur généralisé sans causes déclenchantes, et résultant de la désorganisation des systèmes d'autorégulation ». Ces systèmes permettent le traitement des informations psychiques grâce auxquelles le chat peut contrôler ses réactions émotionnelles en fonction de ses expériences antérieures. On parle de troubles anxieux primaires dans ce qu'on appelle le syndrome de privation sensorielle, c'est-à-dire lorsqu'un chaton de 2 à 9 semaines passe d'un milieu d'élevage riche en stimulations à un milieu de vie pauvre en stimulations. Il en résulte des troubles d'adaptation sociale, des troubles anxieux phobiques ou des troubles de l'humeur. On parle de troubles anxieux secondaires chez un chaton normalement socialisé qui réagit soudainement à un stimulus jusque-là inopérant. Les troubles que l'on va examiner ici peuvent exister séparément ou se manifester simultanément.

Évitement et phobie à l'égard des congénères

Ces troubles de la socialisation vont de l'évitement à la phobie des congénères et peuvent, plus tard, se manifester par l'évitement du partenaire sexuel.
L'évitement de certains congénères peut être anormalement fréquent chez un chaton pourtant correctement socialisé. Il n'est pas nécessairement lié à une privation sensorielle intervenue entre 2 et 9 semaines, dans le milieu d'élevage. Il peut être considéré comme normal s'il apparaît dans la nature (chat solitaire), ou pathologique s'il est entaché d'anxiété lorsque le chat est en présence d'un congénère. Le détachement précoce (malnu-

L'agressivité
Même normalement socialisé, un chat peut se montrer particulièrement agressif, surtout s'il avait une mère agressive.

L'anxiété
Le sujet anxieux aura tendance à éviter systématiquement les autres chats et les humains.

trition ou agressivité de la mère, élevage solitaire, etc.), le renforcement négatif du contact social par insertion dans un groupe de chats agressifs peuvent être des facteurs prédisposants. L'évitement doit être distingué de la phobie, liée à un défaut de socialisation. L'évitement des congénères, de la part du chat, peut évoluer spontanément, soit vers une resocialisation, soit vers une généralisation de l'évitement, suivant les circonstances et les réactions des congénères. Le traitement associera désensibilisation, resocialisation et médication à base d'anxiolytiques.

La phobie est une conduite d'évitement et de fuite devant les autres chats, associée à la recherche de contacts avec l'homme ou des animaux avec lesquels le chat a été socialisé entre les âges de 2 et 9 semaines. S'il ne peut se soustraire à la présence des autres, le chaton manifeste des comportements d'inhibition et d'agression, symptômes de peur. Il s'agit d'un trouble chronique, mais qui peut évoluer favorablement grâce à une socialisation secondaire et à l'administration d'anxiolytiques.

Comportements d'évitement à l'égard de l'homme

Ici, le chat se soustrait à toute relation sociale avec les hommes en tant qu'espèce et en tant qu'individus. Son comportement est anxieux ou phobique dès qu'il est en contact avec eux. Il évite tout contact avec les personnes qu'il ne connaît pas et ne tolère que ses familiers. La familiarisation aux étrangers peut prendre du temps et ne sera possible que grâce à la fréquence des contacts chaque fois positivés et récompensés. Une médication à base d'anxiolytiques peut favoriser la thérapeutique. Dans l'antropophobie, le chat éprouve une peur persistante en présence d'une catégorie déterminée : des hommes, des femmes, des enfants d'un certain âge… Il se soustrait à la présence du groupe en question et de tout individu appartenant à ce groupe, voire anticipe sa peur. Lorsqu'il est forcé d'en subir la présence, il réagit par un comportement défensif (inhibition, fuite ou agression) et, parfois réactions somatiques caractéristiques de la peur. Dans un lieu clos, ce type de phobie peut s'aggraver. En milieu ouvert, il peut s'atténuer avec le temps. Le traitement associera l'habituation, la désensibilisation et des anxiolytiques.

Autres phobies

Le chat peut également souffrir de troubles sans rapport avec ses congénères ou avec les hommes.

• **L'homéostasie sensorielle.** Elle est caractérisée par l'apparition d'anxiété ou de signes phobiques lorsque la stimulation sensorielle se modifie dans la vie du chaton, lorsqu'il passe par exemple de son milieu d'élevage à son milieu de vie, entre les âges de 2 et 9 semaines.

L'imprégnation
Entre les âges de 2 et 7 à 9 semaines, le chaton passe par une phase d'imprégnation et d'attachement. Élevé avec un chien dans cette période sensible, il pourra même en faire son meilleur ami.

Un chat dépressif
Il est inhibé, semble abattu et indifférent au monde qui l'entoure.

• **L'agoraphobie.** Elle correspond à la peur du milieu extérieur : le chat a tendance à rester à proximité d'éléments apaisants de son milieu familier. L'agoraphobie primaire est liée à un élevage en milieu clos entre 2 et 9 semaines et jusqu'à 16 semaines. L'agoraphobie secondaire est la conséquence d'une aggravation de la crainte après une rencontre avec des éléments inconnus, ou d'une expérience traumatique.

On ne parle pas d'agoraphobie lorsque le chat refuse de quitter son milieu à cause de la présence de chats agressifs dans les parages. L'agoraphobie peut soit régresser en quelques semaines, soit persister, voire s'aggraver avec l'âge. Son traitement est le même que celui des phobies.

• **La phobie du bruit.** Elle entraîne des réactions comportementales et somatiques voisines de celles de la peur. On parle de phobie primaire chez le chaton élevé en milieu très calme entre 2 et 9 semaines, et de phobie secondaire chez un chaton élevé en milieu normal et développant secondairement une sensibilisation exacerbée ou un conditionnement émotionnel anormal au bruit. Ce trouble se retrouve souvent chez les chatons ruraux émigrés en milieu urbain. La phobie peut s'étendre à différents bruits ou à d'autres stimuli associés au bruit pathogène (explosions, orage, pluie, vent, etc.). Elle évolue facilement vers une agoraphobie secondaire chez les chats citadins. Le traitement est celui des phobies.

Troubles thymiques dépressifs

La dépression est caractérisée par une inhibition psychomotrice marquée et un état de détresse permanent qui peut entraîner un désintérêt généralisé et une disparition progressive de l'activité motrice volontaire.

• **La dépression en lieu clos.** Elle est due à un manque de stimulations sensorielles chez un chaton élevé dans un milieu normal. Ce trouble rare et souvent transitoire peut évoluer vers l'hyperactivité ou l'hyperagressivité du chat adulte en milieu clos. Le traitement est à base d'antidépresseurs et d'enrichissement du milieu en stimulations sensorielles.

• **Le trouble envahissant du développement.** Il constitue un trouble rare, caractérisé par une altération grave du développement de la socialisation et des capacités de communication. Le chaton malade ne montre aucune expressivité par les mimiques faciales ou posturales. Il ne miaule pas, n'a aucune activité de groupe et reste indifférent à l'entourage. Les comportements autocentrés (léchage, onychophagie) fournissent au chaton les stimulations sensorielles susceptibles d'apaiser son stress.

Ce trouble est favorisé par un rejet maternel précoce, un isolement prolongé au cours de la période sensible, etc. Il peut devenir chronique et s'atténue parfois avec le temps. Le chaton atteint se familiarise peu à peu avec ses maîtres et s'apaise. Une amélioration très sensible peut survenir s'il est placé dans un milieu avec lequel il est familiarisé. Le traitement est long et complexe.

Quand faire appel au vétérinaire ?

Quatre comportements réclament une intervention :

- l'apparition soudaine du marquage par miction ou griffage ;
- l'apparition de comportements d'agression territoriale avec ou sans émission d'urine ;
- l'apparition de plaies de léchage et d'érosion des griffes (il faut surveiller les griffes lors de tout changement des conditions de vie du chat. Celui qui ronge ses griffes ne supporte pas les modifications qui lui ont été imposées) ;
- l'arrêt de la prise de nourriture et éventuellement, des fonctions d'élimination. Vous devez faire appel au vétérinaire car il peut aussi bien s'agir d'un dysfonctionnement organique que du début d'un état dépressif.

Les troubles de la territorialité

La malpropreté et le griffage des meubles ou des murs sont des comportements souvent liés au marquage territorial. Il n'en sont pas moins difficiles à supporter.

La malpropreté

Il suffit de se pencher sur les motifs qui poussent souvent à la consultation du vétérinaire pour voir se dessiner les troubles de la territorialité : le chat est malpropre, il griffe les murs et le mobilier, il est agressif – tout comportement qui justifie l'intervention du maître et du vétérinaire.
La malpropreté est sans doute l'un des sujets de conflits les plus violents entre le chat et ses maîtres. Il ne faut pas oublier que le chat est souvent choisi pour sa propreté, aussi lui pardonne-t-on difficilement ses écarts, que fait en outre ressortir la ténacité de l'odeur des déjections de l'espèce. Si le chat n'a jamais été propre, il faut conclure à un mauvais apprentissage au cours de la période juvénile. Si le chat est soudain devenu malpropre, on peut envisager trois cas de figure.
– Seules les selles sont éliminées hors du bac. Il faut alors se demander si l'animal est atteint de troubles digestifs, à moins qu'il ne souffre d'anxiété dont les motifs seront à rechercher (anxiété paroxystique ou intermittente).
– Seules les urines sont éliminées hors du bac. Si l'animal se soulage en position accroupie, n'importe où sur le sol, il faut plutôt rechercher une infection urinaire.
Si la miction se fait debout sur des supports verticaux, la queue dressée, après pétrissement du sol au pied de l'endroit incriminé, il s'agit d'un comportement de marquage territorial qui ne peut être que récent. Peut-être avez-vous modifié l'organisation spatiale de votre chat, déménagé, par exemple ? Si vous repérez les deux comportements décrits ci-dessus, il s'agit d'un problème territorial qui s'est secondairement étendu au comportement éliminatoire, à la suite de perturbations de repères olfactifs de la zone de déjection. Le trouble se généralise et un état anxieux apparaît chez l'animal. On peut même constater des plaies de léchage.
– Le chat fait tous ses besoins hors de son bac. Lorsque le problème apparaît, il peut s'agir de troubles urinaires ou digestifs, ou d'une anxiété avec manifestations neurovégétatives qui a perturbé ses repères olfactifs de la zone de déjection. Si le chat marque son territoire par des dépôts d'urine et fait ses besoins aux endroits qu'il a marqués, il faut en déduire que ses repères olfactifs de l'aire d'élimination sont complètement perturbés.

Le griffage des murs et des meubles

Il n'est malheureusement pas rare de voir les chats qui commettent des dégâts abandonnés par leurs maîtres, voire euthanasiés.
Il faut se souvenir ici que le marquage par griffage signale les abords du champ d'isolement du chat. Plusieurs cas de figure se présentent.
– Le chat s'obstine sur un seul meuble, ou un seul coin de l'appartement ; les traces ne sont visibles d'aucune des voies d'accès à la pièce où ont lieu les déprédations ; on constate non seulement des traces de griffage, mais aussi de morsures ; le chat feule et son poil se hérisse lorsqu'il passe à proxi-

L'agression territoriale
L'intrus qui a pénétré sur le territoire d'un autre chat sans avoir respecté les préliminaires s'expose à l'agression du maître des lieux.

Les déprédations
Ne laissez pas le chat mettre votre papier peint en lambeaux. Il existe des moyens de l'en empêcher.

mité du coin saccagé. Cette agression s'adresse à un animal qui a séjourné dans cet endroit, et est déclenchée par l'odeur de celui-ci.
– Les marques de griffage sont situées dans une seule pièce et bien visibles depuis les voies d'accès ; il s'agit d'un marquage territorial. Le champ d'isolement du chat ne doit pas être loin.
– Différents supports sont griffés dans plusieurs pièces et parfaitement visibles ; il s'agit là encore d'un marquage territorial, mais il faut en conclure que tout l'espace sert de champ d'isolement.
Cette bizarrerie s'explique par une mauvaise socialisation à l'homme ou par un déséquilibre ancien de l'organisation de l'espace de l'animal.

L'agression territoriale

Elle est en général facile à repérer. Le chat peut se montrer agressif si un inconnu (homme ou bête) pénètre dans son champ d'isolement, s'il y a irruption dans un de ses champs d'activité, ou si un rival s'installe en vue d'occuper le territoire. L'animal ou la personne qui sont l'objet des comportements agressifs n'ont pas respecté la « procédure d'admission » qui consiste à séjourner en zone neutre et à subir un marquage d'identification, à moins qu'il n'y ait une perturbation de l'espace où vit le chat. Dans ce cas, des problèmes de marquage territorial sont associés au trouble.

Troubles liés au territoire : causes et thérapies

Les causes de déséquilibre du territoire chez le chat peuvent être classées par ordre de fréquence.

- Disparition des marques d'identification occasionnée par un déménagement, le changement du mobilier, la réfection des peintures et des papiers peints, le changement du cadre de vie, en vacances, par exemple.
- L'introduction d'un nouvel animal ou d'une nouvelle personne dans la maison.
- Une affection douloureuse (pathologie algique).

Les thérapies sûres sont peu nombreuses et peuvent être classées en deux groupes :

Les chimiothérapies
Pour contrôler l'agressivité, le choix du composé sera différent selon qu'on cherche à agir sur l'agressivité territoriale ou sur l'agressivité comme réaction à la peur. Pour contrôler les mictions de marquage, on fera surtout usage des antidépresseurs tricycliques qui seront utilisés pour leur action anticholinergique.
Certains sujets peuvent présenter une courte période d'anurie (de deux à quatre jours), ce qui rend nécessaire un examen de la fonction rénale avant prescription.

Les thérapies comportementales
Il s'agit de restreindre l'espace du chat pendant sept à dix jours afin qu'il puisse reconstituer ses marques d'identification. La pièce choisie doit avoir un sol dur afin de limiter les possibilités de piétinement (qui précède le marquage) et un bac à litière neuf. On pourvoira normalement à la nourriture et à l'eau. Au bout de huit jours en moyenne, le chat doit avoir retrouvé ses habitudes de propreté et on peut le laisser libre d'accéder au reste de l'habitation en procédant progressivement sur une période de huit à quinze jours. Lorsqu'un seul coin est marqué par l'urine, on peut tenter de modifier l'espace en fixant une feuille de plastique froissée au pied du support visé ; le sol, ainsi rendu mouvant et désagréable pour le chat, sera bientôt délaissé. On peut également placer contre le support visé une feuille d'aluminium : le chat sera effrayé par la répercussion du jet d'urine. Mais le plus efficace reste la restriction d'espace.
L'emploi de compresses imbibées des sécrétions provenant des glandes cutanées de la face du chat permet souvent de faciliter le traitement.

Prévention et thérapeutique

La prévention consiste essentiellement à éviter des troubles du développement du chaton en lui assurant une bonne socialisation et en l'habituant très tôt à l'environnement dans lequel il devra vivre.

L'adaptation à l'environnement

Un chaton destiné à vivre exclusivement, dans un milieu clos, ou qui risque d'être pauvre en stimulations, devra être élevé dans un milieu sans accès à l'extérieur. Le mode de vie qui est celui du chat d'appartement est un bon exemple de la nécessité de ces conditions d'élevage préalables.

Un chaton né à la campagne devra avoir été manipulé par différentes personnes bien avant l'âge de 9 semaines pour être domestiqué. En outre, il faudra qu'il puisse conserver un libre accès à l'extérieur même s'il est bien domestiqué, sous peine de souffrir plus tard de troubles du comportement.

C'est généralement l'éleveur qui se charge de favoriser l'adéquation entre le milieu d'élevage et le milieu de vie qui va être par la suite celui du chat. Si le vétérinaire peut être un bon conseiller pour l'éleveur, il peut l'être aussi pour le futur acquéreur, qui a intérêt à choisir un chat heureux du mode de vie qui lui sera imposé. Consulté avant que le chaton n'ait 9 semaines, le vétérinaire pourra expliquer au maître les mesures de socialisation qui s'imposent afin d'harmoniser les relations chat-homme et chat-environnement.

En l'absence de prévention, un certain nombre de thérapeutiques curatives peuvent être mises en œuvre. Elles font appel à différentes techniques.

Les techniques biologiques

Les techniques chirurgicales

Elles ont eu longtemps la faveur des vétérinaires. La section des pédoncules olfactifs est encore recommandée par certains vétérinaires dans le traitement du marquage territorial. Lobotomie et section des pédoncules olfactifs aboutissent en réalité à des résultats désastreux et transforment le chat en un être purement végétatif. D'autres thérapies sont actuellement préférables.

La castration du mâle et de la femelle, souvent présentée comme le traitement idéal des conduites agressives, n'est efficace que dans le cas de l'agressivité par irritation, et encore, dans ses premières manifestations. Lorsque l'agressivité est installée, la suppression de la sécrétion d'une glande qui favorise l'expression de ce comportement ne suffit pas. En revanche, la castration du mâle et de la femelle permet de limiter le développement du marquage urinaire lorsque l'opération est réalisée à la puberté.

Les traitements hormonaux

Les plus classiques visent à réaliser une castration chimique dont le résultat est souvent aussi décevant que la castration chirurgicale. En revanche, l'utilisation d'hormones thyroïdiennes à faibles doses, dans le traitement des dépressions d'involution, est prometteuse.

Le recours aux psychotropes

Les psychotropes sont des substances capables de modifier le comportement et sont utilisées dans le traitement des maladies mentales. On les regroupe par familles en fonction de leurs caractéristiques.

• **Les neuroleptiques.** Ils ont en commun des propriétés sédatives (diminution de l'activité motrice) ; ils entraînent un état d'indifférence à l'environnement, diminuent l'agressivité et sont anti-hallucinatoires. Tous les neuroleptiques ne sont pas aussi efficaces. On distingue trois groupes dotés de propriétés différentes aux doses thérapeutiques moyennes.

– Les neuroleptiques sédatifs qui suppriment les comportements volontaires et diminuent l'activité motrice du chat.

– Les neuroleptiques désinhibiteurs qui redonnent au chat une nouvelle capacité d'action et de réaction vis-à-vis de son environnement.

– Les neuroleptiques mixtes qui associent des effets sédatifs et une augmentation de la capacité à s'adapter à l'environnement. Ils sont couramment utilisés en clinique lorsqu'il est nécessaire de diminuer l'agressivité et l'activité motrice. Les troubles de la territorialité accompagnés d'agressivité (course en travers, projections d'urine et morsures) seront réduits grâce à l'association de la pipamperone et de l'imipramine (un antidépresseur tricyclique qui limite les projections d'urine). Cette chimiothérapie permet, sans diminuer les capacités d'apprentissage du chat, d'assurer la sécurité de l'entourage et de mettre en place, sans danger, une thérapie de restriction d'espace.

• **Les benzamides substitués.** Ce sont des substances intermédiaires entre les neuroleptiques et les antidépresseurs. Ils dérivent d'un antivomitif connu et commercialisé sous le nom de Primpéran®. Leur intérêt réside dans leur souplesse d'utilisation. À faible dose, ils permettent de redonner au chat dépressif ou anxieux une bonne

Le milieu de vie
Un chat né à la campagne pourra être socialisé s'il a été en contact avec des humains avant l'âge de 9 semaines.
Mais il devra toujours pouvoir sortir librement.

Le chaton et l'homme
Des contacts précoces avec l'homme sont indispensables à une bonne socialisation du chaton.

capacité d'initiative, des comportements exploratoires et des activités de jeu. À dose plus élevée, ils diminuent l'agressivité (par peur ou irritation) et en particulier celle qui accompagne les troubles digestifs, fréquents chez le chat.

Le cas de Mina, chatte européenne tricolore âgée de 11 ans, en est une bonne illustration : son comportement s'était brusquement modifié à la suite de la mort du chien de la famille. Mina avait cessé de se nourrir, de faire ses besoins et de jouer depuis six jours. Auparavant, dépressive, elle réagissait par de soudaines agressions aux tentatives faites pour la distraire. Un traitement associant le tiapride et une thérapie par le jeu a permis à Mina de retrouver un comportement normal en quinze jours.

• **Les anxiolytiques.** Ils agissent au niveau du cortex cérébral, en bloquant le fonctionnement de certains neurones responsables des réponses de peur et d'inhibition. Ce sont les benzodiazépines (Valium®). Ils doivent être utilisés avec prudence, car ils favorisent l'agressivité. Ils permettent le traitement de l'anxiété permanente qui s'accompagne de plaies de léchage, mais altèrent les capacités de mémorisation.

Zino, chat siamois castré de 5 ans, vivait dans une famille dont l'unique enfant souffrait d'un grave handicap psychomoteur qui l'isolait des autres enfants. Zino lui-même évitait l'enfant qui le maltraitait et dont les mouvements mal coordonnés l'effrayaient. Il cessa de circuler dans la maison pendant la journée, commença à se ronger les griffes et à s'arracher les poils. Un traitement à base de Librium®, un entretien avec l'enfant et une réorganisation de leur relation permirent de régler le problème.

• **Les morpholines.** Dérivées de végétaux, elles sont également à la disposition de la science vétérinaire. La trioxazine (Relazine®) permet de traiter efficacement les états d'anxiété du chat.

• **Les antidépresseurs.** Ils permettent de relancer un fonctionnement normal de l'encéphale chez les individus dépressifs. Ceux qui sont utilisés pour traiter le chat appartiennent à deux groupes chimiques distincts, les tricycliques et les tétracycliques.
– Les tricycliques sont sédatifs et permettent, à faibles doses, de contrôler la miction et la défécation ; ils sont donc utiles dans le traitement des troubles de la territorialité. À fortes doses, ils s'avèrent difficiles à utiliser, car ils augmentent la fréquence cardiaque et sont anxiogènes chez le chat.
– Les tétracycliques sont sans effet sédatif et stimulent la reprise d'activité de l'animal ; ils sont utiles dans les dépressions du chaton et dans les dépressions réactionnelles. Très fortement anxiolytiques, ils peuvent être prescrits dans certaines anxiétés permanentes très évoluées.

Les thérapies

La modification de l'environnement du chat permet de faire apparaître les comportements souhaités et de traiter les comportements inadéquats. Les thérapies utilisées sont dites comportementales ou cognitives.

Les thérapies comportementales

Elles consistent à modifier le comportement du chat en jouant sur ses effets. Si l'on souhaite développer et conserver tel comportement, on l'encouragera de la voix et du geste : c'est le renforcement positif. Si, au contraire, on souhaite la disparition du comportement en question, on créera un contexte négatif et l'on parlera de renforcement négatif. Il ne s'agit donc pas tant de modifier les processus cognitifs et émotionnels aboutissant à tel ou tel comportement que d'orienter la « réponse » de l'animal. Pour ce faire, on utilise soit le conditionnement, soit l'habituation.
En matière de conditionnement, on jouera principalement sur la punition ou la récompense. Pour être efficaces, les punitions doivent être infligées dans la fraction de seconde qui suit la mauvaise réponse de l'animal ; elles doivent être désagréables mais proportionnées à la faute. Leur effet peut être rapide, mais les comportements ainsi combattus ont tendance à réapparaître dès qu'elles cessent. Les récompenses doivent constituer un apport nouveau dans l'environnement du chat, et être maintenues jusqu'à ce que ses performances soient correctes et installées. Elles seront ensuite données de façon aléatoire pour entretenir la motivation de l'animal. Quoique plus lents à venir, les résultats sont plus solides et durables. Les techniques de conditionnement peuvent être utilisées dans presque tous les troubles, mais leurs effets sont fragiles, instables, et on leur préfère souvent d'autres méthodes. L'habituation est un apprentissage qui entraîne la disparition progressive des réponses d'évitement et de fuite et les réactions émotionnelles de l'animal en présence d'un stimulus répété. C'est une technique de choix dans le traitement des phobies et de l'anxiété de privation.

Les thérapies cognitives

Elles permettent de modifier le comportement du chat en lui fournissant de nouvelles informations sur son milieu qui soient compréhensibles pour lui et lui permettent de réorganiser sa perception des situations qui sont la source de conflits ou perturbations.
Ainsi, l'utilisation des phéromones d'identification permet aujourd'hui de replacer le chat dans un milieu inconnu ou anxiogène qui lui paraîtra de ce fait moins perturbant.
Autre exemple, les thérapies par le jeu autorisent, tout en les dirigeant, les agressions prédatrices dont sont souvent victimes les jambes des propriétaires à l'approche du crépuscule. Il suffit de mettre en place des jeux à heure régulière, qui permettront au chat de réorienter son comportement prédateur.

Chaton anxieux
Pour traiter les troubles du comportement du chat, les vétérinaires disposent de diverses techniques. Mais, pour être vraiment efficaces, celles-ci requièrent souvent la collaboration du maître.

CHAPITRE 5

Les races de chats

Races et variétés

La notion de race est complexe et a été longuement et souvent discutée par les scientifiques. Nous retiendrons ici, même si elle ne fait pas l'unanimité, la définition donnée dans la législation française (loi du 28 décembre 1966) : « Une race doit recouvrir un ensemble d'animaux d'une même espèce présentant entre eux suffisamment de caractères héréditaires communs, définis avec précision par le standard de la race. »

La race et ses variétés

La notion de variété a fait, elle aussi, l'objet de nombreuses discussions. Pour reprendre les termes du décret du 14 juin 1969 : « Une variété doit correspondre à la fraction des animaux d'une race que des traitements particuliers de sélection ont eu pour effet de distinguer des autres animaux de la race. » Dans l'espèce qui nous intéresse ici, l'espèce féline, on notera que la notion de variété désigne le plus souvent des variétés de couleur de robe.

Peu de races de chats

Lorsque le naturaliste suédois Linné (1707-1778) effectue l'un des premiers inventaires des races dans les diverses espèces, il ne distingue que quatre grandes races félines :
– le chat domestique (*Catus domesticus*),
– le chat d'Angora (*Catus angorensis*),
– le chat d'Espagne (*Catus hispanicus*),
– le chat des Chartreux (*Catus coeruleus*).
Cette classification restera quasiment en l'état jusque vers le milieu du XIXe siècle, époque des balbutiements de la félinotechnie moderne en Angleterre. À la fin du XIXe siècle, le traité de zootechnie spéciale de Cornevin (1897), professeur à l'école vétérinaire de Lyon, ajoute à cette liste : une race chinoise à oreilles tombantes, qui devait ressembler aux actuels Scottish Fold, mais dont on ne trouve plus trace aujourd'hui ; deux races à queue courte : la race malaise (correspondant aux actuels Siamois) et une race du Japon (correspondant à l'actuel Bobtail japonais) ; une race sans queue, qui n'est autre que le Manx.
Au début du XXe siècle, la race espagnole disparaît, sans doute rattachée et confondue avec le chat domestique. Par contre, l'espèce féline s'enrichit de deux races importantes, le Persan et l'Abyssin. À partir de là, les choses s'accélèrent puisqu'on passe d'environ huit races vers 1900 à quelque 25 ou 30 races reconnues, selon les associations félines, en 1989. Depuis, de nouvelles races attendent, elles aussi, d'être reconnues.

Mais des variétés innombrables

Pour ce qui est des variétés, l'évolution a été quasiment identique mais avec de grosses variations selon les races. En effet, pour quelques races comme le Chartreux ou le Korat, la couleur d'origine, en l'occurrence le bleu, constitue une véritable marque de fabrique, et ces races continuent à ne comporter qu'une seule et unique variété de couleur. Pour d'autres races, comme le Siamois ou le Chat sacré de Birmanie, les éleveurs ont accepté de nouvelles variétés mais avec parcimonie. Enfin, pour de nombreuses races, la reconnaissance des nouvelles variétés n'a pas été limitée. On a ainsi assisté à une augmentation sensible de nouvelles variétés, surtout depuis les années 1980. Pour prendre un exemple, le Persan, qui ne comptait que 13 variétés reconnues par la Fédération internationale féline (F.I.Fe) en 1938, en compte 23 en 1980, et aujourd'hui environ 150 si l'on inclut les Persans chinchilla et colourpoint !
Actuellement, l'espèce féline se distingue donc par un nombre relativement restreint de races au regard du nombre important de variétés de robes reconnues chez la plupart de ces races. Notons que la situation est quasiment inversée pour l'espèce canine.

Comment se crée une race ou une variété ?

La naissance d'une nouvelle race ou d'une nouvelle variété peut résulter de trois grands processus.
– La sélection naturelle – sans intervention de l'homme – s'exerce au sein de populations de chats plus ou moins isolées (dans des îles ou des zones géographiquement éloignées). Dans ces cas, au fil des années, la sélection naturelle favorise certains caractères et en élimine d'autres. Au bout d'un certain temps, la population isolée présente un ou plusieurs caractères particuliers qui font qu'elle peut être érigée au rang de race à part entière. C'est de cette façon que sont apparues les races les plus anciennement reconnues : l'Européen à poil court, l'Angora, le Turc Van, le Chartreux, le Siamois, le Korat, le Manx, le Bobtail japonais.
C'est ainsi que se sont également créées des races plus récentes : Maine Coon, Chat des forêts norvégiennes ou encore Singapura. C'est aussi par ce processus que se sont fixées certaines variétés de robe : bleu chez le Chartreux ou le Korat, motif colourpoint chez le Siamois, etc.
– La fixation de mutations naturelles découvertes chez certains individus isolés. Fixer une mutation veut dire que l'on va multiplier le nombre de sujets porteurs de la mutation. Cela peut nécessi-

ter, au départ, de faire appel à des accouplements consanguins si le nombre de sujets mutants est faible. Mais, par la suite, il faudra diversifier les origines pour éviter les inconvénients de la consanguinité. Pour les variétés créées de cette façon, citons le chinchilla et le golden chez le Persan ; pour les races, le Scottish Fold, les Rex, l'American Curl, le Sphinx, l'Américain à poil dur.
– Des programmes d'élevage faisant appel au métissage suivi de la sélection artificielle. La plupart des nouvelles variétés ont été créées ainsi dans de nombreuses races. Citons l'exemple du modèle colourpoint que l'on a fait passer du Siamois chez le Persan pour créer le Persan colourpoint, ou encore le transfert des gènes responsables de la variété chinchilla du Persan chez le British Shorthair pour créer le British chinchilla. La création de nombreuses races relève aussi de ce processus. Citons : le Persan, créé à partir de l'Angora et de chats anglais de type Européen ; le Chat sacré de Birmanie, créé, selon toute vraisemblance, à partir d'un Siamois et d'un Persan ; sans oublier le cas du gène responsable du poil long qui a été transféré de l'Angora à plusieurs races pour créer le Balinais, le Somali, le Javanais, le Tiffany, le Cymric.

Des races pas toujours reconnues

Il existe des différences, selon les associations, entre les variétés et les races reconnues. Plusieurs raisons expliquent ces divergences de vues. La première est d'ordre éthique. Certaines mutations peuvent constituer le point de départ de la création de nouvelles races. Or, la différence entre le caractère original intéressant à fixer et l'anomalie invalidante à éliminer n'est pas toujours facile à définir. Ainsi, parfois, des races issues de mutations pouvant provoquer une gêne pour l'animal ne sont-elles pas reconnues par certaines associations. On peut citer l'exemple du Scottish Fold : la mutation qui caractérise cette race entraîne une pliure (non gênante pour l'animal) des pavillons des oreilles ; mais cette mutation peut occasionner des troubles de la croissance des cartilages rendant la démarche du chat pénible. C'est pourquoi le Scottish Fold n'est reconnu ni par le Governing Council of the Cat Fancy (G.C.C.F.) ni par la F.I.Fe. Il est par contre reconnu par la C.F.A. américaine et par les clubs inscrits au L.O.O.F.

Races et variétés

Une seconde source de divergences réside dans la difficulté de trouver parfois une frontière stricte entre race et variété. Par exemple, concernant le Siamois, les clubs européens considèrent comme faisant partie intégrale de la race non seulement les quatre variétés de base (noir, bleu, chocolat et lilas), mais aussi des variétés plus récentes (roux, crème, écaille-de-tortue ou tabby). Par contre, la Cat Fanciers'Association (C.F.A.) ne considère comme appartenant à la race du Siamois que les variétés de base, les autres constituant une race à part dénommée Colourpoint Shorthair.
Enfin, certaines différences résultent des règles adoptées par les associations pour reconnaître officiellement une nouvelle race ou variété.

Chat de concours
Aujourd'hui, les beaux chats de concours sont rarement le fruit du hasard, mais le résultat du savoir des généticiens et d'une sélection rigoureuse grâce aux efforts d'éleveurs ou d'amateurs passionnés.

Aspects génétiques

Concernant l'esthétique dans l'espèce féline, l'homme s'est longtemps contenté de laisser faire Mère Nature. Au XIXe siècle, les choses ont radicalement changé sous l'impulsion de quelques éleveurs anglais qui, à l'instar de ce qui avait déjà été fait dans leur pays pour d'autres espèces domestiques, décidèrent d'intervenir pour améliorer, voire diversifier les caractères de l'esthétique du chat.

Quel est le support matériel de l'hérédité ?

En félinotechnie, les caractères qui nous intéressent sont des caractères héréditaires, c'est-à-dire qu'ils se transmettent d'une génération à l'autre et sont donc susceptibles d'être triés par un élevage sélectif. Dès la fin du XIXe siècle, les chercheurs ont découvert, sans comprendre à l'époque le sens de leur découverte, la forme visible du support de l'hérédité, les chromosomes.

Chez les êtres supérieurs, dont le chat, les chromosomes sont enfermés dans la partie centrale – le noyau – des cellules constituant l'organisme. Dans l'espèce féline, on constate que toutes les cellules, en dehors des spermatozoïdes et des ovules, renferment un nombre pair de chromosomes, en l'occurrence 36. Une observation plus précise montre que l'on peut regrouper les 36 chromosomes en 18 paires de chromosomes identiques par leur taille et leur forme : ce sont des autosomes. La dernière paire de chromosomes est particulière car elle varie selon le sexe : chez la chatte, les chromosomes de cette paire sont bien identiques, et ils ont la forme de grands X, tandis que, chez le mâle, l'un a la forme d'un grand X et l'autre d'un Y de petite taille. Les chromosomes de cette paire particulière sont les chromosomes sexuels.

Le support de l'hérédité

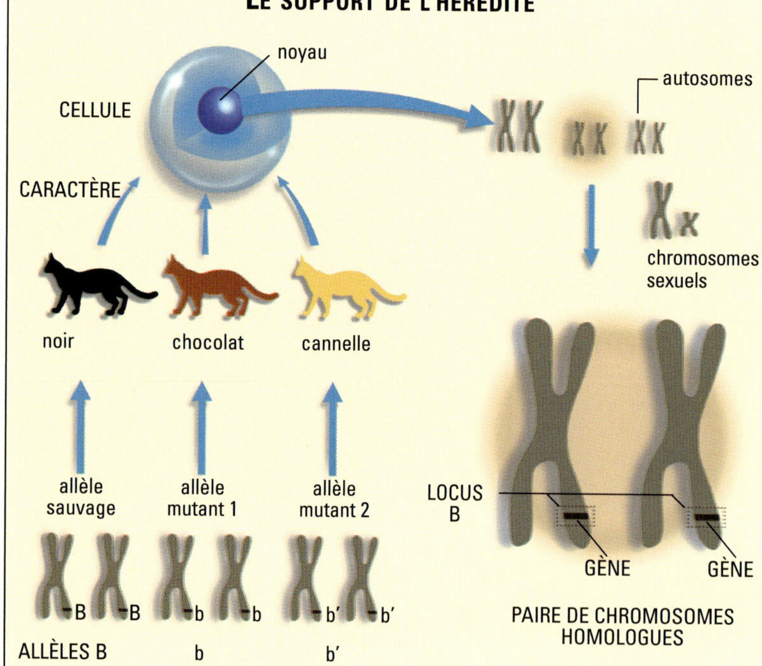

Chacun des chromosomes est constitué de sous-unités que l'on appelle les gènes, qui constituent le support réel de l'hérédité, car chaque gène détermine tout ou partie de la réalisation d'un ou de plusieurs caractères morphologiques ou physiologiques d'un individu. Pour une espèce donnée, un gène donné est toujours situé sur le même chromosome, et au même emplacement sur ce chromosome. Cet emplacement s'appelle le locus (au pluriel, loci) du gène sur le chromosome. Si les chromosomes sont en double chez un individu, il en est de même des gènes. Ceux des chromosomes sexuels constituent là encore une particularité : ils sont en double chez la femelle puisque situés sur chacun des chromosomes X ; on en compte en revanche un exemplaire unique, porté par le seul chromosome X, chez les mâles.

Le support peut-il être modifié ?

Pour une espèce donnée, le nombre et la forme de chaque chromosome sont des constantes. Il existe en réalité des exceptions, car des modifications peuvent survenir accidentellement, et de façon tout à fait naturelle, au niveau du support de l'hérédité. Ces modifications se font lors de la fabrication des cellules reproductrices (les gamètes). La grande majorité des modifications ne touche qu'un seul gène. Pouvant être transmises à la descendance, elles sont appelées mutations. De nombreuses mutations entraînent la mort des individus formés par les gamètes mutés, soit très tôt au stade embryonnaire, soit plus ou moins longtemps après la naissance. Quelques-unes n'ont aucun effet. D'autres, enfin, entraînent des modifications viables, d'un seul ou de plusieurs caractères. Dans ce cas, la mutation va pouvoir se transmettre à la descendance de l'individu mutant, se maintenir, voire devenir plus fréquente.

Les différents gènes

Chez la plupart des espèces domestiques, on pourra trouver, à de nombreux loci, soit un gène d'origine que l'on appelle par convention gène sauvage, soit un gène mutant. On peut même, pour un gène sauvage donné, avoir plusieurs formes mutées différentes. Par exemple, la couleur noire du pelage est déterminée chez le chat par un gène sauvage nommé *B*. On connaît actuel-

lement deux formes mutantes de ce gène, *b* et b^l, responsables de la transformation du noir, respectivement, en marron foncé et en marron clair. En génétique, on dira qu'au locus B chez le chat existent trois gènes allélomorphes, ou plus simplement trois allèles : *B*, *b*, b^l.
Pour un chat, deux cas de figure peuvent se présenter au locus *B* : soit il possède deux gènes identiques, *BB*, ou *bb*, ou b^lb^l, soit il possède deux gènes différents, *Bb*, Bb^l, ou bb^l. Dans le premier cas, on dit que l'individu est homozygote pour le locus *B*, dans le second cas, qu'il est hétérozygote pour le locus *B*.

Comment fonctionnent les divers gènes ?

Un individu hétérozygote pour un locus donné possède donc simultanément deux allèles du même gène. Quel sera le résultat de l'action combinée de ces deux gènes ? En génétique féline, le cas de figure le plus fréquent est celui de la dominance complète. Il s'agit du cas où un allèle masque complètement l'action de l'autre allèle sur le chromosome homologue. Celui qui s'exprime est appelé allèle dominant et celui qui est masqué, allèle récessif – attention : les termes « sauvage » et « dominant » sont différents, et une mutation peut être récessive ou dominante.
Par ailleurs, l'importance de l'action des différents gènes n'est pas la même. Il en résulte deux grandes familles de caractères chez les individus.
– Les caractères qui varient de façon discontinue et sont peu influencés par les effets de l'environnement. Ces caractères dits qualitatifs sont déterminés par des gènes qui ont individuellement des effets importants. C'est pourquoi ces gènes sont appelés gènes majeurs. En reprenant l'exemple précédent, le caractère couleur des eumélanines du poil chez le chat est un caractère qualitatif.
– Les caractères qui évoluent d'une façon progressive d'un individu à l'autre, et sont assez sensibles aux effets de l'environnement. C'est le cas, par exemple, de la taille ou du poids, qui sont influencés par l'alimentation au cours du jeune âge. Entrent dans cette famille plusieurs caractères de la morphologie : longueur des oreilles, des membres ou du nez, forme des yeux, etc. Ces caractères dits quantitatifs sont déterminés par l'addition des effets de nombreux gènes situés à des endroits divers des chromosomes, chacun de ces gènes, appelés polygènes, ayant un faible effet individuel. Les résultats de l'élevage sélectif sont plus rapides et plus spectaculaires avec les caractères qualitatifs qu'avec les caractères quantitatifs.

Comment se transmettent les gènes ?

Tout commence au niveau des gonades des parents : les testicules et les ovaires. Là, sont fabriqués les gamètes, spermatozoïdes et ovules. Lors de leur fabrication (gamétogenèse), on constate que la première étape consiste en une division de cellules souches spéciales, qui s'accompagne d'une séparation des chromosomes homologues, de sorte que chacune des cellules filles obtenues ne contient plus qu'un seul jeu de chromosomes au lieu de deux. Cette division cellulaire, appelée mitose réductionnelle, est suivie d'une seconde étape au cours de laquelle chaque cellule fille se divise, mais, cette fois-ci, chaque chromosome est dupliqué et chacune des nouvelles cellules reçoit un lot identique de *n* chromosomes ; il s'agit d'une

TRANSMISSION DU PATRIMOINE HÉRÉDITAIRE LORS DE LA FÉCONDATION

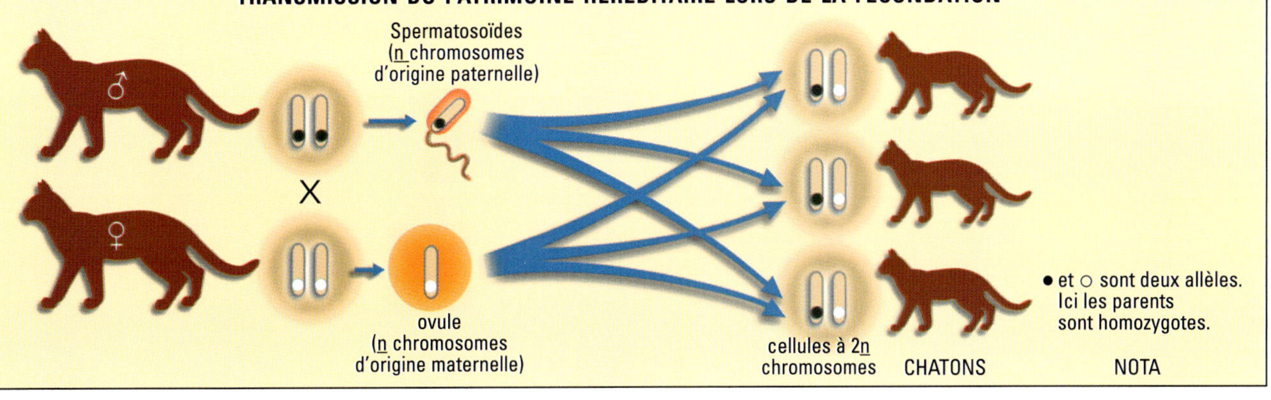

EXEMPLE D'UN ÉCHIQUIER DE CROISEMENT

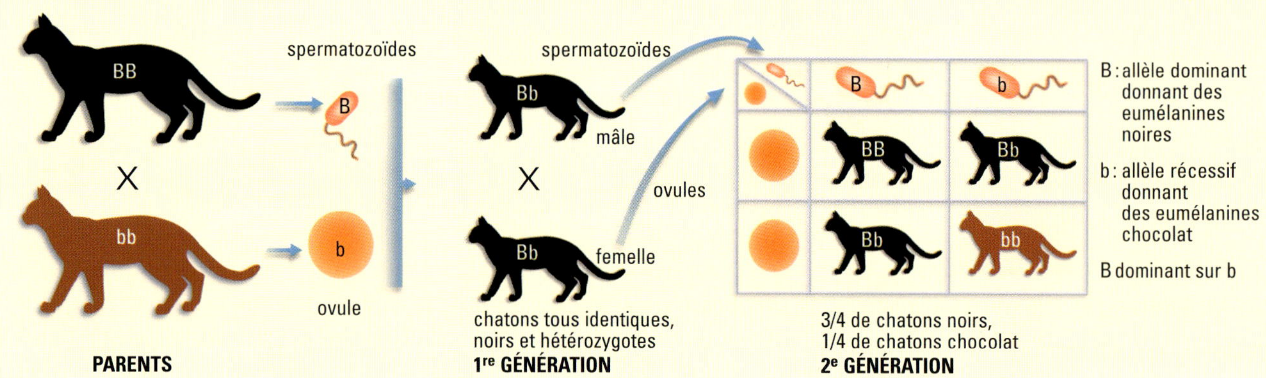

mitose équationnelle. Ces deux étapes constituent ce que les généticiens appellent la méiose. Les cellules obtenues en fin de méiose subissent une maturation pour devenir des gamètes qui contiennent chacun *n* chromosomes.

Lors de la mitose réductionnelle, la séparation des chromosomes homologues se fait au hasard. Or, chez la plupart des individus, de nombreux loci sont hétérozygotes, ce qui veut dire que deux chromosomes homologues sont le plus souvent différents à plusieurs loci. En conséquence, s'il y a deux jeux de *n* chromosomes homologues, il y aura 2*n* types d'arrangements différents de *n* chromosomes, donc de gamètes différents. Pour l'espèce féline, cela donne 219 = 524 288 types de gamètes différents par leur jeu de chromosomes ! Une première source importante de diversification pour les futurs descendants.

La transmission effective du patrimoine génétique aux enfants se fait lors de la fécondation. À ce moment, un spermatozoïde avec *n* chromosomes d'origine paternelle rencontre un ovule avec *n* chromosomes d'origine maternelle. Il en résulte un chaton avec à nouveau 2*n* chromosomes. Globalement, l'ensemble de l'information propre à l'espèce et à la race, a été transmis au chaton qui résulte pour moitié du père et pour moitié de la mère. On va donc retrouver chez les descendants des associations de gènes qui peuvent être différentes de celles existant chez les parents ; il y a ici une nouvelle source de diversification pour l'espèce. C'est là le rôle de l'éleveur de sélectionner en tenant compte de ces différents éléments.

C'est au cours du cycle de reproduction qu'est déterminé le sexe des individus. Puisque, chez le mâle, lors de la méiose, les chromosomes sexuels sont séparés au même titre que les chromosomes homologues des autres paires, la moitié des spermatozoïdes contiendra un chromosome X, l'autre moitié un chromosome Y. La femelle, elle, produit des ovules contenant tous un chromosome X. Dans ces conditions, on doit attendre moitié de chatons mâles et moitié de chatons femelles, cela bien sûr si l'on peut observer un grand nombre de descendants…

Comment prévoir les différents chatons à naître ?

Les principales lois de la génétique, dites lois de Mendel, permettent d'établir les proportions des divers génotypes et phénotypes à attendre d'accouplements donnés. Elles ne s'appliquent qu'à des caractères simples, déterminés par des gènes majeurs et se transmettant indépendamment car situés chacun sur des chromosomes différents.

La méthode la plus pratique pour travailler consiste à établir ce qu'on appelle des échiquiers de croisement : tableaux à double entrée avec, en première ligne, les divers types d'ovules produits par la chatte accouplée, et, en première colonne, les divers types de spermatozoïdes produits par le mâle. On trouve, à l'intersection de chaque ligne et colonne, le génotype du chaton produit par la rencontre des deux gamètes envisagés. La comptabilisation du résultat de toutes les cases donne la proportion des divers génotypes et phénotypes à attendre – proportions qui ne seront exactes que si l'on observe un nombre suffisamment important de chatons issus du même accouplement. Les applications de la génétique sont nombreuses : connaître le génotype d'un reproducteur en analysant son pedigree, ou en effectuant un testage ; programmer un accouplement pour obtenir des chatons de telle couleur, créer une nouvelle variété, voire une nouvelle race…

Standards et couleurs

Quelle que soit la race envisagée, les standards réservent une part importante à la description détaillée de la morphologie, et celle-ci constitue un élément essentiel pour l'appréciation des races félines. On s'attache aussi beaucoup aux caractères liés au pelage, à sa qualité et surtout à sa couleur.

Profil, proportions

Dans l'espèce féline, le format varie peu. Ainsi, la race du plus petit format est sans doute le Singapura, avec des mâles de 2,7 kg; pour les grands formats, on trouve le Maine Coon ou le Ragdoll, avec des mâles de 6 à 9 kg. C'est pourquoi on ne mentionne pas de format dans les standards félins. Par contre, les critères de proportions et de profil sont très largement utilisés.

Les races peuvent être scindées en trois groupes: les races bréviligne en proportions et au profil concave, les races longilignes en proportions et au profil convexe et les races médiolignes en proportions et au profil rectiligne.

Proportions et profil sont déterminés par l'addition des effets de nombreux polygènes. Cela a deux conséquences importantes dans l'élevage des races.

– La première est qu'il existe pour ces deux critères tous les intermédiaires possibles entre les trois types mentionnés ci-dessus. Ainsi, plusieurs races, tel l'Abyssin qui est à mi-chemin entre le type Européen et le type Oriental, sont-elles classées dans des catégories intermédiaires.

– La seconde est qu'il faut un temps assez long pour accumuler par sélection tous les polygènes nécessaires à l'obtention de sujets correspondant parfaitement au standard. En corollaire, toute infusion dans une race donnée de sang de races d'un type très différent, par exemple, pour introduire un gène de couleur, nécessite en retour une longue sélection sur la morphologie pour retrouver le type d'origine.

L'exemple du Persan illustre bien ces propos. À la fin du XIXe siècle, les premiers sujets de cette race étaient encore très proches de la morphologie médioligne des Angoras, dont ils dérivaient. Il fallut attendre les années 1930 pour qu'une sélection continue et rigoureuse permette aux éleveurs américains d'obtenir les premiers Persans très typés brévilignes / concavilignes. De même, après l'introduction du motif colourpoint chez le Persan, réalisée grâce à des infusions de sang de Siamois, il fallut au moins dix années de sélection portant sur la morphologie pour que le Persan colourpoint rejoigne le Persan classique pour la qualité du type ! Tous les caractères morphologiques ne sont pas gérés par des polygènes. Dans l'espèce féline, quelques gènes majeurs ont ainsi une action sur la forme des oreilles ou sur celle de la queue. Ces gènes sont des mutations pour la plupart bien étudiées, car elles ont donné naissance à de nouvelles races.

Quelques symboles et conventions du langage génétique

En génétique, chaque locus connu est symbolisé par une lettre qui lui est propre dans une espèce donnée. Ainsi, la lettre « *B* » a-t-elle été attribuée au locus qui gère la teinte des eumélanines chez le chat. Lorsqu'il existe plusieurs allèles à un locus, l'allèle dominant est symbolisé par la lettre du locus en majuscule. Le ou les allèles mutants sont, eux, symbolisés par la lettre du locus en minuscule. On distingue souvent les allèles récessifs entre eux en leur ajoutant une lettre en exposant. Enfin, l'allèle présumé sauvage peut être marqué d'un signe +. Dans l'exemple précédent, les trois allèles du locus *B* sont: *B* (que l'on peut écrire *B* +), *b* et b^l.

Pour un caractère donné, il faut distinguer le génotype de l'individu, qui est l'ensemble des gènes qu'il possède au locus de ce caractère, et le phénotype, qui est l'aspect observable de l'individu pour ce même caractère. Un même phénotype peut en effet correspondre à plusieurs génotypes. Dans l'exemple précédent, au phénotype noir peuvent correspondre soit le génotype *BB*, soit le génotype Bb^l.

Le génotype de l'individu pour un caractère donné est symbolisé par deux lettres qui sont les deux gènes portés par l'individu au locus envisagé. Le phénotype d'un individu pour un caractère donné est symbolisé par une lettre entre parenthèses, qui est celle du gène exprimé. Avec l'exemple précédent, pour un chat noir, le phénotype est (*B*). Mais ce sujet peut avoir pour génotype *BB* ou *Bb* ou Bb^l.

Qualité du pelage

Elle peut se caractériser par des critères de longueur, de densité, de finesse. La longueur du pelage est contrôlée par les gènes du locus *L*. On connaît deux allèles à ce locus. Le premier, *L*, considéré comme l'allèle sauvage, est dominant et détermine le pelage court. Le second allèle, *l*, est un mutant récessif qui allonge la durée du cycle de fonctionnement des follicules pileux, d'où l'apparition de pelages mi-longs et longs (Angora, Persan, Maine Coon, etc.). Cependant, l'effet de *l* est modulé par divers polygènes agissant sur la longueur finale des poils de garde et sur celle du sous-poil. D'autres polygènes déterminent la densité et la finesse générale du pelage. D'où de nombreuses nuances en termes de qualité du pelage selon les races.

Des mutations fixées

Quatre mutations déterminent des modifications du pelage, fixées pour constituer de nouvelles races:
- pelage court et ondulé sans poils de jarre (Rex Cornish);
- pelage court et ondulé avec poils de jarre (Rex Devon);
- pelage frisé et rêche au toucher (Américain à poil dur);
- pelage réduit à un fin duvet (Sphynx).

D'autres mutations donnant des poils frisés, ou entraînant l'absence de poils, ont aussi pu être répertoriées chez le chat.

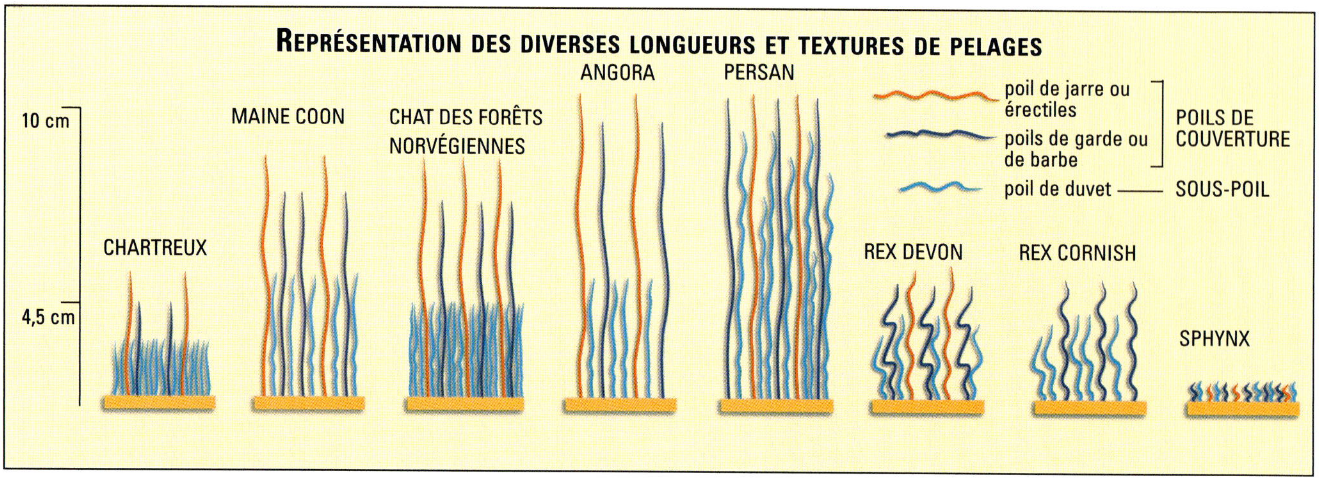

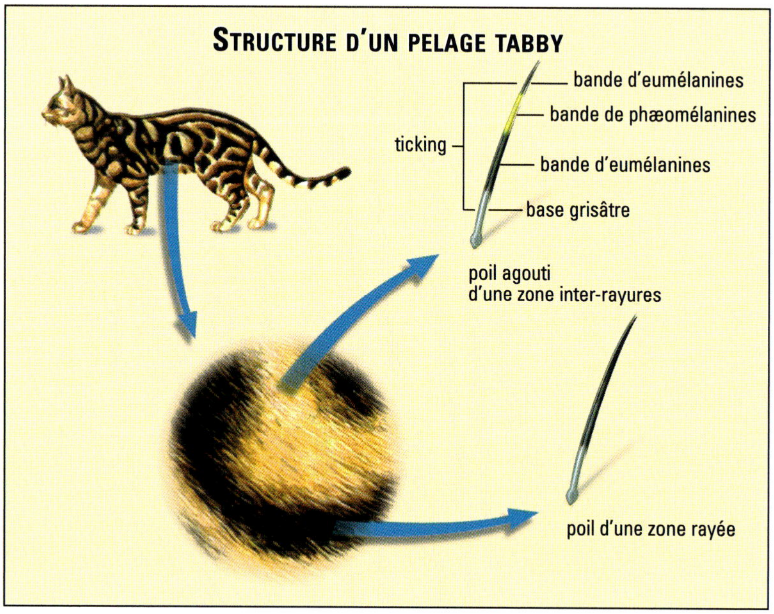

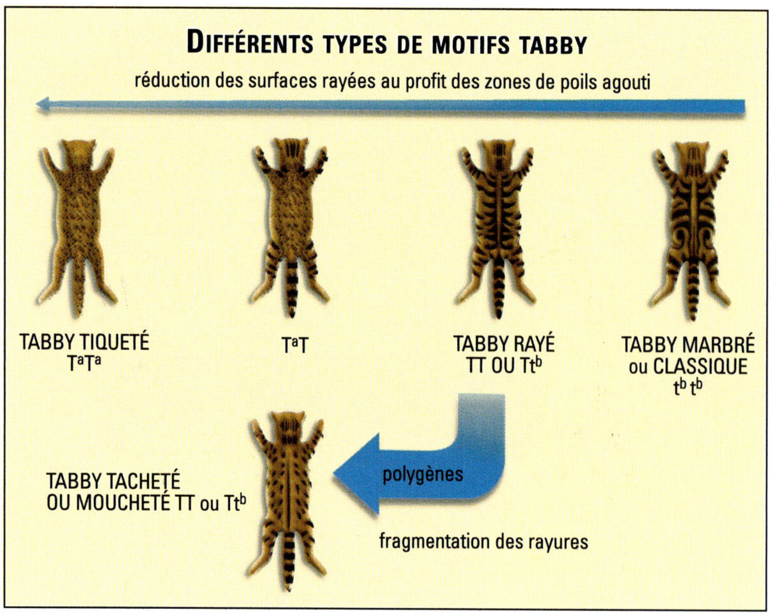

Mille et une couleurs

Pour leur grande majorité, les caractères de couleur du pelage sont régis par des gènes majeurs. Cependant, dans quelques cas, s'ajoutent les effets de polygènes dits modificateurs qui vont, en s'accumulant, accentuer plus ou moins le caractère influencé. Pour plus de clarté, nous distinguerons cinq familles de pelages.

Pelages tabby et pelages uniformes

Par opposition au pelage uniforme, le caractère tabby désigne un pelage avec des rayures foncées sur un fond plus clair. Le terme anglais « tabby », plus usuel que celui de rayé, fait référence à certaines soieries fabriquées près de Bagdad, et dont le motif rappelle celui de la robe rayée du chat.

Dans un pelage tabby, les zones claires entre les rayures sont constituées de poils dits « agouti » (un type de poil courant chez de nombreux mammifères sauvages, dont l'agouti, petit rongeur d'Amérique du Sud). Chaque poil agouti présente, de l'extrémité à la base : une bande de pigments foncés, les eumélanines ; une bande de pigments clairs, dans les tons jaunes, les phæomélanines ; à nouveau une bande d'eumélanines ; enfin, une zone peu pigmentée qui apparaît grisâtre. L'alternance eumélanines/phæomélanines constitue ce que les Anglo-Saxons appellent le *ticking* (tiquetage). Au niveau des rayures, la bande intermédiaire de phæomélanines n'existe pas. Les eumélanines prédominent alors sur toute la longueur du poil et le pelage apparaît foncé.

Le passage du tabby à l'uniforme est géré par des gènes au locus *A* (pour agouti). On connaît à ce locus deux allèles : celui considéré comme sauvage est dominant ; symbolisé par *A*, il détermine la présence de rayures ; l'allèle mutant *a* est récessif et fait disparaître la bande de phæomélanines des poils agouti au profit des eumélanines. Il en résulte que l'aspect d'ensemble est alors un pelage uniformément pigmenté par les eumélanines.

Signalons que l'action de *a* est progressive et se termine après la naissance. Ainsi, tout chaton, uniforme à l'âge adulte, naît avec des rayures plus ou moins accentuées qui disparaîtront en quelques semaines. On reconnaît dans les standards quatre types de pelage tabby. En effet, la forme du dessin fait par les rayures peut varier sous l'influence de gènes situés à un locus appelé *T* dont on connaît actuellement trois allèles.

– L'allèle sauvage, symbolisé par *T*, détermine des rayures fines, parallèles entre elles, et perpendiculaires à l'axe vertébral. C'est la robe tabby tigrée (appelée *mackerel tabby* par les Anglo-Saxons).

– L'un des allèles mutants, symbolisé par T^b, détermine des rayures larges formant des motifs particuliers. C'est la robe tabby marbrée ou tabby classique (*blotched tabby*).

– L'autre allèle mutant, symbolisé par T^a, donne une robe sans rayures, constituée uniquement de poils agouti. Cette robe est typique de certaines races, comme l'Abyssin ou le Singapura, mais elle constitue une variété chez d'autres races, l'Oriental par exemple. Elle est appelée tabby tiqueté (*ticked tabby*).

– La quatrième robe tabby est constituée de taches sur fond agouti. Il s'agit du tabby tacheté, appelé parfois tabby moucheté (*spotted tabby*). Cette robe résulte de l'action de polygènes modificateurs sur des sujets de génotype (*T*).

Les couleurs autres que le blanc

Toute la gamme de ces couleurs est déterminée par la combinaison d'action de gènes situés sur seulement trois loci différents.

Sur le premier locus, appelé *B*, l'allèle *B* donne la nuance noire ; *b*, la nuance marron foncé dite chocolat et b^1, la nuance marron clair dite cannelle.

Les effets de ces divers loci s'associent tant chez les robes uniformes que chez les robes tabby. Pour ces dernières, ce sont les zones pigmentées par les eumélanines au niveau de chaque poil qui varient. Ainsi, chez le bleu tabby, les poils agouti ont deux zones bleues de part et d'autre de la bande jaune, et les poils des rayures sont entièrement bleus.

Les pelages avec décoloration de la base des poils

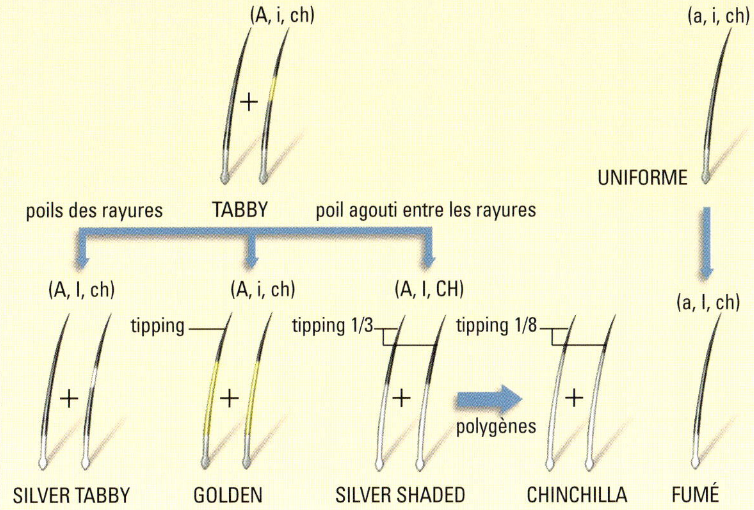

Génotypes		**Phénotypes et génotypes liés au locus O**
femelles	mâles	Phénotypes
X_oX_o	X_oY	 couleurs classiques
X_OX_O	X_OY	 roux
X_oX_O	-	 écaille de tortue

Pelages avec éclaircissement de la base des poils

Chez le chat, ce phénomène peut résulter des actions indépendantes ou simultanées de gènes situés à deux loci différents : *I* et *Ch*.

L'allèle mutant *I* détermine une décoloration des parties claires de chaque poil, qui deviennent quasiment blanches. Cette décoloration intéresse donc la base grisâtre et aussi la bande de phæomélanines des poils agouti. L'allèle mutant *Ch* repousse les eumélanines vers l'extrémité de chaque poil et seule l'extrémité des poils reste pigmentée de foncé. C'est ce que les Anglo-Saxons appellent le *tipping*, le mot *tip* voulant dire extrémité. L'intensité d'action de *Ch* semble modulée par divers polygènes qui ont deux effets : per-

Caractères considérés comme des anomalies en esthétique féline

- Invagination permanente des paupières entraînant une irritation des yeux (entropion).
- Strabisme permanent.
- Ouverture réduite des narines, s'accompagnant généralement de difficultés pour respirer.
- Dépression exagérée au niveau du stop, s'accompagnant souvent d'une réduction des cavités nasales (d'où des difficultés respiratoires), et aussi d'un dysfonctionnement des conduits lacrymaux.
- Dépression au niveau de l'os frontal.
- Mâchoire inférieure décalée en avant ou en arrière par rapport à la mâchoire supérieure (prognathisme ou brachygnathisme).
- Mâchoire inférieure étroite ou déformée.
- Angulation anormale des canines (normalement, bouche fermée, les canines sont presque verticales, la face antérieure des canines supérieures touchant la face postérieure des homologues inférieures).
- Déformations de la cage thoracique.
- Déformations au niveau du sternum.
- Déformation permanente à un niveau quelconque de la queue (queue « nouée »).
- Luxation des rotules chez les adultes.
- Nombre anormal de doigts.
- Hernie.
- Chez le mâle, aucun testicule ou un seul dans le scrotum (cryptorchidie ou monorchidie).

mettre à *Ch* d'étendre son action non seulement aux poils agouti, mais aussi aux poils des rayures (de sorte que la robe devient uniforme, sans rayures, constituée uniquement de poils avec tipping), et moduler la longueur finale de la partie colorée par les eumélanines. Les diverses variétés de robes résultant de la combinaison des effets de ces gènes sont les silver tabby, les golden, les chinchilla et silver shaded, et les fumées.

Pour toutes ces variétés, les zones pigmentées par les eumélanines peuvent, théoriquement, se décliner dans les diverses couleurs précédemment décrites. Il existe ainsi dans la gamme chinchilla des noirs, des bleus, des roux, etc. Les roux et les crème ont le qualificatif de cameo : on dira shell cameo, shaded cameo, smoke cameo et tabby cameo.

Pelages avec atténuation de la couleur sur une partie du corps

Chez tous les mammifères, les pigments qui colorent les poils sont synthétisés grâce à l'action en chaîne de plusieurs enzymes, dépendant chacune des gènes situés à des loci différents. Si l'un de ces gènes vient à muter, l'enzyme dépendante est alors modifiée et la pigmentation est altérée.

Parmi les loci agissant sur la synthèse des pigments, le locus *C*, qui détermine l'enzyme tyrosinase, a été décrit chez presque tous les mammifères. Si l'allèle sauvage *C* est présent, la pigmentation est normale. Mais, chez le chat, on connaît plusieurs allèles mutants au locus *C*, dont deux sont particulièrement intéressants. L'un, appelé C^b, détermine une tyrosinase moins efficace sur les zones plus chaudes du corps. Il en résulte une robe de teinte légèrement éclaircie sur le corps, et d'intensité normale aux extrémités. Ce motif de robe est caractéristique de la race Burmese : en pratique, chez le Burmese génétiquement noir, la robe est de teinte marron foncé (zibeline) sur le corps.

L'autre allèle mutant, appelé C^s, détermine une tyrosinase ne fonctionnant pratiquement plus sur le corps : seules les extrémités (face, oreilles, pattes et queue) restent normalement pigmentées.

Les pelages avec décoloration de la base des poils

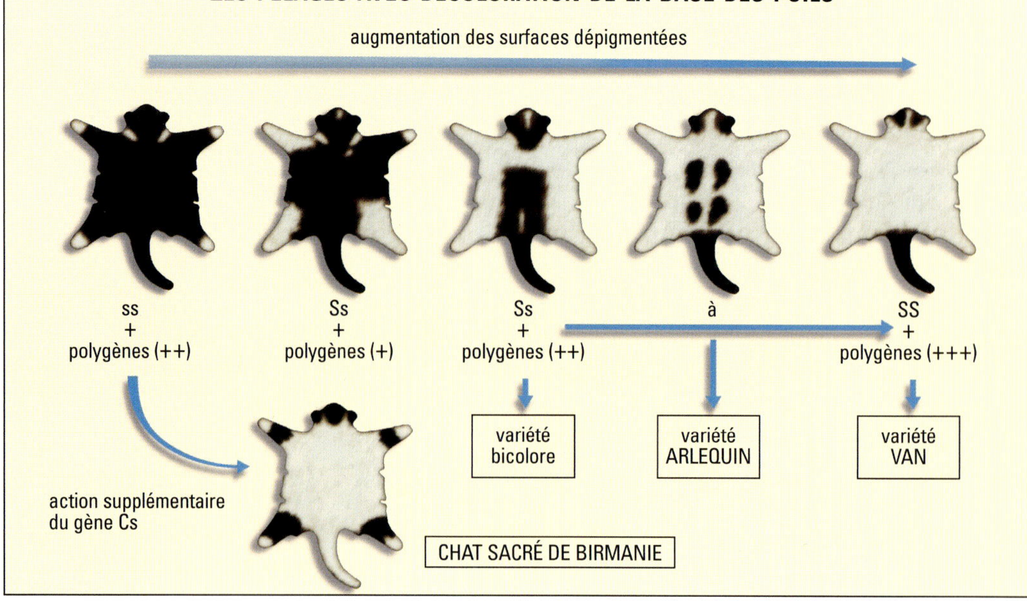

Ces points colorés produisent ce type de robe dite *colourpoint* par les Anglo-Saxons. À l'origine, elle était caractéristique du Siamois. Le gène C^s a ensuite été implanté chez d'autres races (Persan colourpoint, Chat sacré de Birmanie, etc.).
Ce gène détermine aussi une diminution de la quantité de pigments dans la rétine. Il en résulte une coloration bleu foncé des yeux, toujours associée aux robes colourpoint. Mais aussi diverses anomalies dans les trajets nerveux transmettant les images au cerveau, qui perturbent la vision des chats colourpoint. Ceux-ci compensent par un strabisme convergent bien connu chez les premiers Siamois (mais que de longues années de sélection ont réussi à faire pratiquement disparaître).
Autre particularité du gène C^s: sa sensibilité à la température, corporelle, mais aussi extérieure. Si la température est basse, la surface du corps est plus froide, d'où une pigmentation plus foncée et un contraste moins marqué avec les points. L'inverse se produit en ambiance chaude. Enfin, notons que le gène C^s est sensible à l'âge : les nouveau-nés sont entièrement blancs, et la coloration ne s'installe que progressivement au cours des premières semaines de vie ; chez le chat âgé, la pigmentation du corps fonce inexorablement.
Quant à leurs rapports entre eux et avec les autres gènes, C^b et C^s sont complètement récessifs vis-à-vis de C. Par contre, l'association de C^b et C^s donne une robe intermédiaire que l'on trouve de façon typique chez le Tonkinois.

Pelages tout ou partie blancs

Il y a deux manières d'obtenir un pelage blanc dans l'espèce féline.
La première fait intervenir l'allèle mutant W qui empêche, chez le fœtus, la migration des cellules souches pigmentaires sur la surface du corps. Le chat est alors entièrement blanc par absence de ces cellules ; le nez et les coussinets plantaires sont roses. Les yeux sont soit bleu clair, soit orange. Le gène W a une autre action qui est de perturber le développement de l'oreille interne : nombre de chats blancs sont sourds (plus souvent ceux qui ont les yeux bleus que ceux qui ont les yeux orange, mais on ne sait pas encore pourquoi).
La seconde manière d'obtenir du blanc fait intervenir l'allèle mutant S qui détermine l'apparition de plages blanches irrégulières appelées panachures. L'effet de S est compliqué par l'action de polygènes modificateurs : on peut obtenir tous les intermédiaires entre un sujet pigmenté avec seulement quelques taches blanches, et un sujet presque entièrement blanc avec de rares plages colorées. L'existence de polygènes entraîne de grandes difficultés pour fixer un quelconque motif panaché. Il faut donc une sélection permanente pour maintenir le résultat désiré.

LE PELAGE COLOURPOINT

Les outils du félinotechnicien

Pour créer de nouvelles races et variétés, on dispose de plusieurs moyens. Un programme d'élevage, préétabli par les généticiens et éleveurs, mettra en œuvre ces différents outils, de façon raisonnée et sur plusieurs générations de chats, en fonction des particularités génétiques des divers caractères qui sont en jeu.

La sélection. Dans l'espèce féline, ce choix des reproducteurs potentiels se fait sur des critères d'esthétique : on retient ceux qui sont le plus susceptibles de transmettre à leur descendance les caractères réclamés par le standard et/ou ceux qui peuvent transmettre un gène de couleur de robe souhaité. Cela exige une connaissance minimale du génotype du sujet. La sélection doit toujours être accompagnée de l'accouplement du reproducteur sélectionné avec un autre reproducteur sélectionné, afin d'assembler les gènes des parents au mieux de ce que l'on souhaite dans la descendance.

Les accouplements consanguins. Il s'agit d'accoupler des chats ayant un ancêtre en commun. Plusieurs degrés existent entre la consanguinité étroite (parents-enfants ou frères-sœurs) et la consanguinité large, avec des accouplements entre sujets ayant au moins cinq degrés de parenté entre eux. Une famille d'individus fortement consanguins s'appelle une lignée.
Cette pratique a l'avantage de permettre de fixer rapidement un ou plusieurs caractères souhaités. Mais la consanguinité peut aussi aboutir à faire ressortir ou à multiplier diverses anomalies héréditaires récessives.
Une consanguinité élevée aboutit aussi à « déprimer » ce que l'on appelle les qualités d'élevage d'une race : longévité, fertilité, taille des portées, résistance aux maladies, etc. Pour éviter ces inconvénients, il faut contre-sélectionner rigoureusement ces gènes indésirables et limiter la consanguinité dans le temps, en diversifiant dès que possible les lignées avec des individus non apparentés.

Le métissage. Cette pratique – à distinguer du croisement qui est l'accouplement d'individus d'espèces différentes – consiste à accoupler des individus de races différentes. L'objectif est de créer de nouvelles associations de gènes, afin d'obtenir des phénotypes nouveaux, ou d'introduire des gènes nouveaux dans une race donnée. Dans le premier cas, on peut être amené à répéter le métissage sur plusieurs générations tandis que, dans le second, le métissage se fait souvent sur une seule génération.
Dans tous les cas, l'opération de métissage doit être associée à une sélection ultérieure destinée à fixer le ou les caractères souhaités.

INDEX DES RACES

Races de type européen

Cette grande famille réunit des chats très divers. Vous aimez le genre gouttière ? Choisissez l'Européen. Rustique, indépendant, débrouillard et réputé pour ses facultés d'adaptation, il saura vous divertir et vous aimer. Si vous recherchez un chat exceptionnel, le Chartreux, au caractère bien trempé, vous séduira. Si le type sauvage vous fascine, l'Ocicat, un petit fauve espiègle et très attachant, devrait vous plaire. Êtes-vous surtout fasciné par la beauté féline ? Vous apprécierez le somptueux Sacré de Birmanie, affectueux et facile à vivre. Et si vous recherchez plutôt l'insolite, offrez-vous le Ragdoll américain, mou comme une poupée de chiffon, doux et pacifique. Ou encore le Turc Van, exclusif et tendre, et qui – fait plutôt rare chez un chat – adore se baigner et nager.

Européens à poil court

L'Européen à poil court, chat de gouttière amélioré, est le plus représenté de tous les chats de compagnie. Ses ancêtres lui ont transmis un sens poussé de l'indépendance, de grandes facultés d'adaptation, un solide instinct de chasseur et une belle santé. À première vue, l'Européen peut ressembler à n'importe quel chat des rues. En fait, il doit posséder plusieurs caractéristiques qui font toute la différence et lui ouvrent les portes des expositions. Aujourd'hui, l'Européen idéal est d'ailleurs censé être pur, même si, au cours de la sélection, il a reçu du sang d'autres chats pour devenir conforme au standard.

EUROPÉEN À POIL COURT

Européen à poil court

Origine et histoire

L'Européen à poil court est, en Europe, l'homologue du British Shorthair en Grande-Bretagne, et de l'American Shorthair aux États-Unis. Il s'agit donc, comme ces deux races, d'une population dérivée du chat domestique commun par sélection sur des critères d'esthétique. Cependant, on peut dire que l'Européen à poil court est le descendant le plus direct de notre chat de gouttière national et qu'il cultive de plus le paradoxe d'être une race à la fois récente et ancienne.

Des racines anciennes

L'Européen à poil court est en effet une race ancienne, car les premiers chats domestiques furent introduits en Europe en des temps reculés, d'abord par les Grecs, puis par les Romains, lesquels les détenaient des Égyptiens. Les Romains introduisirent le chat dans leurs différentes provinces, notamment en Gaule, de sorte que cette espèce fait partie de notre patrimoine animalier depuis les premiers siècles de notre histoire. Le chat domestique va connaître, au fil des années, dans notre vieille Europe, des statuts changeants et plus ou moins confortables : dératiseur ; fournisseur de peau, voire de protéines ; bouc émissaire, martyrisé lors des procès de la sorcellerie…

Européen à poil court silver spotted tabby
Chez cette variété d'Européen tabby moucheté argenté, marques tabby et poils agouti contrastent de façon spectaculaire.

Une reconnaissance récente

Malgré ces coups du sort, la population de chats domestiques va s'étendre en Europe et elle subira une sélection naturelle, qui la rendra suffisamment homogène pour figurer, dès le XVIIe siècle, comme race reconnue dans les ouvrages des naturalistes Linné ou Buffon. Cependant, si les chats domestiques de Grande-Bretagne et des États-Unis bénéficient des attentions des félinotechniciens entre la fin du XIXe et le début du XXe siècle, ceux d'Europe continentale resteront quasiment ignorés jusqu'à un passé récent. Il faut en effet attendre 1983 pour que l'Européen à poil court, muni d'un standard, soit enfin reconnu par la F.I.Fe.

Ainsi, du point de vue félinotechnique, notre race « nationale » est-elle finalement une race récente ; d'ailleurs son Livre des origines est encore ouvert si un dossier complet est présenté. Cela veut

Européen à poil court golden tabby
Des rayures sombres sur un fond abricot parent ce chaton d'une robe aux tons chauds.

Européens à poil court: blanc aux yeux impairs et bicolore noir et blanc
Les chats blancs ont souvent les yeux impairs, un œil bleu et l'autre vert.

dire que, dans le cadre d'une réglementation précise, des géniteurs tout venants, mais correspondant bien au type recherché, peuvent prétendre concourir et voir leur descendance inscrite à terme dans le Livre des origines.

Actuellement, et bien que d'énormes progrès aient été réalisés quant à l'homogénéité du type et à la qualité des couleurs de robe, l'Européen à poil court est encore trop souvent confondu par le public avec le chat de gouttière. Cependant, on le voit de plus en plus en exposition.

Gageons que, dans les années à venir, le public européen réservera une place aussi importante à l'Européen à poil court que celle réservée par les Américains à l'American Shorthair…

Standard

Si le simple « gouttière » montre une morphologie quelque peu variable selon les sujets, l'Européen à poil court, lui, doit avoir une morphologie bien précise correspondant à son standard. Ainsi, on recherche un chat médioligne, avec des membres solides, une poitrine bien développée, une queue de longueur moyenne, arrondie à l'extrémité. La tête est en harmonie. De face, elle est un peu plus longue que large, avec un crâne et un front légèrement bombés, un nez de longueur moyenne et de largeur constante, des joues bien développées et un menton assez fort. De profil, on recherche un stop moyen. Les oreilles sont espacées, de longueur moyenne et arrondies à l'extrémité. Les yeux sont espacés, légèrement orientés en oblique tout en étant quasiment ronds. Le pelage doit être court, dense, d'aspect lustré.

En résumé, l'Européen à poil court se rapproche beaucoup, tout comme l'American Shorthair, du chat domestique originel, contrairement au British Shorthair, qui, lui, a acquis un type assez bréviligne sous l'influence des infusions de sang persan qu'il a subies. En France, les éleveurs suivent avec beaucoup de sérieux les consignes du standard.

Variétés

Soulignons que, pour l'Européen à poil court, chaque variété doit satisfaire à des contraintes strictes définies par le standard. Par exemple, l'Européen à poil

court noir doit être d'un noir pur, sans reflets roux, ni aucun poil blanc, et avec des yeux jaunes ou jaune orangé. Ce n'est que rarement le cas des chats de gouttière noirs, qui ont souvent un médaillon de poils blancs au poitrail et dont les yeux sont souvent de couleurs mélangées, avec notamment des traces de vert. De même, les contraintes concernant la forme des rayures des Européens à poil court tabby marbré sont assez complexes, et peu de gouttières y satisfont correctement…
Les descriptions des variétés de l'Européen à poil court étant les mêmes que celles des variétés du British Shorthair, on se reportera à cette dernière race pour toute précision souhaitée. On reconnaît à peu près les mêmes variétés chez le British et chez l'Européen. Toutefois, les variétés chocolat, lilas et colourpoint ne sont pas encore reconnues chez l'Européen. Parmi les autres variétés originales, citons le silver tabby et le golden tabby qui ont tous deux des yeux verts et des rayures sombres contrastant avec des zones plus claires respectivement argentées et abricot.

Caractère et élevage

Le caractère de l'Européen à poil court reste très proche de celui du chat domestique commun, bien connu de tous… L'Européen à poil court est un chat actif, très rustique, sans problème de reproduction, doté d'une bonne santé générale. Il a aussi conservé un bon instinct de chasseur de rongeurs.

Défauts

Sont considérés comme défauts, entre autres, un stop trop marqué, une morphologie trop bréviligne ou bien trop longiligne, une fourrure trop longue ou laineuse. Tous ces caractères constituent, en effet, autant de traces de métissage.

Européen à poil court noir
Il porte un manteau d'un beau noir de jais, sans reflets roux ni un seul poil blanc.

BRITISH SHORTHAIR

British Shorthair

Origine et histoire

Le British Shorthair est, en Grande-Bretagne, l'homologue de l'Européen à poil court des pays d'Europe continentale, et de l'American Shorthair des États-Unis. Il s'agit donc d'une version très améliorée, du point de vue félinotechnique, du chat domestique commun, *Felis catus*. Comme le British Shorthair est le plus ancien des trois à avoir été sélectionné et qu'il a atteint des sommets en la matière, il servira ici de référence.

Des racines lointaines

Les ancêtres directs du British Shorthair sont des chats domestiques probablement introduits en Gaule par les Romains, lesquels les détenaient, directement ou indirectement, des Égyptiens. De la Gaule, *Felis catus* passa en Angleterre, avec pour mission principale la dératisation. On retrouve ainsi mention officielle du petit félin au pays de Galles, dans des textes juridiques promulgués au Xe siècle. Ces textes précisent la valeur de l'animal, laquelle dépend de son état physique et passe de deux à quatre pence à la première souris prise ! En outre, pour être conforme à la loi, chaque hameau gallois devait posséder un chat. Ce statut officiel n'empêchait pas le chat domestique de finir parfois entre les mains des pelletiers pour la confection de vêtements très prisés par… les moines.

Une carrière récente

La véritable carrière félinotechnique du chat domestique anglais commence beaucoup plus tard, au XIXe siècle, grâce au travail de sélection de Harrison Weir. C'est ainsi qu'il est largement représenté lors de la première exposition féline, en 1871, au Crystal Palace à Londres. On le dénomme rapidement « British », pour le démarquer des races étrangères alors récemment introduites en Grande-Bretagne, et « Shorthair », pour qualifier son pelage court par rapport à celui des Persans et des Angoras. Ces diverses races, plus originales, détrônent le British Shorthair dans les expositions dès la fin du XIXe siècle. La situation perdure jusqu'à la Seconde Guerre mondiale, qui met la race un peu plus à mal. Après la guerre, les Anglais sont réduits, pour diversifier les origines, à faire appel au sang persan. C'est ainsi que, dans les années 1950, le British Shorthair acquiert la morphologie massive et le pelage dense qui le caractérisent actuellement et le séparent très nettement de ses homologues, l'Européen et l'American Shorthair. Les Anglais vont aussi faire de grands progrès dans la sélection des couleurs de robes. La variété bleue sera notamment très réputée, au point qu'elle faillit détrôner le Chartreux dans les années 1970 !
L'histoire récente du British Shorthair est surtout marquée par la multiplication des nouvelles variétés, le type demeurant remarquablement stable. Mondialement connu, reconnu par toutes les associations félines, le British Shorthair reste encore moyennement représenté en Europe continentale, mais il fait toujours une grande impression sur le public, qui apprécie la robustesse, l'esthétique et le naturel réunis par cette race.

Standard

Le British Shorthair est un animal compact, de type bréviligne. Le corps est près du sol, soutenu par des membres plutôt courts, et à forte ossature. Les pieds sont bien ronds. La poitrine est profonde et large. La queue est de longueur moyenne, épaisse à la base et arrondie à l'extrémité. La tête est massive. La face est ronde, avec un crâne large, des joues pleines, un nez large correctement développé, un

menton fort. Les yeux sont grands, arrondis, bien écartés. Les oreilles sont de longueur moyenne, larges, arrondies, bien écartées ; elles doivent s'inscrire dans le contour arrondi de la face sans créer, dans l'idéal, de rupture dans ce contour. De profil, on note un stop moyen, mais bien défini. Dans l'ensemble, cette morphologie, où l'on sent l'influence du Persan, distingue bien le British Shorthair de l'Européen, de l'American Shorthair et du Chartreux (voir pp. 103, 110 et 112). Le pelage est court, très dense, ferme au toucher. Il n'est cependant pas double et laineux comme chez le Chartreux.

Dans l'ensemble, le standard souligne que le British Shorthair doit apparaître compact, bien équilibré et puissant. Il est précisé cependant que la race présente un dimorphisme sexuel assez net : les femelles sont en effet moins massives que les mâles, et elles ont des joues bien moins fortes.

Variétés

Toutes les variétés de robes sont reconnues chez le British Shorthair. Il ne sera donc pas question de toutes les présenter en détail. Par commodité, ces variétés seront classées en cinq grands groupes.

Les robes uniformes

On y trouve toutes les robes unicolores sans rayures ou marques tabby. Le blanc est un peu particulier. Il doit être pur, sans traces jaunâtres, avec le nez et les coussinets roses. Les yeux peuvent être bleu clair ou orange ou impairs (c'est-à-dire qu'un œil est bleu clair, l'autre orange). Soulignons que les chats blancs, surtout ceux qui ont les yeux bleu clair, sont très souvent sourds. Pour toutes les autres variétés unicolores, les yeux doivent être cuivre ou orange soutenu, et la robe ne doit comporter aucun poil blanc. On trouve ainsi le noir, qui doit être noir jais sans reflets roux, le bleu, le chocolat et le lilas. Pour chacune de ces variétés, nez et coussinets sont de la couleur du pelage. Les variétés roux et crème ont, elles, un nez et des coussinets roses. Les quatre dernières variétés ont été plus récemment reconnues : pour les roux et les crème, il a été très difficile de gommer parfaitement les marques tabby ; quant aux chocolat et aux lilas, il a fallu retrouver le type bréviligne perdu par les infusions de sang de races orientales, nécessaires pour introduire le gène marron.

Les robes écaille-de-tortue et dérivées

L'écaille-de-tortue et l'écaille chocolat sont des variétés montrant une association de plages de poils à pigments orange et de plages de poils respectivement noirs et chocolat. Le bleu-crème et l'écaille lilas sont les dilutions génétiques des deux variétés précédentes. Elles associent plages crème et plages respectivement bleues et lilas. Pour ces variétés, les yeux

British Shorthair bleu
Ce chat anglais porte, comme le Chartreux, une belle robe bleue, sans aucun poil blanc, mais de texture différente.

sont cuivre ou orange. Le nez et les coussinets sont roses ou marbrés de rose et la couleur des plages n'est pas orange. Seules les femelles peuvent présenter ces quatre variétés.

Les robes dont la base des poils est décolorée

On distingue trois sous-groupes.

• Chez les fumés, chaque poil est décoloré sur une faible longueur à la base. Il faut souffler sur le pelage à rebrousse-poil pour faire apparaître une rosette claire typique.

• Chez les silver shaded, la partie décolorée représente les deux tiers du poil.

• Chez les chinchillas, la pigmentation est réduite au huitième sur l'extrémité des poils, et donne ainsi à l'animal un aspect argenté. Ceci est appelé le « tipping ».

British Shorthair chinchilla
La coloration de l'extrémité du poil donne à la robe son bel aspect argenté.

Chacun de ces sous-groupes se décline dans les diverses couleurs uniformes précédemment décrites (fumé noir, fumé bleu, etc.). Notons que, lorsque le pigment est orange ou crème, le terme de « silver shaded » est remplacé par « shaded cameo », et celui de « chinchilla » par « shell cameo ». Dans l'ensemble, ces variétés ont des yeux orange ou cuivre. Il existe deux exceptions pour le chinchilla et le silver shaded noirs, lesquels ont les yeux d'un beau vert émeraude cerclés de paupières noires. Les coussinets sont roses si la pigmentation est orange ou crème, de la couleur de la pigmentation dans les autres cas. Le nez est rose si la pigmentation est orange ou crème, brique cerclé de noir chez le chinchilla et le silver shaded, de la couleur de la pigmentation des poils chez le fumé non orange.
Mentionnons le chinchilla à tipping noir, appelé British Black Tipped à sa création en 1970 par l'Anglais Norman Winder. Celui-ci a utilisé le Persan chinchilla et le British silver tabby dans son programme d'élevage. Le British chinchilla, chat spectaculaire introduit en France en 1980, reste assez rare, sans doute à cause de l'aspect délicat de sa sélection.

Les robes bicolores avec des plages blanches

Elles se répartissent en trois sous-groupes.

• Le blanc couvre entre un tiers et, au maximum, la moitié du corps, en formant si possible un V inversé sur la face. Les plages colorées, le plus symétriques possible, se déclinent dans les diverses pigmentations des robes unicolores et écaille-de-tortue ou bleu-crème. Ces deux dernières variétés se dénomment respectivement calico et calico dilué.

• Le blanc couvre entre la moitié et les trois quarts du corps, les taches de couleur étant, dans l'idéal, isolées et séparées par du blanc. Il s'agit des variétés arlequin.

• Presque tout le corps est blanc, exception faite de deux taches entre les yeux et la base des oreilles et de la queue, qui sont pigmentées selon toutes les possibilités évoquées chez les bicolores; ce sont les variétés van. Dans l'idéal, chez les van, les taches pigmentées sur la face sont séparées par une flamme blanche au milieu du front.

Pour toutes ces variétés, les yeux sont orange ou cuivre, avec acceptation des yeux bleu clair ou impairs par certaines associations. Le nez et les coussinets sont roses ou marbrés de rose et de la couleur des plages pigmentées du pelage.

Les robes tabby

Selon la forme des marques tabby, on distingue trois sous-groupes.

• Les tabby marbrés, chez qui les rayures sont larges et forment, dans l'idéal, des dessins particuliers: M sur la tête, lignes de mascara sur les joues, colliers continus sur le haut de la poitrine, tache en forme de papillon entre les épaules, taches en forme de coquille d'huître sur chaque flanc, bracelets sur les pattes, anneaux sur la queue, qui doit avoir l'extrémité pigmentée.

• Les tabby tigrés : par rapport aux précédents, ces chats ont les rayures larges du corps remplacées par des rayures étroites, parallèles entre elles, et perpendiculaires à une raie longitudinale qui court sur la colonne vertébrale.

• Les tabby mouchetés, chez qui les rayures du corps sont remplacées par des taches circulaires, régulièrement réparties jusque sur le ventre et les pattes. Pour tous ces chats, les poils entre les rayures ou les taches sont de type agouti, c'est-à-dire qu'ils présentent une alternance de bandes foncées (de la nuance des rayures ou des taches) et de bandes claires. Dans chaque sous-groupe, les zones de pigments foncés se déclinent sur toute la gamme des couleurs des robes uniformes et aussi en écaille-de-tortue. Les zones claires des poils agouti sont généralement de nuance orangée. Une exception existe pour les variétés silver tabby, chez lesquelles les zones claires sont décolorées, presque blanches, d'où un contraste spectaculaire entre les marques tabby et les zones de poils agouti. Pour toutes ces variétés, le nez est brique cerclé de foncé, les coussinets sont de la couleur des marques tabby. Les yeux sont en général orange ou cuivre. Les silver tabby font encore exception avec des yeux verts ou vert noisette.

Les variétés colourpoint (robes de type siamois) et la variété golden (c'est-à-dire poils à base fauve abricot avec un tipping noir) sont reconnues par le G.C.C.F. britannique et la F.I.Fe.

Caractère et élevage

Le qualificatif d'équilibré convient parfaitement au British Shorthair. Cette race s'adapte en effet aussi bien à la vie en appartement qu'à la vie à la campagne, où elle peut laisser libre cours à un instinct de chasse toujours présent. La reproduction ne semble pas poser de problème, et la prolificité est dans la moyenne de celle observée dans l'espèce féline.

British Shorthair bleu
Ce chaton a déjà de beaux yeux cuivre qui se détachent sur le gris de la robe.

Chez les chatons, la couleur adulte des yeux ne se met en place que progressivement, après deux mois et demi. Pour les variétés uniformes autres que le blanc, des traces de marques tabby peuvent exister, mais elles disparaîtront normalement à l'âge adulte. Chez les chatons blancs, on remarque parfois une curieuse tache de pigmentation sur le crâne. Cette tache disparaîtra elle aussi. D'une manière générale, le British Shorthair n'acquiert sa morphologie adulte que lentement.

Défauts

Parmi les défauts graves pour le British Shorthair, citons : un stop ou du pinch (démarcation entre les joues et les babines) trop exagérés ; un menton fuyant. La présence de médaillons blancs entraîne la disqualification en exposition.

American Shorthair

Origine et histoire

L'American Shorthair est l'homologue américain du British Shorthair anglais et de l'Européen à poil court de l'Europe continentale. Il s'agit donc d'une race obtenue par sélection du chat domestique commun.

De l'utilitaire à l'esthétisme

L'histoire de l'American Shorthair débute avec les premiers immigrants européens, qui amenèrent avec eux un certain nombre de chats en vue de lutter contre les rongeurs. C'est ainsi que, durant des années, l'American Shorthair, encore chat commun, ne connaîtra de sélection que celle relative à son aptitude à la dératisation et à la résistance à des conditions climatiques parfois difficiles.

À la fin du XIXe siècle, les Américains s'intéressèrent à la félinotechnie moderne, récemment développée par les Anglais, et importèrent des British Shorthair déjà sélectionnés sur l'esthétique depuis des années. Cela n'empêchait pas le futur American Shorthair d'être déjà prisé dans les premiers concours félins organisés aux États-Unis. En 1904, la C.F.A. enregistra dans son Livre des origines le premier Shorthair considéré comme purement américain : il s'agissait d'un mâle fumé appelé Buster Brown.

Le statut félinotechnique de l'American Shorthair va rester flou assez longtemps. Il sera ainsi dénommé successivement « Shorthair », puis « Domestic Shorthair », avant de devenir enfin, en 1961, l'American Shorthair. Cette dénomination avait été réclamée par The American Shorthair Cat Association, alors tout nouvellement créée. Cette situation n'empêcha pas l'American Shorthair de grandir en popularité et de remporter des titres prestigieux. En 1965, la C.F.A. décida de fermer le Livre des origines, ouvert jusqu'alors aux chats correspondant au standard mais sans pedigree. La race était donc jugée suffisamment importante et diversifiée.

Une rareté en Europe

Soulignons que l'American Shorthair a reçu au départ un peu de sang des premiers British Shorthair, mais pas de sang persan, et qu'il a conservé ainsi un type proche de celui de ses ancêtres, chats communs dératiseurs... Si l'American Shorthair constitue une véritable référence aux États-Unis, il n'est pas

American Shorthair blotched silver tabby
Ce chat porte la classique robe tabby marbrée où de larges rayures forment des motifs particuliers. La nuance argentée donne à son pelage un aspect raffiné.

reconnu par les plus anciennes associations d'origine européenne – excepté par la F.I.Fe. D'ailleurs, les élevages de cette race sont encore fort rares en Europe. Peut-être considère-t-on qu'il ressemble par trop à son cousin, l'Européen à poil court ?

Standard

Selon la C.F.A., l'aspect d'ensemble de l'American Shorthair doit montrer que l'on a affaire à une « vraie race de chat de travail » et le corps, solidement bâti, doit évoquer puissance, endurance et agilité. En d'autres termes, l'American Shorthair est de proportions médiolignes, avec un corps un peu plus long que haut. Les membres et la queue de même que la tête sont en harmonie avec le corps. Cette dernière est de forme oblongue, juste un peu plus longue que large.

De face, on notera que le crâne n'est pas bombé, que les oreilles sont de taille moyenne, que les joues sont pleines et que le museau est carré. De profil, sans parler de réel stop, on doit observer une légère concavité allant du front au nez. La mâchoire doit être forte, et il est précisé qu'elle doit être suffisamment longue pour assurer la préhension des proies.

Le pelage est court et épais, de texture nerveuse. La densité du pelage de l'American Shorthair est très variable selon la saison et s'étoffe beaucoup en hiver.

Chatons American Shorthair silver tabby, brown tabby et smoke

Ces robes montrent déjà les couleurs et marques de celles des adultes.

Variétés

Aujourd'hui, l'American Shorthair porte sa robe dans toutes les couleurs et marques admises chez son lointain cousin le British Shorthair.

Cependant, les dénominations de certaines variétés sont particulières chez l'American Shorthair. Ainsi, l'arlequin est appelé van bi-color ; l'écaille-de-tortue tabby : patched tabby ; les shell cameo et shaded cameo : red chinchilla et red shaded.

Il semble que les variétés silver tabby et chocolat tabby soient actuellement les plus prisées dans cette race. Cela est sans doute dû à la rareté relative des beaux sujets dans ces couleurs.

Caractère

L'American Shorthair a une solide réputation de chat équilibré et extrêmement robuste. D'un caractère aimable et sociable, il s'adapte à la vie en appartement. Mais il se plaira mieux s'il a accès à l'extérieur, où il pourra exercer ses talents de chasseur, bien maintenus, en parallèle à la sélection sur l'esthétique.

Défauts

Toute morphologie bréviligne marquée sera pénalisée. L'American Shorthair ne doit donc pas posséder une morphologie de British. Sa tête doit être plus longue que large. En exposition, des taches ou des médaillons blancs entraînent la disqualification.

CHARTREUX

Chartreux

Origine et histoire

Selon Jean Simonnet, éminent spécialiste de la race, les Chartreux, ou du moins leurs ancêtres, pourraient être nés dans les régions montagneuses de Turquie et d'Iran. C'est sous ces climats rudes qu'ils auraient acquis leur pelage laineux si caractéristique. Certains de ces ancêtres ont dû être introduits en France par les navires qui faisaient commerce avec le Moyen-Orient après les croisades. On retrouve ainsi, dès le XVIe siècle, des traces de la présence de « chats bleus » sur notre territoire. C'est du moins ce qui ressort d'un poème écrit par Joachim du Bellay à Rome, en 1558, vantant les mérites de son chat Belaud :

« Belaud dont la beauté fut telle
Qu'elle est digne d'être immortelle.
Doncques Belaud, premièrement,
Ne fut pas gris entièrement
Ni tel qu'en France on les voit naître
Mais tel qu'à Rome on les voit être.
Couvert d'un poil gris argentin,
Ras et poli comme satin,
Couché par ondes sur l'échine
Et blanc dessous comme ermine. »

Chaton Chartreux
Les marques tabby de sa robe disparaîtront progressivement et, à 3 mois, ses yeux prendront une couleur cuivre intense.

La dénomination de « Chartreux » apparaît pour la première fois en 1723, dans le *Dictionnaire universel de commerce, d'histoire naturelle et des arts et métiers* de Savarry des Bruslons. Il y est écrit : « Chartreux – Le « vulgaire » nomme ainsi une sorte de chat qui a le poil tirant sur le bleu. C'est une fourrure dont les pelletiers font négoce. »
On retrouve ensuite le Chartreux en 1735, dans l'ouvrage *Systema naturae* de Linné, créateur de la systématique botanique et animale. Le Chartreux, dénommé en latin *Catus caeruleus* (« chat bleu »), y est considéré comme une race distincte, au côté du chat d'Angora et du chat d'Espagne. En 1756, le « Chat de Chartreux » apparaît enfin en iconographie dans l'œuvre du naturaliste Buffon.

Des débuts difficiles

S'il est reconnu en tant que race, le Chartreux n'a pas pour autant la vie facile à cette époque. En effet, outre la mention de son utilisation en pelleterie, plusieurs textes évoquent aussi son utilisation en tant qu'animal de boucherie ! Malgré cet avatar, le Chartreux se multiplie en France, et l'on en signale des colonies notamment en Île-de-France, en Normandie et à Belle-Île-en-Mer. C'est là justement que, vers 1925, va commencer la carrière félinotechnique du Chartreux, lorsque deux sœurs, Christine et Suzanne Léger, viennent s'installer dans cette île. Enthousiasmées par la beauté des Chartreux, elles commencent un patient travail de sélection visant à homogénéiser le type et la qualité de la fourrure, ainsi qu'à renforcer la nuance particulière (orange cuivre) des yeux.

Leurs efforts sont récompensés en 1933, à une exposition du Cat Club de Paris, lorsque leur chatte Mignonne de Guerveur devient championne internationale et est consacrée « chatte la plus esthétique de l'exposition ».
La notoriété en exposition du Chartreux va se maintenir sans encombre jusque vers 1960. Mais, à partir de cette date, certains éleveurs de Chartreux décident de limiter la consanguinité de leurs élevages en faisant appel au sang du Blue British importé de Grande-Bretagne. Malheureusement, des différences notables existaient entre les deux races, de sorte que le Chartreux vécut mal ce métissage. En effet, face au nombre croissant de métis, la F.I.Fe décida en 1970 d'assimiler le Chartreux au Blue British et de lui appliquer le standard de ce dernier. Les puristes s'élevèrent contre cet état de choses. Finalement, en 1977, la F.I.Fe revint sur sa décision et définit un nouveau standard pour le Chartreux, qui redevint ainsi une race à part entière. Ce standard a été amélioré en 1989. Aucun métissage n'est plus autorisé pour la race qui est très populaire en France. Aux États-Unis, où il a été introduit à partir de 1970, le Chartreux est reconnu par la C.F.A.

Une notoriété certaine

Actuellement, le Chartreux est très prisé du public tant européen qu'américain. On le considère comme typiquement français et il représente l'image parfaite du « chat domestique de chez nous » dans tout son naturel.
Quelques personnalités ont largement contribué à augmenter cette notoriété : l'écrivain Colette, le général de Gaulle...
Une controverse a longtemps subsisté concernant l'origine du nom « Chartreux ». Selon Jean Simonnet, cette dénomination n'a rien à voir avec les religieux de l'ordre de la Grande Chartreuse. Ces derniers n'ont en effet jamais élevé spécifiquement de chats bleus, ni porté de robes bleu-gris, couleur du pelage de la race.
Plus probablement, le nom de Chartreux aurait été inspiré par une laine grise jadis importée d'Espagne et appelée « pile des chartreux ».

Chartreux
Le Chartreux a du caractère et il mène sa vie de chat en toute indépendance.

Standard

Le Chartreux présente un dimorphisme sexuel assez marqué. Le mâle est moyen à grand, musclé, avec un poitrail large ; il doit paraître massif. La femelle est donc, sans que cela soit un défaut, nettement plus petite, moins large de poitrine et moins joufflue, mais elle doit rester robuste. Il n'est pas souhaitable, pour les avantager en concours, de sélectionner des femelles excessivement massives.

Dans l'ensemble, les proportions sont typiquement médiolignes, avec des pattes et une queue de longueur moyenne. La tête, en harmonie avec le corps, porte des oreilles moyennement grandes et assez rapprochées l'une de l'autre, profil droit sans stop, joues (appelées bajoues dans le standard) très développées, museau bien développé et se détachant vers l'avant.

Ces caractéristiques sont essentielles et distinguent nettement le Chartreux du Blue British. En revanche, le Chartreux partage avec le Blue British les yeux cuivre intense. Toutefois, chez le Chartreux, une nuance orange est préférée et la tendance actuelle est à rechercher des yeux tendant vers des nuances jaune-or. La forme des yeux ne doit pas être trop ronde. La qualité du pelage est aussi très spéciale chez le Chartreux.

La spécificité du pelage

Ce pelage est court et il doit être en plus très serré et double, c'est-à-dire avec un sous-poil allongé. Il en résulte le fameux aspect laineux avec relèvement du poil par plaques. Le Chartreux n'existe qu'en une seule variété, le bleu. La préférence va au bleu-gris clair, mais toutes les nuances de bleu sont acceptées. Le nez et les coussinets sont bleu-gris.

Caractère et élevage

Le Chartreux est calme et sociable, tout en conservant une certaine indépendance propre à son image de chat domestique classique. Tout en appréciant les caresses, le Chartreux n'aime pas être contraint physiquement; certains chats ont ainsi des réactions violentes lorsqu'ils sont maintenus par les assesseurs en concours… De ses ancêtres baroudeurs, le Chartreux a gardé le goût du plein air et un excellent instinct de chasseur. La race est résistante et sa fourrure la protège bien des intempéries. Les petits naissent avec des marques tabby, qui disparaîtront progressivement en six mois à un an. La couleur orange des yeux ne s'installera, elle, qu'à partir de 3 mois, remplaçant le bleu-gris typique des yeux des chatons. L'intensité de la couleur des yeux s'atténue naturellement chez le Chartreux âgé. Le développement des joues, de la musculature et du caractère laineux du pelage n'est achevé que vers 2 à 3 ans. La vie en plein air, surtout l'hiver, accentue l'aspect laineux du poil. Mais le soleil tend à faire apparaître des reflets marron dans le bleu.

Défauts

En exposition, des yeux verts et des taches blanches dans le pelage entraînent la disqualification.

RUSSIAN BLUE

Bleu russe (Russe)

Origine et histoire

Les origines du Bleu russe sont controversées. Certains pensent qu'il aurait été introduit en Angleterre vers 1860 par des marins venus d'Arkhangelsk, d'où le nom de « Chat d'Arkhangelsk », qui lui avait été attribué, et celui de Bleu russe, qui est le nom officiel de la race aujourd'hui. En fait, ce chat serait plutôt originaire du bassin méditerranéen. Peut-être même a-t-il un ancêtre commun avec le Chartreux ? Cette seconde hypothèse a valu au Bleu russe d'être appelé un temps « Chat de Malte » et aussi « Chat espagnol bleu ».

Une existence menacée

Ce sont les éleveurs britanniques qui ont effectué la sélection et précisé la race. En France, ce chat fut exposé pour la première fois en 1925, sous le nom de « Chat de Malte ». Mais la Seconde Guerre mondiale porta un coup à l'élevage, et la race disparut presque complètement. Au lendemain de la guerre, les Scandinaves et les Britanniques transformèrent la race en croisant le Bleu russe avec le Siamois ; l'animal perdit notamment la couleur émeraude de ses yeux et prit un type oriental marqué. Enfin, depuis 1965, on est revenu à un type plus pur. En France, quelques éleveurs s'intéressent de près à la race. Le Bleu russe est plus répandu aux États-Unis, où il a été importé au début du siècle. En fait, l'élevage du Bleu russe se heurte à plusieurs difficultés. Tout d'abord, la race étant peu nombreuse, les risques de consanguinité existent. Ensuite, le Bleu russe souffre de la concurrence du Chartreux et du Blue British. Enfin, à l'âge de la vente, les chatons ne sont pas très spectaculaires, car la couleur verte des yeux, charme majeur de la race, ne se fixe que tardivement.

Standard

Ce chat au corps élancé et gracieux présente une ossature moyenne. Les pattes sont allongées, les pieds petits et ovales. La queue est assez longue et effilée.
La tête, au crâne plat, est courte et cunéiforme. Le front et le nez sont droits et forment un angle, sans que l'on puisse parler de stop. Les yeux, légèrement arrondis, sont écartés.
Quant aux oreilles, grandes et pointues, larges à la base et bien dressées, elles sont faites d'une peau fine et transparente et sont presque dépourvues de poils à l'intérieur. La robe est courte, épaisse et très fine à la fois, souple et soyeuse ; elle est double, ce qui lui donne un aspect un peu dressé et surtout un éclat argenté très caractéristique de la race. La couleur est unie, bleu gris avec un tipping silver sur les poils de garde donnant un aspect brillant. La couleur des yeux constitue un autre trait de la race qui est assez spectaculaire : elle doit être d'un vert émeraude le plus vif possible. Il existe aussi une variété de Russe noire et une autre blanche.

Caractère

Le Bleu russe est un sportif, vif et souple. Il est très indépendant et n'aime pas être dérangé dans ses habitudes. C'est un chat autoritaire, au coup de griffe rapide. Il n'apprécie guère les étrangers, mais est l'animal d'un seul maître, avec lequel il se montre très tendre.
Discret, le Bleu russe miaule peu, sur un ton plaintif. Le fait qu'il soit assez casanier et s'adapte bien à la vie en appartement constitue une qualité indéniable du Bleu russe.

Défauts

Le Bleu russe doit, de par sa forme, se distinguer nettement à la fois des Chartreux et British, et des Siamois. Corps massif et tête carrée ou type siamois constituent donc des fautes. Sont aussi des défauts : les taches blanches et les marques tabby, et toute lueur jaunâtre dans les yeux. Le standard précise que les anomalies de la queue (queue « nouée ») et un nombre anormal de doigts sont disqualificatifs.

Bleu russe
Son épaisse fourrure, dense, laineuse et d'une très belle couleur gris bleuté est unique chez les chats.

Bleu russe
Un corps élancé, une robe soyeuse de bleu moyen à bleu foncé et des yeux vert émeraude le distinguent nettement du Chartreux.

HAVANA BROWN

Havana

Origine et histoire

Le Havana est une race qui a été créée en Grande-Bretagne, dans les années 1950, grâce à un programme de croisements et de sélection où l'on a fait appel sans doute à des Siamois porteurs du gène chocolat et à des Européens noirs. L'objectif était d'obtenir un chat de la couleur chocolat typique des Siamois, mais avec une pigmentation sur tout le corps. En 1958, la race fut reconnue officiellement par le G.C.C.F. Le nom de départ, « Havana », voulait sans doute faire référence à la couleur du cigare, à moins que ce ne fût à celle du pelage de la race de lapin du même nom.
Cependant, le G.C.C.F. préféra la dénomination de « Chestnut Havana », *chestnut* voulant dire « châtaigne ».
En 1971, le G.C.C.F. revint au nom de Havana, qui avait été adopté dans tous les autres pays, dont les États-Unis.

Des politiques divergentes

Aux problèmes de dénomination s'ajoutèrent de fortes divergences concernant la politique de sélection de la race entre la Grande-Bretagne et les États-Unis : dans le premier pays, le Havana avait acquis une morphologie très proche de celle de l'Oriental chocolat, alors que, dans le second pays, il avait conservé le type médioligne des sujets d'origine. La divergence existe toujours actuellement, et elle se concrétise au niveau des standards. Le Havana, ou Havana Brown, reste peu connu, notamment en France où le type américain est quasiment absent. La race n'est pas reconnue par la F.I.Fe.

Standards

Comme on vient de le voir, les standards américain et anglais divergent donc quant au type morphologique du Havana. Pour les Américains, il faut rechercher un type médioligne, avec une tête très typique caractérisée par une forme légèrement en triangle, un pinch (cassure entre les joues et le museau) assez prononcé et un stop distinct. Pour les Britanniques, il faut tendre vers un type longiligne, avec une tête de type oriental, sans pinch ni stop... Pour le reste, les deux standards sont assez semblables. Les yeux, ovales, doivent être d'un vert très pur. Le pelage doit être court et fin. Le standard L.O.O.F. se rapproche du standard américain.

Variété

Le Havana n'existe qu'en une seule variété. Comme le nom de la race l'indique, le pelage est d'un beau brun châtaigne. Le nez et les vibrisses sont de la même couleur que le pelage. Les coussinets sont roses (les Britanniques acceptent le brun).

Caractère et élevage

Le Havana est réputé comme étant un compagnon affectueux, calme et intelligent. Il n'a pas hérité de la voix forte du Siamois. Les petits naissent avec des marques tabby, qui disparaîtront au cours de la première année.

Défauts

Des plages blanches dans le pelage, une mauvaise coloration des yeux sont disqualifiants.

Havana
Le qualificatif de chestbrown, donné à sa robe, évoque la belle couleur châtaigne, sans ombres ni taches, du Havana.

OCICAT

Ocicat

Origine et histoire

L'Ocicat a été créé un peu par hasard aux États-Unis, en 1964. En effet, Mme Virginia Daly travaillait sur un programme de croisements faisant intervenir des Abyssins et des Siamois. Elle fut très surprise, en accouplant un métis Abyssin-Siamois avec un Siamois chocolate point, d'obtenir un chat dont la robe rappelait celle d'un ocelot. Fort intéressée par ce résultat, l'éleveuse décida de fixer cette nouvelle race baptisée « Ocicat ».

Actuellement, l'Ocicat est reconnu par la plupart des associations félines nord-américaines, dont la C.F.A., et en Europe par la G.C.C.F. et la F.I.Fe. En France, la race, qui est reconnue par le L.O.O.F., n'est pas encore très répandue.

Standard

L'Ocicat est un grand chat de type médioligne. La tête est de forme légèrement triangulaire. De profil, elle présente un stop modéré et, de face, un pinch lui aussi modéré. Les oreilles sont de taille moyenne, et on apprécie qu'elles soient terminées par une petite touffe de poils. La queue est longue et effilée et se termine par des poils foncés. Le pelage est court. Les yeux peuvent être de diverses couleurs, exception faite du bleu. La caractéristique essentielle de l'Ocicat réside dans sa robe de type tabby tacheté. Ainsi, des taches circulaires doivent recouvrir de façon régulière la majeure partie du corps. On ne retrouve des rayures qu'aux extrémités : bracelets et collier, les plus incomplets possible, aux pattes et à la gorge, M sur le front se prolongeant entre les oreilles, marques de mascara sur les joues.

Variétés

Sept variétés, dont le silver, sont reconnues. Ce sont le brown, le bleu, le chocolat, le lilas, le cinnamon (cannelle) et le fawn (faon). Elles présentent chacune des mouchetures foncées d'une nuance en accord avec le pelage de fond plus clair, entièrement constitué de poils marqués de ticking (alternance de bandes claires et de bandes foncées). La variété silver existe dans toutes les variétés de base décrites ci-dessus – le pelage de fond est alors très clair, tirant sur le blanc, ce qui augmente le contraste avec les mouchetures.

Caractère

L'Ocicat est un chat sociable, mais il est aussi très actif.

Défauts

Les mouchetures fusionnant pour former des rayures sont pénalisantes.

Les yeux bleus, les anomalies dans la queue ou le nombre de doigts et la présence de blanc ailleurs qu'autour des yeux et au niveau des moustaches, du menton et du haut de la gorge sont considérés comme des défauts disqualifiants.

Ocicat cannelle
Les taches brun-rouge sur un fond agouti ivoire donnent à son pelage la teinte de l'épice.

Bombay
Cette mini-panthère est parée d'une fourrure lustrée et noire comme de l'ébène.

BOMBAY

Bombay

Origine et histoire

Le Bombay ressemble beaucoup à une panthère noire des Indes en miniature. Cette ressemblance est à l'origine de la dénomination de la race, qui par ailleurs n'a pas d'origines exotiques et est un pur produit des félinotechniciens. En effet, le Bombay est le fruit d'un métissage entre Burmese zibeline et American Shorthair noir. Ayant fixé à peu près les gènes en provenance des deux races parentales qui les intéressaient, les éleveurs américains s'efforcent actuellement de multiplier la race en n'accouplant que des Bombay entre eux. Néanmoins, pour ce chat né dans les années 1950, la C.F.A. autorise encore les croisements avec les deux races parentales.
Très spectaculaire, le Bombay reste pourtant peu répandu, surtout en Europe. La Suisse en héberge cependant plusieurs élevages de qualité. Si le Bombay est reconnu par plusieurs clubs américains, dont la C.F.A., ce beau chat n'est toujours pas pris en compte par le G.C.C.F. ni par la F.I.Fe. La race est reconnue par le L.O.O.F.

Standard

La morphologie du Bombay se rapproche beaucoup de celle du Burmese de type américain. Ainsi, le corps est médioligne, bien proportionné, très musclé et prolongé par une queue de longueur moyenne. La tête est plutôt ronde sous tous les angles, avec, de profil, un stop bien visible. Les yeux, bien écartés, sont ronds. Les oreilles, de taille moyenne, sont écartées et arrondies. Le pelage se rapproche également de celui du Burmese : il est de longueur moyenne à courte et extrêmement soyeux.

Variété

Le Bombay existe en une seule variété, le noir jais avec des yeux or. Le nez et les coussinets sont noirs.

Caractère et élevage

Le Bombay a la réputation d'être un chat actif et joueur, tout en étant bien adapté à la vie en appartement.
Concernant la reproduction, soulignons qu'il existe deux moyens d'obtenir des Bombay. Le premier est le métissage : on accouple un Bombay avec un Burmese zibeline. Le second moyen, préférable, consiste à accoupler deux Bombay entre eux. Dans les deux cas, on obtient des portées hétérogènes pour la couleur, avec des chatons noir jais, et d'autres marron foncé, comme les Burmese zibeline. Il est à noter que le métissage du Bombay avec l'American Shorthair est désormais interdit par le L.O.O.F.

Défauts

Un stop excessif, des yeux verts, ainsi que des médaillons et des taches entraînent la disqualification.

CALIFORNIA SPANGLED CAT

California Spangled Cat

Origine et histoire

Le California Spangled Cat est d'abord né dans l'imagination d'un scénariste hollywoodien, Paul Casey. Ce dernier souhaitait créer un chat qui présenterait toutes les caractéristiques morphologiques des chats sauvages tachetés d'Afrique. La réalisation de ce rêve débuta dans les années 1970, en faisant appel à de nombreux types génétiques. Ont ainsi concouru à la création du California Spangled Cat le Siamois, le British et l'American Shorthair, une lignée de chats errants du Caire, une lignée de chats d'Asie tropicale. Après un long travail de croisements et de sélection sur onze générations de chats, le California Spangled Cat était assez correctement fixé. Le terme de *spangled* utilisé pour dénommer la race fait allusion aux mouchetures de la robe. En effet, *spangled* est un terme anglo-saxon qui désigne le caractère pailleté du plumage de certains oiseaux, plumage dans lequel chaque plume porte une tache foncée ronde. Le California Spangled Cat est reconnu par la T.I.C.A. aux États-Unis et par le L.O.O.F. en France. Ayant fait l'objet d'une campagne promotionnelle à l'américaine, il a atteint rapidement des prix très élevés. De ce fait, les importations en Europe sont limitées. Il n'existe à l'heure actuelle qu'une chatterie, en Suisse, qui en possède.

Standard

La morphologie du California Spangled Cat contribue à donner à cette race un aspect sauvage. Le corps est puissant et plutôt long. La tête est modérément triangulaire, les pommettes larges, le front bombé, les oreilles rondes et placées assez en arrière, les yeux, de grandeur moyenne, ouverts, en amande, sont bien espacés. La queue est de longueur moyenne. Le pelage est court, couché sur les côtés, le dos, la face et le cou. Il est légèrement plus long sur la queue et sous le ventre. Le motif de la robe, annoncé par le nom de la race, constitue une des caractéristiques majeures. Cette robe est tabby tachetée. Les mouchetures, à l'aspect rondes, rectangulaires ou triangulaires, sont réparties sur le corps. Elles laissent la place à des rayures sur la tête, la gorge, les pattes et la queue.

Variétés

Pour le California Spangled Cat, le L.O.O.F. ne reconnaît que le motif spotted tabby dans les variétés black silver et blue silver.

Caractère

Ce chat est de nature sociable et affectueuse. Il est sportif, énergique sans être agressif, et très intelligent.

California Spangled Cat silver
En robe tabby, tachetée et argentée, ce chat, à l'aspect sauvage, a belle allure.

Bengal

Origine et histoire

Le Bengal a été créé assez récemment par Jean Mill, une éleveuse de Californie. L'objectif étant d'obtenir un petit léopard d'appartement, l'éleveuse a bâti son programme de croisement et de sélection en utilisant deux types génétiques : l'Européen, ou chat domestique, et le Chat Léopard, ou Chat du Bengale (*Felis bengalensis*). Ce dernier est en fait un chat sauvage du Sud-Est asiatique qui présente une robe mouchetée. Tout le travail de sélection a consisté à éliminer les réminiscences de comportement sauvage et à fixer les mouchetures apportées par *Felis bengalensis*. Cette nouvelle race, fixée dans les années 1980, est aujourd'hui reconnue par la C.F.A. américaine et par la F.I.Fe en Europe. Des éleveurs français s'y intéressent sérieusement.

Standard

Le Bengal est un chat grand et musclé, de type plutôt médioligne. La tête, en triangle peu accentué, est pourvue d'un nez et d'un menton forts. Les oreilles sont de taille moyenne, la queue est longue. Le pelage est court. Le motif de la robe constitue une des caractéristiques essentielles du Bengal. Cette robe est tabby tachetée. Les taches, rondes, doivent être réparties régulièrement sur tout le corps, y compris le ventre. Elles sont remplacées par des rayures horizontales au niveau des épaules et par des anneaux sur la queue, laquelle doit se terminer par du foncé. À terme, les éleveurs souhaiteraient remplacer les taches par de véritables ocelles.
Chez le tabby marbré, les motifs sont disposés au hasard, donnant l'impression de marbre. Le ventre doit absolument être tacheté.

Variétés

Trois couleurs sont reconnues : brown tabby tacheté, brown tabby marbré, seal tabby point. Deux autres existent : seal sepia tabby et seal mink tabby.

Caractère et élevage

Le caractère peut être encore assez sauvage chez certains sujets. Mais le Bengal est en général confiant, attentif, curieux et amical.

Défauts

L'absence de mouchetures sur le ventre et de marque foncée à l'extrémité de la queue, des coussinets sans rapport avec la couleur de la robe entraînent la disqualification.

Bengal
Chasser, dépenser son énorme énergie sont des activités vitales pour ce chat encore marqué par la vie sauvage.

Européens à poil mi-long

Ces chats d'origines diverses ne se ressemblent pas. Tous ont cependant en commun une morphologie de type européen. Un gène mutant récessif, l'allèle l, est responsable de l'apparition des poils mi-longs chez ces chats. On trouve dans cette catégorie : le Chat sacré de Birmanie, superbe et raffiné, le Maine Coon et le Norvégien, de type sauvage, et l'étrange Ragdoll, que son tonus nerveux très bas rend semblable à une poupée de chiffon.

BIRMAN OU SACRED CAT OF BURMA

Chat sacré de Birmanie (Sacré de Birmanie)

Origine et histoire

Les origines du Chat sacré de Birmanie sont encore aujourd'hui auréolées de mystère. Selon Simone Poirier, éminente spécialiste de cette race, on peut penser que les premiers sujets sont issus de l'accouplement entre un Siamois marqué de blanc à l'extrémité des pattes et un chat à poil long qui eut sans doute lieu en 1923-1924 dans la région de Nice. Peu de temps après, en 1926, la race des « chats de Birmanie » était présentée pour la première fois à l'Exposition féline internationale organisée à Paris par le Cat Club de France et de Belgique. Parmi les trois sujets présentés, la chatte Poupée de Madalpour peut être considérée comme l'un des ancêtres marquants de la race. Parallèlement à leur sortie en public, les chats de Birmanie ont fait l'objet d'histoires rocambolesques concernant leurs origines et leur introduction en France. Une romancière de l'époque, Mme Marcelle Adam, a même créé une charmante légende : la légende de Sinh, chat sacré du temple de la déesse Tsun-Kyanksé aux yeux de saphir, déesse adorée par les Khmers.

Une reconnaissance unanime

Prospère jusqu'en 1939, la race est sérieusement menacée d'extinction au cours de la Seconde Guerre mondiale. Elle reviendra au premier plan dans les expositions grâce au travail acharné de quelques éleveuses, parmi lesquelles Mlle Boyer et Mme Simone Poirier. Quelques infusions de sang persan furent pratiquées à cette époque pour limiter la consanguinité et retrouver le type morphologique d'avant-guerre. En 1950, la race prend officiellement le nom de Chat sacré de Birmanie afin d'éviter toute confusion entre Birman et Burmese, ce dernier nom étant celui d'une autre race alors introduite en France. Le Chat sacré de Birmanie connaît depuis une carrière internationale : introduction

Chat sacré de Birmanie seal tortie tabby
Une posture qui met en valeur les gants blancs et les marques de l'une des plus belles variétés de Chats sacrés de Birmanie.

aux États-Unis en 1959-1960, en Allemagne et aux Pays-Bas en 1964, en Grande-Bretagne à partir de 1965, etc. La race est reconnue par la plupart des clubs et associations, et elle est très prisée du public.

Variété	Couleur des points	Couleur du corps*	Couleur du nez	Couleur des coussinets
Seal point	brun foncé	crème pâle	brun foncé	rose et brun foncé
Chocolate point	chocolat au lait	ivoire	cannelle rosé	rose et chocolat clair
Blue point	bleu-gris	blanc bleuté	bleu ardoise	rose et bleu-gris
Lilac point	gris acier rosé	blanc glacé	mauve	rose et lavande-rose
Red point	roux	blanc clair sans ombre	rose	rose
Crème foncé	crème	blanc	rose	rose

*Quelle que soit la variété, la couleur du corps s'atténue en parties déclives pour devenir presque blanche.

Standard

Les sujets de haut niveau sont difficiles à obtenir dans la race, car ils doivent répondre à des exigences bien particulières pour trois groupes de caractères à la fois : la répartition de la couleur, la qualité du pelage, la morphologie.

Le Chat sacré de Birmanie doit présenter une robe pigmentée exclusivement aux extrémités, comme chez le Siamois. Ces parties pigmentées (masque, oreilles, pattes et queue) sont dénommées *points*, selon le terme anglo-saxon consacré. Toujours comme chez le Siamois, les yeux doivent être bleu foncé. Par ailleurs, et il s'agit ici d'une caractéristique essentielle pour le Chat sacré de Birmanie, la pigmentation de la partie extrême des pattes est effacée et laisse la place à du blanc ; c'est ce que l'on appelle le « gantage ». On souhaite un gantage blanc pur, le plus identique possible aux quatre pattes, et ne recouvrant que les doigts. À chaque membre postérieur, le gant doit remonter sous le pied pour dessiner une pointe, ou éperon, dont l'extrémité se situe entre la moitié et les deux tiers de la distance séparant le gros coussinet du jarret.

La qualité du pelage constitue, dans le standard, une deuxième contrainte. Le pelage doit être soyeux. Les poils doivent être mi-longs à longs sur la collerette, le corps, les flancs et la queue, mais courts sur la face et les membres.

Enfin, la morphologie doit répondre à des critères bien spécifiques, avec notamment des proportions moyennes, dites « médiolignes ». La tête sera en harmonie. De face, on notera les oreilles plutôt petites, mais pas trop arrondies, placées sur un crâne large ; les joues seront arrondies. De profil, on recherche un front un peu bombé, un nez moyen sans stop, un menton fort. Finalement, sont à éviter les morphologies de type persan, ou, à l'inverse, de type oriental.

Variétés

Une quarantaine de variétés sont actuellement reconnues par le L.O.O.F.

La création des nouvelles variétés a été source de polémiques au sein du monde

Chatons sacrés de Birmanie seal point
Le masque de la face et les gants blancs sont déjà bien visibles sur ces chatons seal point, une couleur classique.

des éleveurs de Chats sacrés de Birmanie, car elle passait nécessairement par l'utilisation de croisements avec d'autres races pour introduire les gènes de la couleur désirée. Les puristes pensent qu'il y a ainsi risque de dévier du type morphologique et de la qualité de pelage souhaités par le standard. Ils pensent aussi que l'effort de sélection sur la couleur se fait au détriment de celui sur la qualité du gantage. Enfin, ils reprochent à certaines couleurs (cream point, par exemple) de ne pas contraster suffisamment avec la couleur du corps...

Caractère et élevage

Le Chat sacré de Birmanie est réputé comme étant un chat calme, s'adaptant bien à la vie de famille. Sa voix est douce et ne ressemble pas à celle du Siamois. On peut noter que, à l'instar de ce qui est observé chez le Siamois, les chatons naissent entièrement blancs. Les points commencent à apparaître au bout de quelques jours et ils seront bien nets vers un mois. L'optimum dans le contraste et la qualité des points n'est obtenu que vers 2 à 3 ans.

Particularités génétiques

Le caractère point de la robe du Chat sacré de Birmanie résulte de l'action du gène donnant le même effet chez le Siamois. Ce gène a été nommé c^s. L'origine génétique des gants est par contre encore très controversée. Une hypothèse séduisante serait que ces plages blanches, correspondant à des panachures limitées, résulteraient de l'action cumulée de plusieurs gènes à faibles effets individuels. Le fait que plusieurs gènes, et non pas un seul, soient en jeu expliquerait l'impossibilité de fixer définitivement la taille des gants et les résultats assez variables d'une portée à l'autre.
Signalons enfin que les Américains ont introduit chez le Sacré de Birmanie le gène responsable du poil court. Cela a permis de créer une nouvelle race: le Snowshoe. Cette race est reconnue par le L.O.O.F.

Défauts

Pour le Chat sacré de Birmanie, les taches blanches dans les parties colorées, et inversement les taches colorées dans les parties blanches, représentent des défauts très graves.
Il en est de même des gants montant trop haut et de l'absence de pointes, ou éperons, aux gants des postérieurs. Un doigt non ganté, du blanc sur le masque, les oreilles et la queue entraînent la disqualification.

Chat sacré de Birmanie seal point
Ce magnifique sujet possède les caractéristiques de sa race: une robe pigmentée aux extrémités, un pelage soyeux, des yeux bleu foncé, une silhouette harmonieuse et un gantage blanc aux quatre pattes.

MAINE COON CAT

Maine Coon

Origine et histoire

Le Maine Coon est une race naturelle d'Amérique du Nord. Son nom résulte de l'association du nom de sa patrie d'origine, l'État du Maine, et d'une contraction du mot *racoon*, qui veut dire « raton laveur » en anglais. En effet, une légende veut que le Maine Coon soit le fruit de l'accouplement d'un chat haret avec un raton laveur.

Bien entendu, cela est biologiquement impossible, et le Maine Coon provient sans doute du croisement entre des chats indigènes et des chats Angora, introduits par des marins en Nouvelle-Angleterre au début du XIXe siècle. Les preuves manquent cependant pour étayer cette hypothèse. Au fil des années, la race a été façonnée par le climat froid et humide du nord-est des États-Unis et par la fonction de dératisation. Il en est résulté un chat de grand gabarit, avec un pelage mi-long et bien fourni, le protégeant des intempéries.

Une race très américaine

Le Maine Coon a connu très tôt une carrière félinotechnique. Très en vogue à la fin du XIXe siècle, il va connaître une longue période d'éclipse face aux nouvelles races exotiques introduites aux États-Unis, notamment le Persan.

Ce n'est que dans les années 1960 que les Américains vont redécouvrir leur race nationale, qu'ils vont doter d'un standard. Le Maine Coon sera reconnu par toutes les associations félines d'Amérique du Nord en 1976. En 1983, le Livre des origines est fermé, la race est reconnue par la F.I.Fe, et enfin par le G.C.C.F. en 1988. Très réputé et populaire aux États-Unis, le Maine Coon fait son che-

Maine Coon brown tabby

Ce géant parmi les chats a l'air d'un animal sauvage. En réalité, c'est un compagnon facile, très doux avec son maître.

min en Europe, où il fait une concurrence sérieuse au Norvégien grâce aux efforts de quelques éleveurs passionnés.

Standard

Le Maine Coon est un chat de grand gabarit. On annonce une moyenne de 6 à 9 kg pour les mâles, et de 4 à 6 kg pour les femelles. Le corps est équilibré et de type médioligne. La tête, petite par rapport au corps, est différente de celle du Chat des forêts norvégiennes. Elle présente de face une longueur et une largeur moyennes, avec un museau carré et un menton fort. De profil, on doit observer un stop léger. Les oreilles sont grandes, larges à la base, haut placées sur la tête, munies d'une abondante touffe de poils à l'intérieur. La queue est longue et bien fournie. Les membres, proportionnés au corps, se terminent par des pieds larges et particulièrement fournis en poils. Le pelage est lisse, soyeux, mi-long, plus court sur les épaules, plus long en parties déclives ; il forme éventuellement une collerette sur la gorge. Il n'y a pas de sous-poil abondant et laineux comme chez le Chat des forêts norvégiennes.

Variétés

Toutes les variétés de robes sont acceptées chez le Maine Coon, à l'exception du chocolat, du lilas et du motif siamois. Les yeux doivent être d'une couleur bien définie, mais ils peuvent être verts ou dorés ou cuivre, voire bleu clair ou impairs chez les sujets blancs. Il n'y a pas de relation imposée entre la couleur des yeux et celle de la robe.

Caractère et élevage

Le Maine Coon a la réputation d'être un chat doux, sociable et joueur. Chez les femelles, les chaleurs, plutôt discrètes, apparaissent tardivement. La prolificité de cette race semble inférieure à la moyenne de l'espèce féline.
Le grand format de la race fait que la croissance des chatons est longue et que les apports minéraux doivent être bien suivis par le vétérinaire. La morphologie peut évoluer jusqu'à l'âge de 3 ou 4 ans. Soulignons que l'aspect du pelage varie avec la saison et les mues. Ainsi, l'été, la collerette disparaît et seule la queue, bien fournie, rappelle que le Maine Coon est une race à poil mi-long.

Défauts

Parmi les défauts graves, citons un squelette trop fin, un menton fuyant, signe de brachygnathisme. Un manteau court sera pénalisé ainsi qu'un manteau long de façon homogène sur tout le corps. Un manque de doigts sur les pattes avant et un strernum apparent entraînent la disqualification en exposition.

Maine Coon silver tabby et blanc
Un chat majestueux aux grands yeux d'or, dont la robe d'un blanc pur fait ressortir de délicates marques silver tabby.

NORWEGIAN FOREST CAT

Chat des forêts norvégiennes (Norvégien)

Origine et histoire

Le Chat des forêts norvégiennes existe depuis très longtemps dans toute la Scandinavie, ainsi que l'atteste sa présence dans la mythologie et divers contes anciens de cette région. On peut penser, sans preuves à l'appui, que le Chat des forêts norvégiennes a été ramené des abords de la mer Caspienne par les Vikings vers le VIIIe siècle, à des fins de dératisation. La race s'est parfaitement adaptée, notamment par son pelage, aux conditions climatiques de son nouveau milieu nordique, et a constitué le classique chat de ferme jusqu'à un passé récent. C'est vers 1930 qu'un groupe d'éleveurs norvégiens s'est intéressé à cette race dans le but de préserver son originalité, menacée par diverses infusions non contrôlées de sang de chats à poil court. En 1972, les Norvégiens établirent le premier standard pour leur Norsk Skogkatt (*Norsk* = norvégien, *Skog* = forêt, *Katt* = chat). Puis, en 1977, la race fut reconnue par la F.I.Fe sous le nom de « Chat des forêts norvégiennes », puis par la G.C.C.F.

Chat des forêts norvégiennes silver tabby
Le « chat fée » des Scandinaves, physiquement très proche du Maine Coon, a un goût prononcé pour l'indépendance et la chasse.

Des critères très précis

Depuis cette date, la race a fait de nombreux émules, tant en Europe qu'aux États-Unis, et elle figure régulièrement dans les expositions félines. Dans le grand public, la reconnaissance du Chat des forêts norvégiennes se heurte encore à deux obstacles. D'une part, on le confond fréquemment avec son homologue américain, le Maine Coon. Pour éviter cela, les éleveurs de Chats des forêts norvégiennes en ont modifié le standard en 1987, en précisant exactement les points qui particularisent cette race. D'autre part, le Chat des forêts norvégiennes peut être victime de contrefaçons par le biais de chats européens communs à poil mi-long. C'est pourquoi il a été décidé voici déjà plusieurs années d'interdire la classe Novice pour cette race et de n'accepter en concours que des individus avec pedigree.

Standard

Le Chat des forêts norvégiennes est grand, solidement bâti. Ses pattes postérieures sont un peu plus hautes que les antérieures. La tête est typique et bien distincte de celle du Maine Coon ; en effet, elle s'inscrit de face dans un triangle équilatéral et elle présente un

Chat des forêts norvégiennes noir et blanc
Les couleurs n'étant pas un critère déterminant, ce bicolore au plastron et aux gants blancs sera surtout jugé sur sa morphologie et la qualité de sa fourrure.

profil parfaitement rectiligne, sans stop. Les oreilles sont placées haut sur la tête, et on apprécie qu'elles se terminent par une touffe de poils à la manière des oreilles du lynx. La queue est longue et fournie. Le pelage représente une autre caractéristique importante de la race. Ce pelage est double, constitué d'un sous-poil laineux recouvert d'un poil de couverture mi-long, retombant sur les flancs, luisant et imperméable à l'eau. Le sous-poil forme des culottes (appelées « knickers ») à l'arrière des cuisses, et le poil de couverture forme une collerette fournie sur la gorge.

Variétés

Toutes les couleurs de robe sont admises sauf chocolat, lilas et colorpoint ; la couleur des yeux peut être indépendante de celle de la robe. Dans les faits, la variété brown tabby et blanc est actuellement la plus répandue.

Caractère et élevage

Le Chat des forêts norvégiennes, contrairement à ce que pouvait suggérer son passé de chat semi-sauvage et chasseur de rats, est un compagnon équilibré, sociable et joueur. Son caractère sportif doit amener à lui proposer une infrastructure adéquate (jardin, ou, à défaut, arbre à chat, etc.) pour qu'il soit parfaitement heureux.
Ce chat a des côtés chien. Il suit la personne qu'il a élue et fait tout pour attirer son attention, en particulier par ses mimiques, ses attitudes et ses miaulements très éloquents.
Soulignons que le poil de couverture typique de la race ne s'installe qu'à partir de 3 à 5 mois. De plus, la qualité du pelage varie beaucoup en fonction de la saison et des mues. Ainsi, en été, le poil du corps semble court et la collerette disparaît. Seule la queue, bien fournie, rappelle que l'on a affaire à une race à poil mi-long.

Défauts

Un manque de stature, une tête ronde ou carrée, un profil cassé, une fourrure sèche et une queue courte sont des défauts graves.

RAGDOLL

Ragdoll

Origine et histoire

Le Ragdoll est un chat à poil mi-long de type colourpoint (c'est-à-dire avec une robe ressemblant à celle du Siamois) et caractérisé par un tonus nerveux particulier par rapport à celui des autres chats. Cette race a été créée dans les années 1960 par une éleveuse de Californie, Ann Paker, à partir d'un métissage entre Persan blanc et Chat sacré de Birmanie seal point. Le hasard et, sans doute, la sélection ont fait que les sujets de cette race ont acquis un tonus nerveux assez bas, de sorte qu'ils se relaxent complètement, notamment lorsqu'on les prend dans les bras. Cette particularité est à l'origine du nom *ragdoll*, qui veut dire « poupée de chiffon » en anglais. Elle est aussi à l'origine d'une fable répandue dans le monde félin sur l'origine du Ragdoll. On dit que les Ragdoll seraient les descendants d'une chatte Persan blessée dans un accident de la route, le traumatisme subi par l'animal étant responsable du tonus nerveux moindre de la race, et aussi de son insensibilité à la douleur... Bien entendu, cette fable ne repose sur aucun fondement biologique ; de plus, le Ragdoll n'est aucunement insensible à la douleur !

Une reconnaissance tardive

Bien qu'assez populaire en Californie, le Ragdoll a eu quelques difficultés à s'imposer aux États-Unis, où il est désormais reconnu par la C.F.A. Il était déjà bien connu dans d'autres parties du monde comme le Japon, l'Australie et l'Europe. Sur ce dernier continent, et grâce à d'ardents défenseurs en Allemagne, le Ragdoll sera reconnu en 1992 par la F.I.Fe.
En Grande-Bretagne, le Ragdoll a été reconnu en 1987 par la G.C.C.F.
En France, le Ragdoll, arrivé en 1986, est reconnu par le L.O.O.F. On voit de plus en plus de sujets en exposition et la création d'un club de la race en 1993 permet de mieux connaître ce chat. Cependant, compte tenu de la méconnaissance dont pâtit le Ragdoll et de sa ressemblance avec d'autres races, l'amateur désireux d'acquérir un sujet devra impérativement bien examiner le pedigree pour être sûr de l'authenticité de son achat...

Standard

Le Ragdoll est un chat de très grand format, ce qui constitue une première distinction d'avec le Chat sacré de Birmanie. Les mâles peuvent peser de 6 à 8 kg, et les femelles de 4 à 5 kg. La morphologie est de type médioligne à tendance bréviligne. C'est ce qu'attestent le poitrail profond et la forte ossature des membres. Les pattes postérieures sont plus hautes que celles de devant. La queue est assez longue.
La tête, de taille moyenne par rapport au corps, forme de face un triangle peu effilé, prolongé par des oreilles de taille moyenne, larges à la base et pointues à l'extrémité. De profil, on observe un stop peu marqué. Les yeux, grands et légèrement ovales, sont toujours d'un bleu foncé intense, caractéristique des robes colourpoint.
Le pelage est mi-long, plus court sur la face, le dessus du corps et les pattes, plus long sur le haut du poitrail, le ventre et la queue. La texture est soyeuse et souple.

Variétés

Le standard reconnaît trois variétés selon la répartition des zones pigmentées sur la robe.

Le colourpoint

Il a une robe de type siamois, c'est-à-dire pâle avec une pigmentation intense seulement sur les extrémités : la face, les oreilles, les pattes et la queue. Le nez et les coussinets ont une couleur accordée aux zones pigmentées. Cette variété ressemble un peu au Balinais, sorte de Siamois à poil mi-long.

Le ganté (mitted)

Il montre, par rapport au colourpoint, une dépigmentation de l'extrémité des quatre pattes, formant ce que l'on appelle les « gants ». Le nez est de la couleur des zones pigmentées. Les coussinets sont marbrés de rose et de la couleur du nez. Cette variété peut être confondue avec le

Ragdoll ganté
Ses gants blancs accentuent sa ressemblance avec le Chat sacré de Birmanie, mais le Ragdoll est beaucoup plus imposant.

Ragdoll colourpoint
Le masque sombre de type siamois doit être le plus contrasté possible avec le fond clair de la robe.

Ragdoll bicolore
Ce chat, au maquillage discret et aux magnifiques yeux d'un bleu intense, est très recherché par le public.

Chat sacré de Birmanie. Mais les gants du Ragdoll sont moins parfaits, et sans éperons aux pattes postérieures; de plus, il porte souvent une étoile blanche au front.

Le bicolore

Il présente, par rapport au colourpoint, une extension du blanc aux quatre pattes et sur la face. À cet endroit, le blanc forme un V inversé caractéristique, ne laissant de pigmentés au niveau du masque que les bords supérieurs et externes des yeux ainsi que les joues. Une étoile blanche sur le front est possible. Nez et coussinets sont ici roses. Cette dernière variété est la plus prisée du public.

Le standard reconnaît, pour chacune de ces trois catégories, quatre variétés de couleurs dans les zones pigmentées: le seal point, chocolate point, blue point et lilac point.

Caractère et élevage

Le Ragdoll a un caractère extrêmement doux, et son tonus nerveux assez bas fait qu'il se laisse facilement manipuler. Son miaulement est très discret. Comme chez tous les colourpoint, les chatons naissent blancs, la pigmentation des points n'apparaissant qu'au cours de la première semaine. Le grand format de la race fait que la croissance est prolongée et que les apports minéraux doivent être bien suivis. Il est déconseillé de n'accoupler que des bicolores entre eux, au risque d'une extension excessive du blanc; il vaut mieux combiner les trois variétés.

Particularités génétiques

Sur le plan de la pigmentation, le Ragdoll possède à la base deux gènes siamois nommés c^s responsables de la limitation de la pigmentation aux seules extrémités du corps ainsi que de la couleur bleu foncé des yeux. Pour les variétés gantées et bicolores s'ajoutent le gène responsable de la panachure blanche, et un certain nombre de gènes à faibles effets individuels appelés « polygènes ». Ces derniers sont responsables de la plus ou moins grande extension des zones blanches. Comme chez le Chat sacré de Birmanie ou le Turc Van, il est impossible de fixer de façon définitive la quantité des polygènes. Il en résulte une certaine variabilité de la répartition du blanc dans les portées, ce qui constitue une difficulté d'élevage.

Un tonus mystérieux

En ce qui concerne le tonus nerveux du Ragdoll, aucun travail scientifique n'a été publié expliquant le mécanisme physiologique de ce phénomène. En l'absence de critère permettant d'apprécier objectivement ce caractère, le tonus nerveux n'est pas pris en compte dans le standard. Cela constitue un paradoxe dans la mesure où ce caractère est indéniablement la « marque de fabrique » du Ragdoll mise en valeur auprès du grand public...

Européens à poil long

Seules deux races nées au Moyen-Orient entrent dans cette catégorie : l'Angora turc et le Turc Van, le second dérivant d'ailleurs du premier. La longueur de leur poil est due à un gène mutant récessif, désigné par la lettre l et qui allonge la durée de fonctionnement des follicules pileux. On considère que l'Angora Turc est à l'origine de toutes les races actuelles à poil long, en particulier du Persan, ainsi que de celles à poil mi-long.

TURKISH ANGORA

Angora turc (Turc angora)

Origine et histoire

L'Angora turc est une race à poil long importante sur le plan de l'histoire de la félinotechnie, car on considère qu'elle a transmis ce caractère à la plupart des races actuelles à poil mi-long ou long, et plus particulièrement au Persan. L'Angora turc semble être apparu dans la région des hauts plateaux du Moyen-Orient, aux confins de la Turquie et de l'Iran.
C'est là que le découvrirent les premiers voyageurs et explorateurs venus d'Europe occidentale, notamment Pietro della Valle, qui ramènera les premiers sujets en Italie au XVIIe siècle. D'emblée fort admirés et considérés comme cadeaux de prix, les Angoras seront diffusés en Europe, au travers d'échanges entre aristocrates. Ainsi, au début du XVIIIe siècle, dans les ouvrages de Linné et de Buffon, l'Angora est reconnu comme race à part entière, sous le nom de *Catus angorensis*, au côté du chat domestique et du Chartreux.
La dénomination « angora » fait référence à la capitale de la Turquie, Ankara. Ce nom est d'ailleurs devenu synonyme de poil long de qualité pour d'autres espèces provenant ou non de la même région (chèvre Angora ou lapin Angora).

Angora turc lilas
Un très beau sujet à la robe lilas : un beige rosé sans marques. On remarque ici l'équilibre parfait du corps et toute la grâce du mouvement.

Une existence menacée

Très en vogue dans les milieux aristocratiques tout au long du XVIIIe siècle, l'Angora turc va presque disparaître d'Europe occidentale avec l'avènement de la félinotechnie moderne au XIXe siècle. En effet, après avoir servi de base génétique pour la création du Persan, l'Angora sera pratiquement évincé par cette nouvelle race. La situation de l'Angora turc devint d'autant plus critique que, dans son pays d'origine, la race disparaissait par métissage, au point que le gouvernement turc décida de confier au zoo d'Ankara un programme de sauvegarde et de reproduction sélective pour les rares sujets de race pure restants. Soulignons que ce programme ne s'appliquait qu'aux seuls chats blancs, alors que divers écrits, notamment, en 1856, ceux de M. Lottin de La Val, président de la Société impériale d'acclimatation, évoquent la diversité des couleurs de robe de l'Angora dans son pays d'origine.

Des qualités méconnues

C'est en 1959, au zoo d'Ankara, qu'une Américaine, Mme Charles Weed, redécouvrit l'Angora turc et décida de relancer son élevage aux États-Unis. Elle réussit à acquérir au prix fort quelques sujets du zoo. Ses efforts furent récompensés lorsque la race fut reconnue par la C.F.A. en 1970, puis par la F.I.Fe en 1988. En Grande-Bretagne, le G.C.C.F. a été le dernier à la reconnaître. Mentionnons à ce sujet que les éleveurs britanniques ont tenté à une époque de reconstituer la race sans faire appel aux sujets de souche turque.

En France, l'Angora turc est reconnu par le L.O.O.F. Il existe plusieurs élevages qui se consacrent à cette race, et des clubs en assurent la promotion. L'Angora turc m'ériterait cependant une meilleure reconnaissance de la part du grand public, car il possède des qualités bien spécifiques tant pour sa morphologie que pour la qualité de son pelage.

Angora turc blanc aux yeux orange
Cette variété est la plus classique. Certains sujets blancs ont les yeux bleu clair ou impairs : l'un bleu, l'autre ambre.

Standard

Selon la C.F.A., l'Angora turc doit donner une impression de solidité associée à une impression de grâce et de fluidité dans les mouvements. Ainsi, le corps est à mi-chemin entre le type médioligne et le type longiligne, avec un squelette assez fin. La queue est longue, bien fournie, portée au-dessous de l'horizontale au repos, au-dessus du corps lors des déplacements. La tête est plutôt petite, et, vue de face, en forme de coin. De profil, le nez, de taille moyenne, forme un angle faible avec le crâne, mais il n'y a pas de vrai stop. Les oreilles, plantées haut sur le crâne, sont longues, pointues et munies de touffes de poils. Les yeux sont légèrement en amande. Le pelage est mi-long sur la face et le dessus ; ailleurs, il est long, avec une tendance à l'ondulation en parties déclives. La texture est soyeuse.

Variétés

Les premiers éleveurs d'Angoras turcs se sont longtemps battus pour que seule la variété blanche soit reconnue. Dès 1978 cependant, d'autres variétés ont été admises, et aujourd'hui toutes les couleurs sont reconnues par le L.O.O.F. L'Angora blanc reste de loin le plus classique. Il doit être d'un blanc pur, avec des yeux vert, bleu clair, ambre ou impairs (c'est-à-dire un œil de chaque couleur). Le nez et les coussinets sont roses. Les autres variétés sont les suivantes :

– noir, bleu-roux, crème, écaille-de-tortue et bleu-crème, chocolat, lilas, chocolat tortie, lilas crème. Pour les variétés bicolores, le blanc doit former un V inversé sur la face et un collier sur le haut de la poitrine, et être présent dans la queue ;
– fumé ou smoke dans toutes les couleurs de base : les poils sont décolorés à la base ;
– tabby (c'est-à-dire au pelage marqué de rayures), avec acceptation des tabby marbrés qui ont des rayures larges et des tabby tigrés qui ont des rayures étroites. Les tabby sont acceptés dans toutes les couleurs. Chez le silver, les rayures ressortent par fort contraste, du fait que le poil entre les rayures est très clair, car en partie décoloré.

Pour des descriptions plus détaillées, on se reportera aux variétés correspondantes chez le Persan. Soulignons que, pour toutes ces variétés, les yeux sont de couleur ambre chez l'Angora turc. Le silver tabby constitue cependant une exception : il doit, lui, avoir des yeux verts ou vert noisette.

Caractère et élevage

Lors du redémarrage de la race, l'Angora turc a montré une fréquence élevée de sujets agressifs, surtout en exposition. Cette mauvaise disposition ne se manifeste plus actuellement, les éleveurs ayant fait l'effort de sélectionner des sujets au caractère doux. Il est important de souligner que, contrairement au Persan, l'Angora turc ne possède pas un sous-poil extrêmement allongé et dense. Ainsi, le pelage ne forme pas de nœuds et son entretien, quoique nécessaire, est assez simple. Par ailleurs, ce pelage varie selon la saison et n'est réellement spectaculaire qu'en hiver ; en été, seule la queue reste très fournie.

Défauts

Une morphologie de type persan, une tête et un corps de type oriental entraînent la disqualification.

Chaton Angora turc blanc
Les chatons vifs et turbulents deviendront, en principe, des adultes paisibles et caressants.

TURKISH VAN

Turc Van (Turc du lac de Van)

Origine et histoire

Le Turc Van est une variété de l'Angora turc suffisamment individualisée par son histoire et par son aspect pour mériter un statut de race à part entière. La région d'origine du Turc Van est en effet la même que celle de l'Angora turc : les hauts plateaux du Moyen-Orient, aux confins de la Turquie et de l'Iran. Cependant, la race ne s'est développée, semble-t-il, que très localement, sur le pourtour du lac de Van, région située en altitude (1 700 m). Le climat rigoureux avec forts écarts thermiques saisonniers a sans doute été favorable à la sélection naturelle du caractère poil long dont bénéficie le Turc Van au même titre que l'Angora turc.

L'histoire félinotechnique du Turc Van ne commence que dans les années 1960, lorsqu'une éleveuse anglaise, Laura Lushington, ramena en Grande-Bretagne les premiers sujets de cette race. Le Turc Van sera reconnu par le G.C.C.F. en 1969, puis plus tard par la F.I.Fe. Aujourd'hui, il est également reconnu par la C.F.A. américaine. En France, il est reconnu par le L.O.O.F. Les éleveurs de Turcs Van sont encore assez rares en Europe. La race souffre d'une certaine confusion avec l'Angora turc, quand on ne commet pas la méprise de l'assimiler à un chat domestique commun à poil long !

Standard

Le Turc Van doit être d'un type médioligne assez massif, ce qui le distingue de l'Angora turc, plus léger de constitution. La queue, de longueur moyenne, doit être bien fournie. Les pieds sont ronds et caractérisés par des touffes de poils entre les orteils. La tête, plus massive que celle de l'Angora turc, forme un triangle aplati, avec un nez long, des oreilles placées haut, plutôt grandes et pointues. Les yeux sont assez ronds. Le pelage est long, doux, soyeux et sans sous-poil laineux. La répartition des pigments sur la robe constitue sans doute la caractéristique la plus spectaculaire du Turc Van. En effet, cette robe est à dominante blanche, avec une pigmentation limitée à la queue et à la tête, où elle forme deux taches séparées par une flamme blanche et couvrant les zones entre la base des oreilles et les yeux. Le blanc forme un V inversé sur la face.

Variétés

Les couleurs reconnues chez le Turc Van sont le roux et blanc et le crème et blanc. Les yeux sont ambre, bleus ou impairs.

Caractère et élevage

Le Turc Van a un caractère entier et exclusif. Il sera jaloux et agressif vis-à-vis de la plupart des chats concurrents, sans

Turc Van
On a donné le nom de motif « van » à la répartition particulière des couleurs qui caractérise ce chat.

parler des problèmes de sa manipulation en exposition... Cela ne l'empêche pas d'être très intelligent et attaché à ses propriétaires. Il convient de souligner la grande originalité de comportement du Turc Van vis-à-vis de l'eau : cette race adore se baigner !
La reproduction n'est pas toujours aisée du fait de l'agressivité fréquente des femelles lors de l'accouplement. Les chatons peuvent, à la naissance, présenter quelques marques tabby dans les zones pigmentées. Ces marques doivent normalement disparaître à l'âge adulte.
La texture du pelage varie normalement avec les saisons : le pelage n'est très fourni qu'en hiver. L'absence de sous-poils longs rend l'entretien du pelage facile, car il ne s'y forme pas spontanément de nœuds comme chez le Persan.

Particularités génétiques

Le motif van, décrit plus haut, correspond en génétique à une panachure envahissante, c'est-à-dire que le blanc est très étendu. La panachure est déterminée par un gène (nommé S) dominant, c'est-à-dire qu'une seule dose de ce gène dans les chromosomes suffit à faire apparaître le caractère. Mais l'étendue du blanc dépend, elle, des effets additionnés de nombreux gènes à faibles effets individuels, appelés « polygènes ». Comme il est impossible de fixer rigoureusement le nombre de polygènes souhaités, il est en conséquence impossible de fixer définitivement le motif van comme voulu dans le standard. Ainsi, deux Turcs Van très bien marqués peuvent engendrer des chatons avec un mauvais motif...
Soulignons que le nom « van » est devenu, par extension, le qualificatif usuel dans les pays anglo-saxons de toute robe présentant des dessins identiques à ceux du Turc Van (on parle ainsi de Persan van).

Turc Van roux
Les marques rousses sur la tête, les oreilles et la queue s'harmonisent avec la couleur des yeux.

RACES DE TYPE PERSAN

Cette famille regroupe les très nombreuses variétés de Persans, et un original au poil mi-long, l'Exotic Shorthair. Le tempérament en or du Persan classique est en accord parfait avec la rondeur de ses formes et la douceur de sa fourrure. C'est avant tout un chat calme, tendre et attachant, ce qui lui vaut d'être très populaire. Mais ne vous fiez pas à ses allures de chat de salon, sophistiqué et raffiné : le Persan est un vrai chat, joueur, indépendant et qui chasse dès qu'il en a l'occasion. Le côté placide du Persan vous ennuie un peu ? Optez pour le colourpoint qui doit à ses gènes siamois une belle vivacité. Si, en revanche, vous recherchez un bon gros nounours qui passera son temps sur vos genoux à se faire caresser, l'Exotic Shorthair est le chat qu'il vous faut.

Persans à poil long

Ce type de chat a une allure particulière pour un félin : un corps ramassé (cobby), puissant, porté par de courtes pattes rectilignes, une tête large et ronde avec un petit nez et un stop très marqué. Il a aussi des yeux très expressifs et, surtout, une somptueuse robe, – longue, douce, soyeuse, fournie et brillante – qui en fait le roi des expositions.

CLASSIC PERSIANS

Persans classiques

Origine et histoire

Depuis le début du siècle, le Persan est sans conteste la race féline fétiche des éleveurs et aussi celle qui est régulièrement la mieux représentée dans les expositions. Son nom ne constitue qu'une indication indirecte sur l'origine de la race. En effet, il fait allusion à l'un des ancêtres de celle-ci, l'Angora turc, qui a apporté le gène responsable du fameux poil long. Lorsque l'on sait que l'Angora provient des confins de la frontière entre la Turquie et l'Iran, on comprend mieux le nom de « Persan » choisi pour la promotion de la race qui en dérive…

Des origines britaniques

Mais le Persan, créé dans le courant du XIXe siècle, est en fait un pur produit de l'élevage britannique : c'est en partant de leur population nationale d'Angora et en utilisant à la fois la sélection, la consanguinité et quelques infusions de sang de chats de type européen que les éleveurs britanniques travaillèrent. Dès la seconde moitié du XIXe siècle, les principaux objectifs recherchés furent atteints : morphologie de type bréviligne et, surtout, fourrure extraordinaire, d'une grande finesse et avec poil et sous-poil allongés. Le Persan était déjà présent en 1871 à la première exposition féline, au Crystal Palace à Londres. Il faudra cependant attendre le début du XXe siècle pour que le G.C.C.F. édicte un premier standard pour cette race. Soulignons au passage que le G.C.C.F. n'utilise pas la dénomination Persan, mais celle de « Long Hair », qui se traduit par « poil long ». Dans les années qui suivirent, les éleveurs anglais limitèrent le travail de sélection sur le type pour porter leurs efforts sur l'amélioration des couleurs. Certaines variétés atteignirent rapidement la quasi-perfection, telle la variété bleue.

La concurrence américaine

Pendant ce temps, aux États-Unis, où les premiers spécimens avaient été introduits dès la fin du XIXe siècle, le Persan allait évoluer différemment. En effet, les éleveurs américains portèrent plus leurs efforts sur

Persan bleu
Ce magnifique Persan aux yeux cuivre possède une robe délicate, mousseuse, d'une exceptionnelle couleur lavande unie, sans rayures ni marques tabby.

Persan brown tabby
Le tabby est le seul Persan dont la robe rappelle celle des félins sauvages. Il peut être tigré, marbré ou moucheté.

l'amélioration de la fourrure et surtout sur la recherche d'un type bréviligne extrême, principalement au niveau de la tête. Le summum fut atteint en 1930, avec l'apparition des Persans *peke-face* (« face de Pékinois »), en référence à la race de chien bien connue pour sa tête ultra-bréviligne. Ce fossé creusé entre les deux populations de Persans fut à l'origine de vives polémiques, à partir des années 1970, dans les pays d'Europe continentale.

Éleveurs et juges se sont divisés entre partisans du type anglais et partisans du type américain. La polémique existe encore actuellement. Cependant, l'évolution des types extrêmes semble freinée par deux facteurs : le grand public n'apprécie pas beaucoup les Persans trop typés ; en outre, ces derniers ont souvent une tendance au dysfonctionnement des canaux lacrymaux (d'où les yeux qui pleurent) et au prognathisme de la mâchoire inférieure. Aujourd'hui, les éleveurs privilégient des Persans associant type, qualité de fourrure, qualité de couleur et absence d'anomalies.

Standard

Le Persan est un chat de format moyen à grand, qui doit tendre vers un type bréviligne parfait. Ainsi, on recherche un corps massif, avec une poitrine large, des membres courts à forte ossature, des pieds bien ronds et assez larges. La queue est de longueur proportionnée au corps et, surtout, non effilée. La tête constitue la pierre angulaire de ce que les éleveurs appellent le type. Elle est massive. Le standard réclame une face ronde, mais aussi un crâne large, un front bombé, des joues pleines et rondes, une mâchoire large et un menton bien développé. Au total, nombre de Persans actuels ont une face plutôt rectangulaire que ronde. Les oreilles sont en harmonie, c'est-à-dire petites, arrondies, implantées assez bas et très écartées l'une de l'autre. Les yeux sont grands, ronds et bien écartés.

Le nez constitue le point de détail qui a engendré le plus de polémiques au cours de la période récente. Tous les standards souhaitent un nez court et large, ainsi qu'un stop bien marqué (les Américains parlent de *break*). Cependant, dans l'interprétation, les éleveurs américains ont adopté une attitude extrême, certains allant jusqu'à affirmer qu'un bon Persan ne doit pas avoir de nez... La version extrême est, nous l'avons signalé, la variété à face de Pékinois chez laquelle le nez est quasiment absent et retroussé, de sorte qu'il existe une dépression entre les deux yeux et de profonds sillons de part et d'autre du museau.

En dehors du type, le pelage est une seconde caractéristique importante du Persan. Il doit être dense et long sur tout le corps : en moyenne 10 cm, et jusqu'à 20 cm, notamment au niveau de la collerette qui recouvre la gorge et le poitrail. Le panache de la queue doit être très fourni. La texture doit être soyeuse et très fine.

Variétés

Le Persan fait partie, tout comme le British Shorthair et l'Oriental, de ces races qui se déclinent sur quasiment toute la gamme des variétés possibles chez le chat. La reconnaissance des nouvelles variétés, lente jusque dans les années 1970, s'est beaucoup accélérée depuis : la F.I.Fe, qui ne reconnaissait que 13 variétés en 1938 et environ 23 en 1980, en reconnaissait 150 dix ans après ! Cette évolution galopante s'explique par le fait que nombre de ces nouvelles variétés résultent de la simple combinaison de variétés déjà reconnues. Par exemple, le Persan fumé bleu est une combinaison de la variété fumé noir et de la variété bleue. Parmi toutes ces variétés, deux séries – les chinchillas et les colourpoint – qui se sont distinguées par leur histoire et leur originalité seront traitées à part. Toutes les autres variétés correspondent à ce que l'on appelle le « Persan classique » (terme qui n'a donc aucun rapport avec la notion de type morphologique). Ce sont ces variétés classiques qui vont être décrites ci-après. Elle peuvent être classées en cinq groupes.

Les robes uniformes

On y trouve toutes les robes unicolores sans rayures ou marques tabby. Certaines de ces variétés correspondent aux quelques variétés de base reconnues au début du siècle : blanc, noir, bleu et rouge. Par la suite, se sont ajoutées les variétés crème et, tout récemment, chocolat et lilas. Ces deux dernières dérivent des programmes de création du Persan colourpoint et mink (vison). Le Persan blanc doit être pur, sans traces jaunâtres, avec le nez et les coussinets roses. Pendant longtemps, seuls les yeux bleu clair ont été acceptés. Par la suite, quelques croisements de retrempe avec des British firent apparaître des Persans blancs aux yeux orange ou impairs (c'est-à-dire qu'un œil est bleu clair, l'autre orange). Ces deux couleurs d'yeux ne furent reconnues qu'en 1938 par le G.C.C.F. Signalons que les chats blancs, surtout ceux qui ont les yeux bleu clair, sont très souvent sourds. On observe parfois une zone de poils pigmentés sur le crâne des chatons blancs : cette marque, qui disparaît normalement à l'âge adulte, donne une idée des couleurs présentes dans les gènes du sujet et qui sont masquées par le caractère blanc. Pour toutes les autres variétés unicolores, les yeux doivent être cuivre ou orange soutenu et la robe ne doit comporter aucun poil blanc. Le noir doit être noir jais sans reflets roux, le bleu doit avoir

Persan tortie smoke
Cette variété fumée n'est spectaculaire que quelques mois par an, quand elle revêt sa longue fourrure d'hiver.

Persan blotched silver tabby
Chez les silver tabby, les zones claires sont presque blanches, offrant un contraste spectaculaire avec les marques tabby.

Persan chocolat
Le chocolat doit être uniforme, sans marques, ni ombres, ni poils blancs ou gris.

une teinte très homogène et le crème et le roux ne doivent avoir aucune trace de rayures (marques tabby).

Les robes écaille-de-tortue et dérivées

L'écaille-de-tortue et l'écaille chocolat sont des variétés montrant une association de plages de poils à pigments orange (de nuance rouge ou crème) et de plages de poils respectivement noirs et chocolat. Le bleu-crème et l'écaille lilas sont les dilutions génétiques des deux variétés précédentes. Elles associent plages crème et plages respectivement bleues et lilas. Pour ces variétés, les yeux sont cuivre ou orange. Le nez et les coussinets sont roses ou marbrés de rose avec la couleur des plages non orange. Normalement, seules les femelles peuvent présenter ces quatre variétés.

Les robes dont la base des poils est décolorée

On trouve ici la catégorie des Persans fumés. Chez ces Persans, chaque poil est décoloré sur une faible longueur à la base (environ un tiers), et normalement pigmenté sur le reste de la longueur. Cette décoloration se voit d'emblée sur les zones de poils plus courts, la face notamment. Il faut par contre soulever les poils très longs du corps pour apercevoir la zone décolorée. La partie pigmentée se décline dans toutes les couleurs unies et dans celles du groupe des écailles. On parle ainsi de fumé noir, fumé bleu, fumé écaille, etc. Lorsque le pigment est orange, on utilise le terme américain de *smoke cameo*. Ces variétés ont toutes des yeux orange ou cuivre. Les coussinets et le nez sont roses si la pigmentation est orange ou crème, de la couleur de la pigmentation dans les autres cas. Les variétés de fumé ont une origine ancienne, puisqu'elles semblent exister depuis la création du Persan et que le premier Persan fumé fut enregistré en 1900.

Les Persans particolores (aux robes bicolores avec des plages blanches)

On distingue trois sous-groupes.

– Chez les bicolores au sens strict, le blanc couvre entre un tiers et, au maximum, la moitié du corps, en formant si possible un V inversé sur la face. Les plages colorées, le plus symétriques possible, se déclinent dans les diverses pigmentations des robes unicolores et écaille-de-tortue ou bleu-crème. Ces deux dernières variétés se dénomment respectivement calico et calico dilué.

– Chez les variétés arlequin, le blanc recouvre entre la moitié et les trois quarts du corps, les taches de couleur étant, dans l'idéal, isolées et séparées par du blanc.

– Chez les variétés van, presque tout le corps est blanc, exception faite de la queue et de deux taches entre les yeux et la base des oreilles, qui sont pigmentées selon toutes les possibilités évoquées chez les bicolores. Dans l'idéal, chez les van, les taches pigmentées sur la face sont séparées par une flamme blanche qui passe au milieu du front.

Pour toutes ces variétés, les yeux sont orange ou cuivre, avec acceptation des yeux bleu clair ou impairs par certaines associations. Le nez et les coussinets sont roses ou marbrés de rose et couleur des plages pigmentées du pelage. Historiquement, il semble que les premiers Persans bicolores furent des femelles calico, obtenues à partir de croisements avec des chattes européennes écaille-de-tortue. Ces femelles furent un temps dénommées « chintz », en référence à un tissu particulier. Il a fallu attendre 1966 pour que toute la série des bicolores soit reconnue par le G.C.C.F.

Les robes tabby

Selon la forme des marques tabby, on distingue trois sous-groupes.

– Les tabby marbrés, chez qui les rayures sont larges et forment, dans l'idéal, des dessins particuliers : M sur la tête, lignes de mascara sur les joues, colliers continus sur le haut de la poitrine, tache en forme de papillon entre les épaules, taches en forme de coquille d'huître sur chaque flanc, bracelets sur les pattes, anneaux sur la queue, qui doit avoir l'extrémité pigmentée.

– Les tabby tigrés : par rapport aux précédents, ces chats présentent sur le corps non pas des rayures larges, mais des rayures étroites, parallèles entre elles et perpendiculaires à une raie longitudinale qui court sur la colonne vertébrale.

– Les tabby mouchetés, chez qui les rayures du corps sont remplacées par des taches circulaires, régulièrement réparties jusque sur le ventre et les pattes. Pour tous ces chats, les poils entre les rayures ou les taches sont de type « agouti », c'est-à-dire qu'ils présentent une alternance de bandes foncées (de la nuance des rayures ou des taches) et de bandes claires.

Dans chaque sous-groupe, les zones de pigments foncés se déclinent sur toute la gamme des couleurs des robes uniformes et aussi en écaille-de-tortue. Les zones claires des poils agouti sont généralement de nuance orangée. Une exception existe pour les variétés silver tabby, chez lesquelles les zones claires sont décolorées, presque blanches. Il en résulte un contraste saisissant et spec-

Persan bleu-crème
Sa robe se compose de plages crème et bleues et ses yeux sont cuivre ou orange.

taculaire entre les marques tabby et les zones de poils agouti. Pour toutes ces variétés, le nez est brique cerclé de foncé, les coussinets sont de la couleur des marques tabby. Les yeux sont en général orange ou cuivre. Les silver tabby font exception, avec des yeux verts ou vert noisette. Les variétés tabby existaient certainement chez les premiers Persans, avec notamment les silver tabby qui auraient donné naissance aux premiers fumés. Signalons que les Persans tabby sont en règle générale moins spectaculaires que les tabby des races à poil court, car, du fait de la longueur du pelage, les marques tabby sont floues.

Caractère et élevage

Le Persan est un chat calme, voire discret. Il est volontiers casanier et donc bien adapté à la vie en appartement. Cependant, s'il y est habitué jeune, le Persan apprécie la vie en plein air, où il se comporte alors comme n'importe quel autre chat de type européen.

Du point de vue de la reproduction, le Persan est aux antipodes des races orientales. Ainsi, la puberté survient tardivement chez la chatte : en moyenne à 12 mois, avec des extrêmes observés allant de 6 à 21 mois ! La taille des portées, généralement de trois ou quatre chatons, est plutôt inférieure à la moyenne des félins (quatre-cinq chatons). Il est important de mentionner que la race est prédisposée aux difficultés de mise bas, à cause de la tête ronde et volumineuse des chatons nouveau-nés. Il en résulte que la mortinatalité est en général plus élevée chez le Persan que chez les autres races. Il convient aussi de surveiller attentivement le déroulement des mises bas.

Contrairement aux autres races à poil mi-long et à l'Angora, le Persan a un sous-poil particulièrement long, dense et fin. Cette caractéristique est un élément important de l'esthétique de la race, mais elle est aussi source d'une grande servitude. En effet, le Persan adulte doit être brossé quotidiennement, sous peine de voir le sous-poil s'emmêler de façon irréversible. L'entretien régulier du pelage est en outre un élément de la réussite en concours, car le Persan est l'une des races chez lesquelles le toilettage lors de la présentation au juge est primordial.

Particularités génétiques

Le caractère poil long du Persan résulte de l'action d'un gène symbolisé par l. Ce gène est récessif, c'est-à-dire qu'il doit exister en deux doses pour pouvoir s'exprimer ; il existe chez tous les chats à poil long ou mi-long : Angora, Chat sacré de Birmanie, Maine Coon, et aussi chez tout chat de gouttière à poil mi-long. Cependant, les nombreuses années de sélection opérées chez le Persan ont permis d'accumuler en outre de nombreux gènes à faibles effets individuels appelés « polygènes ». Ce sont ces polygènes qui déterminent la longueur exceptionnelle du sous-poil et la finesse incomparable du pelage du Persan.

Défauts

Parmi les principaux défauts graves à éviter chez le Persan, il faut mentionner : le nez retroussé, tout prognathisme inférieur de plus de 2 mm et toute trace de vert dans l'iris des variétés qui doivent avoir les yeux cuivre. Anomalies de la queue et nombre anormal de doigts sont des défauts entraînant la disqualification. Ajoutons, bien sûr, qu'un pelage insuffisant et/ou un manque de type (tête, corps) enlèvent souvent toute chance de bien se placer en concours.

Persan roux type peke face
Le peke face au nez très aplati ne fait pas l'unanimité auprès du grand public ; en outre ce type de chat a souvent les yeux qui pleurent.

CHINCHILLA PERSIANS

Persans chinchillas, silver shaded et golden

Origine et histoire

Il semble que l'on puisse attribuer l'origine du Persan chinchilla à une éleveuse britannique, Mme Vallence. En effet, celle-ci obtint, vers 1880, le premier Persan avec une robe argentée, un mâle nommé Silver Lambkin, à partir de l'accouplement d'un Persan fumé et d'un Persan silver tabby. La nouvelle variété fut baptisée « chinchilla », sans doute à cause de la ressemblance de sa robe avec celle du petit mammifère du même nom bien connu des pelletiers. Par la suite, le travail de sélection pour fixer et améliorer cette nouvelle variété fut considérable. Pour obtenir la superbe robe uniformément argentée des Persans chinchillas actuels, il fallut en effet gommer les marques tabby qui étaient relativement importantes chez les premiers sujets. Il fallut, en outre, travailler beaucoup pour obtenir les fameux yeux verts... Tous ces efforts furent récompensés en 1901 avec la reconnaissance officielle de la variété par le G.C.C.F. Sur la période récente, l'histoire du Persan chinchilla a surtout été consacrée à la recherche d'un type plus marqué pour s'adapter aux exigences de la mode et aussi à la multiplication des coloris reconnus. Les programmes d'élevage des Per-

Persan chinchilla
L'aspect argenté de la robe est donné par un tipping où la toute petite partie foncée est située à l'extrémité du poil.

sans chinchillas ont en même temps permis la création de deux groupes de variétés que l'on peut considérer comme dérivées. Il s'agit des argentés ombrés (silver shaded) et des golden. Ces derniers seraient apparus dans la descendance de Persans chinchillas ayant connu des croisements ponctuels, dits « de retrempe », avec des Persans brown tabby, en vue d'améliorer le type. Il existe actuellement en France plusieurs élevages de Persans chinchillas et ces variétés spectaculaires sont très appréciées par le public.

Standard

En théorie, le standard des Persans classiques s'applique aux Persans chinchillas, silver shaded et golden, du moins pour ce qui concerne la morphologie et la qualité du pelage. On s'y reportera pour de plus amples détails.
Cependant, en pratique, les Persans du groupe chinchilla sont souvent moins typés : format plus petit, type moins bréviligne et surtout tête moins massive avec des oreilles plus longues et un peu de nez... Cela est facile à comprendre lorsque l'on sait que les éleveurs doivent faire porter l'essentiel de leurs efforts sur la qualité de la coloration de la robe et des yeux pour obtenir des sujets de qualité. Dans ces conditions, ce qu'on appelle le type passe un peu au second plan.

Variétés

Le groupe des Persans chinchillas, silver shaded et golden se reconnaît aux points suivants :
– un tipping, caractéristique majeure du groupe, qui consiste en la restriction de la pigmentation foncée sur une petite partie de l'extrémité de chaque poil ;
– des yeux vert émeraude, voire vert bleuté, et cerclés de noir au niveau des paupières (il existe une exception pour les silver shaded qui peuvent avoir des yeux cuivre, mais ils sont alors appelés *pewter*) ;
– un nez rouge brique cerclé de foncé, des coussinets et des lèvres pigmentés en foncé. La couleur foncée correspond à celle des extrémités foncées des poils.
Pour chacun, on notera cependant certaines particularités quant à la robe.
Ces trois variétés existent dans de nombreuses couleurs : blanc, orange, chocolat, shaded bleu, lilas, rouge, crème et écaille.

Persans chinchillas

Ils ont un sous-poil et la base des poils de couverture blanc pur. L'aspect argenté est donné par un tipping qui ne représente qu'un huitième de la longueur des poils de couverture. Ce tipping doit être présent sur toute la ligne du dessus (oreilles, tête, dos et dessus de la queue) et, à un degré moindre, sur l'avant des pattes et la face. Par contre, toutes les parties déclives (menton, poitrail, ventre, intérieur des membres et dessous de la queue) seront blanches.

Persans silver shaded

Ils ont aussi un sous-poil et la base des poils de couverture blanc pur. Le tipping, qui représente environ un tiers de la longueur des poils de couverture, donne une nuance d'ensemble étain et non argentée. Ce tipping doit être présent sur toute la ligne du dessus et, à un moindre degré, sur la face et les membres. Les parties déclives sont blanches, à l'exception des poils de la face plantaire des postérieurs, qui sont foncés.
Tous les intermédiaires existent entre chinchillas et shaded, de sorte que la distinction entre ces deux catégories est parfois délicate.

Persans golden

Ils possèdent eux aussi le classique tipping, qui est ici noir. La robe doit paraître dorée. La tête est dorée, sans « lunette » (traces de ticking sous les yeux) ; le ventre, le sous-poil, les pantalons et les pattes sont dorés. Cependant, à la différence des deux autres sous-groupes, ils

Chat et chaton Persans silver shaded
Le tipping donne à la robe une nuance étain et non argentée, parfois difficile à différencier de celle du Persan chinchilla.

ont une pigmentation abricot de la base des poils de couverture et du sous-poil. Le tipping est présent sur la ligne du dessus, alors que les parties déclives sont abricot. Le bout de la queue est noir.
Selon l'importance du tipping, et sur les critères précédents, on distingue les shell et les shaded golden.

Caractère et élevage

Les principaux traits de caractère des Persans classiques se retrouvent chez les chinchillas, silver shaded et golden. Ce dernier groupe est cependant un peu plus précoce sexuellement. Pour la reproduction, il est déconseillé de les accoupler avec des variétés aux yeux orange. Il en résulterait en effet des individus avec des yeux mélangés, dits « grain de raisin », qui ne seraient pas reconnus. L'accouplement exclusif des chinchillas entre eux n'est pas non plus souhaitable, car alors les sujets obtenus s'éclaircissent trop. Il convient donc d'utiliser judicieusement chinchilla et shaded, sans tomber dans les travers de la consanguinité. Le respect strict de ces règles n'offre que peu de moyens d'accentuer le type... Signalons que le *pewter* constitue une exception, car, étant donné la couleur cuivre de ses yeux, il peut être accouplé avec un sujet de même variété ou avec un fumé.
Les chatons naissent avec des marques tabby et des yeux bleu-gris. Les rayures s'estompent assez rapidement ; le vert des yeux, lui, ne se développe pas avant 7 mois, sinon davantage. L'entretien du pelage nécessite, bien sûr, les mêmes attentions que celles que requièrent les Persans classiques.

Particularités génétiques

Tous les chinchillas sont, de base, des tabby ainsi que l'attestent le nez brique cerclé de foncé et, chez certains sujets, les fantômes de rayures. Parallèlement, on admet que les chinchillas et leurs dérivés possèdent un gène nommé Ch qui repousserait le pigment sombre au bout des poils pour former le tipping. Chez les chinchillas et les silver shaded existerait, en plus, un gène nommé I qui effacerait les pigments clairs de la base des poils de couverture et du sous-poil, d'où l'aspect argenté ou étain. Agiraient, en outre, de nombreux gènes aux effets individuels faibles, appelés « polygènes ». Selon le nombre de ces polygènes, on aurait une plus ou moins bonne disparition des marques tabby et une évolution insensible du shaded vers le chinchilla. D'autres polygènes seraient responsables, chez les golden, de la nuance plus ou moins chaude de la couleur abricot.
Le fait qu'il soit quasiment impossible de contrôler strictement le nombre de ces polygènes par la sélection explique en particulier la grande difficulté de l'élevage des Persans chinchillas.

Défauts

Dans ce groupe spécifique, sont considérés comme des défauts une répartition irrégulière du tipping, des yeux grain de raisin et des marques tabby. Chez le chinchilla, toute pigmentation sur le menton, les touffes des oreilles, la poitrine et le ventre constitue un défaut. Chez les golden, une nuance trop grise ou trop claire n'est pas souhaitable.

Persan golden shaded
Sa robe présente un tipping brun foncé sur un fond abricot plus ou moins chaud.

COLOURPOINT PERSIANS

Persans colourpoint

Origine et histoire

Le Persan colourpoint peut être comparé à un Persan habillé avec une robe de Siamois. La création de cette nouvelle catégorie de Persan a été assez complexe, et tentée avec des succès divers par plusieurs groupes d'éleveurs.

Des débuts difficiles

Les premiers essais remontent entre 1924 et 1930, à la fois en Suède et aux États-Unis. Il s'agissait d'études scientifiques visant, au travers d'accouplements entre Siamois et Persans, à mieux comprendre le fonctionnement du gène siamois. C'est ainsi que naquit Débutante, la première chatte à poil long et marques siamoises. Débutante, qui avait un type très oriental, devait ressembler à nos actuels Balinais… Ces premiers programmes furent stoppés. À la même époque, en France, certains éleveurs pratiquèrent aussi des métissages entre Siamois et Persans. Les produits eurent, en 1935, sous la dénomination de « Khmers », un standard bien défini. Mais le programme français fit trop appel au sang siamois, et le Khmer, trop oriental, fut abandonné vers 1955 au profit de l'actuel Persan colourpoint.

Persan colourpoint chocolat
Sa robe d'un blanc ivoire porte des marques chocolat au lait aux extrémités.

Le modèle britannique

Le Persan colourpoint a été créé parallèlement en Grande-Bretagne et aux États-Unis, dans deux programmes d'élevage lancés vers 1947.
Le programme britannique, réalisé en grande partie par l'éleveur Brian Stirling-Webb, est un modèle du genre : il a duré huit années, a porté sur plusieurs centaines de chats et a nécessité de nombreux accouplements consanguins pour retrouver le type persan recherché après les infusions obligatoires de sang siamois !
Reconnu en 1955 en Grande-Bretagne, et en 1957 aux États-Unis, le Persan colourpoint devra attendre 1958 pour remporter un premier prix de meilleur poil long dans un concours. Cela voulait dire qu'il avait enfin atteint un type du niveau de celui des autres Persans classiques.
Avant d'être reconnu par tous les clubs américains comme une variété de Persan, le colourpoint a été longtemps considéré par divers clubs américains comme une race particulière sous l'appellation d'« Himalayan ». Ce nom fait référence à celui d'une race de lapin domestique qui présente aussi une robe de type colourpoint.
Le Persan colourpoint a amélioré son type et s'est vu reconnaître plusieurs nouvelles couleurs, comme le cream point, le tortie point, le tabby point, le tortie tabby point, etc. Le Persan colourpoint, régulièrement présent dans les expositions, se démarque par l'originalité certaine de sa robe.

Standard

En théorie, le standard des Persans classiques s'applique aux Persans colourpoint, du moins pour ce qui concerne la morphologie et la qualité du pelage. On s'y reportera pour de plus amples détails. Cependant, en pratique, les Persans colourpoint sont encore souvent un peu moins typés que ceux du groupe des Persans classiques : cela apparaît surtout au niveau de la tête, qui a un peu de nez. La robe constitue une caractéristique majeure du Persan colourpoint. En effet, le poil n'est pigmenté qu'aux extrémités du corps : face (masque), oreilles, membres et pieds, queue. Il doit exister un contraste très net entre ces zones – appelées *points* par les Anglo-Saxons, puis par les éleveurs du monde entier – et le reste du corps. On retrouve chez le Persan colourpoint, quelle que soit la couleur des points, les magnifiques yeux bleu foncé qui ont fait la renommée du Siamois et qui sont génétiquement associés à ce type de robe. Cependant, aucune caractéristique morphologique du Siamois n'apparaît chez le Colourpoint.

Variété	Couleur des points	Couleur du corps*	Couleur du nez et des coussinets
Seal point	brun foncé	crème pâle	brun foncé
Chocolate point	chocolat au lait	ivoire	cannelle rosé
Blue point	bleu-gris	blanc bleuté	bleu ardoise
Lilac point	gris acier rosé	blanc glacé	mauve

* Quelle que soit la variété, la couleur du corps s'atténue en parties déclives pour devenir presque blanche.

Variétés

Comme chez le Siamois, on reconnaît classiquement chez le Persan colourpoint quatre variétés de base, qui sont les variétés les plus anciennement créées : seal

Persan colourpoint cream point
De grands yeux bleus étonnés éclairent une face discrètement masquée de crème.

Persan colourpoint seal point
Sa robe blanc crème porte sur la face et aux extrémités des marques brun sombre.

point, chocolate point, blue point et lilac point. Le L.O.O.F. reconnaît actuellement toutes les nouvelles couleurs, notamment les red point (rouge), cream point (crème), tortie point (écaille-de-tortue) et tortie tabby point (écaille et tabby). Ces deux dernières séries existent en seal, chocolat, bleu ou lilas.

Caractère et élevage

Les principaux traits de caractère évoqués chez les Persans classiques se retrouvent chez le Persan colourpoint, qui pourrait cependant être plus actif. Cette variété est aussi un peu plus précoce sexuellement et aussi un peu plus prolifique que les Persans classiques.
Les accouplements avec ces derniers sont autorisés et d'ailleurs régulièrement effectués pour améliorer le type. Les chatons de ce groupe naissent blancs. La pigmentation s'installe progressivement pendant la première semaine de vie, mais n'atteint sa plénitude qu'entre huit et dix mois.
Le pelage des colourpoint demande les mêmes soins que celui des autres Persans.

Particularités génétiques

Les particularités génétiques sont identiques, pour ce qui concerne la pigmentation, à celles évoquées pour le Siamois.

Défauts

Outre les défauts mentionnés pour les Persans classiques, il convient d'éviter chez le Persan colourpoint tout strabisme, toute anomalie au niveau de la queue (queue « nouée »), toute tache blanche au niveau des pieds, toute couleur des yeux autre que le bleu foncé.

Persan colourpoint blue point
Cette variété de base possède une robe blanc glacé avec des marques bleu-gris.

Persans à poil mi-long

L'Exotic Shorthair, qui a la morphologie et le minois ramassé du Persan, est le seul représentant de cette catégorie. Il est né du croisement du Persan avec l'American Shorthair et doit surtout à son poil mi-long et pelucheux d'être devenu une race à part entière. En Europe, où sa carrière n'a commencé qu'en 1986, ce Persan a de plus en plus d'adeptes.

EXOTIC SHORTHAIR

Exotic Shorthair

Origine et histoire

L'Exotic Shorthair correspond à un Persan à poil mi-long. Cette race, née aux États-Unis entre 1950 et 1960, est le résultat indirect de deux programmes d'élevage menés en parallèle. Le premier visait à améliorer l'American Shorthair avec du sang persan ; le second, à introduire le gène marron chez le Persan par des infusions de sang burmese.

Dans les deux cas, les produits obtenus furent des Persans à poil mi-long et redressé, que l'on décida de fixer pour faire naître une nouvelle race baptisée « Exotic Shorthair ». La race fut reconnue par la C.F.A. en 1967, puis par la F.I.Fe et la plupart des clubs indépendants d'Europe.

Associant à la fois une morphologie de Persan et le côté « entretien facile » des races à poil mi-long, l'Exotic Shorthair fit rapidement de nombreux adeptes parmi les éleveurs qui effectuèrent régulièrement des croisements dits « de retrempe » avec le Persan (ce qui est autorisé par le standard), afin d'améliorer le type et, surtout, de maintenir une texture adéquate du pelage. Aujourd'hui, les meilleurs éleveurs de Persans proposent aussi des Exotic Shortair. La race connaît un tel succès dans les expositions qu'elle pourrait bien devenir aussi populaire que le Persan.

Standard

D'une façon générale, l'Exotic Shorthair doit avoir une morphologie se rapprochant le plus possible de celle du Persan. Il doit donc être parfaitement bréviligne

Exotic Shorthair tortie smoke
Chez cette variété fumée, le poil est décoloré à la base sur environ un tiers de sa longueur et normalement pigmenté sur le reste.

de corps et de tête. Cette dernière notamment sera très massive et ronde. La face sera ronde, avec des yeux grands, ronds, bien écartés, des joues pleines, un menton fort. De profil, il convient de rechercher un nez très court avec un stop très marqué. Les oreilles sont petites et arrondies. Elles sont placées assez bas sur le crâne et très écartées l'une de l'autre. La queue est de longueur moyenne, proportionnée au corps.

Le pelage de l'Exotic Shorthair doit avoir une texture très particulière : il doit être mi-long, dense, doux et pelucheux, c'est-à-dire qu'il doit être redressé sur le corps.

Variétés

Toutes les variétés décrites chez le Persan sont acceptées chez l'Exotic Shorthair. On se reportera donc au Persan pour une description détaillée.

Caractère et élevage

L'Exotic Shorthair a un caractère intermédiaire entre celui du Persan et celui des chats à poil court ; autrement dit, il combine calme et vivacité. Pour la reproduction, par contre, il apparaît que les caractères du Persan prédominent. Ainsi, la maturité sexuelle est tardive, les portées sont de taille moyenne, et, pour certaines lignées, on rencontre fréquemment des difficultés lors de la mise bas à cause du volume de la tête des chatons.

Compte tenu des infusions régulières de sang persan, l'accouplement de deux Exotic Shorthair donne des proportions variables de chatons à poil mi-long et de chatons à poil long, lesquels ressemblent à s'y méprendre à des Persans. Ces chatons à poil long sont considérés comme Persans à part entière en Europe, mais classés comme Exotic Longhair aux États-Unis… Soulignons que la distinction, à la naissance, entre les deux types de chatons est très délicate. Ce n'est qu'à partir de l'âge de un mois qu'elle devient évidente. Rappelons enfin que la sélection sur le type est aussi importante que celle sur le pelage.

Particularités génétiques

Le gène responsable du poil long est récessif, c'est-à-dire que deux doses sont nécessaires pour que le caractère s'exprime. Les Exotic Shorthair sont donc soit hétérozygotes (une dose poil court plus une dose poil long), soit homozygotes (deux doses poil court). Les hétérozygotes sont nombreux du fait des infusions régulières de sang persan, ce qui explique l'apparition régulière de chatons à poil long dans les portées (statistiquement, un quart des chatons si l'on accouple deux hétérozygotes). Par ailleurs, le caractère poil dense et redressé est déterminé par de très nombreux gènes à faibles effets individuels provenant aussi du Persan. Ces gènes, appelés « polygènes », sont très difficiles à fixer, ce qui explique que l'accouplement exclusif d'Exotic Shorthair entre eux aboutit à des sujets au pelage plat. Ainsi l'infusion (toutes les deux ou trois générations) de sang persan semble-t-elle pour le moment indispensable.

Défauts

Parmi les défauts graves, citons : toute faiblesse dans le train postérieur, toute couleur d'yeux en désaccord avec la couleur de la robe, tout pelage de texture non conforme au standard. Des médaillons ou taches, une grave malformation des mâchoires entraînent une disqualification en exposition.

Exotic Shorthair crème
Une couleur crème pâle à moyen, sans ombres ni marques tabby et des yeux cuivre sont recherchés chez l'adulte.

RACES DE TYPE ORIENTAL

Les esthètes ne résistent pas au charme de cette famille réunissant des chats à l'allure très féline, élégants, tout en finesse et dont le caractère ne manque pas d'intérêt. Si vous recherchez un compagnon au fort tempérament, pas toujours facile, mais plein de fantaisie, adoptez le Siamois, un passionné, amoureux de son maître, ou bien l'Oriental, qui saura vous mener par le bout du nez. Êtes-vous en quête d'un chat très intelligent ? Choisissez le somptueux Abyssin, inventif, subtil et grand spécialiste des opérations de séduction. Êtes vous plus sensible à une race qui aurait gardé la pureté de ses origines ? Le Mau égyptien, aussi beau que paisible, ou le Singapura, un petit clown tendre, sont pour vous. Vous aimez par dessus tout les chats pleins de vitalité ? Adoptez le Burmese, un charmeur, plein de ressort, affectueux et exubérant.

Orientaux à poil court

Cette famille regroupe des chats à poil court, à la silhouette élancée et à l'élégance toute féline. On y trouve surtout des Asiatiques : d'abord le Siamois, modèle parfait du type oriental avec son corps allongé et svelte et sa tête en triangle, ensuite son frère l'Oriental, à la morphologie très proche de la sienne, le Burmese, le Singapura, le Korat et le Tonkinois. Seuls l'Abyssin et le Mau égyptien sont des chats d'origine africaine.

SIAMESE

Siamois

Origine et histoire

La race siamoise garde le secret quant aux espèces sauvages qui ont pu lui donner naissance et au moment où s'est produite la mutation responsable de sa robe très caractéristique. On sait, par contre, que le Siamois est connu depuis fort longtemps au Siam (ancien nom de la Thaïlande). On a trouvé des représentations assez ressemblantes du Siamois dans des manuscrits provenant d'Ayuthia, capitale du Siam entre 1347 et 1767. On peut donc dire que le nom de « Siamois » donné à ce chat reflète bien son origine géographique.

Des débuts incertains

L'entrée du Siamois dans l'histoire de la félinotechnie occidentale remonte, elle, à la fin du XIXe siècle. Quelques controverses existent à ce propos. Il semble que deux sujets (dont l'origine reste inconnue) aient été présentés à la première exposition féline du Crystal Palace à Londres en 1871. On rapporte que cette première apparition défraya la chronique du monde félin, les deux animaux suscitant des réactions très contradictoires, mais surtout pas l'indifférence ! Plus précises sont les informations concernant l'introduction de deux couples : d'une part, Pho et Mia, rapportés du Siam en Angleterre par sir Owen Gould en 1884, et, d'autre part, deux autres sujets rapportés en France l'année suivante par Auguste Pavie. Notons, pour la petite histoire, que le doute subsiste quant aux modalités d'acquisition de ces chats. Pour certains, il s'agirait de cadeaux du roi de Siam à ces diplomates étrangers ; pour d'autres, l'acquisition se serait faite en fraude, car l'exportation des Siamois, propriété exclusive de la cour royale, aurait été punie de la peine de mort... Toujours est-il que ces premiers sujets devaient être fragiles, au point qu'Auguste Pavie confia les siens au Jardin des Plantes ! Malgré toutes ces précautions, les premiers Siamois ne survécurent pas longtemps.

L'accès à la popularité

Heureusement, la race avait fait des adeptes. Les importations en provenance du Siam reprirent, en Europe et aux États-Unis, où les premiers Siamois furent introduits en 1890. En 1892, un premier standard fut établi par le G.C.C.F. en Angleterre. Les techniques d'élevage s'améliorant et la race s'adaptant à nos climats, le Siamois devint très populaire de par le monde à partir des années 1920. Le septième art a depuis largement contribué à étendre encore cette popula-

Siamois seal point (ancien type)
Contrairement au Siamois surtypé des Américains, celui-ci montre un profil doux.

Siamois red tabby point
Ce chat dont les marques portent des rayures s'appelle Lynx point aux États-Unis.

rité : chacun a en mémoire les deux Siamois « catastrophes » du dessin animé *la Belle et le Clochard*, ou les exploits du héros du film *l'Espion aux pattes de velours*... Il est très important de souligner que les premiers Siamois présentaient des différences sensibles par rapport aux sujets que l'on peut admirer actuellement dans les expositions. Ainsi, le contraste entre les extrémités colorées et le corps clair était peu marqué, le bleu des yeux était moins intense et, surtout, la morphologie était plutôt médioligne (rappelant celle de l'Européen), avec une tête assez ronde.

Des anomalies polémiques

En outre, une proportion élevée d'individus présentait un strabisme convergent et une queue « nouée » (c'est-à-dire avec des vertèbres plus ou moins déformées et soudées). La fréquence de ces anomalies était telle que les premiers standards les acceptaient. Le changement de politique s'est opéré dans les années 1930 et, aujourd'hui, strabisme et queue nouée constituent des défauts disqualifiants. Les résultats ont été spectaculaires, et les sujets montrant ces anomalies sont devenus fort rares. Parallèlement, les éleveurs ont amélioré la robe et les yeux ; ils ont créé de nouvelles variétés. Mais, surtout, ils ont façonné la morphologie pour s'orienter vers un type franchement longiligne plus en accord avec l'image que l'on se faisait d'un chat de type oriental. Les polémiques sur cette morphologie sont rapidement apparues chez les éleveurs et les juges, les Britanniques restant relativement modérés, les Européens continentaux et surtout les Américains poussant à l'extrême ce modelage. Paradoxalement, le grand public semble resté

Chatte siamoise seal tabby point et chaton non encore pigmenté
La pigmentation des marques apparaîtra petit à petit au cours du premier mois de sa vie.

attaché à l'image du Siamois « ancien type ». Aujourd'hui, le Siamois idéal est un chat svelte, pas trop maigre, à la ligne élégante, raffiné, de taille moyenne, au corps souple et musclé. Et les sujets de cette qualité gardent les faveurs du public.

Standard

Le Siamois constitue, par sa morphologie, le modèle parfait du type oriental ; en d'autres termes, il est bâti en longiligne. Ainsi, le corps doit être long, svelte, de largeur égale aux épaules et aux hanches. Il est porté par des membres longs et fins, les postérieurs étant un peu plus hauts que les antérieurs. Attention, longiligne ne veut pas dire gracile : le Siamois doit conserver une taille moyenne et être musclé. La queue est souhaitée longue, fine, terminée en pointe.

Une face triangulaire

La tête est en harmonie avec le corps. La face dessine un triangle isocèle dont le sommet est le bout du nez, et la base, la ligne joignant la pointe des oreilles. Ces dernières seront plutôt grandes, larges à la base, bien écartées et pointues. Les côtés du triangle devraient être rectilignes, notamment à la jonction entre joues et museau. Le profil est droit du front au bout du nez, sans bosse ni stop. Le nez est long, le menton assez fort. Bout du nez et bout du menton doivent être dans un même plan vertical. Les yeux en amande, obliques vers le nez, sont bien écartés. Quelle que soit la variété, ils seront toujours d'un magnifique bleu foncé, particulièrement limpide.

Le pelage est court, fin, serré. La robe, autant que la couleur des yeux, constitue une caractéristique majeure de la race. En effet, le poil n'est pigmenté qu'aux extrémités du corps : face (masque), oreilles, membres et pieds, queue. Il doit exister un contraste très net entre ces zones – que les Anglo-Saxons appellent *points*, terme couramment utilisé par les éleveurs du monde entier – et le reste du corps.

Siamois seal tortie point
Ses points portent des taches brunes et sa face s'orne d'une flamme rouge.

Variétés

Pour les variétés reconnues, il existe chez le Siamois une différence sensible entre les standards américain et européen. En effet, seulement quatre variétés dites de base – seal, chocolate, blue et lilac point – sont admises aux États-Unis. Les Siamois des autres variétés sont reconnus sous le nom de Colourpoint Shorthair. En Europe, tous sont reconnus comme Siamois en tant que tels et les variétés sont quasiment illimitées : smoke point, cinnamon point, fawn point, etc.

Seal point

C'est la variété la plus ancienne et la plus répandue. Les points sont d'un brun foncé dense semblable à celui de certains phoques (d'où le terme de *seal*). Le corps est brun clair sur le dos, crème en parties déclives. Le bout du nez et les coussinets sont de la même couleur que celle des points.

Chocolate point

Cette variété marron, qui existait chez les premiers Siamois, passait pour un mauvais seal point. Dans les années 1950, les sélectionneurs ayant éclairci le marron, le chocolate point a été reconnu. Les points sont chocolat au lait, contrastant avec la nuance ivoire du corps. Nez et coussinets sont chocolat, avec une nuance rosée.

Blue point

Cette variété, dilution génétique du seal point, a été reconnue en premier en 1932 par la C.F.A. On peut penser que le gène de dilution provient du Korat, race de chats bleus contemporaine du Siamois au Siam. Les points sont bleu soutenu, le corps d'une nuance bleuâtre froide sur le dos, évoluant vers le blanc en parties déclives. Nez et coussinets sont bleus.

Lilac point

Dilution génétique du chocolate point, le lilac point a été reconnu en premier en 1955 par la C.F.A. sous le nom de *frost-point* (ce terme voulait rendre compte de la nuance dite « blanc glacé » du corps). Les points sont gris rosé, le nez et les coussinets couleur lilas fané.

Les autres variétés ont, selon toute vraisemblance, été créées par métissage ponctuel avec des Européens ou des American Shorthair. Cette pratique a permis d'introduire des gènes de couleurs inexistantes ou rares chez le Siamois. Cependant, ces métissages ayant modifié le type, de nombreuses années de sélection furent nécessaires pour retrouver la morphologie souhaitée par le standard. De ce fait, ces variétés ne furent reconnues que tardivement, à partir des années 1960. Rappelons que, aux États-Unis, elles constituent une race à part dénommée Colourpoint Shorthair. Il en est ainsi des red et cream point qui ont des points respectivement abricot et crème sans rayures, un corps blanc plus ou moins ombré dans la nuance des points, un nez et des coussinets couleur chair.

Entrent aussi dans cette catégorie la série des tabby point (que l'on appelle *lynx point* aux États-Unis), celle des tortie point et, enfin, celle des tortie tabby point (dénommés *tortie lynx* point aux États-Unis). Ces trois séries ont respectivement des points avec des rayures, écaille-de-tortue et écaille-de-tortue avec rayures. Dans chaque série, on trouve des seal, chocolate, blue et lilac. Les tabby point peuvent aussi être red ou cream. Le nez et les coussinets de chaque variété sont de la même couleur que ceux des variétés de base correspondantes. Cependant, pour le nez, on souhaite la présence de taches roses ; le terme usuel est « marbré ».

En France, le L.O.O.F. reconnaît toutes les couleurs pointed.

Caractère et élevage

L'originalité d'aspect du Siamois se double d'une originalité de caractère. D'une grande vivacité, le Siamois se montre assez excessif dans ses réactions. Il est très attaché à son maître mais, en

Siamois blue point
Il possède des points bleu soutenu sur un fond bleuté, plus blanc dans les parties déclives.

contrepartie, très possessif, ce qui fait dire qu'il se comporte à mi-chemin entre chien et chat.

Le Siamois s'adapte assez bien aux voyages et aux changements d'habitation; il est par contre méfiant vis-à-vis des étrangers et a souvent des réactions très vives en cas de danger ou de douleur.

Sa voix constitue une autre originalité. Le cri est fort (gare au voisinage avec les Siamoises en chaleur!), mais le Siamois sait aussi moduler à l'infini, et sa conversation est soutenue, agréable et très expressive.

L'originalité existe enfin dans la physiologie sexuelle. Ainsi, la chatte siamoise est précoce, les premières chaleurs survenant en moyenne le 9e mois, bien que des extrêmes de 4 et 20 mois aient été observés. Plus délicate à gérer est la courte durée du cycle sexuel: il n'est pas rare de constater des chaleurs tous les 15 jours! De plus, la chatte siamoise connaît rarement le repos sexuel d'automne-hiver classiquement observé chez les chattes du type européen. Sa prolificité est plutôt supérieure à la moyenne chez les chats ou félins (4, 5 chatons), avec très souvent 6 chatons par portée. Soulignons à ce sujet que les chatons siamois naissent entièrement blancs. La pigmentation des points apparaît progressivement sur un mois dans l'ordre suivant: masque et oreilles dès 5 jours, puis pattes et queue.

En résumé, on ne choisit pas le Siamois par hasard. Les particularités de cette race font que le choix d'un tel chat doit être raisonné. Ce sera un compagnon captivant, si on lui offre un milieu humain équilibré.

Particularités génétiques

C'est une mutation sur un gène bien précis qui est responsable de l'apparition des points chez le Siamois. Ce gène muté, appelé C^s, ne permet à la pigmentation des poils d'apparaître que dans les parties plus froides du corps. Ainsi, seules les extrémités, plus froides, sont-elles pigmentées. En cas de blessure sur le corps, le poil peut repousser localement foncé, la cicatrice étant peu vascularisée, donc plus froide. L'action du gène est modulée par la température ambiante: s'il est élevé au froid, un Siamois aura le corps plus coloré, et donc le contraste points-corps moins marqué, que s'il est élevé au chaud. L'âge joue aussi, le corps devenant plus foncé dès 3 ou 4 ans (c'est avant cet âge que la carrière en concours doit être réussie). Enfin, signalons que le gène C^s est responsable d'un second effet: les yeux bleu foncé. Cette couleur d'yeux et les points sont donc généralement associés.

Défauts

Parmi les défauts qui entraînent la disqualification, citons: la queue visiblement nouée, les taches blanches sur les membres ou les pieds, un corps maigre.

Chatons siamois blue, seal et chocolate point
Les portées de Siamois sont en général de quatre ou cinq chatons, parfois six.

ORIENTAL SHORTHAIR

Oriental Shorthair

Origine et histoire

L'Oriental peut être considéré comme une version du Siamois au pelage entièrement pigmenté. En fait, dans leur pays d'origine, la Thaïlande, Orientaux et Siamois ne forment qu'une seule et même race, ne différant que par un seul gène déterminant chez le Siamois la répartition particulière des zones pigmentées et la couleur bleu foncé des yeux. Cette situation existe depuis fort longtemps, ainsi que l'attestent des iconographies de manuscrits de la ville d'Ayuthia, capitale du Siam entre 1347 et 1767. D'ailleurs, lors de l'introduction des premiers Siamois en Europe, à la fin du XIXe siècle, on pouvait aussi voir en exposition des « Siamois » uniformément colorés. Cependant, vers la fin des années 1920, les clubs félins anglais décidèrent de privilégier la version colourpoint, sans doute jugée plus originale. Il en résulta, dans les pays occidentaux, une phase d'éclipse des chats de type oriental uniformément pigmentés. Ce type réapparut en Grande-Bretagne dans les années 1950, lorsqu'un groupe d'éleveurs réalisa un programme d'élevage destiné à obtenir un chat qui aurait la nuance chocolat du Siamois. Ainsi naquirent, à partir du métissage entre Siamois et Européens, les ancêtres des Orientaux chocolat, appelés Havana en Grande-Bretagne.

De nombreuses variétés

Un nouveau pas dans la sélection de l'Oriental fut fait dans les années 1960, avec un autre programme d'élevage visant à obtenir des chats blancs avec des yeux bleu foncé. À cette fin furent de nouveau utilisés des Siamois avec, ici, des Européens blancs. Cela donna l'Oriental blanc, dénommé alors « Foreign White », le terme de *foreign*, qui veut dire « étranger », désignant le type oriental des sujets obtenus. Au passage, diverses variétés d'Orientaux avaient été obtenues indirectement avec ce programme. C'est à cette époque que les chats de type oriental et entièrement pigmentés furent reconnus par la plupart des associations félines, mais sous des appellations un peu différentes : Oriental par la F.I.Fe, Foreign ou Oriental selon les variétés par le G.C.C.F., Oriental Shorthair par la C.F.A. L'histoire récente de la race est surtout marquée par la reconnaissance progressive d'un nombre croissant de variétés et par les divergences entre éleveurs britanniques et américains sur le type à sélectionner. En effet, comme pour le Siamois, les Britanniques préfèrent un type modérément oriental, alors que les Américains souhaitent des chats au type extrême. Actuellement, l'Oriental est bien connu dans le monde entier et présenté régulièrement en exposition. En France, plusieurs éleveurs se consacrent à cette race qui a toujours eu des amateurs inconditionnels.

Standard

L'Oriental doit posséder la même morphologie que le Siamois : longiligne. Ainsi, le corps doit être long, svelte, de largeur égale aux épaules et aux hanches. Il est porté par des membres longs et fins, les postérieurs étant un peu plus hauts que les antérieurs. Les pieds sont petits et ovales. Le cou est long et mince. Attention, longiligne ne veut pas dire

Oriental seal ticked tabby
Sans rayures, sa robe tabby tiquetée est uniquement constituée de poils agouti.

gracile : l'Oriental doit conserver une taille moyenne et être musclé. La queue est souhaitée longue, fine, terminée en pointe.
La tête est en harmonie avec le corps. La face dessine un triangle isocèle dont le sommet est le bout du nez, et la base, la ligne joignant la pointe des oreilles. Ces dernières seront plutôt grandes, larges à la base, bien écartées et pointues. Les côtés du triangle devraient être rectilignes, notamment à la jonction entre joues et museau. Le profil est droit du front au bout du nez, sans bosse ni stop. Le nez est long, le menton assez fort. Bout du nez et bout du menton doivent être dans un même plan vertical. Les yeux en amande, obliques vers le nez, sont bien écartés. Ils sont verts uniquement. Mais des yeux impairs (vert et bleu) sont acceptés chez les particolores et les blancs, des yeux bleus chez les blancs. Le pelage est très court et très dense, avec un poil fin et couché.

Variétés

Les variétés reconnues chez l'Oriental sont très nombreuses : 160 si l'on se réfère à la F.I.Fe ! Il ne sera donc pas question de les présenter toutes en détail. Par commodité, ces variétés seront classées en quatre grands groupes.

Les robes uniformes

On y trouve toutes les robes unicolores sans rayures ou marques tabby. Le blanc, appelé « Foreign White » par le G.C.C.F. et la F.I.Fe, doit être pur, sans traces jaunâtres, avec le nez et les coussinets roses. Les yeux doivent être bleus, mais les Américains et le L.O.O.F. acceptent le vert. Contrairement aux autres chats blancs aux yeux bleu clair, les Orientaux blancs ne sont pas sourds. Les autres variétés unicolores sont le noir (appelé *ebony* aux États-Unis), qui doit être noir jais sans reflets roux, le bleu, le chocolat (appelé *chestnut* par les Anglo-Saxons), le lilas (appelé *lavender* aux États-Unis), le roux, le *cinnamon* (cannelle) qui est de couleur chocolat au lait, le cinnamon tortie et le *fawn* (ou caramel) qui est de nuance caramel, le fawn crème.
Ces variétés ne doivent avoir aucun poil blanc. Nez et coussinets ont la couleur du pelage, sauf pour le roux et le crème chez qui ils sont roses. Les yeux doivent être d'un vert foncé très limpide, mais le G.C.C.F. et la F.I.Fe tolèrent la nuance cuivre pour les variétés roux et crème, à condition que la couleur soit pure.

Oriental lilas
La couleur de la robe, beige rosé, doit être le plus pâle possible et ne comporter aucune marque.

Les robes écaille-de-tortue et dérivées

L'écaille-de-tortue et l'écaille chocolat sont des variétés montrant une association de plages de poils à pigments orange (de nuance rouge, ou crème) et de plages de poils respectivement noirs et chocolat. Le bleu-crème et l'écaille lilas sont les dilu-

Oriental spotted tabby chocolat
Des taches sombres, régulièrement réparties, caractérisent la robe spotted tabby, ou tabby moucheté.

Oriental tabby tigré roux
Les fines rayures du corps, parallèles, sont perpendiculaires à celle du dos.

tions génétiques des deux variétés précédentes. Elles associent plages crème et plages respectivement bleues et lilas. Le standard C.F.A. précise qu'une flamme de couleur claire est appréciée pour ces variétés, au niveau du chanfrein. Pour ces variétés, les yeux sont verts, quoique G.C.C.F. et F.I.Fe tolèrent la nuance cuivre. Le nez et les coussinets sont roses ou marbrés de rose avec la couleur des plages non orange. Normalement, seules les femelles peuvent présenter ces quatre variétés.

Les robes dont la base des poils est décolorée

On distingue deux sous-groupes.

– Chez les fumés, chaque poil est décoloré sur une faible longueur à la base. Il faut souffler sur le pelage à rebrousse-poil pour faire apparaître une rosette claire typique.

– Chez les silver, la pigmentation est réduite à l'extrémité des poils, et l'animal a un aspect argenté. C'est ce que l'on appelle le *tipping*.

Chacun de ces sous-groupes se décline dans les principales couleurs uniformes précédemment décrites (fumé noir, fumé bleu, etc.). Notons que, lorsque le pigment est orange, on parle de cameo. Dans l'ensemble, ces variétés ont des yeux verts, avec les tolérances mentionnées ci-dessus concernant la nuance cuivre. Les coussinets sont roses si la pigmentation est orange, de la couleur de la pigmentation dans les autres cas. Le nez est rose si la pigmentation est orange, brique ou de ton rose cerclé de foncé chez les silver, de la couleur de la pigmentation des poils chez les fumés non orange.

Les robes tabby

Selon la forme des marques tabby sur la robe, on distingue trois sous-groupes.

– Les tabby marbrés, chez qui les rayures sont larges et forment, dans l'idéal, des dessins particuliers: M sur la tête, lignes de mascara sur les joues, colliers continus sur le haut de la poitrine, tache en forme de papillon entre les épaules, taches en forme de coquille d'huître sur chaque flanc, bracelets sur les pattes, anneaux sur la queue qui doit avoir l'extrémité pigmentée.

– Les tabby tigrés: par rapport aux précédents, ces chats ont les rayures larges du corps remplacées par des rayures étroites, parallèles entre elles, et perpendiculaires à une raie longitudinale qui court sur la colonne vertébrale.

– Les tabby mouchetés, chez qui les rayures du corps sont remplacées par des taches circulaires, régulièrement réparties jusque sur le ventre et les pattes. Pour tous ces chats, les poils entre les rayures ou les taches sont de type « agouti », c'est-à-dire qu'ils présentent une alternance de bandes foncées (de la nuance des rayures ou des taches) et de bandes claires. Se rattachent à ce groupe tabby les Orientaux avec *ticking* (appelés *ticked tabbies* par les Anglo-Saxons) dont la robe ressemble à celle de l'Abyssin, c'est-à-dire qu'elle est entièrement constituée de poils agouti, montrant une alternance de bandes sombres et de bandes claires.

Dans chaque sous-groupe, les zones de pigments foncés se déclinent sur les principales couleurs des robes uniformes et aussi en écaille-de-tortue. Les zones claires des poils agouti sont généralement de nuance orangée. Une exception existe pour les variétés silver tabby chez lesquelles les zones claires sont décolorées, presque blanches. Il en résulte un contraste spectaculaire entre les marques tabby et les zones de poils agouti. Pour toutes ces variétés, le nez est clair cerclé de foncé, les coussinets sont de la couleur des marques tabby. Les yeux sont verts, avec les exceptions mentionnées ci-dessus, notamment pour les roux et les crème.

Oriental Foreign White
Il échappe à la surdité qui frappe en général les chats blancs aux yeux bleus.

Les robes bicolores avec des plages colorées séparées par du blanc
Sont reconnues par le L.O.O.F.

Caractère et élevage

On retrouve logiquement chez l'Oriental l'essentiel des particularités décrites chez le Siamois, tant pour le caractère que pour la reproduction. Ainsi, d'une grande vivacité, l'Oriental se montre assez excessif dans ses réactions. Il est très attaché à son maître mais, en contrepartie, très possessif, ce qui fait dire qu'il se comporte à mi-chemin entre chien et chat. Sa voix constitue une autre originalité : le cri est fort.

Cette race se distingue aussi sur le plan sexuel. La chatte orientale est précoce, les premières chaleurs survenant en moyenne le 9e mois (avec des extrêmes de 4 et 20 mois). Plus délicate à gérer est la courte durée du cycle sexuel : il n'est pas rare de constater des chaleurs tous les 15 jours ! De plus, la chatte orientale n'a que rarement le repos sexuel d'automne-hiver classiquement observé chez les chattes de type européen. Sa prolificité est plutôt supérieure à la moyenne de l'espèce féline, avec souvent 6 chatons par portée. Soulignons, et cela est autorisé, que l'on accouple souvent des Orientaux et des Siamois entre eux. On peut ainsi obtenir des portées mixtes si le parent oriental porte un gène siamois caché dans ses chromosomes. La couleur bleue des yeux des chatons nouveau-nés ne vire au vert qu'à partir de 2 mois, et la couleur définitive n'est souvent pas acquise avant un an.

Défauts

Chez l'Oriental seront pénalisés le strabisme, la déformation du cartilage de la pointe du sternum, toute anomalie visible de la queue ; des yeux or ou cuivre entraînent la disqualification.

BURMESE

Burmese

Origine et histoire

Tout comme les ancêtres du Siamois, les ancêtres du Burmese existaient il y a longtemps en Asie du Sud-Est. Des iconographies assez ressemblantes de cette race ont en effet été retrouvées à côté de celles du Siamois sur d'anciens manuscrits provenant d'Ayuthia, capitale du Siam entre 1347 et 1767. La destinée occidentale du Burmese commença en 1930, lorsqu'un Américain, le docteur Joseph Thompson, séjournant à Rangoon, fut séduit par ces chats indigènes au pelage brun, couleur inexistante chez nos races. Il ramena en Californie une femelle, nommée Wong Mau, qui devait être une métisse Siamois-Burmese, équivalent de ce que l'on appelle aujourd'hui un Tonkinois. Pour élucider le secret de la robe marron, Wong Mau fit l'objet d'un des premiers programmes génétiques de la félinotechnie. Elle fut d'abord accouplée avec un mâle Siamois chocolate point, puis suivirent divers accouplements consanguins avec ses fils.

C'est ainsi que l'on obtint les premiers Burmese. En 1936, après infusion de sang de quelques nouveaux sujets en provenance de Birmanie, la race était suffisamment développée pour être reconnue par la C.F.A. aux États-Unis.

Une reconnaissance contestée

Cependant, le Burmese eut du mal à s'imposer dans le monde des éleveurs, car il était souvent considéré comme un Siamois de mauvais type. D'ailleurs, quelques infusions de sang siamois, réalisées pour limiter la consanguinité, firent que la C.F.A. suspendit l'enregistrement des chatons de Burmese de 1947 à 1953. À cette époque, les premiers Burmese furent introduits en Europe : en Grande-Bretagne d'abord (où la race fut reconnue en 1952 par le G.C.C.F.), puis en France, en 1956, par Mme Simone Poirier. C'est d'ailleurs en France que la dénomination « zibeline » fut donnée à la variété marron d'origine. Par la suite, l'histoire du Burmese est essentiellement marquée par la divergence opposant Américains et Britanniques sur le type de la tête et les variétés reconnues. Les Américains ont opté pour une tête plutôt ronde avec des yeux ronds, et pour une reconnaissance limitée à quatre variétés dites de base. Les Britanniques ont sélectionné une tête plutôt de type oriental et se montrent plus ouverts aux nouvelles variétés. Sur le continent européen, les éleveurs compo-

sent avec les deux types et acceptent en général les nouvelles variétés. En France, ils sont plusieurs à se vouer à la race et le Club du chat Burmese travaille à la promotion de ce chat qui connaît déjà une grande popularité aux États-Unis et en Grande-Bretagne.

Standard

Pour tous les standards, le Burmese est un chat de format moyen, de type médioligne, extrêmement élégant et musclé à la fois, plus lourd que son apparence ne l'indique... La poitrine est particulièrement puissante et ronde. Les membres et la queue sont de longueur moyenne, proportionnés au corps. Les pieds sont petits et ovales.
Les divergences portent sur la forme de la tête et des yeux. Pour le G.C.C.F. et la F.I.Fe, la tête doit, de face, montrer un crâne bombé puis s'effiler en triangle et se terminer par un menton prononcé ; le profil doit être marqué d'un stop léger. Les yeux doivent être légèrement en amande (bord supérieur oblique et bord inférieur rond). Pour la C.F.A., la tête doit être ronde quel que soit l'angle de vue. Cela sous-entend un crâne bombé, un large espace entre les yeux, un museau court et fort, un menton fort. Les yeux doivent être ronds. Mais tous les standards s'accordent sur des oreilles moyennes, écartées, larges et arrondies à l'extrémité. La couleur des yeux est stricte, jaune doré avec une tolérance entre la nuance de la chartreuse et de l'ambre. La texture du pelage est particulière : poils courts, couchés, donnant une impression de satiné brillant.

Burmese zibeline (type anglais)
Ce chat, sélectionné par les Anglais, a une tête de type oriental et des yeux un peu en amande. Le brun zibeline est sa couleur d'origine.

Variété	Couleur du pelage	Couleur du nez et des coussinets	Remarques
Zibeline Brown ou sable*	brun foncé riche	brun	marron foncé**
Chocolat Chocolate ou champagne*	chocolat au lait	nez brun, coussinets brique à nuance chocolat	individus génétiquement réellement marron
Lilas Lilac ou platinum*	gris pigeon pâle	lavande	dilution génétique du bleu
Rouge Red	mandarine clair	rose	le moins possible de marques tabby
Crème Cream	crème de nuance riche	rose	le moins possible de marques tabby
Écaille-de-tortue Tortie	plages couleur de base, rousses ou crème	uni ou marbré de rose et de couleur de la base	femelles : seal, bleu (bleu-crème), chocolat et lilas.

* Le premier terme est utilisé au Royaume-Uni, le second aux États-Unis.
** Couleur correspondant au noir génétique. Mais ce noir est transformé en marron foncé par le gène burmese.

L'intensité de la pigmentation des diverses parties de la robe est typique de la race, quelle que soit la variété : maximale aux extrémités (correspondant aux points du Siamois), moyenne sur le dessus et les flancs, atténuée sur les parties déclives.

Variétés

Les Américains ne reconnaissent que les quatre variétés dites de base (brun zibeline, bleu, chocolat clair et lilas), les autres constituent la race Malayan. Les Anglais reconnaissent une gamme de couleurs plus étendue : abricot, crème, écaille, seal, bleu-crème et écaille chocolat. Toutes sont basées sur le gène responsable de la pigmentation orange chez le chat, gène absent à l'origine chez le Burmese, et introduit vers 1975 dans cette race par des croisements avec des Siamois roux et/ou des Européens roux et écaille-de-tortue.
Le L.O.O.F. reconnaît le tortie, le bleu, le chocolat, le lilac, le red, le crème, le zibeline, le bleu crème, le chocolat tortie (écaille chocolat), le lilas crème.

Caractère et élevage

Le Burmese est affectueux mais aussi exubérant et sportif ; il peut être un excellent chasseur à la campagne. Il s'adapte bien à la vie en appartement. Au niveau reproduction, la tendance orientale ressort, avec une puberté précoce chez les femelles (en moyenne à 9 mois) et une prolificité légèrement supérieure aux 4 ou 5 chatons enregistrés en moyenne dans l'espèce féline. La tendance orientale ressort aussi dans la voix, qui est assez forte.
À la naissance, les chatons ont un pelage très clair, avec parfois des fantômes de marques tabby. L'apparition de la couleur définitive et la disparition des marques tabby s'opéreront à partir de

Burmese chocolat (type américain)
Le Burmese américain se distingue du type anglais par une tête plutôt ronde et des yeux arrondis.

2 mois et demi. Il en est de même pour le remplacement de la couleur gris-bleu des yeux des chatons par la couleur jaune typique de la race. Notons que, chez le chat âgé, la robe devient plus foncée et les yeux tendent vers une nuance verte.

Particularités génétiques

Chez le Burmese, le fait que tous les pigments soient atténués sur le corps, en restant foncés aux extrémités, est dû à l'action d'un gène particulier, propre à la race. Ce gène autosomal (porté par un chromosome non sexuel) a été dénommé c^b, la lettre b étant mise pour Burmese. Ainsi, ce chat génétiquement noir a une robe marron foncé (zibeline).

Défauts

Parmi les défauts graves : les anomalies osseuses de la queue (nœuds ou crochet), du vert ou du bleu dans les yeux.
Sont disqualificatifs : les yeux bleus, des médaillons et des taches ainsi qu'un caractère agressif.

Chatons Burmese chocolat
À la naissance, les chatons ont un pelage très clair et des traces de marques tabby. Après deux mois, la robe prend sa couleur définitive.

ABYSSINIAN

Abyssin

Origine et histoire

L'Abyssin se caractérise par une robe semblable à celle du lièvre ou du lapin de garenne. D'ailleurs, la race a reçu un temps le nom de « bunny cat » (chat lapin) et l'une de ses variétés garde la dénomination de « lièvre ». Les hypothèses les plus contradictoires continuent à être avancées quant à l'origine exacte de l'Abyssin. Si la thèse d'une parenté directe avec les chats de l'ancienne Égypte semble devoir être écartée, celle de l'origine éthiopienne est plausible. L'ancêtre des Abyssins serait alors un chat, dénommé Zula, ramené en Angleterre en 1868 à l'issue d'une campagne militaire menée en Éthiopie.

Abyssin bleu à poil court silver spotted tabby
Il a un corps parfaitement proportionné et une robe crème, au ticking bleu-gris acier.

Certains vont jusqu'à supputer que le ticking qui faisait l'originalité de Zula proviendrait du chat sauvage d'Afrique *Felis libyca*. Pour d'autres, la robe caractéristique de l'Abyssin aurait été obtenue et sélectionnée plus prosaïquement en Grande-Bretagne à partir de chats tabby à poil court.

On sait par contre avec certitude que la race a été fixée et améliorée en Angleterre. Elle a été présentée dès 1871 à l'exposition du Crystal Palace à Londres. Sa reconnaissance officielle outre-Manche eut lieu en 1882, et les premiers critères de jugements furent élaborés en 1889.

La carrière américaine de l'Abyssin débute en 1909 ; la race, reconnue par la C.F.A. en 1917, connut un essor réel aux États-Unis à partir des années 1930. C'est à cette époque que la F.F.F. reconnaît l'Abyssin (1927). Sur le continent européen, l'élevage de la race, fortement freiné au cours de la Seconde Guerre mondiale, a bien redémarré depuis. Aujourd'hui, l'Abyssin fait partie des races à poil court les plus connues, et sa popularité semble grandissante, tant en Europe qu'aux États-Unis. Loin d'être figée, la race continue à évoluer, d'une part, au niveau du pelage qui acquiert de nouvelles couleurs (faon, bleu-crème, silver, etc.), d'autre part, au niveau de la morphologie de la tête dont les contours doivent être doux et harmonieux.

Standard

Après plus de cent vingt ans de sélection, la race est parfaitement fixée, et, hasard ou volonté délibérée, il est indéniable que l'Abyssin ressemble beaucoup aux fameuses représentations du chat égyptien au travers desquelles était vénérée la déesse Bastet, fille du dieu Râ et protectrice de la famille. La silhouette d'ensemble appelle deux qualificatifs : sobriété et harmonie. Ainsi, le corps est parfaitement proportionné, à mi-chemin entre les types européen et oriental. La musculature est bien développée, mais tout en

finesse. Les pattes sont proportionnées au corps : assez hautes et fines, avec des pieds petits et ovales. La queue, plus large à la base, est assez longue et effilée.

Des parures de fête

La tête est elle aussi harmonieuse avec des lignes adoucies. La face est à tendance triangulaire, mais sans excès. Le profil montre un nez, un menton et un stop moyens. Mentionnons qu'il existe actuellement quelques divergences de sélection quant à la forme de la tête : les Abyssins anglais tendent à être de type plus oriental, avec une tête plus allongée que les Abyssins américains, de type plus compact, à la tête plus globuleuse (les deux tendances se répartissent dans les élevages européens continentaux). Les oreilles, larges à la base, sont assez grandes et bien écartées. On recherche une petite touffe de poils à leur sommet. Mais ce caractère, qui fait comparer l'Abyssin à un lynx miniature, ne semble plus être l'apanage que de quelques familles. Les yeux ont une forme légèrement en amande. Les pupilles peuvent être de couleur ambre, jaune ou verte (seules les deux dernières nuances sont autorisées aux États-Unis). Cette couleur doit être pure, nette et intense. Les paupières sont cerclées de noir.

Des poils à ticking

Le poil est fin et serré. Il est court, mais sans excès, de façon que chaque poil puisse montrer le fameux caractère tiqueté – ou *ticking*. Il s'agit, sur chaque poil, de bandes pigmentées alternativement en foncé ou en clair. On recherche au total deux à trois bandes, celle de l'extrémité du poil étant foncée, celle de la base étant claire. Le ticking n'existe pas sur les poils des parties déclives (gorge, ventre, intérieur des pattes). Ces poils ont une pigmentation homogène, de la nuance claire des poils à ticking. Le menton, quant à lui, a tendance à être blanc.

Variétés

Le ticking de la robe de l'Abyssin, selon ses couleurs, détermine les différentes variétés reconnues.

Abyssin lièvre (type anglais)
Les sujets de type anglais ont une silhouette fine et une robe parfaite.

Abyssin lièvre

Il s'agit de la variété d'origine (dénommée *usual* par le G.C.C.F., et *ruddy* par la C.F.A.), donnant une robe ayant l'aspect de celle du lièvre. Les premières dénominations de la race en Grande-Bretagne ont d'ailleurs été chat-lapin et chat-lièvre. L'aspect d'ensemble de la robe est brun chaud. Les bandes sombres du ticking sont brun foncé ou noires, les bandes claires orange foncé, de même que les parties déclives. Une zone plus sombre est autorisée le long de la colonne vertébrale, si le ticking reste bien présent. L'extrémité de la queue ainsi que la face plantaire des pattes postérieures sont noires. Les coussinets sont noirs. Le nez est rouge brique cerclé de noir.

Abyssin sorrel

Les premiers sujets de cette variété (dénommée *red* par la C.F.A.) auraient été décrits dès 1887. Le terme anglais *sorrel* peut se traduire par « alezan ». En effet, l'aspect d'ensemble de la robe est cuivre rouge. Les zones foncées du ticking sont de chocolat à brun-rouge, les zones claires et les parties déclives sont abricot foncé. Les coussinets sont roses ; le nez est rose cerclé de brun-rouge. D'un point de vue génétique, on ne doit pas appeler « roux » l'Abyssin sorrel, car le gène donnant cette variété n'est pas le même que celui du pelage des chats roux ou crème.

Abyssin bleu

Variété plus récente, créée en Grande-Bretagne et encore peu répandue, il s'agit d'une dilution génétique de la variété lièvre. L'aspect d'ensemble de la robe est bleu-gris chaud. Les zones sombres du ticking sont bleu-gris acier, les zones claires et les parties déclives crème pâle ou beige. Les coussinets sont bleu-gris, le nez bleu-gris ou rouge brique cerclé de bleu-gris.

Abyssin beige faon

Il s'agit de la dilution génétique de la variété sorrel. L'aspect d'ensemble de la robe est beige terne. Les zones sombres du ticking sont crème foncé chaud, les zones claires et les parties déclives crème pâle. Les coussinets sont vieux rose et le nez rose, cerclé ou non de vieux rose.

Chaton abyssin sorrel
Le ticking apparaît vers 6 semaines et la couleur définitive vers un an.

Abyssin silver, roux et écaille-de-tortue

Il semble que le caractère silver existait chez les premiers Abyssins comme l'atteste un célèbre champion anglais né en 1905. Mais ce gène fut perdu par la suite, de sorte que sa réintroduction dans le patrimoine génétique de l'Abyssin est effectuée en faisant appel au sang de chats de type oriental. C'est par ce biais que l'on a aussi créé le roux et l'écaille-de-tortue. Toutes les couleurs de base existent avec le silver. On trouve également des Abyssins crème, lièvre, tortie, bleu crème, chocolat tortie, lilac crème, sorrel tortie, fawn crème.

Caractère et élevage

L'Abyssin est un chat très actif et assez exclusif vis-à-vis de son propriétaire. Il n'en reste pas moins très doux avec les humains. Son miaulement est très discret, et la prolificité de sa race est faible, avec en général trois chatons par portée.
La race est assez lente à atteindre son aspect définitif. Ainsi, les chatons naissent dépourvus de ticking, pratiquement bicolores (les poils qui composent leur pelage étant foncés dessus et clairs en parties déclives). Le ticking apparaît vers 6 semaines, et la couleur définitive n'est souvent obtenue que vers un an, voire un an et demi.

Particularités génétiques

Sur le plan génétique, le ticking est déterminé par un gène dénommé T^a (T pour tabby, et a pour Abyssin). Ce caractère est quasiment typique de l'Abyssin, puisqu'on ne le retrouve que chez une race dérivée, le Somali, et aussi chez le Singapura.

Défauts

Pour les concours, une couleur d'yeux mélangée, l'absence de cercle noir sur les paupières, un aspect trop massif, des yeux ronds font partie des caractères pénalisés chez l'Abyssin. Du blanc s'étendant trop à partir du menton, un médaillon blanc, un collier fermé, des rayures sur les quatre pattes ou encore un mauvais ticking sont autant de motifs de disqualification.

Abyssin lièvre (type américain)
Ce chat, dont la robe rappelle vraiment celle du lièvre, est plus compact que l'Abyssin anglais et sa tête est plus ronde.

SINGAPURA

Singapura

Origine et histoire

Le Singapura est le chat commun des rues de Singapour, île du Sud-Est asiatique. Cette race fut remarquée en 1974 par deux Américains, Hal et Tommy Meadows, qui l'introduisirent aux États-Unis. Multiplié et sélectionné dans les règles de l'art de la félinotechnie, le Singapura a maintenant acquis ses titres de noblesse et est reconnu par la plupart des associations félines nord-américaines, dont la C.F.A. Le nombre de Singapura aux États-Unis est cependant relativement réduit. Bien entendu, cela veut dire que les reproducteurs disponibles sont encore moins nombreux. En Europe, le Singapura est reconnu par le G.C.C.F. anglais et par le L.O.O.F. français. Il plaît beaucoup au public par son exotisme, mais, comme aux États-Unis, le nombre de sujets disponibles est encore faible. La race, cependant, commence à se développer.

Standard

Le Singapura présente trois originalités. La première est sa petite taille. Le standard américain précise en effet que le poids moyen adulte est de 1,8 kg et 2,7 kg respectivement pour les femelles et les mâles. L'aspect de la tête constitue la deuxième originalité. La face, légèrement triangulaire, est littéralement mangée par deux grands yeux un peu en amande et de couleur verte, jaune ou noisette. Des oreilles grandes et larges, un stop peu marqué et situé au-dessous de la ligne des yeux, une démarcation nette entre les joues et le museau (appelée le pinch) complètent le tableau. La troisième particularité réside dans le pelage, qui est court et surtout marqué par un ticking identique à celui décrit chez l'Abyssin. Au total, l'aspect d'ensemble du Singapura appelle indéniablement les qualificatifs de ravissant et délicat.

Variété

Une seule variété, équivalente à la variété lièvre de l'Abyssin, le Brown ticked tabby existe actuellement chez le Singapura. Dans cette robe, chaque poil marqué de ticking présente ainsi au minimum deux bandes brun foncé séparées par une bande de nuance vieil ivoire. Les parties déclives ne portent pas de ticking et sont de nuance crème très clair. Quelques rayures sont tolérées, si elles sont limitées à l'intérieur des pattes antérieures et, pour les postérieures, au niveau des jarrets. Le tour des yeux et du nez, la base des moustaches et le poil entre les doigts sont brun foncé. Le nez est saumon, les coussinets sont brun-rose.

Caractère

Le Singapura constitue un charmant petit compagnon très sociable et s'adaptant bien à la vie en appartement.

Défauts

Des colliers fermés et des bracelets circulaires aux pattes, des barres sur la queue, des médaillons blancs ou autres taches, des yeux bleus entraînent la disqualification.

Singapura
Ce gracieux poids plume possède des yeux immenses et un front orné d'un M, signe caractéristique du tabby.

KORAT

Korat

Origine et histoire

Le Korat est une très ancienne race originaire de Thaïlande, et porte d'ailleurs le nom d'une province de ce pays. Ce chat est très apprécié dans son pays d'origine où il est considéré comme porte-bonheur. Ainsi, là-bas, son nom est *Si-Sawat*, *Si* signifiant « couleur », et *Sawat* « prospérité ». Mentionné en Thaïlande depuis le XIVe siècle dans d'anciens manuscrits, le Korat ne fut connu des Occidentaux que tardivement. Diverses informations permettent de penser que quelques sujets furent introduits en Grande-Bretagne à la fin du XIXe siècle avec les premiers Siamois. Mais, considérant ces chats bleus comme des Siamois non typiques, les Britanniques ne s'y intéressèrent pas.
C'est en fait une éleveuse américaine, Mme Johnson, qui a développé le premier élevage occidental de Korats à partir de 1959. Le Korat a été reconnu par la C.F.A. américaine et le G.C.C.F. en 1975, et plus tard par la F.I.Fe. Le Korat est donc une race qui nous est parvenue sans aucun métissage. Il est bien connu aux États-Unis, mais les élevages européens sont encore assez rares, et l'on voit peu de sujets en expositions. Sa couleur bleue et ses yeux verts font souvent, à tort, confondre le Korat avec le Bleu russe.

Standard

De façon originale, le Korat se démarque par sa morphologie des autres races orientales dont le modèle est le Siamois. En effet, le Korat est plutôt médioligne avec une poitrine large et une musculature bien développée. La tête est très particulière, puisqu'elle est décrite comme ayant de face la forme d'un cœur. Cela est dû au fait qu'elle est large au niveau du crâne et entre les yeux, qu'elle est de longueur moyenne, avec des joues bien développées et qu'elle se termine par un menton fort et arrondi. L'impression est renforcée par les oreilles, larges, assez grandes et arrondies à l'extrémité. De profil, contrairement au Siamois, le Korat montre un stop bien défini. Les yeux sont larges et presque ronds. Le pelage est très court et fin.

Variété

Le Korat existe en une couleur unique et caractéristique : bleu argenté, sans blanc, ni marques tabby (rayures). L'aspect argent est lié à une atténuation de la couleur des poils à la base, seule la pointe étant pigmentée de façon intense (on parle de tipping). Cette couleur bleue du pelage est rehaussée par la couleur verte très lumineuse des yeux. Le nez et les coussinets sont bleu foncé ou lavande.

Korat
De magnifiques yeux verts éclairent sa fourrure brillante, couleur bleu argenté.

Caractère et élevage

Le Korat a la réputation d'être doux et intelligent. Il est adapté à la vie en appartement et assez sensible au froid.
Les jeunes naissent avec des yeux dorés qu'ils peuvent parfois garder jusqu'à l'âge de 2 ans et même plus. La couleur verte est très longue à se mettre en place.

Défauts

Est considérée comme un défaut, entre autres, toute anomalie visible de la queue. Toute tache blanche, des doigts blancs et un manque de type entraînent la disqualification.

TONKINESE

Tonkinois

Origine et histoire

Le Tonkinois est une race créée en Amérique du Nord dans les années 1930, à partir du Siamois et du Burmese, par métissage puis sélection. Il a été reconnu en 1974 par la Canadian Cat Association et peu après par la C.F.A. Le métissage a été dès lors interdit pour cette race aux États-Unis.
Si le Tonkinois est relativement bien connu en Amérique, il reste rare en Europe où il est reconnu par le G.C.C.F. anglais et, en France, par le L.O.O.F. Par ailleurs, les Tonkinois de l'Ancien Continent sont souvent des sujets issus directement de métissages entre Siamois et Burmese.

Tonkinois vison bleu
Les couleurs de la robe du Tonkinois, uniques, présentent un fondu particulier, appelé « mink », et ses yeux ont la couleur de l'aigue-marine.

Standard

Le Tonkinois doit posséder une morphologie intermédiaire entre celle, très longiligne, du Siamois et celle, plus médioligne, du Burmese. La tête, notamment, sera un peu plus longue que large, avec un stop très léger et des oreilles de taille moyenne. Les yeux, légèrement en amande, doivent être d'une couleur typique, aigue-marine. Le pelage est court et dense. La répartition des pigments de la robe du Tonkinois est, comme la morphologie, intermédiaire entre ce que l'on observe chez le Siamois et chez le Burmese. Ainsi, les extrémités (oreilles, masque, bout des pattes et queue) sont foncées comme chez le Siamois. La transition vers la couleur plus claire du corps, qui ressemble à celle observée chez le Burmese, est très progressive.

Variété	Couleur du corps	Couleur des extrémités	Couleur du nez et des coussinets
Vison naturel Natural mink	brun chaud	chocolat foncé	brun foncé
Vison champagne Champagne mink	beige doux	brun clair	rosâtre à brun clair
Vison bleu Blue mink	bleu-gris	bleu moyen à ardoise	bleu moyen à ardoise
Vison platine Platinum mink	argenté très pâle	argenté plus foncé	lavande, voire rose foncé
Vison miel Honey mink	crème clair	brun rougeâtre	chair

Variétés

Le L.O.O.F. accepte dix variétés: natural mink, blue mink, chocolat mink, platinium mink, etc., ainsi que les mêmes couleurs de base en version sépia et point.

Caractère et élevage

Le Tonkinois est un chat au caractère actif, comme celui de ses deux races d'origine.

L'élevage est un peu particulier, car l'accouplement de deux Tonkinois de lignée pure donne une descendance homogène sur le plan de la morphologie, mais hétérogène sur celui de la couleur : on observe en moyenne deux chatons de patron tonkinois pour un chaton de patron siamois et un de patron burmese. Ces derniers seront chats de compagnie mais ne seront pas exposés. L'accouplement d'un Siamois et d'un Burmese, comme cela se pratique en Europe, donnera une première génération homogène type tonkinois pour la morphologie et la couleur, mais ces sujets, en seconde génération, donneront des portées hétérogènes à la fois pour la morphologie et pour la couleur.

Particularités génétiques

Sur le plan de la couleur, le Tonkinois est ce que l'on peut appeler un hétérozygote – c'est-à-dire que son patrimoine génétique est formé de gènes (qui constituent le support réel de l'hérédité) non identiques. La couleur typique de sa robe résulte des effets conjugués d'un gène C^s, source de la robe siamoise lorsqu'il existe en deux doses chez un individu, et d'un gène C^b, qui donne une robe burmese lorsqu'il existe en deux doses chez un individu. Cette particularité explique les divers types de robes des portées obtenues.

Les traits de la morphologie sont, eux, déterminés par l'action de nombreux gènes situés à des endroits divers des chromosomes et à action individuelle faible, les « polygènes ». La transmission de ces caractères diffère ainsi sensiblement de celle du caractère couleur de robe, liée ici à un seul couple d'allèles : C^s et C^b. Chez un Tonkinois issu de nombreux accouplements entre Tonkinois exclusivement, avec sélection sur le type, le stock de polygènes sera homogène et entièrement orienté vers la morphologie de type intermédiaire souhaitée. La descendance de ce Tonkinois sera donc homogène pour le type. Il n'en est pas de même pour un sujet métis de première génération qui possède un stock de polygènes dont la moitié est orientée vers le type siamois, et l'autre moitié vers le type burmese. Les résultats de la sélection sont plus rapides et plus spectaculaires avec les caractères qualitatifs, dus aux gènes majeurs, qu'avec les caractères quantitatifs, dus à l'action des « polygènes ».

Défauts

Le corps du Tonkinois ne doit être ni trop compact ni trop long. Des morphologies extrêmes (type trop burmese ou type trop siamois) constituent des défauts pénalisés lors des concours. La couleur des yeux est aussi très importante, une couleur jaune chez les Mink entraînant la disqualification ; la présence de taches blanches est aussi disqualifiante.

Tonkinois vison bleu
Ce métis de Siamois et de Burmese a un corps élégant. Sa robe subtile, couleur bleu-gris, aux extrémités foncées, va du bleu moyen à l'ardoise.

EGYPTIAN MAU

Mau égyptien

Origine et histoire

Le Mau égyptien (« Mau » veut dire chat en égyptien) est considéré comme la seule race de chat domestique naturellement tabby tachetée. On s'accorde à reconnaître les ancêtres du Mau égyptien sous les traits de chats représentés sur divers monuments et papyrus de l'Égypte ancienne, et datant de plus de 1 000 ans avant Jésus-Christ. C'est d'ailleurs d'Égypte que la princesse Troubetzkoï ramena les premiers sujets en Europe au début des années 1950. Ces premiers Maus égyptiens arrivèrent aux États-Unis à l'occasion de l'émigration de leur propriétaire. Ils firent rapidement de nombreux adeptes sur le sol américain, et la race se développa de telle sorte qu'elle fut reconnue par la C.F.A. en 1968.
Assez populaire aux États-Unis, le Mau égyptien est encore rare en Europe, où il est cependant reconnu par la F.I.Fe et par le L.O.O.F. On le confond souvent avec l'Oriental spotted tabby, créé par les Britanniques. En France, plusieurs éleveurs se consacrent à la race et une association internationale assure sa promotion.

Standard

La morphologie du Mau égyptien se rapproche de celle de l'Abyssin : elle correspond à un animal médioligne, à mi-chemin entre le type européen et le type oriental. La tête est en harmonie, formant de face un triangle plutôt arrondi et montrant de profil un léger stop. Les oreilles et la queue sont de taille moyenne. Les yeux, légèrement en amande, sont d'une couleur caractéristique de la race : vert groseille à maquereau. Le pelage est court

Mau égyptien silver
Ce chat, à l'allure hiératique et à la face joliment maquillée, a des yeux d'une couleur vert groseille à maquereau, unique chez la gent féline.

Mau égyptien bronze
Deux beaux représentants de la variété bronze. On voit nettement les ronds et les marques brun foncé se détacher sur le fond brun chaud de leur robe.

et soyeux. Le dessin de la robe constitue la seconde caractéristique essentielle de la race. Il est constitué de taches foncées sur un fond clair, rondes, régulièrement réparties sur le tronc, ventre compris. Ces taches sont remplacées par des rayures aux extrémités. Sur le front, il porte un M, bien visible, rappelant la forme du scarabée ; les rayures se prolongent sur la tête et la nuque ; des lignes de mascara ornent les joues ; une bande sombre parcourt la nuque jusqu'à la queue qui porte des anneaux. Il est paré d'un collier et d'anneaux incomplets sur la poitrine et autour des pattes.
Le pelage de fond entre les mouchetures est constitué de poils avec ticking. Soulignons que, si le poil doit être court, il doit également permettre l'apparition de deux bandes sombres ou plus sur les poils de ces zones tiquetées. Mentionnons aussi que certains standards signalent chez le Mau une extension remarquable du pli du grasset, repli de peau joignant le genou à l'abdomen.

Variétés

Trois variétés sont actuellement reconnues par la C.F.A., la F.I.Fe et le L.O.O.F. : silver, bronze et fumé *(black smoke)*. La plus connue est la variété silver, spectaculaire du fait du contraste entre les mouchetures noires et le fond argenté très pâle.

Caractère et élevage

Le Mau égyptien est considéré comme un animal plaisant et sociable. Son miaulement est doux et agréable. Il est modérément actif et facile à vivre. Ce chat extrêmement intelligent demande beaucoup d'attention et se montre en retour très dévoué à son maître. La race ne pose pas de problèmes particuliers de reproduction.

Défauts

Parmi les défauts graves, citons tout particulièrement les yeux bleus, les taches blanches et l'absence de ticking chez les silver ou chez les bronze, des couleurs rouges chez les bronze, qui entraînent une disqualification. D'autres défauts sont seulement pénalisants, notamment toute tendance vers un type trop oriental ou trop européen, et une couleur ambre des yeux chez les chats âgés de plus d'un an et demi.

Variété	Couleur des mouchetures	Couleur du pelage de fond	Couleur du nez	Couleur des coussinets
Silver	noir	argenté pâle	rouge brique	noir
Bronze	brun très foncé	brun clair	rouge brique	noir ou brun foncé
Fumé	noir jais	gris fumé	noir	noir

Orientaux à poil mi-long

Cette famille regroupe le Somali, le Balinais, l'Oriental à poil long et le Tiffany. Tous ces chats ont une morphologie de type oriental, et leur corps longiligne est habillé d'une fourrure mi-longue, fournie, qui fait leur charme et leur originalité. Parmi eux, le Balinais est le plus proche du Siamois.

SOMALI

Somali

Origine et histoire

Le Somali correspond à un Abyssin à poil mi-long. L'origine du gène responsable du poil mi-long dans la race Abyssin reste une énigme. On peut suspecter une mutation ou, plus vraisemblablement, une introduction par croisements avec des chats à poil long aux débuts de l'élevage de la race Abyssin en Europe. Toujours est-il que, jusque vers 1960, tous les chatons à poil mi-long qui apparaissaient dans les portées d'Abyssins étaient soigneusement écartés de la reproduction, car non conformes au standard. Ce n'est qu'en 1967 qu'une éleveuse américaine, Evelyn Mague, entreprit de fixer le caractère poil mi-long chez l'Abyssin. Ainsi naquit une nouvelle race que l'on baptisa « Somali », en référence au pays voisin de l'Éthiopie, patrie d'origine probable de l'Abyssin. Le Somali fut reconnu aux États-Unis en 1978. Introduit la même année en Europe, il fut reconnu par la F.I.Fe en 1982, puis par le G.C.C.F. et par le L.O.O.F. Le Somali bénéficie actuellement d'une excellente image auprès du public. Plusieurs éleveurs français se consacrent à la race qui fait une concurrence sérieuse aux autres mi-longs.

Standard

Le Somali possède une grande partie des caractères recherchés chez l'Abyssin : morphologie harmonieuse entre type européen et type oriental ; yeux légèrement en amande, cerclés de noir et de couleur homogène ambre, jaune ou verte ; ticking sur le pelage, c'est-à-dire présence sur chaque poil d'une alter-

Somali bleu
Le ticking est constitué de bandes foncées bleu ardoise alternant avec des bandes claires.

Somali sorrel
Ici le ticking se compose de bandes chocolat alternant avec des bandes abricot.

Somali lièvre
Cette variété classique possède un poil au ticking noir et abricot.

nance de bandes foncées et de bandes claires. Deux ou trois bandes au minimum sont souhaitées, avec une bande foncée à l'extrémité du poil.

Cependant, le Somali se distingue de l'Abyssin par la longueur de son pelage, qui est dense, très fin et doux. Le poil est plutôt court sur la face, les membres et les épaules. Il est mi-long sur le dos, les flancs, la poitrine et le ventre. Il est long sur la gorge (collerette), l'arrière des cuisses (culotte) et la queue. Contrairement à ce qui est observé chez le Persan, le sous-poil n'est pas allongé chez le Somali.

Variétés

Les trois variétés de base reconnues par la plupart des associations félines sont : le lièvre (appelé *ruddy* aux États-Unis), le sorrel (appelé improprement *red* aux États-Unis et, parfois, roux en France) et le bleu. Récemment, en Europe, le G.C.C.F. et la F.I.Fe ont également reconnu de nouvelles variétés. Le L.O.O.F. reconnaît aussi les variétés chocolat, lilas, fawn, roux, crème, sorrel tortie, fawn crème, plus toutes les couleurs de base avec le gène silver.

Caractère et élevage

On reconnaît au Somali un caractère plus posé et moins exclusif que celui de l'Abyssin. Les jeunes naissent quasiment bicolores : foncés sur le dessus et clairs en parties déclives. Le ticking ne se mettra en place que progressivement. De même, la longueur du pelage n'atteindra sa plénitude, au plus tôt, qu'au cours de la deuxième année.

Défauts

La présence de poils blancs en dehors du menton et du haut de la gorge, une rayure formant un collier complet au niveau du poitrail, une absence totale de ticking sont parmi les défauts entraînant une disqualification.

Variété	Couleur des poils		Couleur du nez	Couleur des pieds	
	Bandes foncées	Bandes claires et parties déclives		Coussinets	Poils entre les orteils
Lièvre	noir	abricot	rouge tuile	noir ou brun	noir
Bleu	bleu ardoise	crème	bleu-mauve	bleu-mauve	bleu ardoise
Sorrel	chocolat	abricot	rose	rose	chocolat
Beige faon	crème foncé	beige terne	vieux rose	vieux rose	
Silver noir	noir	blanc	rouge brique	noir ou brun	noir
Silver sorrel	chocolat	blanc	rose	rose	chocolat
Silver bleu	bleu	blanc	bleu-mauve	bleu-mauve	bleu

BALINESE

Balinais

Origine et histoire

Le Balinais peut être considéré comme un Siamois à poil mi-long. L'origine du gène responsable du poil mi-long au sein de la race siamoise reste inconnue (mutation ou métissage avec des chats à poil long), mais elle semble ancienne. Jusque dans les années 1940, les chatons à poil mi-long apparaissant dans les portées siamoises étaient écartés de la reproduction. C'est alors que deux éleveuses nord-américaines décidèrent de fixer ce caractère. Elles obtinrent ainsi une nouvelle race qui fut dénommée « Balinais », en référence à la grâce des danseuses de Bali évoquée par ces chats…
Le Balinais fut reconnu aux États-Unis par la C.F.A. en 1970. Puis il fut introduit en Europe. Il y a été reconnu par la plupart des associations, notamment la F.I.Fe (en 1983) et, en Grande-Bretagne, le G.C.C.F. En France, où il est arrivé en 1983, le Balinais reste peu répandu et peu connu du grand public.

Standard

Du point de vue de la morphologie, le Balinais doit se rapprocher au maximum du Siamois. Cela veut dire : un corps longiligne, avec une tête triangulaire, un profil droit sans stop, des oreilles assez grandes et larges à la base. Notons que, chez le Balinais, le type oriental est moins accentué que chez le Siamois, même si la tendance est au rapprochement grâce à l'utilisation de croisements occasionnels entre les deux races.
Le patron de robe du Balinais est identique à celui du Siamois, c'est-à-dire que seules les extrémités (les « points ») sont pigmentées. Comme chez le Siamois, les yeux sont aussi bleu foncé intense, quelle que soit la variété.
Le pelage constitue par contre l'originalité du Balinais par rapport au Siamois. Il est fin et doux. Pour la longueur, le poil est court sur la tête et les pattes, mais il devient mi-long sur le corps et long sur le ventre et la queue puis forme un panache long et fourni. Contrairement à ce qui est observé chez le Persan, chez le Balinais le sous-poil n'est pas allongé.
Le Balinais, aux pattes fines et élancées, doit toujours donner une impression de légèreté et de grâce.

Variétés

Le Balinais est actuellement reconnu par toutes les associations félines en au moins quatre variétés correspondant aux variétés dites « de base » du Siamois. Le seal point est caractérisé par des points, un nez et

Balinais lilac point
Il possède une robe délicate, au fond blanc glacé pur, et aux marques gris pâle rosé.

Chatons balinais. De gauche à droite : blue point, chocolate point, seal tabby point
Il faudra attendre que ces chatons aient plus d'un an pour que leur robe prenne son aspect définitif.

des coussinets brown seal, contrastant avec un pelage du corps pouvant varier du fauve pâle au crème. Le blue point possède des points bleu foncé, avec un nez et des coussinets bleu ardoise, le pelage du corps étant d'un blanc bleuté virant au blanc pur sur les parties déclives. Le chocolate point se reconnaît à ses points de couleur chocolat ; il a le nez et les coussinets marron-rose et le corps ivoire. Enfin, le lilac point montre des points gris pâle à tonalité rosâtre ; le nez et les coussinets sont couleur lavande, le pelage du corps est d'un blanc glacé pur.

Une divergence existe pour les autres variétés de type colour point (tabby, tortie, red ou cream point). La F.I.Fe et la C.F.A. gardent le nom de Balinais. Certains clubs européens les nomment Javanais. Le L.O.O.F. reconnaît toutes les couleurs du Siamois pour le Balinais.

Caractère et élevage

On retrouve chez le Balinais, mais semble-t-il avec une intensité moindre, les principaux traits de caractère du Siamois : comportement sportif, exigeant et exclusif, voix forte, activité sexuelle marquée. Comme chez le Siamois aussi, les petits naissent entièrement blancs, les points ne se pigmentant que progressivement à partir de la première semaine, notamment le masque de la tête. La plénitude du pelage n'est atteinte qu'au-delà d'un an, tant pour la longueur du poil que pour le contraste et l'extension des points.

Particularités génétiques

En dehors de l'aspect touchant la longueur des poils, tout ce qui a été dit pour le Siamois concernant la génétique du patron de la robe s'applique au Balinais.

Défauts

Lors des concours, le strabisme, des yeux non bleus, ainsi que du blanc aux pattes sont pénalisés. La queue nouée et le pelage double entraînent en revanche la disqualification.

ORIENTAL LONGHAIR

Oriental à poil long (Mandarin)

Origine et histoire

L'Oriental à poil long est un chat de type oriental à poil mi-long dérivé des programmes d'élevage qui ont donné naissance au Balinais. Celui-ci est un Siamois à poil mi-long. Il fut obtenu en 1940, par deux éleveuses du nord des États-Unis, et reconnu en 1969. La grâce de son maintien et de ses formes, mais aussi sa souplesse et son élégance l'apparentent aux danseuses indonésiennes. Certains clubs indépendants européens ont baptisé l'Oriental à poil long Mandarin et, en France, ce nom a été choisi par le L.O.O.F. L'Oriental à poil long a une robe entièrement pigmentée et les yeux en général verts, comme l'Oriental à poil court. L'Oriental à poil long est encore assez peu répandu, du moins en Europe. Le plus souvent, ces animaux se trouvent chez des éleveurs qui font déjà de l'élevage d'Oriental à poil court.

Standard

Les standards admettent que l'Oriental à poil long doit avoir un type oriental marqué. Cela veut dire un corps long et svelte, la largeur au niveau des épaules ne dépassant pas celle au niveau du bassin. Les membres sont longs avec une ossature fine, les postérieurs étant plus hauts que les antérieurs. Concernant la tête, la face forme le classique triangle isocèle surmonté par des oreilles larges à la base et pointues au sommet. Le profil est rectiligne du sommet du crâne au bout du nez, sans bosse ni stop. Les yeux en amande sont légèrement inclinés sur une ligne parallèle à celle des joues. La queue est longue et effilée à son extrémité comme pour le Siamois et l'Oriental Shorthair. La caractéristique majeure de l'Oriental à poil long par rapport à ces races ancêtres est constituée par un poil mi-long soyeux, un peu plus allongé sur les parties déclives et la queue. Le Mandarin ne doit pas avoir un sous-poil trop fourni. La longueur du poil sur le corps tend à arrondir les formes, de sorte que l'Oriental à poil long donne l'impression d'avoir un type longiligne moins extrême que l'Oriental.

Oriental à poil long blanc
Le poil long donne à sa gracieuse silhouette des contours un peu flous.

Oriental à poil long blanc
Les yeux de cette variété d'Oriental à poil long ne sont pas verts, mais d'un bleu limpide.

Variétés

L'Oriental à poil long est pigmenté uniformément. Les variétés reconnues sont celles décrites chez l'Oriental à poil court, avec les mêmes déclinaisons de valeur de robe : noir, blanc, bleu, havane, lavande, tabby, etc. Mais, en réalité, les variétés sont beaucoup plus nombreuses. Les yeux sont généralement verts, sauf chez l'Oriental à poil long blanc, qui doit avoir les yeux bleus.

Caractère et élevage

On retrouve logiquement chez l'Oriental à poil long les principaux traits de caractère des chats de type oriental, notamment Siamois et Orientaux à poil court. Pour la version colourpoint, les petits naissent blancs et la pigmentation ne se met en place que progressivement au cours de la première semaine de vie.

Défauts

Le strabisme, une fourrure trop courte, laineuse, sont considérés comme des défauts, une queue nouée et une robe double entraînent la disqualification.

TIFFANY

Tiffany

Origine et histoire

Le Tiffany peut être considéré comme un Burmese à poil mi-long. Il serait né, indirectement, à partir d'un programme d'élevage anglais dont l'objectif était d'introduire le gène chocolat chez le Persan au moyen d'accouplements avec le Burmese. De Grande-Bretagne, le Tiffany a été introduit aux États-Unis, et la race s'y est suffisamment développée pour être un temps reconnue par quelques associations nord-américaines. Elle est reconnue par le L.O.O.F. Les informations sur cette race restent très rares, de même d'ailleurs que les sujets présents en Europe.

Description

Le Tiffany doit avoir la morphologie et les yeux jaunes du Burmese. La morphologie est cependant masquée par un pelage mi-long fourni, qui forme une collerette sur le haut de la poitrine et dont la texture ressemble à celle de l'Angora. Le Tiffany semble n'exister qu'en une seule variété chocolat foncé, homologue de la variété zibeline chez le Burmese, et cette couleur est également répartie. Cependant, contrairement à ce qu'on observe chez le Burmese, il n'y aurait pas chez le Tiffany d'ébauche de points, c'est-à-dire de différence de teinte entre le corps et les extrémités ; cela résulte certainement du caractère mi-long du poil.
Pour le L.O.O.F., le Tiffany peut avoir toutes les couleurs du Burmese.

RACES PARTICULIÈRES

Cette galerie de chats singuliers est une mine pour les amateurs d'insolite. Le Scottish Fold aux oreilles couchées force la sympathie. Son air bonhomme traduit son caractère doux et son amour des caresses. Quant au Bobtail japonais, c'est un grand bavard qui sait très bien se faire comprendre et adore la compagnie des humains. Si vous êtes attirés par les physiques étranges, le Rex Devon avec sa tête d'extraterrestre a des chances de vous plaire, surtout qu'il est drôle, câlin, et très amoureux de son maître. Dans cette famille, vous trouverez également les chats de gouttière, les plus répandus des petits félins domestiques. Ils sont à la fois caressants et indépendants, joueurs, chasseurs, malins et capables de s'adapter à toutes les situations.

Particularités des oreilles

Cet ensemble regroupe deux races particulières, à la physionomie originale : l'American Curl, aux oreilles incurvées vers le haut du crâne et le Scottish Fold, aux oreilles en casquette. Chacune d'elles est née d'une mutation spontanée, fixée par la sélection.

AMERICAN CURL

American Curl à poil court ou long

Origine et histoire

L'American Curl est une race caractérisée par une mutation qui a pour effet d'incurver les pavillons des oreilles vers le sommet du crâne. Il semble que le premier animal porteur de cette mutation était une chatte nommée Shulamith, recueillie en 1981 par un couple d'Américains de Lakewood, en Californie. Ce n'est qu'en 1983 qu'une éleveuse, Nancy Kiester, découvrant l'originalité de la descendance de Shulamith, décide de fixer et de sélectionner ce caractère en vue de créer une nouvelle race. Nancy Kiester voit ses efforts récompensés assez rapidement, car l'American Curl, muni d'un standard, a été d'abord reconnu par la T.I.C.A. dès 1985 puis par la C.F.A. Un groupe d'éleveurs américains très actifs s'occupe actuellement de la promotion et de la sélection de cette race.

Depuis 1988, quelques sujets ont été importés en France, et la première portée française est née en juin 1989. Il existe aujourd'hui quelques élevages en France et la race est reconnue par le L.O.O.F.

Standard

Pour l'American Curl, le standard réclame une morphologie à mi-chemin entre médioligne et longiligne. Le corps, ni lourd ni trop fin, est prolongé par une queue de longueur égale au corps. La tête a une forme légèrement triangulaire avec un nez bien développé mais sans excès. De profil, ce nez est droit. Les yeux, de taille moyenne, sont ovales. Le pelage peut être mi-long (cas le plus fréquent actuellement), mais aussi court. Il faut que le sous-poil soit peu fourni. Les oreilles constituent la caractéristique majeure de la race. Elles sont implantées haut sur le crâne et, surtout, elles présentent un pavillon incurvé vers le sommet du crâne. L'arc formé peut aller de 90° à 180° au maximum. Compte tenu des propriétés du gène mutant, le degré d'incurvation des oreilles peut varier, d'où trois catégories d'American Curl : ceux qui ont une incurvation très faible, ceux qui ont une incurvation moyenne et ceux qui ont une incurvation à 180°. Cette dernière catégorie, dont les oreilles sont dites en demi-lune, est bien sûr celle désirée par le standard. On souhaite que l'entrée des pavillons soit cachée par une abondante touffe de poils, et des plumets aux extrémités sont bienvenus.

American Curl brown tabby
Ses curieuses oreilles courbées lui donnent l'air d'un diablotin.

American Curl blanc
Ce chat en robe blanche est rare car sa reproduction n'est pas très facile.

Variétés

Toutes les variétés de couleurs sont admises chez l'American Curl, y compris les colourpoint (robe de type siamois). On se reportera au British Shorthair et au Siamois pour l'énumération et la description des diverses variétés possibles.

Caractère et élevage

L'American Curl a la réputation d'être joueur, sociable et intelligent. Il ne miaule pratiquement pas. Sur le plan de la reproduction, la mutation curl (« boucle ») est plus facile à gérer que celle modifiant les oreilles du Scottish Fold, car elle n'altère pas la santé de l'animal. Ainsi, on peut accoupler deux American Curl entre eux sans inconvénient. Au début on a croisé les American Curl avec des chats à oreilles normales et de morphologie adéquate, pour diversifier les origines et améliorer la morphologie dans le sens souhaité par le standard. Ainsi, l'Angora turc a permis d'affiner une morphologie qui a été alourdie par les métissages de départ avec le Maine Coon. Si l'incurvation des oreilles se fait dès les premières heures de vie des chatons, le degré d'incurvation peut varier par la suite, et l'aspect final sera obtenu quelques mois plus tard.

Particularités génétiques

Le gène mutant curl, symbolisé par Cu, est autosomal (porté par des chromosomes non sexuels) et dominant : une seule dose suffit pour que le caractère se manifeste. Cela explique que les accouplements entre American Curl et chats à oreilles droites donnent des portées mixtes. Le degré d'incurvation des oreilles varie d'un individu à l'autre car le gène curl a une expressivité variable. On distingue trois degrés : une incurvation faible, une moyenne et une forte, en croissant de lune.

Défauts

Un degré d'incurvation excessif des oreilles, des oreilles molles à la base, des défauts à la queue entraînent la disqualification en concours.

American Curl noir
Les oreilles en demi-lune sont les plus recherchées, sans doute parce qu'elles accentuent l'étrangeté de ce chat.

Scottish Fold

Origine et histoire

Le Scottish Fold est une race caractérisée par une mutation qui entraîne une pliure vers l'avant des pavillons des oreilles. Cette mutation a été observée pour la première fois en 1961, en Écosse, par William Ross, sur la chatte nommée Susie d'un de ses voisins. Susie mit bas deux chatons, dont une femelle blanche aux oreilles pliées, nommée Snooks. Devenus propriétaires de Snooks, les Ross décidèrent de fixer cette originalité des oreilles pour constituer une nouvelle race. Ils se firent aider pour cela par plusieurs généticiens anglais, dont P. Dyle et O. Jackson, qui mirent en évidence les particularités génétiques de la nouvelle mutation. Celle-ci fut appelée Folded Ear (« Oreille pliée »), d'où le nom de la nouvelle race, le Scottish Fold, qui évoque la particularité des oreilles et son origine géographique.

Des anomalies inquiétantes

Malheureusement, on vit rapidement que la mutation Folded Ear, en dehors de la pliure des oreilles, pouvait donner des anomalies des membres et de la queue gênant beaucoup les individus qui en étaient atteints. Comme les anomalies étaient plus fréquentes chez les chats porteurs de deux gènes mutants, les éleveurs de Scottish Fold établirent des règles d'élevage strictes pour limiter au maximum les problèmes. Cependant, l'existence des anomalies inquiéta suffisamment les spécialistes du G.C.C.F. pour qu'ils refusent de reconnaître la race. Les motifs officiellement invoqués étaient que la race avait une prédisposition aux parasites auriculaires et à la surdité. Le premier motif n'est aucunement justifié ; quant à la surdité, elle découle de ce que nombre des premiers Scottish Fold étaient blancs, et que le gène donnant le pelage blanc entraîne aussi souvent la surdité…

Une reconnaissance encore inégale

Le Scottish Fold a ainsi végété dans son pays d'origine jusqu'à ce que trois sujets soient envoyés aux États-Unis. Là, le Scottish Fold connut une promotion dynamique grâce notamment à une éleveuse, Salle Wolf Peters. Ces efforts aboutirent à la reconnaissance de la race, par la C.F.A. en 1976, puis par toutes les associations d'Amérique du Nord. Depuis, le Scottish Fold a connu un développement très important dans ce pays. Le retour de la race en Europe s'est amorcé à partir de 1980. Mais on compte encore très peu de sujets dans les principaux pays éleveurs, la France et la Belgique. De ce fait, l'acquisition d'un Scottish Fold reste difficile en France, le G.C.C.F. et la F.I.Fe ne reconnaissent toujours pas la race ! Le L.O.O.F. reconnaît le Scottish Fold à poil court et à poil long. Ce dernier a été baptisé Highland Fold aux États-Unis où il est reconnu par plusieurs associations.

Standard

Compte tenu de particularités génétiques, le Scottish Fold est régulièrement accouplé avec le British ou l'American Shorthair. Sa morphologie est donc marquée par ces deux races, le standard préconisant plutôt le type British. Ainsi, le corps tend plutôt vers les proportions brévilignes, avec une queue de longueur moyenne et des membres solides. La tête

Scottish Fold brown tabby et blanc
Les bicolores et les tabby sont les variétés de Scottish Fold les mieux représentées en Europe.

Scottish Fold blanc et noir
Une pliure serrée de l'oreille, qui accentue son aspect aplati, est recherchée.

est souhaitée bien ronde de face, avec des joues développées, des yeux grands et ronds. De profil, le stop sera léger.
Les oreilles font l'originalité de la race. Les pavillons, arrondis à l'extrémité, doivent être rabattus vers l'avant. De face, les oreilles doivent donner l'impression d'une casquette. Une pliure lâche des pavillons n'est pas souhaitable. Le pelage est court et dense. Il est mi-long chez le poil long.

Variétés

Le Scottish Fold peut avoir toutes les variétés de couleurs du British Shorthair. En Europe, actuellement, les expositions présentent principalement des bicolores et des tabby.

Caractère et élevage

Le Scottish Fold est un chat très doux, bien adapté à la vie en appartement. La reproduction doit respecter des règles strictes pour limiter les risques d'anomalies du squelette. La règle d'or est de ne jamais accoupler deux chats à oreilles pliées, mais un Scottish Fold avec un chat à oreilles droites et de morphologie adéquate. À la naissance des chatons, un peu de patience s'impose, car le caractère oreilles pliées n'est visible qu'à partir de 3 ou 4 semaines. Le degré définitif de pliure ne sera, lui, observable qu'à 5 ou 6 semaines. On peut à ce moment être déçu du résultat, car, compte tenu des particularités du gène Folded Ear, on obtiendra des proportions variables de chatons à oreilles pliées. Contrairement aux apparences, les oreilles du Scottish Fold ne demandent pas plus d'entretien que celles d'un chat à oreilles droites.

Particularités génétiques

Le gène Folded Ear se symbolise par Fd. Il s'agit d'un gène autosomal (porté par des chromosomes non sexuels) et dominant, c'est-à-dire qu'une seule dose du gène suffit pour que la pliure des oreilles apparaisse. Cependant, certains chats porteurs du gène Fd n'ont pas les oreilles pliées. Ainsi, dans une portée issue de deux Scottish Fold homozygotes (porteurs chacun de deux gènes Fd), tous les chatons n'auront pas les oreilles pliées. On parle de « pénétrance incomplète » du gène.
Quant aux anomalies précédemment évoquées, elles peuvent apparaître chez tous les Scottish Fold, mais plus particulièrement chez les homozygotes. Il s'agit d'une exagération des troubles de croissance des cartilages déterminés par le gène Fd. Lorsque les troubles sont peu marqués, il y a seulement pliure des oreilles ; si les troubles sont trop marqués, on observe en plus un défaut de croissance des cartilages de la queue et surtout des membres. Dans ce dernier cas, le chat atteint présente une queue et des membres raccourcis, épaissis, avec des articulations rigides très invalidantes pour l'animal.
La règle d'élevage décrite permet de n'obtenir que des chats hétérozygotes (porteurs d'un seul gène Fd) chez qui les anomalies sont moins fréquentes. Il est intéressant de mentionner que la mutation oreilles pliées est apparue dans d'autres parties du monde. Le professeur Cornevin mentionne, dans son traité de zootechnie spéciale de 1897, l'existence de chats à oreilles pliées en Mandchourie. La question reste posée de savoir si la mutation chinoise et la mutation écossaise sont identiques…

Défauts

Parmi les défauts graves et disqualifiants, citons les anomalies affectant la queue, dues au gène qui est également à l'origine du pli de l'oreille.
Un Scottish Fold de concours ne doit, en outre, pas paraître lourd.

Particularités de la queue

Deux races dans ce groupe ont une queue quasi inexistante : le Manx et sa variété à poil long et le Cymric. La troisième, le Bobtail japonais, possède une queue repliée, en forme de fleur.

MANX

Manx

Origine et histoire

Le Manx est une race caractérisée par une mutation déterminant l'absence de queue. Le nom de la race est lié à son origine géographique, l'île de Man, située en mer d'Irlande. D'ailleurs, le Manx est aussi appelé « Chat de l'île de Man ». On ne sait pas comment ni à quelle date exacte la mutation est apparue dans l'île. Toujours est-il que la race y est connue depuis au moins 250 ans et que les Manx, malgré leur originalité, n'ont été pendant des années que de simples chats de ferme destinés à la dératisation. La félinotechnie moderne ayant vu le jour en Grande-Bretagne dans le courant du XIXe siècle, les premiers éleveurs à s'intéresser à l'esthétique du chat remarquèrent assez rapidement le Manx. Celui-ci fut reconnu comme race à part entière et devint très populaire dans les milieux félins britanniques puis américains à la fin du XIXe siècle et au début du XXe. On dit même que cette race fut appréciée du roi Édouard VIII qui en possédait plusieurs sujets. Cette popularité, à moins que ce ne soit l'ancienneté de la race, explique peut-être que le Manx ait été si facilement reconnu par les principales associations félines mondiales, malgré diverses anomalies secondaires pouvant apparaître chez les individus sans queue (le Scottish Fold, l'autre race pouvant présenter des anomalies secondaires, est reconnu par la C.F.A. et par la F.I.Fe, mais pas par le G.C.C.F.). Après une petite baisse de popularité dans les années 1930 et jusqu'à la fin de la Seconde Guerre mondiale, le Manx est à nouveau très présent tant aux États-Unis que dans divers pays d'Europe, dont la Grande-Bretagne, les Pays-Bas et la Suisse. En France, la race est reconnue par le L.O.O.F.

Standard

Le Manx doit donner une impression générale de rondeur. Son corps est plutôt bréviligne, avec une poitrine large, un dos court et convexe, une croupe très arrondie. Ses membres ont une ossature forte ; les antérieurs, plus courts que les postérieurs, confèrent au Manx une silhouette très particulière : le train postérieur est surélevé par rapport à l'avant-main.

Manx brown mackerel tabby et blanc
Le « rumpy » a un creux à l'endroit où la queue devrait prendre naissance.

Sa tête est en harmonie : ronde dans son ensemble, avec des oreilles moyennes et à extrémités arrondies, des yeux larges et ronds, une démarcation assez nette entre les joues et la base du museau, un stop moyen. La rondeur est encore accentuée par le pelage court, dense et double (avec sous-poil très épais).

Caractéristique majeure de la race, la morphologie de la queue est cependant variable, compte tenu des particularités du gène mutant. On distingue ainsi quatre catégories de Manx :

– le Manx rumpy n'a aucune vertèbre caudale ou coccygienne (on sent un creux à l'emplacement théorique de la naissance de la queue) ;

– le Manx rumpy-riser n'a aucune vertèbre caudale, mais entre une et trois vertèbres coccygiennes recouvertes par un toupet de poils plus longs ;

– le Manx stumpy possède une queue de 1 à 10 cm, avec fréquemment des anomalies osseuses (« queue nouée ») ;

– le Manx longy, ou tailed Manx, possède une queue quasiment normale.

En pratique, seuls des Manx rumpy et, à la limite, des Manx rumpy-riser peuvent concourir et être inscrits au Livre des origines. Le stumpy ne peut être inscrit qu'au Registre initial et expérimental ; quant au longy – la dernière catégorie de Manx –, il n'est généralement pas utilisé pour la reproduction.

Variétés

On accepte chez le Manx toutes les variétés reconnues chez le British Shorthair.

Caractère et élevage

Le Manx a un excellent caractère se rapprochant de celui du British Shorthair. C'est aussi un chat robuste, bien protégé des intempéries par son pelage.

Gérer la reproduction est assez complexe. Les chatons porteurs de deux doses du gène mutant (ils sont dits homozygotes) meurent dans l'utérus au stade d'embryon. De ce fait, tous les Manx sont hétérozygotes pour le gène mutant (ils possèdent une dose de gène mutant et une dose de gène « sauvage »). Il en résulte deux conséquences importantes. La première est que, compte tenu de la mortalité embryonnaire, la prolificité est plus faible que la moyenne de l'espèce féline. La seconde est que les portées sont hétérogènes : on obtient un nombre variable de chatons des quatre catégories dans des portées successives issues des mêmes parents. À ces problèmes viennent s'ajouter ceux relatifs aux anomalies congénitales secondaires pouvant toucher les chatons rumpy, rumpy-riser et stumpy. L'élevage du Manx n'est donc pas chose facile, d'autant qu'on n'a pas encore pu déterminer le type d'accouplement qui limiterait au maximum les inconvénients.

Particularités génétiques

Le gène mutant Manx, symbolisé par M, est autosomal (porté par des chromosomes non sexuels) et dominant (une seule dose du gène suffit pour que le caractère absence de queue s'exprime). Ce gène M a une expressivité variable, d'où les variétés rumpy, rumpy-riser et stumpy (ayant pourtant chacune une dose du gène M).

Les recherches ont montré que le gène M a pour effet de perturber le développement embryonnaire de la colonne vertébrale et de la moelle épinière, surtout en région postérieure.

Si la perturbation est faible, on obtient un chaton Manx d'une des trois catégories ci-dessus, sans anomalie secondaire. Si la perturbation est plus forte, la partie postérieure de la moelle peut être défectueuse. Il en résulte diverses anomalies secondaires : « galop de lapin », voire manque de tonus du côlon et de la vessie (d'où des problèmes d'incontinence), ou même fermeture incomplète de la colonne vertébrale en région postérieure.

Défauts

Le fait que le juge ne puisse pas faire tenir debout ou marcher correctement le chat présenté entraîne la diqualification.

Chaton Manx red mackerel tabby et blanc
La race est peu prolifique et la naissance de chatons sans queue est aléatoire.

CYMRIC

Cymric

Origine et histoire

Le Cymric est un Manx à poil mi-long. Il semble que le gène responsable du poil mi-long existe dans la population des chats de l'île de Man depuis environ un demi-siècle. Cependant, jusque vers 1960, les individus à poil mi-long ont été écartés soigneusement des expositions. À partir de cette date, certains éleveurs américains décidèrent de fixer ce caractère et de créer une nouvelle race. Celle-ci fut baptisée Cymric (prononcer « Kumric »), ce nom étant un dérivé du terme *cymru* – qui veut dire pays de Galles en gallois –, dénomination curieuse, car il existe peu de liens entre le pays de Galles et l'île de Man, si ce n'est l'origine celtique de leurs populations… humaines.

La vie officielle du Cymric débute dans les années 1970, avec la reconnaissance que lui accorde alors la Canadian Cat Association. Aujourd'hui, le Cymric est reconnu par la plupart des associations félines nord-américaines, dont, en 1989, la C.F.A. Cependant, le Cymric n'est reconnu ni par la F.I.Fe, ni par le G.C.C.F., et il reste actuellement rarissime en Europe. En France, le L.O.O.F. reconnaît la race.

Standard

Du point de vue de la morphologie, le Cymric est la réplique parfaite du Manx, y compris pour ce qui concerne le caractère queue courte ou absente. Sur le plan morphologique général, le Cymric doit donner une impression d'arrondi : tête ronde aux joues marquées, poitrine large, dos court, membres antérieurs sensiblement plus courts que les postérieurs. Cependant, le Cymric se distingue du Manx par son pelage mi-long, les poils étant de plus en plus longs lorsqu'on passe de la ligne du dessus vers les parties déclives. La texture est très soyeuse. Comme chez le Manx, ce pelage est double, du fait du développement du sous-poil.

Variétés

On reconnaît pour le Cymric les mêmes variétés que pour le Manx.

Caractère et élevage

Tout ce qui a été dit sur ces sujets pour le Manx s'applique également au Cymric. Cela est valable, entre autres, pour les particularités de reproduction dues au gène mutant responsable des modifications de la queue.

Cymric roux
Chez ce chat roux, on voit nettement les marques tabby sur la couleur de fond.

JAPANESE BOBTAIL

Bobtail japonais

Origine et histoire

Le Bobtail japonais, dans sa variété tricolore dénommée « Mi-Ké », est un chat porte-bonheur ; ainsi, à Tokyo, un temple porte sur sa façade des fresques représentant le Mi-Ké, pattes levées, en symbole de bonheur. Estampes, peintures et sculptures attestent au Japon et en d'autres endroits d'Extrême-Orient les origines anciennes de cette race, qui doit son nom à sa queue courte (en anglais, *bobtail* signifie « queue écourtée ») –, mais notons que cette particularité est déterminée par un gène autosomal récessif tout à fait différent de celui qui caractérise le Manx. Ce n'est qu'en 1968 que les États-Unis accueillirent le premier couple de Mi-Ké, venu du Japon. La race allait être reconnue un peu plus de deux ans après et, depuis lors, l'élevage prospère. En France, on n'a introduit ce chat que très récemment, en 1981, lorsque Mme Hélène Choisnard rapporta de Bangkok une femelle nommée Sirikit. Cette dernière, accouplée au Bobtail mâle Aikido, venu des États-Unis, a donné naissance à une première portée au début de 1982. Depuis, le Bobtail japonais a été reconnu par la F.I.Fe (1990) et par le L.O.O.F. en France.

Standard

Plus élancé que l'Européen, moins svelte que le Siamois, le Bobtail a de longues pattes ; les postérieures, plus hautes que les antérieures, sont généralement fléchies au repos. La tête, triangulaire, a des contours adoucis. Les yeux, ovales et obliques, varient du jaune à l'or cuivré.

La queue, très importante dans le standard, est tout à fait particulière. Constituée de vertèbres soudées, elle mesure de 8 à 10 cm une fois dépliée. Mais l'animal la porte recourbée et redressée ; de plus, le poil qui recouvre la queue est assez long et ébouriffé, et il camoufle la structure osseuse. L'aspect d'ensemble est typique, décrit comme ressemblant à un chrysanthème !

La robe a un poil court, doux et soyeux, mais il existe une variété à poil long. Elle est blanche, noire, rousse, noir et blanc ou roux et blanc. Il existe aussi des Bobtails écaille-de-tortue ou écaille et crème. La variété la plus recherchée – celle qui porte chance et est appelée Mi-Ké au Japon – est noir et roux sur fond blanc. Ce patron tricolore ne se retrouve normalement, selon les lois de la génétique, que chez les femelles.

Le L.O.O.F. reconnaît toutes les couleurs de robe, excepté les couleurs point, chocolat et lilas.

Caractère

Le Bobtail japonais est un chat tranquille, très fidèle et sociable. Il a un vocabulaire étendu, fait de miaulements modulés, et tient avec ses maîtres de véritables conversations.

Bobtail japonais écaille et blanc (Mi-Ké)
Sa queue courte et repliée, en forme de pompon, et qui évoque la fleur du chrysanthème, est unique chez les chats. Cette variété tricolore, la plus recherchée au Japon, est censée apporter bonheur et prospérité.

Particularités du poil

Trois races se distinguant par la texture particulière de leur poil, et même par l'absence de poils, sont réunies dans ce groupe : le Wirehair américain, au poil frisé, le Rex, au poil ondulé, et le Sphinx ou chat nu, au corps recouvert d'un fin duvet.

AMERICAN WIREHAIR

Américain à poil dur

Origine et histoire

Né d'une mutation spontanée de l'American Shorthair, l'Américain à poil dur est une race caractérisée par la texture de son pelage : poils ondulés et présentant une extrémité incurvée ou en crochet. Cette mutation est survenue, de façon naturelle, dans une portée de chatons Américains à poil court née en 1967 dans l'État de New York. Chat solide, vigoureux et plein de vie, l'Américain à poil dur est désormais reconnu par la C.F.A. américaine et par le L.O.O.F. en France. Il est encore quasiment inconnu en Europe.

Standard

La mutation à l'origine de la race, dénommée Wh, est autosomale dominante et modifie la structure des poils qui sont ondulés et en crochet ou incurvés.

La robe est dense, crépue, particulièrement rêche au toucher. Le bout de la queue est arrondi et les moustaches obligatoirement ondulées.
Les premiers sujets de cette race étaient entièrement blancs ; il en existe aujourd'hui de toutes les couleurs, mais le patron siamois et les couleurs chocolat et lilas ne sont pas admises.

Américain à poil dur brown blotched tabby et blanc
Son poil dressé, crépu, qui semble passé au fer à friser, est unique, comme ses insolites moustaches ondulées. Au toucher, la robe rêche, mais souple, du Wirehair, rappelle celle du Fox à poil dur.

CORNISH REX
DEVON REX

Rex Cornish, Rex Devon

Origine et histoire

Les chats Rex sont caractérisés par un pelage constitué de poils d'aspect ondulé. Cette particularité est liée à des mutations modifiant la croissance des poils. De telles mutations existent chez d'autres espèces de mammifères. Ce sont des lapins à fourrure courte et sans jarre, apparus en 1919 dans la Sarthe, qui ont les premiers attiré l'attention des sélectionneurs. Ces lapins mutants ont été dénommés « Castorrex » ou, plus généralement, « Rex » – nom retenu, par analogie, pour les races de chats à poils ondulés.

Une apparition récente

Des deux Rex présentés ici, c'est le Rex Cornish qui est historiquement le plus ancien. Le premier Rex Cornish, un mâle nommé Kallibunker, est né en 1950 dans le sud-ouest de l'Angleterre, en Cornouailles (d'où la particule *Cornish* donnée à la race). La propriétaire, Mme Nina Ennismore, avait justement déjà élevé des lapins Rex et, pressentant l'intérêt de la particularité de Kallibunker, elle prit contact avec des spécialistes de la génétique. La race fut parallèlement développée en combinant accouplements consanguins, pour fixer la mutation, et croisements ponctuels, notamment avec le Siamois, pour diversifier les souches.

Dix ans plus tard, en 1960, toujours en Angleterre, mais cette fois dans le Devon, fut repéré un chat haret au pelage d'aspect frisé. Une chatte saillie par ce mâle, et qui lui était sans doute apparentée, donna naissance à une portée dont un mâle, appelé Kirlee, avait la particularité du père. Connaissant l'existence des Rex Cornish, la propriétaire, Mlle Beryl Cox, prit contact avec les généticiens qui avaient étudié cette race. On constata rapidement que les deux mutations étaient différentes, car les chatons issus des accouplements de Kirlee avec des femelles Rex Cornish avaient tous des pelages normaux. Une nouvelle race de Rex était donc née ; on la dénomma Rex Devon.

Une morphologie spécifique

Depuis, ces deux races de chats Rex ont été reconnues par toutes les associations félines en Europe et aux États-Unis. Soulignons que, très rapidement, les sélectionneurs ont pris soin de donner à chacune une morphologie bien spécifique. On a ainsi formalisé le fait que les deux mutations sont bien différentes, même si leurs effets sur le pelage apparaissent assez proches. Rex Cornish et Rex Devon jouissent actuellement d'une popularité importante, ne laissant jamais le public indifférent, même si les avis sont très controversés sur leur esthétique...

Cependant, et surtout pour les Rex Devon, le nombre de sujets disponibles est encore assez faible.

Signalons que, tout récemment, ont été créés des Rex de type Cornish à poil mi-long. Cette nouvelle race a été baptisée Rex Selkirk, mais ce chat est déjà surnommé le « chat mouton »...

Rex Cornish noir fumé
Un chat curieux, avec sa tête ovale, ses immenses oreilles et son poil ondulé.

Standards

Rex Cornish

La qualité du pelage est de première importance. Il doit être court, très doux et totalement dépourvu de poils de jarre. Ce pelage forme des ondulations uniformes et serrées sur la partie dorsale et les côtés du corps ; il est court et très bouclé en parties déclives. Sourcils et moustaches auront un aspect crêpé. Le Rex Cornish doit avoir une morphologie plutôt longiligne. Sa tête, très différente de celle du Rex Devon, doit avoir une forme ovale tant de profil que de face, et être plus longue d'un tiers que la largeur. Le stop est très réduit. Les oreilles doivent être grandes, larges à la base et haut placées.

Rex Devon

Ici aussi, la qualité du pelage est de première importance. Il doit être très court, doux, et peut comporter des poils de jarre. Le poil, plus long, peut former des petits toupets à la pointe et à la base des oreilles. Moustaches et sourcils sont frisés. Le corps est médioligne. La tête, extrêmement particulière, forme un triangle dont la base (ligne joignant les oreilles) est très large. Les oreilles sont très grandes et larges à la base. Les yeux sont grands, ovales, bien écartés.

Variétés

Toutes les couleurs sont acceptées pour les deux races par le L.O.O.F., y compris les robes colourpoint.

Caractère et élevage

Les deux races sont d'un commerce agréable, le Rex Cornish étant a priori plus actif. Il semble aussi avoir pris du Siamois quelques particularités sexuelles : chaleurs fréquentes et bonne prolificité. Les chatons des deux races sont frisés à la naissance. Leur pelage ne prendra son aspect adulte qu'à partir de 5 ou 6 mois…

Particularités génétiques

Une anomalie (la *spasticity*) a été parfois transmise en même temps que le gène Rex Devon. Les chatons atteints ont alors une dégénérescence irréversible des muscles respiratoires et meurent vers l'âge de 4 mois. Ce problème est aujourd'hui maîtrisé.

Défauts

Pelage droit ou ébouriffé, zones sans poils, queue courte, nue ou nouée, oreilles petites sont des défauts. Des poils de garde chez le Cornish entraînent la disqualification.
Chez le Devon Rex, des zones nues importantes, des médaillons blancs sont disqualifiants.

Chaton Rex Devon bleu tabby
Sa tête, très particulière, forme un triangle dont la base, entre des oreilles géantes, est très large. Le Rex Devon s'habille de toutes les couleurs et motifs existants. Les bleus sont très recherchés.

SPHYNX

Sphynx

Origine et histoire

Le Sphynx est une race caractérisée, entre autres, par une mutation qui limite de façon importante la croissance des poils. Le Sphynx est d'ailleurs mieux connu du grand public sous la dénomination (impropre) de « chat nu ». La mutation, naturelle, est survenue en 1966 dans l'Ontario, au Canada.
Les éleveurs français se sont intéressés au Sphynx à partir de 1983, puis ce furent les Américains. Le Sphynx n'est encore reconnu que par la T.I.C.A. aux États-Unis, certains clubs félins d'Europe et par le L.O.O.F en France. Les sujets disponibles sont peu nombreux et chers.

Standards

Le système pileux constitue un point essentiel du standard. Le pelage est réduit sur la plus grande partie du corps à un fin duvet. On accepte des poils très courts seulement à l'extrémité des oreilles, du nez, des pieds, de la queue, et aussi sur les testicules chez le mâle. Les moustaches sont quasiment inexistantes ; la peau est plissée. Le Sphynx réunit divers traits à l'opposé de l'esthétique classique dans l'espèce féline. Le corps est souhaité bréviligne, avec des membres antérieurs souvent arqués et un ventre rebondi. La tête, très particulière, est triangulaire sans excès, avec un crâne plat sur le dessus, un stop marqué, un pinch accentué, des oreilles grandes, larges et écartées, des yeux assez grands. La queue est assez longue et effilée, et les doigts, munis de griffes, sont remarquablement longs.

Variétés

Bien que la plupart des Sphynx soient actuellement bicolores, toutes les couleurs sont acceptées. Compte tenu de la quasi-absence de pelage, les couleurs apparaissent comme imprimées sur la peau.

Caractère et élevage

On s'accorde à reconnaître au Sphynx un caractère agréable. L'absence de pelage entraîne quelques particularités dans l'entretien. Ainsi, l'alimentation doit pallier les déperditions de chaleur, et les brusques changements de température sont déconseillés.
L'hiver, le Sphynx s'adapte au froid en accumulant sous sa peau de la graisse qui fond en été, ce qui accentue les plis de la peau. Par ailleurs, le sébum ne pouvant pas être absorbé par les poils, le Sphynx doit être régulièrement nettoyé au gant de toilette.
La reproduction reste encore affaire de spécialiste. En effet, une mortalité néonatale élevée touche les chatons de cette race. De plus, pour limiter la consanguinité, il faut faire appel, mais de façon raisonnée, au sang Rex Devon. Les chatons naissent avec une peau très plissée et avec une fourrure, visible sur la colonne vertébrale, qui doit disparaître avec l'âge.

Particularités génétiques

La mutation à l'origine du pelage du Sphynx est portée par les chromosomes non sexuels (on dit qu'elle est autosomale) ; elle doit être présente en deux doses pour s'exprimer (on dit qu'elle est récessive).

Défauts

Des poils crantés comme ceux des Rex, des poils épilés ou rasés sont disqualifiants.

Sphynx bleu et blanc
Les couleurs des robes apparaissent comme imprimées sur la peau.

Nouvelles races de chats

Fabriquer une nouvelle race de chat est un jeu auquel se livrent certains éleveurs, essentiellement aux États-Unis. Pour cela, ils profitent de mutations génétiques spontanées, ou croisent des chats domestiques avec des félins sauvages.

BURMILLA

Burmilla

Burmilla est en fait la contraction de « burmese » et de « chinchilla », ce qui permet de comprendre facilement l'origine de ce chat. Le premier sujet Burmilla, né en Grande-Bretagne en 1981, est le fruit de l'accouplement imprévu d'un jeune Persan chinchilla et d'une femelle Burmese lilas. Il réunit, dans un métissage parfait, le manteau argent brillant et le regard émeraude maquillé de noir du chinchilla et l'élégance morphologique du Burmese. Depuis sa découverte, un groupe d'éleveurs britanniques travaillent à développer et à fixer la race, encouragés par deux associations, le Burmilla Cat Club (affilié à la C.A.B.) et la Burmilla Association (affiliée au G.C.C.F.). La race est reconnue par la F.I.Fe et par la L.O.O.F.

Le Burmilla est un chat doux, agréable, affectueux et un peu « bavard », de type oriental moyen, avec une bonne ossature, léger mais musclé. Les pattes arrière sont plus hautes que les antérieures. Sa fourrure est courte (mais plus longue que celle du Burmese) et dense. Elle présente la caractéristique du tipping – seule l'extrémité du poil est colorée –, nuancé par un sous-poil blanc argenté. Légèrement arrondie, la tête du Burmilla présente des pommettes larges puis s'amenuise vers un museau couleur brique en coin tronqué. Mais ce sont probablement ses yeux – immenses, verts, bien maquillés de noir – qui retiennent le plus l'attention.

CEYLAN

Ceylan

Le chat de Ceylan est issu d'une race naturelle. Les premiers sujets ont été importés en Italie en 1986. Le Ceylan doit représenter toutes les caractéristiques des chats qui vivent dans l'île. De taille moyenne, il est élégant, a la tête bien proportionnée au corps et des joues rondes. Ses yeux, assez grands, ont une couleur allant du jaune au vert. La robe courte, douce et soyeuse, porte un tic-

Burmilla
Ses yeux verts, immenses, lumineux et cerclés de noir sont captivants.

Ceylan
Issu d'une race naturelle, le chat de Ceylan allie une grande élégance à un aimable caractère.

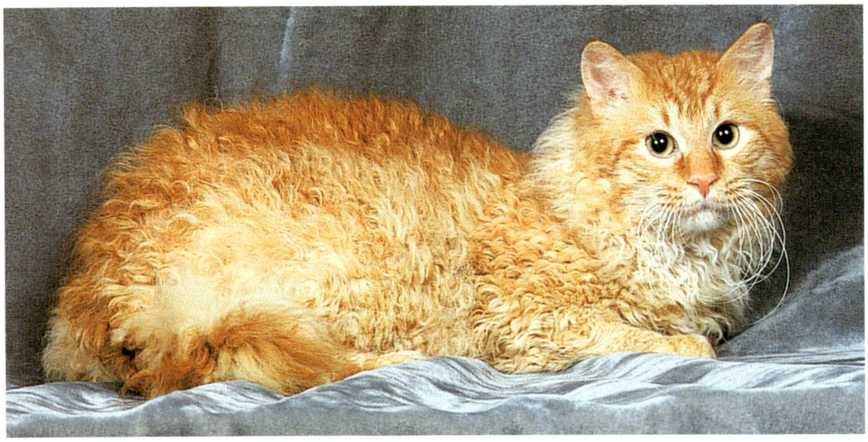

Laperm
Son pelage est assez étonnant, mais les proportions de cette race demeurent harmonieuses.

king prononcé. Elle existe en brown ticked, red ticked, brown tortie ticked, blue ticked, crème ticked, bleu crème ticked. Le Ceylan est un compagnon affectueux, doux et qui se montre amical avec les étrangers. Il s'adapte bien à la vie en appartement et au climat européen.

LAPERM

Laperm

Les Laperm descendent tous d'une femelle baptisée « Curly », découverte dans l'Oregon. La race est caractérisée par une fourrure qui semble avoir subi une permanente, d'où son nom. Ce caractère est issu d'une mutation génétique spontanée apparue dans les deux longueurs de poils (court et long). Une fois dans leur vie, les Laperm deviennent nus, souvent lorsqu'ils sont chatons et leur fourrure repousse frisée. De taille moyenne, ce chat est de type semi-étranger. C'est un bon compagnon, à la voix douce et à la personnalité extravertie.

Munchkin Cat
Issu d'une mutation naturelle apparue chez un chat de gouttière, cet insolite chat basset a été sélectionné aux États-Unis.

LYNX DOMESTIC

Lynx domestique

Créé dans les années 1980 aux États-Unis, ce chat est issu du croisement entre un Lynx roux américain et des chats domestiques. Il doit physiquement ressembler le plus possible à un lynx miniature, mais avoir le comportement d'un animal familier.
Grand, puissant, assez haut sur pattes, le Lynx domestique existe en deux variétés : poils courts et poils mi-longs. Sa queue est impérativement courte. La race, encore très peu répandue, a été reconnue aux États-Unis et, en France, par le L.O.O.F. Quelques Lynx domestiques sont élevés en France.

MUNCHKIN CAT

Munchkin Cat

Une mutation naturelle est à l'origine du Munchkin Cat, un chat bas sur pattes, sélectionné par des éleveurs américains à partir d'un chat de gouttière, porteur de ce caractère. Le gène responsable de cette mutation étant dominant, on pourrait très bien, par croisements, obtenir une variété basset dans toutes les races. Cette possibilité n'a heureusement pas été exploitée. Aux États-Unis, le Munchkin Cat qui séduit par son physique insolite, est assez bien représenté. En France, il est reconnu par le L.O.O.F.

Lynx domestique
Plus les sujets ressemblent au Lynx sauvage, plus ils sont recherchés.

Nebelung
Le Nebelung est un chat d'une grande beauté ; ses yeux verts, son épaisse fourrure le parent d'une aura mystérieuse.

NEBELUNG

Nebelung

De l'Allemagne, son pays d'origine, ce chat doit à une fourrure qui donne un effet ombreux et lumineux autour de son corps, son nom de Nebelung qui signifie en allemand « créature de la brume ». Le Nebelung est élégant, il a un corps de type étranger et une tête angulaire. Ses yeux sont d'un vert le plus vif possible. La robe, moyennement longue et douce, est d'un bleu brillant régulier et les poils de garde sont silver.
Le Nebelung est un chat gentil et timide, très attaché à son maître et à sa famille.

OJOS AZULES

Ojos Azules

Ce chat à poil court a les yeux bleus, quelles que soient les couleurs de sa robe. Il s'agit d'une singularité car, normalement, seuls les Siamois et les chats blancs ont des yeux de cette couleur. C'est une mutation génétique spontanée et dominante, apparue chez une femelle écaille-de-tortue du Nouveau-Mexique, qui est à l'origine de la race. L'Ojos Azules est un chat de taille moyenne dont la morphologie tend à se rapprocher beaucoup de celle de l'Européen. La robe est fine et soyeuse. Toutes les couleurs et motifs sont acceptés. La race n'est que partiellement reconnue aux États-Unis. En France, elle est reconnue par le L.O.O.F.

REX SELKIRK

Rex Selkirk

Surnommé « chat mouton », le Rex Selkirk est apparu en 1987, aux États-Unis, dans une portée de chats de gouttière. Le premier sujet de cette race est en effet le résultat d'une mutation inattendue intervenue lors de l'accouplement d'une femelle à fourrure normale et d'un père bouclé, inconnu. Par la suite, plusieurs mariages audacieux ont permis d'affiner la race dont le gène s'est révélé unique en son genre et totalement nouveau. Ce gène étant dominant, il suffit que l'un des parents en soit porteur pour qu'il se transmette. La race du Rex Selkirk comporte peu de sujets aux États-Unis où elle a été reconnue par la C.F.A. La France l'a reconnue en 1991.

Rex Selkirk
La fourrure de ce chat comporte trois types de poils : de jarre, de garde et un sous-poil.

Ojos Azules
Seul impératif, ce chat, né d'une mutation spontanée, doit avoir les yeux bleus, tandis que sa robe peut se décliner dans toutes les couleurs et marques existantes.

Sibérien
Grand et massif, le Sibérien rappelle beaucoup le chat des Forêts norvégiennes.

D'un caractère débonnaire et débrouillard, le Rex Selkirk est un gros chat à forte ossature (proche du type British Shorthair), qui se distingue par une épaisse fourrure aux boucles bien séparées couvrant tout le corps. Les moustaches et les sourcils, en harmonie avec les poils, sont eux aussi bouclés. Pour la couleur de la robe et des yeux, toutes les teintes sont acceptées. Caractéristique propre à la race, le Rex Selkirk possède les trois types de poils (de jarre, de garde, et sous-poil). Sa tête est large, équilibrée avec de lourdes mâchoires, un museau carré dont le nez busqué et le stop lui donnent un profil unique. La silhouette se termine par une queue épaisse, moyenne à longue.

Il existe deux variétés de Selkirk, à poil court et à poil mi-long.

SIBERIAN

Sibérien

Né dans les froides contrées de Sibérie, ce chat est arrivé en Europe occidentale dans les années 80. Les Américains, séduits, ont importé plusieurs sujets en 1997 pour en lancer l'élevage. Le Sibérien est grand et massif. Sa tête large forme un triangle arrondi. Ses grands yeux, presque ronds, sont disposés légèrement en oblique. La robe, de modérément longue à longue, est reconnue dans toutes les couleurs par le L.O.O.F., sauf le lilas et le chocolat. Les colourpoint se nomment Neva-Mascarade.

Ce chat très rustique adore sortir par tous les temps. Vif, intelligent et caressant, il possède aussi de grandes facultés d'adaptation.

SNOWSHOE

Snowshoe

Comme son nom l'indique, la caractéristique du Snowshoe est d'avoir les pattes chaussées de blanc. La race a été créée par des éleveurs américains à partir de croisements entre des Siamois et des American Shorthair particolores. De taille moyenne, le Snowshoe est un chat à poil court, bien équilibré, musclé et élégant qui ressemble à l'ancien Siamois. Il possède plusieurs couleurs de robe : seal, bleu, chocolat et lilas, et existe en trois versions : bicolore, gantée et colourpoint. Le Snowshoe est rare, y compris aux États-Unis, mais la race est reconnue par plusieurs associations félines dans le monde, notamment par la T.I.C.A.

Sokoke
Ces trois chatons, à la superbe robe tabby et aux oreilles ornées d'un plumet, ont la beauté sauvage de leurs ancêtres du Kenya.

Snowshoe
Comme son nom l'indique, ce nouveau chat, créé par des éleveurs américains, porte de jolis chaussons blancs.

SOKOKE

Sokoke

Une portée de chats du Kenya adoptée par une Anglaise est à l'origine de cette race, introduite en Europe en 1984 par une éleveuse danoise.
Le Sokoke est un chat à poil court, de corpulence moyenne, à la morphologie tubulaire. Svelte, bien musclé, il possède de longues pattes élastiques. Sa petite tête est surmontée de grandes oreilles dotées de plumets. Sa robe présente un splendide dessin tabby marbré avec une base plus ou moins foncée et un ticking donnant l'impression d'un pelage saupoudré de couleurs. Le Sokoke a été officiellement reconnu par la F.I.Fe en 1993. Le L.O.O.F. le reconnaît également, mais ce chat reste très peu répandu.

Thai
Ancêtre du Siamois, le Thai doit conserver son apparence rustique.

THAI

Thai

Le Thai qui est l'ancêtre du Siamois doit rester rustique et surtout ne pas ressembler au Siamois du type actuel. Le strabisme et les irrégularités de la queue ne sont pas souhaités, mais sont tolérés. La tête est triangulaire, mais aux angles arrondis. Les yeux bleus sont en forme de citron, le corps ferme montre une forte musculation. La robe est courte, mais épaisse au toucher. Elle existe dans les couleurs de base du Siamois, également en tabby point, et dans quelques autres : Red, crème etc.
Les effectifs de Thai en Europe sont encore très faibles. Il semble que son caractère soit proche de celui du Siamois.

YORK CHOCOLATE

York chocolat

Cette nouvelle race est apparue aux États-Unis dans les années 80. Elle doit son nom à la ville de New-York et à sa couleur brune. On ne connaît pas exactement ses origines, mais l'on sait que les premiers sujets étaient des poils longs avec des ancêtres siamois anciens du type Thai. Ce sont ces derniers qui auraient introduit la couleur chocolat. La tête est presque ronde, les yeux vont de l'or au vert. Le corps est entre le type oriental et étranger. La robe est moyennement longue et la queue bien touffue. Les couleurs acceptées sont le chocolat et le lilas et ces mêmes couleurs en bicolore.
Ce chat est un bon compagnon, vif et très proche de son maître.

York chocolat
Ce chat d'aspect robuste, à l'épaisse fourrure, sait être d'agréable compagnie.

Chats domestiques communs

Cet hommage au chat ne serait pas complet s'il ne présentait enfin celui qui, sans prétendre à concurrencer ses cousins de race, reste le plus répandu des petits félins domestiques : notre ami le chat de gouttière.

Des chats « sans race »

Les termes de « bâtard » (animal dont l'un des parents seulement est de race) et de « corniaud » (animal dont aucun des parents n'est de race), qui sont d'un usage classique en cynotechnie, n'ont pas d'équivalent en félinotechnie. Cela est peut-être dû au fait que la population des chats domestiques communs, à cause de sa relative homogénéité, a très tôt été considérée comme une race, au même titre que l'Angora ou le Chartreux.

Avec l'avènement de la félinotechnie moderne, au XIXe siècle, le statut de race, au sens « esthétique » du terme, n'a plus été accordé qu'aux populations félines faisant l'objet d'un élevage sélectif, munies d'un standard et reconnues par les associations félines.

Pour s'adapter à cette nouvelle conception, une partie des chats domestiques communs ont dû répondre à ces exigences pour acquérir leurs lettres de noblesse. Mais les choses sont allées plus ou moins rapidement selon les pays.

C'est ainsi que le chat domestique commun a donné directement naissance au British Shorthair dès la fin du XIXe siècle en Grande-Bretagne, puis à l'American Shorthair en 1961 aux États-Unis, et à l'Européen à poil court en France, en 1983.

Il n'en reste pas moins que l'essentiel de la population féline – environ 10 millions d'individus en France – est encore constitué par des chats communs tout-venant, alias chats de gouttière, ou « greffiers »…

Par rapport à leurs homologues « anoblis », les chats communs tout-venant ne répondent souvent pas à toutes les exigences des standards auxquels ils devraient correspondre : couleur des yeux mélangée, mauvaise association de la couleur des yeux avec celle de la robe, dessins de la robe incorrects, morphologie non conforme au standard sur certains points, etc. Soulignons cependant que, en France, les ponts ne sont pas tout à fait rompus entre chats « roturiers » et chats de race : le Livre des origines de l'Européen à poil court est en effet encore ouvert, ce qui signifie qu'un chat commun tout-venant, mais correspondant bien au standard, peut être inscrit au Registre initial et expérimental (R.I.Ex.) et voir, à terme, sa descendance entrer au Livre des origines.

Les risques de « contrefaçons »

Une dernière remarque doit être faite concernant les risques de « contrefaçons ». En effet, certains chats communs ont eu dans leur ascendance un ou plusieurs parents de race. On peut trouver ainsi des chats communs au pelage bleu, d'autres avec un poil mi-long ou long, d'autres enfin avec la pigmentation et les yeux bleus typiques des colourpoint. Mais attention, ce ne sont pas pour autant, respectivement, des Chartreux, des Chats des forêts norvégiennes, des Angoras ou des Siamois. Parfois, pourtant, il faut admettre que la concordance avec les standards des races en question peut être troublante. En dernier recours, seules l'existence et l'analyse du document officiel que constitue le pedigree permettront de trancher en dévoilant la généalogie du sujet posant problème.

Le LO.O.F. fait concourir les « sans race » dans la catégorie « chat de maison ». Ils ont leur chance s'ils possèdent une belle robe, s'ils sont harmonieux, équilibrés et en bonne forme.

Chat de maison tabby tigré roux
On prête aux chats rouquins un tempérament particulièrement doux et caressant.

Chat de maison bleu silver tabby
Le pedigree n'est pas indispensable pour hériter d'une robe aux tons subtils.

Chat de maison bleu et blanc
Ce chat sympathique est aussi très beau dans sa fourrure gris-bleu, ornée d'un plastron blanc.

CHAPITRE 6

Connaître son chat

L'apparence extérieure du chat

La morphologie est une science descriptive mise au point au XVIIIe siècle pour le cheval, puis adaptée au chien, qui permet, sur des critères objectifs prédéterminés, de classer les animaux en fonction d'un but fixé. Autrefois essentiellement utilitaires, ces buts sont aujourd'hui, pour le chat, surtout esthétiques.

La tête

Comme chez tous les mammifères domestiques, la tête du chat est certainement la partie du corps la plus sujette à variations. Ainsi, les nombreux repères qui s'y trouvent sont-ils importants sur le plan morphologique et esthétique. Le *stop* est le point morphologique central de la tête, il marque la séparation entre le crâne (siège du système nerveux central) et la face. Selon les chats, il peut être soit très marqué et former une marche très nette, chez le Persan par exemple, soit être pratiquement absent comme chez le Siamois. En avant du stop, l'espace allant jusqu'à la truffe s'appelle le *chanfrein* ; et celui qui, en arrière du stop, va jusqu'entre les oreilles se nomme le *front*. Leur importance relative décrit bien la morphologie de la tête et ce rapport est souvent utilisé dans les standards de races. La distance entre les arcades zygomatiques, reliefs osseux très nets toujours palpables entre l'œil et l'oreille, définit la largeur de la tête, paramètre précis complémentaire des deux précédents. Associé à la largeur, on parle aussi souvent de *tour de tête*. Celui-ci correspond au cercle passant par le front, les arcades zygomatiques et la gorge.

Yeux, oreilles, truffe

• **Les yeux.** Placés dans un plan relativement antérieur pour un carnivore (la face étant plus développée, le loup et la fouine par exemple ont les yeux rejetés plus latéralement), les yeux du chat ont une forme en amande plus ou moins marquée selon les races. Cette forme en amande délimite deux angles, l'angle interne et l'angle externe de l'œil.

Contrairement à la plupart des autres espèces domestiques, chez le chat, la couleur des yeux, portée par l'iris, constitue un élément important dans la description des races. Cette couleur, jaune orangé ou vert ou bleu le plus souvent, est particulièrement visible en pleine lumière lorsque la pupille est contractée sous la forme d'une fine fente verticale.

• **Les oreilles.** Alors que chez le chien les oreilles peuvent prendre de nombreuses positions et formes, chez le chat elles apparaissent relativement uniformes d'un individu à l'autre, quelle que soit sa race. Elles peuvent, au plus, être plus ou

Les différents types de têtes du chat
Dans le cas du chat, la tête est sans doute la partie du corps la plus sujette à variations.

LA MORPHOLOGIE DU CHAT

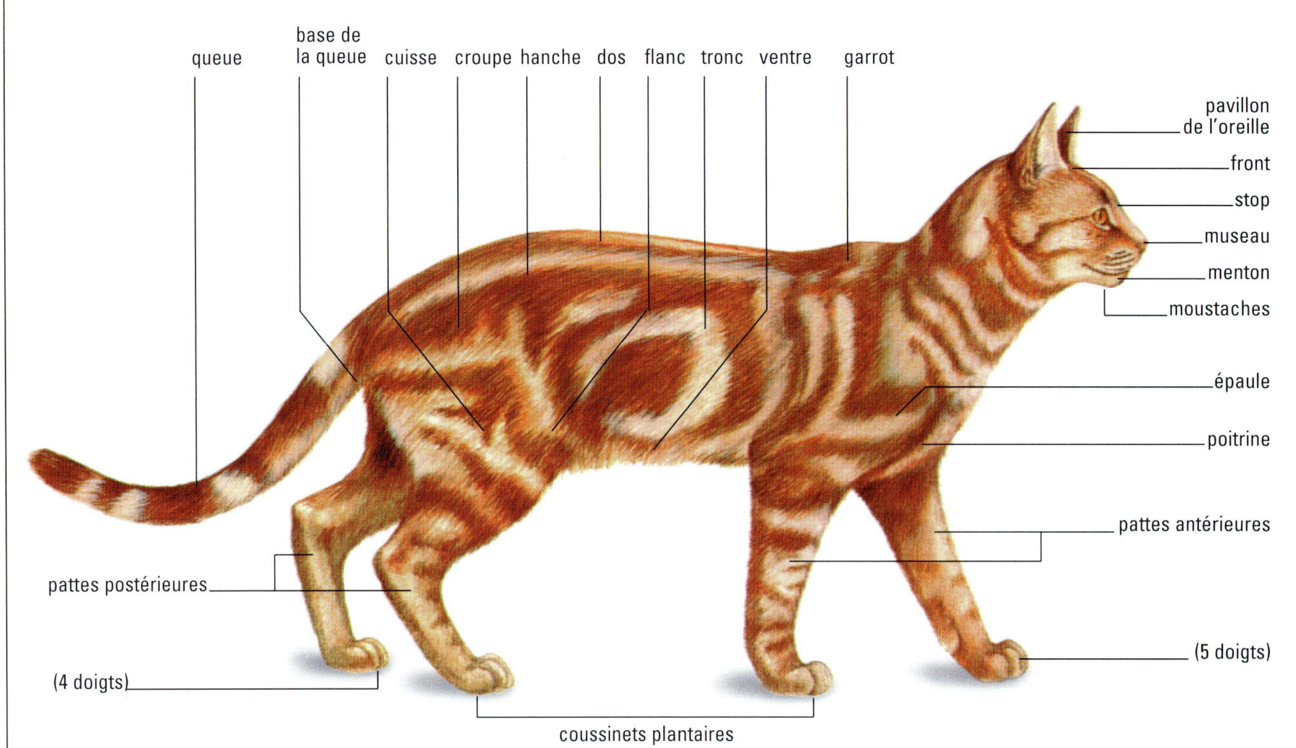

Tête type oriental, à profil convexiligne

Absence de stop

Tête type européen, à profil rectiligne

Stop moyen

Tête type persan, à profil concaviligne

Stop très marqué

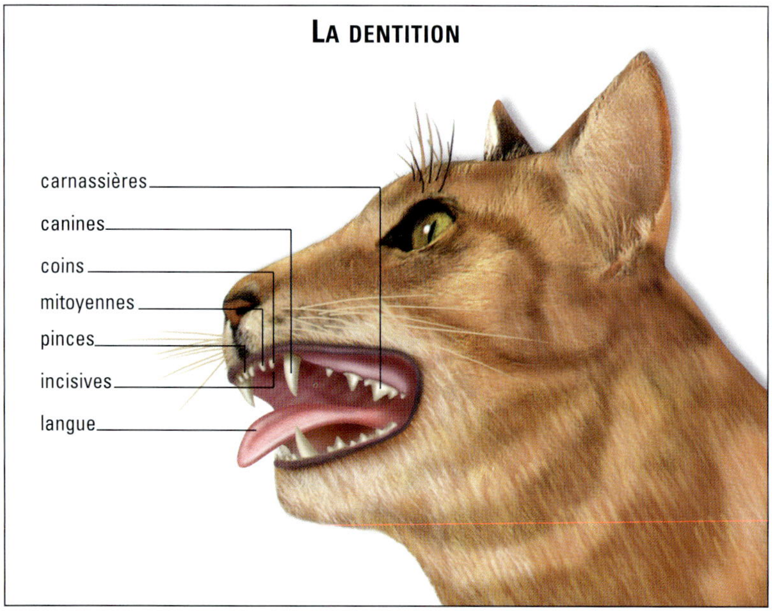

Couleur des yeux, du nez, des coussinets

Ces trois éléments comportent une étonnante diversité de pigmentation chez le chat commun. Pour les chats de race, répondant à des standards, la diversité est moindre, et il existe des contraintes précises à respecter.

En effet, la grande diversité de couleurs des yeux chez les chats communs résulte souvent d'un mélange de couleurs au niveau des iris. De tels mélanges sont prohibés chez les chats de race qui doivent avoir une couleur pure des iris. Selon les races, le standard accepte une seule ou plusieurs couleurs. La liste des couleurs autorisées chez les chats de race se trouve assez limitée : orange ou cuivre, jaune ou or, vert noisette, vert, bleu clair, bleu foncé. Les yeux impairs, ou vairons, constituent un cas particulier en associant un œil à iris orange et un œil à iris bleu clair. Paradoxalement, de grandes lacunes existent actuellement sur la génétique de la couleur des yeux chez le chat. Seules quelques grandes lois sont connues, comme le fait que le bleu foncé est associé à la robe de type colour-point.

En pratique, de longues années de sélection ont été nécessaires pour obtenir les couleurs pures et très intenses des beaux sujets de concours. Les éleveurs évitent donc tous mariages pouvant détruire cette harmonie.

Concernant la couleur du nez et des coussinets, il convient de savoir que la pigmentation est corrélée à celle du pelage, ce qui n'empêche pas qu'elle soit très précisément décrite dans les standards.

Ainsi, la pigmentation du nez et des coussinets est noire si le pelage est noir, bleu ardoise si le pelage est bleu, rose foncé si le pelage est roux, etc.

moins écartées en fonction de la largeur de tête, exceptionnellement repliées à la pointe comme c'est le cas chez le chat de race Scottish ou incurvées comme chez l'American Curl. Le pavillon (partie externe et seule visible de l'oreille), très mobile, est plus ou moins recouvert de poil selon les races. Néanmoins, le poil y est toujours plus court que sur les autres parties du corps.

• **La truffe.** Toujours humide, plus ou moins pigmentée et portant les narines, la truffe est séparée de la bouche par le philtrum, lieu où les deux lèvres supérieures fusionnent incomplètement. Ces lèvres supérieures portent des vibrisses (moustaches) sur quatre ou cinq rangées. On retrouve également des vibrisses au-dessus des yeux et sous la bouche. Ces longs poils, richement innervés à leur base, ont un rôle tactile primordial dans les mouvements de tête et de gueule : ils informent le chat de la position d'éventuels obstacles, de la largeur d'un passage, de la position et des mouvements en bouche d'une proie… autant de renseignements importants pour le prédateur nocturne qu'est le chat.

Une dentition de carnassier

• **Une dentition particulièrement adaptée.** La bouche, ou gueule chez les carnivores, s'ouvre largement sur une dentition remarquable, modèle d'évolution et d'adaptation à un régime carnassier strict. Elle se caractérise par le développement exceptionnel des canines et de certaines molaires, les carnassières, conférant à l'ensemble une efficacité redoutable pour prendre et couper les aliments. Le chat adulte compte en tout 30 dents, soit par demi-mâchoire : trois incisives, une canine, trois prémolaires et une molaire au maxillaire, deux prémolaires et une molaire à la mandibule. Les incisives sont très petites et ont un rôle mineur. Les incisives centrales sont appelées les « pinces », celles immédiatement latérales, les « mitoyennes » ; enfin, les plus latérales sont nommées les « coins ». En arrière des canines se trouvent des prémolaires et des molaires, mais, chez les carnivores dont fait partie le chat, ces dents s'organisent autour d'une paire de dents très particulières : les carnassières, constituées de la troisième prémolaire supérieure et de la première molaire inférieure.

• **Les carnassières.** Ces véritables cisailles naturelles sont les dents les plus importantes chez le chat domestique, les canines ne lui servant plus à tuer ses proies. Les dents en avant des carnassières sont dites « précarnassières » et celles en arrière, « tuberculeuses ». En fait, chez le chat, il n'existe qu'une seule dent tuberculeuse, la molaire supérieure, dont le rôle est très rudimentaire puisque le chat sectionne ses aliments plus qu'il ne les broie. La carnassière supérieure possède trois racines divergentes la rendant plus difficile à arracher que les autres dents en cas d'abcès. Ces abcès sont cependant très fréquents lorsque le tartre, trop abondant et non retiré régulièrement par un détartrage, déchausse partiellement la dent. Lorsque la gueule est fermée, les incisives doivent normalement s'affronter, la canine inférieure passe en avant de la supérieure alors que toutes les prémolaires et molaires supérieures viennent recouvrir latéralement les inférieures. Par rapport à cet affrontement normal, la déviation la plus fréquente est celle où la mandibule dépasse en avant le maxillaire, comme cela arrive assez fréquemment chez le Persan.

• **La dentition lactéale.** Comme chez tous les mammifères, la dentition adulte est précédée d'une dentition dite « lactéale », qui ne comporte que 26 dents, les molaires faisant défaut. Cette première dentition apparaît vers la troisième semaine pour les incisives et les canines et vers la septième semaine pour les prémolaires. Chez le chaton, la carnassière est constituée de la troisième prémolaire supérieure et de la deuxième prémolaire inférieure. Ces dents lactéales, très pointues, sont remplacées entre les âges de 4 et 7 mois sans s'être véritablement usées. Le remplacement commence par les incisives et les canines avant de gagner plus tardivement les dents postérieures. Ces épisodes d'éruption et de remplacement dentaires sont les uniques moments où l'on peut déterminer l'âge d'un chat à partir de sa morphologie dentaire. En effet, contrairement au cheval ou au chien, les dents s'usent très peu et n'offrent pas de caractéristiques spécifiques d'une période donnée de la vie de l'animal.

Tronc, membres et queue

L'encolure, reliant tête et tronc, présente peu de repères importants ; en revanche, le tronc en est riche, non pas tant sur le plan de la morphologie purement esthétique que pour la compréhension des bases de l'anatomie et de la physiologie.

Le tronc

Le garrot, point universellement utilisé pour mesurer la taille des mammifères quadrupèdes, est certainement le repère le plus connu. À l'arrière du garrot suivent le dos, le rein puis la croupe. Le dos soutient le thorax ; le rein, l'abdomen et le ventre ; la croupe, le bassin. L'hypocondre, ou arc costal, est la ligne unissant l'arrière des dernières côtes ; cette ligne sépare morphologiquement le thorax de l'abdomen. Il est à noter que certains termes empruntés au vocabulaire courant sont ici ambigus : le rein représente en morphologie la région lombaire et non l'organe sécrétant l'urine ; de même, la hanche représente un des reliefs du bassin et non l'articulation avec le fémur.

Les membres

La plupart des mots utilisés pour l'extérieur des membres décrivent des reliefs osseux, très nombreux et très précis. Utiles chez le cheval et le chien pour prendre des mesures, décrire des lignes ou calculer des angles, ils sont peu employés chez le chat. Seule la forme générale des mains et des pieds a une importance relative en morphologie féline. En effet, généralement ramassées, les extrémités des membres peuvent être plus ou moins rondes selon les races. Ces différences raciales sont souvent plus marquées au niveau des postérieurs.

La queue

Elle présente peu de variations morphologiques d'une race à l'autre. Contrairement au chien pour lequel les ports de queue sont nombreux, on ne peut guère noter chez le chat que des variations de longueur. Les chats de type persan ont généralement la queue un peu plus courte que les autres. Mais la seule véritable modification importante concernant la queue est celle que présente le chat de l'île de Man, puisque celui-ci en est dépourvu.

Trois types de chat

À partir des bases morphologiques précédentes on peut regrouper toutes les races de chat en trois grands types : le type dit médioligne, ou moyen,

Un polymorphisme limité
Par sa morphologie, le chat paraît encore modelé à l'image de ses lointains cousins sauvages. Il a aussi cette démarche cadencée et nonchalante propre aux félins.

Chat de proportion longiligne (type oriental)

Chat de proportion médioligne (type européen)

Chat de proportion bréviligne (type persan)

intermédiaire entre le type convexiligne, dit aussi « longiligne », et le type concaviligne, dit également « bréviligne ».

• **Le type longiligne.** Convexiligne en profil, il se distingue par un stop effacé, une ligne de chanfrein qui s'allonge, donnant l'impression que la tête s'étire ; celle-ci devient triangulaire vue de face ou du dessus. Le crâne est plat et peu large ; les oreilles sont grandes, larges à la base, pointues à l'extrémité et implantées haut sur la tête, assez proches l'une de l'autre. Les yeux sont nettement en amande. La forme générale du corps est élancée, avec une ossature et une musculature fines et des pieds petits. Le cou, les membres et la queue s'allongent. Ce type est celui du Siamois, mais aussi celui du Rex, du Burmese ou de l'Oriental.

• **Le type médioligne.** Il se caractérise par un stop peu marqué, des lignes de front et de chanfrein parallèles (profil rectiligne), un front large mais arrondi (de face, la tête tend à s'inscrire dans un trapèze), des yeux modérément en amande, des formes générales équilibrées et musclées. Ce type est représenté par le chat Européen, mais aussi par l'Abyssin ou le Somalien.

• **Le type bréviligne.** Il se caractérise par un stop marqué, un chanfrein très court traduisant des cavités nasales réduites. Le front est large et bombé, les yeux plus ronds et très écartés, et les oreilles, petites et arrondies aux extrémités, sont implantées éloignées l'une de l'autre, assez bas sur la tête. La tête, dans son ensemble, apparaît plus plate et plus large et pourrait s'inscrire dans un cercle, voire un rectangle. La silhouette est par ailleurs massive, la musculature, compacte ; les membres, à ossature forte, et la queue sont plus courts, les mains, rondes et ramassées. Ce type comprend tous les Persans.

Chez le chat, les intermédiaires entre ces types de base sont nombreux, aussi les classifications ne sont-elles pas toujours très aisées. D'une façon générale, le polymorphisme chez le chat tient surtout à la multiplicité des robes et des couleurs plutôt qu'à la multiplicité des formes, contrairement à ce qui se passe chez le chien.

Les différents types de corps du chat

Quoique d'une morphologie relativement homogène quelle que soit la race, le chat peut être classé selon trois catégories principales : type oriental, type européen, type persan.

Locomotion et allures

Appliqué au chat, l'examen de l'anatomie et de la physiologie permet de mieux comprendre les besoins non seulement viscéraux d'un carnivore strict, mais aussi comportementaux d'un prédateur sédentaire et solitaire. En effet, ces qualificatifs hérités des félins sauvages qui furent ses ancêtres se retrouvent encore aujourd'hui à tous les niveaux de l'organisation anatomique, physiologique et psychologique du chat.

L'appareil locomoteur

L'étude de l'appareil locomoteur comprend celle du squelette puis celle des muscles. L'ensemble atteint chez le chat un degré d'adaptation exceptionnel à la chasse à l'affût en solitaire. Pour enchaîner ses allures, ou modes de déplacement, le chat ne dispose pas, contrairement au cheval, de séquences acquises et automatiques dès la naissance, et, contrairement à l'homme, tout ne nécessite pas pour lui un long apprentissage.

Le squelette

• **Les vertèbres.** Fort de quelque 250 pièces, le squelette est, comme pour tous les vertébrés, centré sur un axe principal, la colonne vertébrale, constituée chez le chat de sept cervicales, treize thoraciques, sept lombaires, trois sacrées soudées et une vingtaine de vertèbres coccygiennes. Si cet enchaînement est classique chez les mammifères, la morphologie de ces vertèbres est plus particulière aux carnivores : vertèbres cervicales et lombaires volumineuses, aux surfaces articulaires très arrondies, aux lieux d'insertions musculaires saillants. Ainsi structurées, les vertèbres du chat peuvent supporter des mouvements amples et puissants.

Les vertèbres thoraciques, bien que deux fois plus nombreuses que les cervicales et les lombaires, ne constituent pas un segment plus long. Beaucoup plus courtes, elles assurent la cohésion de la cage thoracique, support de l'appareil cardio-respiratoire. Cette cage est peu développée chez le chat : celui-ci est plus adapté aux courses rapides reposant sur une musculature puissante qu'aux longs parcours exigeants en oxygène. Les neuf premières thoraciques se distinguent par un relief médian dorsal très développé et facilement palpable : le processus épineux. L'ensemble de ces processus forme en extérieur la région du garrot. La cage thoracique est formée de treize paires de côtes incurvées dont neuf rejoignent le sternum.

• **La tête.** Elle forme un ensemble complexe, constitué d'os plats répartis autour de deux grandes cavités : la cavité encéphalique et la cavité faciale. Ainsi, on distingue des os dits « du crâne » (l'os occipital, l'os pariétal et l'os temporal sont les plus connus) et des os dits « de la face » (maxillaire, frontal, incisif, nasal, zygomatique et mandibule, pour les plus importants). Bien que l'aspect global de l'ensemble soit toujours globuleux quelle que soit la race, les os de la face peuvent subir des variations raciales significatives. Les cavités nasales abritent les cornets nasaux, fines lamelles osseuses dont les circonvolutions nombreuses sont tapissées des muqueuses nasale et olfactive. Chez le chat dont l'odorat est pourtant développé, ces cavités sont assez réduites, rendant les affections des voies respiratoires supérieures fréquentes et graves. Par ailleurs, le conduit lacrymal se trouve souvent obstrué en raison d'un parcours sinueux dans un espace restreint.

• **Le membre antérieur.** Il a pour particularité de ne pas avoir d'articulation vraie avec le tronc : la clavicule est rudimentaire chez le chat, et la scapula (omoplate) est uniquement plaquée contre le thorax et n'est maintenue que par de puissants muscles. L'enchaînement gauche-droite des mouvements de la scapula donne aux félins cette démarche à la fois cadencée et nonchalante qui leur est propre.

L'os du bras, l'humérus, présente un relief proéminent, le tubercule majeur, qui permet de situer très précisément l'articulation de l'épaule à la palpation, une articulation très souple et peu exposée aux traumatismes. L'ensemble du bras est bien dégagé du tronc, ce qui lui confère une grande souplesse de mouvement.

L'avant-bras est constitué de deux os plus ou moins accolés, le radius et l'ulna (cubitus), qui, contrairement à l'homme, ne peuvent pivoter complètement l'un sur l'autre pour faire tourner la main de 180°, mais peuvent la tourner à 90°, ce qui est suffisant pour jouer avec un bouchon ou gifler une proie.

La main est formée du carpe, puis du métacarpe, et enfin des doigts au nombre de cinq, mais dont le pouce ne possède que deux phalanges au lieu de trois. La dernière phalange de chaque doigt a la forme de la griffe qu'elle soutient ; elle est reliée à la deuxième phalange par un petit ligament élastique dorsal qui la rétracte automatiquement en position relevée aussitôt que la contraction active des muscles fléchisseurs cesse.

• **Le membre postérieur.** Il présente d'abord une ceinture pelvienne puissante, formée par la fusion de trois os : l'ischium, le pubis et l'ilium. Les deux ailes de l'ilium s'appuient sur le sacrum et délimitent la région de la croupe alors que les deux ischiums et les deux pubis controlatéraux fusionnent, délimitant la paroi ventrale du bassin. Le bassin s'articule avec le fémur au niveau d'une cavité hémisphérique, l'acetabulum, qui répond à la tête fémorale. Le fémur, os rectiligne de la cuisse, possède un relief palpable, le trochanter, situé latéralement à la tête fémorale. Le grasset, articulation complexe, unit le fémur à l'ensemble tibia et patella (rotule) d'une part, et à la fibula (péroné), d'autre part. Le pied s'organise, comme la main, en trois segments : le tarse, ensemble de petits os dont le plus latéral (le calcaneus) fait saillie en arrière du jarret pour former la pointe du jarret ; le métatarse, puis les doigts, qui, au nombre de quatre, voient disparaître le pouce.

Les muscles

Ils sont très nombreux (environ 500) et inégaux quant à leur importance fonctionnelle, aussi vaut-il mieux présenter les plus importants selon leur rôle plutôt que d'en faire la liste exhaustive :

- **Muscles peauciers de la face.** Très fins, situés juste sous la peau, ils impriment à la face son expression. Très importants dans l'étude du comportement ou en neurologie, ce sont eux qui permettent de coucher les oreilles, fermer les paupières, montrer les dents…
- **Muscles mobilisant la mandibule.** Alors que le muscle digastrique fait s'ouvrir très largement la mandibule, temporal, masséter et ptérygoïdien la font se fermer avec une efficacité redoutable.
- **Muscles fléchisseurs de l'encolure.** Ce sont les muscles braciocéphalique, sternocéphalique et cervicaux ventraux. Nombreux et complexes, ils ont des rôles multiples, font pivoter la tête, mobilisent l'épaule vers l'avant, etc.
- **Muscles extenseurs de la colonne vertébrale.** Ils composent la masse commune des lombes et des muscles cervicaux dorsaux, participant activement à la détente lors des bonds ou des courses ; s'ils se contractent indépendamment du côté droit ou du côté gauche, ils permettent les changements de direction rapides.
- **Muscles fléchisseurs des lombes.** Muscles abdominaux (oblique externe, interne et droit de l'abdomen) et muscle psoas sont tout aussi indispensables à l'expression de la puissance et de la souplesse de la colonne vertébrale.
- **Muscles extenseurs du bras.** Brachiocéphalique, supraépineux allongent la foulée en engageant le membre loin en avant et préparent la réception après un bond.
- **Muscles fléchisseurs du bras.** Grand dorsal, triceps brachial, pectoral ascendant chassent le sol en arrière dans les courses rapides. Très puissants, ils participent également au grimper.
- **Muscles extenseurs de l'avant-bras.** Le triceps brachial, le muscle le plus puissant du membre antérieur, assure le rôle propulseur principal en fléchissant le bras et en étendant l'avant-bras.

Le squelette du chat

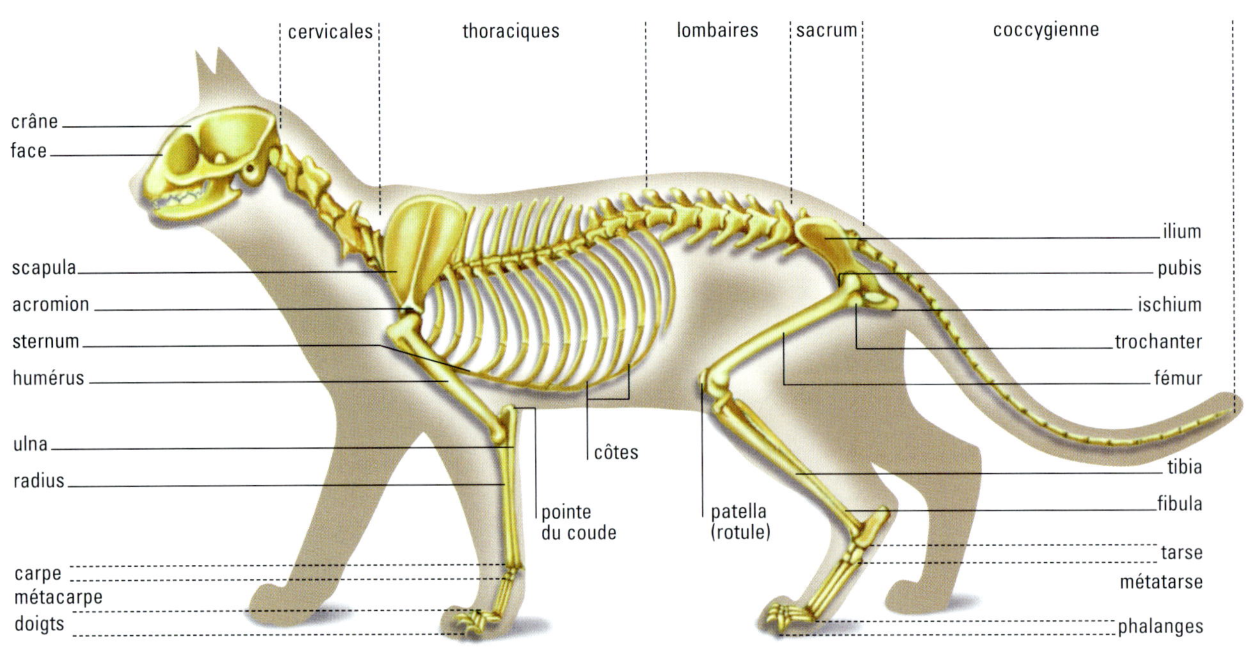

• **Muscles fléchisseurs de l'avant-bras.** Biceps et biceps brachial préparent surtout la phase de réception des membres au sol après la phase active de propulsion assurée par les muscles extenseurs.

• **Muscles extenseurs de la main.** Les antébrachiaux craniaux mettent la main en position avant le contact au sol. Ils expriment la faculté du système nerveux central à percevoir la position instantanée dans l'espace des extrémités et à orienter de façon réflexe la main ou le pied de manière adéquate.

• **Muscles fléchisseurs de la main.** Les antébrachiaux caudaux contribuent à chasser le sol vers l'arrière lors de la propulsion (l'un d'eux, le muscle fléchisseur profond des doigts, permet au chat de sortir volontairement ses griffes, maintenues normalement rétractées par un petit ligament dorsal).

• **Muscles extenseurs de la cuisse.** Parmi ceux-ci, les fessiers, très puissants, ont un rôle propulseur primordial.

• **Muscles extenseurs de la jambe.** Le quadriceps fémoral est en grande partie responsable de l'amplitude exceptionnelle des sauts que peut accomplir le chat.

• **Muscles fléchisseurs de la jambe.** Les muscles dits « ischiotibiaux » ramènent le membre près du corps après la phase de propulsion.

• **Muscles fléchisseurs du pied et extenseurs des doigts.** Les tibiaux craniaux, comme leur homologue du membre antérieur, mettent le pied en position avant la prise de contact au sol.

• **Muscles extenseurs du pied et fléchisseurs des doigts.** Les tibiaux caudaux participent également à la propulsion, mais sont moins puissants que le quadriceps ou les fessiers.

• **Muscles de la queue.** Ils sont nombreux à lui donner toute sa mobilité, lui permettant de jouer un rôle d'équilibration et d'expression comportementale très important.

Les allures

Le chat, grâce à l'ensemble de l'appareil locomoteur, s'anime principalement selon trois allures : le pas, allure la plus lente où il conserve en permanence trois appuis au sol, le trot, allure intermédiaire, et le galop, allure la plus rapide.

Si cette classification est satisfaisante pour le cheval, elle apparaît insuffisante pour le chat tant la variété de ses déplacements est grande. Si, en ligne droite, un chat se déplace effectivement selon ces trois allures, en situation réelle dans la nature, il bondit, vire à 90° en un mètre, se tapit, rampe, etc., illustrant ainsi parfaitement la richesse de comportements d'un prédateur. Néanmoins, chacune de ses allures peut être décompo-

La musculature du chat

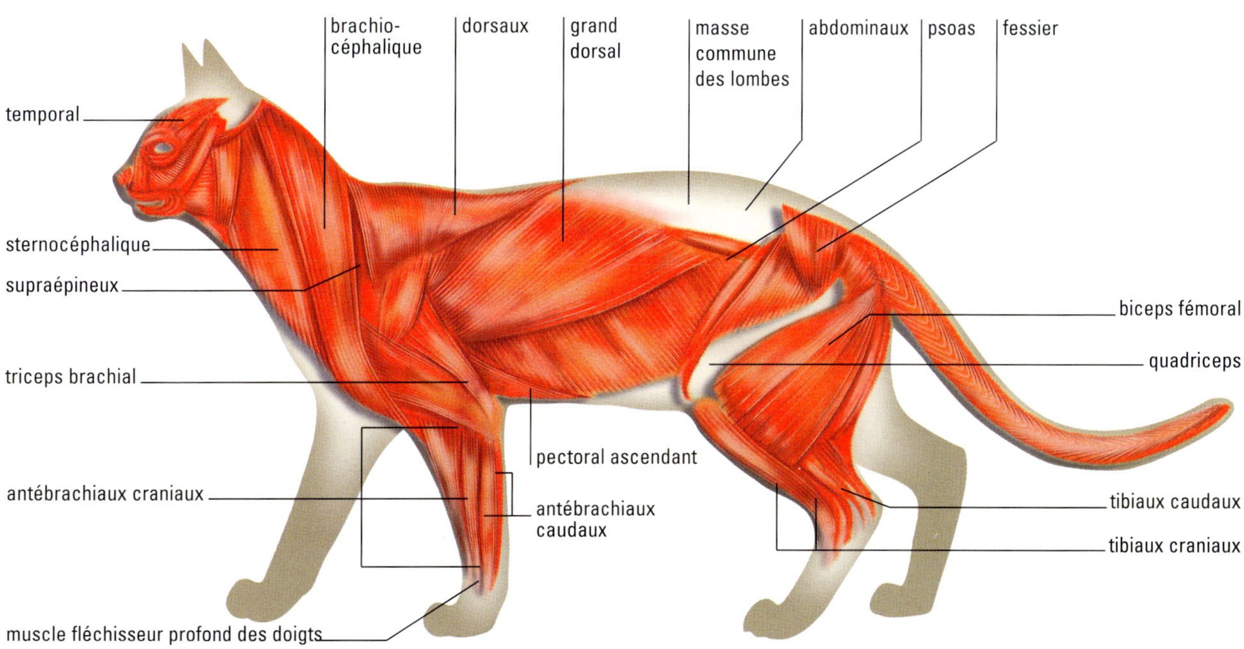

Déroulement d'une séquence de bond
Grâce à sa capacité de détente musculaire, le chat bondit de façon spectaculaire. Il sait aussi adapter son saut selon les obstacles, en préparant soigneusement sa position avant de s'élancer.

sée et analysée en termes de mécanique musculaire dont la séquence élémentaire, pour un membre, est la même quelle que soit l'allure.

L'enchaînement de toutes ces formes possibles de déplacement est sous la dépendance du système nerveux central, qui adapte des séquences réflexes aux circonstances du milieu environnant. De ce point de vue, le chat est à mi-chemin entre l'homme et le cheval.

Le galop

Si l'on décompose le galop, on distingue tout d'abord la phase de suspension durant laquelle aucun membre ne touche le sol, puis la phase de sustentation durant laquelle le membre antérieur soutient le corps et prolonge l'élan, enfin la phase

Les griffes du chat

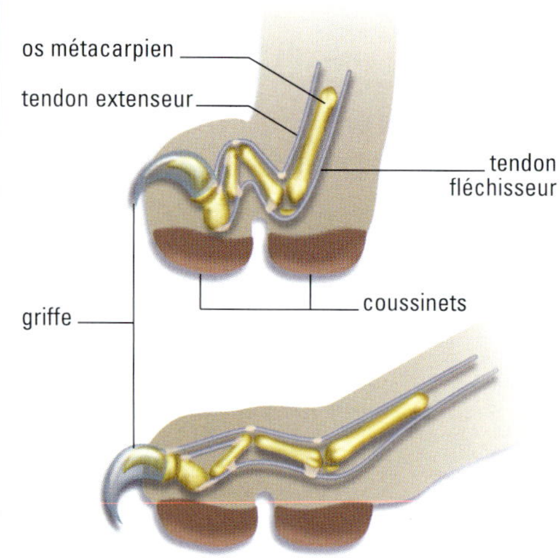

de propulsion durant laquelle le membre postérieur donne l'impulsion dynamique. Durant la phase de suspension, le membre antérieur se prépare à la réception. Le membre est engagé globalement vers l'avant, afin de chercher l'appui le plus loin possible. Durant la sustentation, le membre antérieur amortit l'appui, puis prolonge l'élan par contraction du triceps brachial et des antébrachiaux caudaux. Parallèlement à ce dernier stade, le train arrière s'engage sous le corps ; le membre s'étend afin d'allonger la foulée. La phase de propulsion voit les muscles les plus puissants de l'organisme entrer en action : fessiers et quadriceps fémoral. L'extension globale et violente du membre s'accompagne d'une extension de la colonne vertébrale qui accentue l'impulsion.

Le bond

Un mode plus original et tout à fait spectaculaire de déplacement du chat est le bond : après une longue phase d'approche en rampant, c'est souvent ainsi qu'il capture sa proie. Le bond est d'autant plus efficace et long que le regroupement préalable du corps est important. C'est pourquoi, avant chaque saut, le chat adapte sa position en plaçant par petits pas successifs ses postérieurs sous son corps. Il fléchit conjointement tous les rayons osseux, y compris la colonne vertébrale, afin de donner plus d'efficacité à la détente musculaire. Cette détente se fait grâce à la contraction simultanée de tous les muscles extenseurs de la colonne vertébrale et des membres postérieurs. Les membres antérieurs ne servent pratiquement qu'à orienter le saut et préparer la réception.

Appareils et organes

L'organisation interne des viscères du chat (estomac, foie, cœur, poumons, reins, utérus...) est comparable à celle des autres mammifères, et donc aussi à celle de l'homme. Passant de la simple description anatomique de ces organes à l'examen de leur fonctionnement en systèmes ou appareils, on constate cependant des particularités qui sont propres à notre petit ami félin.

L'appareil digestif

Le tube digestif est un vaste conduit qui, tout au long de son parcours, modifie et assimile certains constituants du bol alimentaire. Son anatomie dépend étroitement du régime alimentaire. Chez le chat, l'appareil digestif, et d'abord la bouche qui en constitue le point de départ, présente toutes les particularités spécifiques aux carnivores : dentition adaptée à la prédation, faible longueur de l'intestin, et glandes annexes (foie, pancréas) développées.

La digestion

Les aliments, à peine mastiqués et enduits d'une salive riche en mucus, sont orientés vers le pharynx, carrefour des voies respiratoire et digestive et organe de la déglutition. C'est à ce niveau que naît véritablement le tube digestif ; il commence par l'œsophage qui transporte, sans les transformer, les aliments jusqu'à l'estomac. La muqueuse de l'estomac sécrète, sur toute sa surface, le suc gastrique, très acide et contenant la pepsine : puissante enzyme qui participe à la digestion des protéines. Une couche de mucus protège la muqueuse de l'estomac de sa propre sécrétion, qui est assez agressive pour commencer à digérer des aliments volumineux et à peine mastiqués. Les plumes et les poils des proies avalées sont en général régurgités par vomissement. La durée du transit est normalement inférieure à 24 heures, mais elle dépend beaucoup du régime alimentaire. De plus, les aliments sont digérés presque totalement (un chat adulte rejette moins de 10 g de fèces par kilo de poids vif et par jour). Les deux glandes anales, situées ventralement et latéralement par rapport à l'anus n'ont, elles, aucun rôle dans la digestion, mais servent, par leur sécrétion très odorifère, caractéristique de chaque individu, au marquage du territoire et à la reconnaissance des chats entre eux.

Les troubles de la digestion

Les troubles de la digestion le plus fréquemment rencontrés chez le chat sont les vomissements et les diarrhées. La diarrhée peut être due à une intolérance ou à un changement alimentaire brutal. La présence d'aliments non digestibles dans l'estomac est l'une des causes les plus fréquentes de vomissement : outre les herbes avalées par le chat, il peut s'agir de poils, provenant soit de proies ingérées par l'animal, soit du léchage – surtout chez les races à poil long. L'abondance des poils du pelage du chat peut être aussi à l'origine de constipation si une quantité non négligeable passe dans l'intestin. Cette constipation peut même aller jusqu'à l'occlusion par formation de véritables bouchons de poils.

LES ORGANES DU CHAT

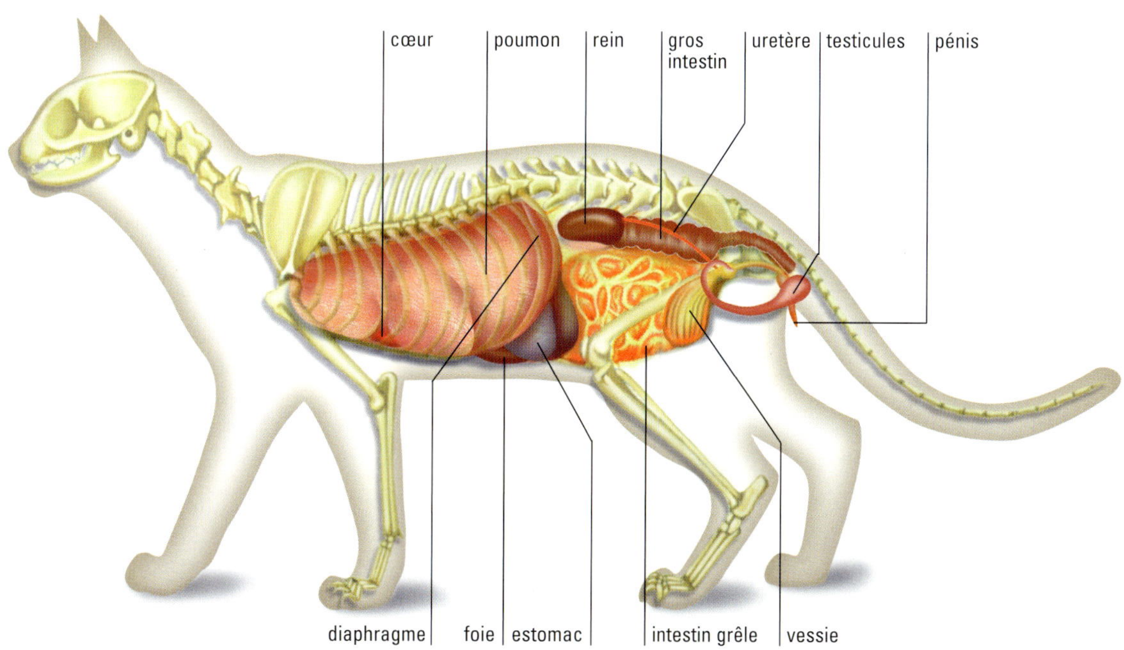

L'appareil cardio-respiratoire

Comme chez tous les mammifères, il est constitué d'un cœur et de deux poumons. Les cavités droites du cœur (oreillette et ventricule) reçoivent le sang de l'ensemble du corps et alimentent les poumons en sang riche en gaz carbonique, alors que les cavités gauches collectent un sang riche en oxygène provenant des poumons, qu'elles redistribuent à l'ensemble de l'organisme. Le cœur, globuleux, occupe une position médiane dans la cage thoracique entre la quatrième et la septième côte. La fréquence moyenne des battements du cœur est de 120 pulsations à la minute, mais elle peut atteindre plus de 240 (soit 4 par seconde !), lors d'efforts importants. Ces fréquences dépendent beaucoup de l'âge, de l'état d'embonpoint et émotionnel de l'animal. La fréquence respiratoire, au repos, est comprise entre 15 et 20 inspirations par minute. Chez le chat, la respiration est essentiellement de type abdominal : c'est le diaphragme qui assure le rôle actif essentiel lors de la ventilation. Ce type de respiration est adapté aux efforts brefs et violents, car, par des mouvements amples et rapides, il peut apporter dans un temps record une grande quantité d'oxygène.
Physiologiquement, le chat possède un cœur et des vaisseaux d'athlète : il peut s'adapter très rapidement à des situations de stress intenses, il peut courir à pleine vitesse alors qu'il semblait dormir une seconde auparavant, il ne souffre pas d'hypertension par athérosclérose, il ignore les infarctus et souffre rarement d'insuffisance cardiaque.

L'appareil uro-génital

Les reins, organes excréteurs, se situent sous les lombes, dans la cavité abdominale. Ils sont en forme de haricots globuleux et pèsent chacun environ 10 g. Sécrétant l'urine, par filtration du sang, le rein assure le maintien vital des constantes physiologiques (urée, sulfates, sels minéraux, eau, etc.). Son dysfonctionnement est très fréquent et l'insuffisance rénale chronique qui en résulte est certainement la maladie grave la plus répandue chez le chat âgé. L'urine est collectée, tout d'abord, dans le bassinet du rein, puis acheminée à la vessie par les contractions spasmodiques de l'uretère. La vessie peut se distendre considérablement, ce qui permet au chat d'uriner de façon espacée dans le temps. L'urine est enfin évacuée par l'urètre, segment long et commun au sperme chez le mâle, court et indépendant des voies génitales chez la femelle. En raison de son alimentation carnée, très riche en protéines et en certains minéraux, le chat développe souvent des dépôts cristallins dans l'urine. Chez le mâle, ces cristaux s'évacuent difficilement en raison du rétrécissement terminal de l'urètre pénien, et l'impossibilité d'uriner (anurie) qui peut en découler risque d'entraîner une insuffisance rénale aiguë.

Le mâle

Ses testicules, petits et globuleux, sont situés en position périnéale haute, juste sous l'anus. Ils fonctionnent en permanence après la puberté (un peu avant un an). Le pénis est formé d'un corps caverneux et d'un gland, à l'extrémité duquel s'abouche l'urètre. Le gland est hérissé de papilles cornées qui bloquent le pénis dans le vagin de la femelle lors de l'accouplement. Au repos, le pénis est replié vers l'arrière, faisant faire un coude à l'urètre.

La femelle

Elle possède deux ovaires en forme d'amande, situés à proximité des reins. Pubère un peu plus précocement que le mâle (vers 6-8 mois), la chatte a normalement plusieurs cycles sexuels par an durant toute sa vie (pas de ménopause) ; mais certaines chattes sont en œstrus quasi permanent et d'autres n'ont qu'un cycle par an. L'œstrus dure en moyenne une dizaine de jours.
Quelques heures après l'accouplement, les ovaires libèrent environ dix ovules qui gagnent la trompe utérine où ils sont fécondés, puis l'utérus. Ce sont les stimulations vaginales du coït, nerveuses puis humorales, qui déclenchent l'ovulation : en l'absence d'accouplement, celle-ci n'a jamais lieu. L'utérus de la chatte est constitué de deux longues cornes et d'un corps très court. Lors de la gestation, la taille des cornes utérines se trouve quintuplée ; celles-ci occupent alors la majeure partie de la cavité abdominale, repoussant les intestins vers l'avant. Après les deux mois de gestation, elles retrouvent très vite leur position initiale.
La chatte allaite grâce à quatre paires de mamelles. La production de lait se déclenche à la naissance des chatons. Les tumeurs mammaires sont aussi fréquentes et souvent plus graves chez la chatte que chez la chienne.

Organes des sens

Les facultés sensorielles du chat ne peuvent que fasciner l'homme. Leur extrême sensibilité, leur parfaite adéquation à ses conditions de vie en font un animal remarquablement informé sur son environnement – ses congénères, ses ennemis et ses... victimes. D'où l'efficacité de son comportement de prédateur !

L'odorat

L'odeur a une importance considérable pour la plupart des animaux et notamment pour des prédateurs comme les félins ; elle aide à identifier les proies ou les ennemis, permet d'apprécier l'appétence des aliments, l'état émotionnel et sexuel des congénères, etc. La plupart des messages sociaux reposent sur des odeurs : le chaton retrouve la mamelle grâce à son odeur ; l'adulte repère la femelle en chaleur grâce aux signaux olfactifs ; il inspecte chaque objet nouveau en le reniflant attentivement avant de s'y frotter lui-même pour déposer sa propre odeur... Sur le plan anatomique et physiologique, l'odorat repose sur la perception sensorielle de particules odorifères volatiles, par une muqueuse richement innervée : la muqueuse olfactive, dite aussi « pituitaire ». Les cellules qui la constituent sont très nombreuses : environ 200 millions (l'homme n'en possède que 5 millions).

Le goût

La gustation est elle aussi importante chez le chat, car elle conditionne son comportement alimentaire. En effet, si un animal atteint de rhino-pharyngite infectieuse perd l'appétit, c'est non seulement à cause de son état général, mais aussi, et surtout, à cause de la perte de ses facultés gustatives et olfactives. Le goût est perçu par des formations spéciales situées sur la langue : les papilles. Ces papilles sont innervées par des rameaux du nerf glosso-pharyngien, qui transmet les informations gustatives au cerveau.
Le chat possède un troisième organe chémosensible, l'organe de Jakobson, ou organe voméronasal, petit cul-de-sac situé à l'arrière du palais et tapissé de cellules sensorielles. Il serait activé par pression de la langue lorsque l'animal détecte certaines odeurs, notamment les phéromones sexuelles produites par la femelle en chaleur.

Le système olfactif

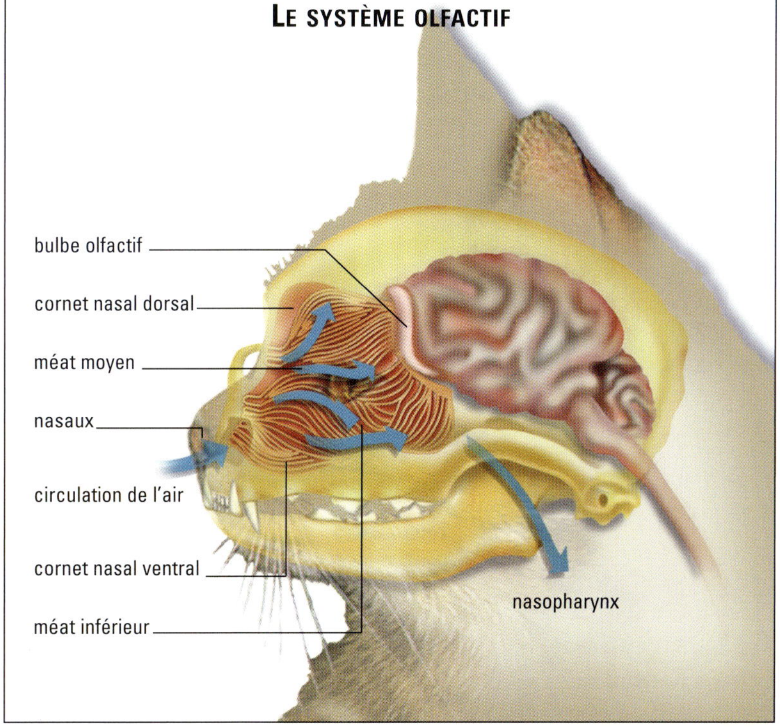

La vue

Aveugle à la naissance, c'est à 10-12 jours que le chaton ouvre les paupières et adapte la forme de sa pupille aux variations d'intensité lumineuse. Mais ce n'est que vers l'âge de 4 mois que la couleur de ses yeux sera complètement fixée.
Les yeux du chat sont positionnés dans un plan relativement frontal et antérieur, ce qui lui confère, par superposition des champs visuels de chaque œil, une bonne vision stéréoscopique (bonne appréciation des reliefs). Son champ visuel total est légèrement supérieur au nôtre (environ 180° contre 160° chez l'homme).

La pupille

Si l'ensemble de l'organisation du globe oculaire n'est pas spécifique au chat, en revanche, la forme de la pupille et la zone rétinienne le sont. La forme de la pupille est due à la contraction (myosis) ou à la dilatation (mydriase) de l'iris, dont les très petits muscles, circulaires ou rayonnés, s'adaptent à l'intensité lumineuse par un mécanisme réflexe. Dans la pénombre, les muscles rayonnés se contractent, dilatant considérablement la pupille et réduisant l'iris à un fin liseré coloré. Dans la lumière vive, ce sont les muscles circulaires qui se contractent, réduisant la pupille à une très fine fente verticale et déployant l'iris, qui révèle alors toute sa richesse colorée. Ce mécanisme permet au chat non seulement de ne jamais être ébloui, mais aussi, et surtout, de profiter de la plus faible perception lumineuse dans la pénombre pour voir son environnement.

La rétine

Cette perception très fine est accentuée par une rétine riche en cellules en bâtonnets et tapissée d'une zone particulière qui réfléchit la lumière.

La vue

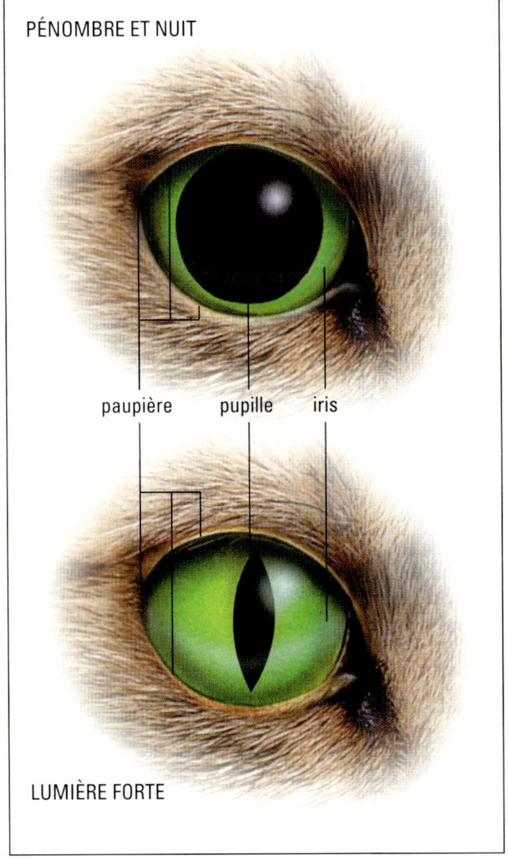

L'audition

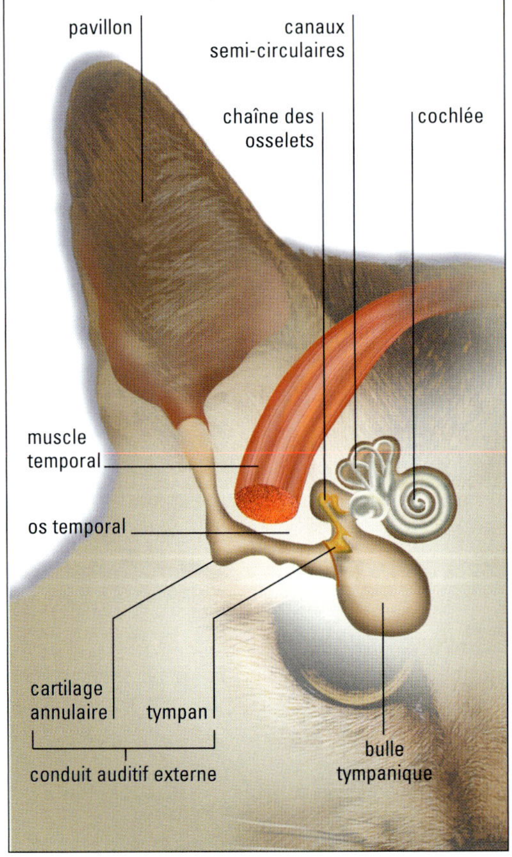

Le chat possédant beaucoup plus de cellules en bâtonnets – responsables de la vision crépusculaire en noir et blanc – que de cellules en cônes – responsables de la perception des couleurs –, on a longtemps dit que le chat ne voyait pas les couleurs. En fait, s'il les distingue moins bien que l'homme, il est très exagéré de prétendre qu'il ne voit qu'en noir et blanc. En tout état de cause, une vision performante dans la pénombre est beaucoup plus importante pour un chasseur du crépuscule qu'une perception des couleurs imparfaite. La rétine du chat a en outre la particularité d'être tapissée, en arrière des cellules sensorielles, d'une couche pigmentaire qui réfléchit la lumière ; ainsi s'explique que les yeux du chat brillent la nuit et qu'il y voit si bien : un même rayon lumineux passe deux fois sur les cellules sensorielles.

Le globe oculaire

Il est protégé par des paupières dont la supérieure et l'inférieure donnent à l'œil sa forme en amande. Il existe aussi une troisième paupière (membrane nyctitante), qui apparaît plus ou moins à l'angle interne de l'œil. Ce dernier ainsi que les paupières sont humidifiés en permanence par les larmes, produites par une glande lacrymale située sur le bord dorso-latéral de l'orbite et évacuées vers les cavités nasales par des conduits lacrymaux dont l'origine se trouve à l'angle interne de l'œil. L'obstruction de ces conduits (fréquente chez les Persans) provoque un écoulement qui décolore progressivement le pelage sous l'œil.

Le toucher

Les sensations tactiles du chat proviennent en premier lieu des pattes et de la face. En effet, les coussinets, les lèvres et le menton sont truffés de terminaisons nerveuses sensorielles. Les vibrisses (ou moustaches) sont elles-mêmes de véritables antennes reliées à des cellules nerveuses. Il s'agit de poils renforcés, disposés en quatre rangées sur la lèvre supérieure ou dispersés sur le menton, les joues ou le front, au-dessus des yeux. Chacune de ces moustaches fait office de mini-canne blanche pour non-voyant. Bien qu'insensibles, il convient de ne pas les abîmer, notamment lors du toilettage des races à poil long. Si, par mégarde, elles étaient coupées, le chat risquerait d'être désorienté jusqu'à la repousse. Cette perception tactile est indispensable à une vie normale, elle renseigne l'animal sur la position dans l'espace de ses extrémités, sur la présence d'éventuels obstacles dans la nuit noire, sur l'efficacité de la prise et les mouvements en gueule de ses proies, etc.

L'ouïe et l'équilibration

L'ouïe

L'oreille, au sens large, assure à la fois la perception des sons et l'équilibration, deux sens très développés chez le chat. L'ouïe repose sur trois structures anatomiques successives contenues dans l'oreille. Le pavillon, tout d'abord, capte et oriente les sons vers le tympan, qui transforme ces ondes en vibrations mécaniques, à leur tour transmises à l'oreille interne par la chaîne des osselets appartenant à l'os temporal. La pression exercée par le dernier des osselets (l'étrier) sur la membrane séparant l'oreille moyenne de l'oreille interne provoque des mouvements de fluides dans cette dernière ; les cellules sensorielles, stimulées par ces mouvements, émettent des impulsions électriques, transmises au cerveau par le nerf auditif. Grâce, entre autres, à la taille et à la mobilité du pavillon de l'oreille et aussi au volume de la bulle tympanique de l'oreille moyenne, le chat perçoit mieux les sons, et particulièrement les ultrasons, que l'homme (le seuil supérieur de perception est de 20 000 Hz chez l'homme, et de 30 000 Hz chez le chat). Le tympan se trouve protégé au fond du tronçon horizontal mais soumis à une éventuelle accumulation de cérumen.

L'équilibration

L'équilibre est assuré par le cerveau à partir des informations provenant d'une structure profonde de l'oreille : le vestibule et ses canaux semi-circulaires. Enfouis dans l'os temporal, ces trois canaux sont orientés dans les trois directions de l'espace. Les mouvements de fluides et de petites concrétions sur les cellules sensorielles qui tapissent cette organisation renseignent à tout instant le cerveau sur la position de la tête dans l'espace.
Ainsi informé, le cerveau peut ajuster les mouvements afin d'assurer le maintien de l'équilibre. Un bon exemple de son efficacité chez le chat est la faculté qu'a celui-ci de retomber sur ses pattes. La perception très rapide de sa position (sur le dos), grâce aux informations transmises par l'oreille interne au cerveau, lui permet de corriger la situation en un temps record en repositionnant tout d'abord la tête puis le reste du corps. Trouble de l'équilibre ou défaut d'apprentissage du risque dans le plus jeune âge, il arrive cependant qu'un chat fasse une mauvaise chute. Mieux vaut donc éviter les situations dangereuses : fenêtres étroites, gouttières instables..., surtout en ville où les immeubles très hauts et les trottoirs en béton peuvent constituer des aires de saut mortelles.

Un sens de l'équilibre exceptionnel
Malgré son agilité légendaire, il ne faut pas croire qu'un chat ne tombe jamais. Lorsque cela lui arrive, il parvient généralement à retomber sur ses pattes en opérant un retournement aérien extrêmement rapide.

7
CHAPITRE

Soigner son chat

Les signes qui alarment

Toute modification de la santé de votre chat se manifeste par un changement de comportement que votre œil attentif ne manquera pas d'enregistrer. Surveillez bien ses réactions, son activité physique. Vous êtes le mieux placé pour fournir des indications précises au vétérinaire, qui interviendra pour établir le diagnostic.

Les signes généraux

Abattement, fatigue

• **Symptômes.** Contrairement à ses habitudes, votre chat a l'air triste et abattu. Il reste volontiers lové dans un coin et ne bouge plus. Il dort presque continuellement. Son poil est ébouriffé, ses yeux ternes et vitreux. Il se positionne parfois en sphinx, tête baissée.

• **Soins.** Si votre chat vous semble abattu, prenez d'abord sa température rectale, qui doit normalement se situer entre 38 et 39 °C. La fièvre est une cause fréquente de fatigue et d'abattement. Si l'état de votre chat se prolonge au-delà de vingt-quatre heures, conduisez-le chez le vétérinaire, qui fera un examen clinique complet et, si nécessaire, des examens complémentaires.

Amaigrissement

• **Symptômes.** Il se traduit par une perte de poids due à la fonte graisseuse et musculaire. Une diminution de la vigilance, la fatigue et l'anémie lui sont souvent associées. Les causes peuvent en être nombreuses : une alimentation inadaptée, des parasites intestinaux, des lésions de la bouche, de l'œsophage, de l'estomac ou de l'intestin, une infection virale, une insuffisance cardiaque, rénale ou hépatique, une hyperthyroïdie.

• **Soins.** Si l'amaigrissement est sévère (plus de 10 % du poids de l'animal), il faut consulter un vétérinaire, qui se chargera d'en débusquer la cause après un bilan de santé complet de l'animal. Si votre chat a faim après avoir fini sa pâtée, n'hésitez pas : augmentez la dose.

Anémie

Elle se définit comme une diminution du taux d'hémoglobine – pigment transporteur de l'oxygène dans les globules rouges – dans le sang ou du nombre des globules rouges eux-mêmes. La conséquence en est une moindre oxygénation des tissus.

• **Symptômes.** Les signes associés à une anémie sont la pâleur des muqueuses buccales, oculaires et génitales, l'essoufflement, la fatigue et l'accélération du rythme cardiaque. Les causes en sont nombreuses : défaut de production des globules rouges dans la moelle osseuse (tumeurs, infection par les virus immunodépresseurs FELV, FIV), carence en fer ou en vitamine B 12, affection rénale chronique, saignements intestinaux, hémobartonellose (destruction des globules rouges par des parasites sanguins).

Chat obèse
Fréquente chez les chattes, les chats castrés, sédentaires ou âgés, l'obésité favorise l'apparition de maladies métaboliques graves.

• **Soins.** Le traitement sera établi en fonction de la cause décelée par le vétérinaire. Si l'anémie est très sévère, une transfusion peut s'avérer nécessaire. On augmentera les quantités de viande rouge ; le foie cru est excellent et quelques pilules de vitamine B12 ne peuvent qu'être bénéfiques.

Fièvre, hyperthermie

• **Symptômes.** La température rectale normale du chat est située entre 38 °C et 39 °C.
Elle peut s'élever jusqu'à 40 °C. L'animal est alors très abattu et ne mange plus. La fièvre est parfois la manifestation d'un état infectieux ou inflammatoire. Chez le chat, elle peut être due à une infection virale (FELV, FIV ou PIF) bactérienne (abcès cutanés à la suite d'une bagarre), à une affection respiratoire (bronchite, broncho-pneumonie, tumeur thoracique), mais aussi à une infection urinaire.

• **Soins.** Si la fièvre est l'unique symptôme que présente votre chat, des examens complémentaires seront nécessaires si elle persiste au-delà de plusieurs jours (prise de sang, radiographie du thorax et analyses d'urine).

Ictère ou jaunisse

• **Symptômes.** On parle d'ictère (ou jaunisse) lorsque la peau et les muqueuses du chat sont colorées par un pigment jaune provenant d'une dégradation anormale de l'hémoglobine, pigment véhicule de l'oxygène dans les globules rouges. Suivant l'origine de l'affection, la couleur varie du jaune pâle au jaune franc. Les urines sont parfois colorées en brun et les selles sont foncées. Les causes d'une jaunisse sont multiples: maladies infectieuses virales (FELV), parasitaires (hémobartonellose).

• **Soins.** Un ictère est toujours grave et nécessite une consultation urgente du vétérinaire.

Perte d'appétit

• **Symptômes.** Contrairement à ses habitudes, le chat se montre difficile devant son assiette. Il est capricieux et se met à refuser ce qu'il mangeait jusque-là avec plaisir. On parle d'anorexie en cas de diminution chronique ou de perte complète de l'appétit. L'anorexie peut être psychologique chez un animal momentanément contrarié (voyage, déménagement, changement de propriétaire). Elle peut être due à une affection buccale (gingivite, stomatite), œsophagienne ou intestinale, ou liée à une affection métabolique (insuffisance rénale ou hépatique).

• **Soins.** Une perte d'appétit qui persisterait au-delà de plusieurs jours serait préoccupante et nécessiterait une consultation du vétérinaire. L'observation d'autres signes associés (fièvre, vomissement, diarrhée, difficulté respiratoire, etc.) peut aider au diagnostic.

Obésité

• **Symptômes.** L'obésité est fréquente chez les chattes, les chats sédentaires et vieillissants, les chats castrés et souvent trop bien nourris, voire gavés par leurs maîtres. Une fois acquise, elle est difficile à éliminer et peut favoriser l'apparition d'une maladie métabolique grave, le diabète sucré notamment; elle est responsable également du surmenage cardiaque, de l'arthrose, de difficultés respiratoires, d'un ralentissement du transit digestif et de parturitions difficiles.

• **Soins.** Si un traitement intervient, il est impératif que le maître se montre coopératif et respecte le régime prescrit par le vétérinaire. Il existe aujourd'hui des aliments hypocaloriques qui favorisent la mise en place d'une alimentation diététique saine et constituant un apport calorique suffisant. Il va sans dire que les rations alimentaires doivent être fortement diminuées, soigneusement dosées et mélangées pour éviter que l'animal ne trie les bons morceaux.

Chat malade
Air abattu, poil ébouriffé, œil terne, perte d'appétit peuvent n'être que passagers. Mais, si ces signes persistent, conduisez votre chat chez le vétérinaire: un comportement brusquement différent traduit souvent un problème de santé.

Polyphagie

• **Symptômes.** C'est une augmentation de la prise de nourriture, qui peut conduire à l'obésité. Elle est courante chez le chat qui vit en appartement. Associée à une augmentation de la prise d'eau (ou polydipsie), et donc de la quantité d'urine émise, elle peut être le signe révélateur d'un diabète sucré. Il existe aussi des polyphagies (boulimies) dues à des perturbations psychiques.

• **Soins.** Si votre chat présente ces symptômes, une prise de sang permettra de déceler la présence éventuelle d'une hyperglycémie (augmentation du taux de sucre dans le sang).

Les signes oculaires

• **Symptômes.** Un œil qui larmoie doit attirer votre attention et faire l'objet de soins. Il peut s'agir d'une occlusion bénigne des canaux lacrymaux, qui sera rapidement traitée, ou d'une conjonctivite infectieuse plus sérieuse (coryza, clamydiose). Dans ce cas, l'œil est rouge et à demi fermé. Les autres causes de rougeur oculaire sont nombreuses et peuvent signaler une kératite, ou inflammation de la cornée, un ulcère cornéen, une uvéite, ou affection inflammatoire de l'iris, un glaucome, ou hypertension oculaire. L'opacification du cristallin est due à une cataracte qui peut être consécutive à un traumatisme, à une inflammation ou à un diabète sucré. La procidence de la troisième paupière (ou corps clignotant) n'est pas toujours le signe d'une affection oculaire. Ce recouvrement de l'œil est dû à une stimulation du système nerveux végétatif et peut être le signe de troubles gastro-intestinaux (diarrhée, parasites intestinaux).

• **Soins.** Larmoiement, rougeurs, gonflement du globe oculaire, opacification doivent être surveillés et pris en considération. Ils peuvent être symptomatiques de lésions graves qui mettent en danger la vue de votre chat. Nettoyez bien les yeux au sérum physiologique et appliquez un collyre léger; si les symptômes persistent, consultez le vétérinaire.

Les signes auriculaires

• **Symptômes.** Si votre chat se gratte les oreilles et que vous constatez la présence d'un cérumen noirâtre et malodorant, il peut s'agir de gale auriculaire, affection parasitaire prurigineuse, contagieuse entre chats et chiens. Des infections bactériennes peuvent également occasionner des otites aiguës ou chroniques douloureuses, qui font parfois pencher la tête du chat du côté de l'oreille atteinte.

• **Soins.** Les affections décrites ci-dessus doivent être traitées correctement sous peine de s'étendre à l'oreille moyenne et de causer des troubles de l'équilibre. Sur des otites banales, on peut nettoyer à sec si l'oreille suinte, ou avec un liquide spécial (délivré par tous les vétérinaires) s'il s'agit seulement d'un excès de cérumen.

Les signes nerveux

• **Symptômes.** Les signes traduisant une atteinte du système nerveux sont nombreux et répartis en fonction de l'affection. Le comportement du chat de compagnie vivant en appartement et présentant occasionnellement des « crises de folie » au cours desquelles il fait des bonds et court après sa queue n'a pas lieu de vous inquiéter. En revanche, l'agressivité subite, un changement de comportement chez un animal âgé peuvent être les signes d'une tumeur centrale débutante. Des convulsions peuvent se produire, comme dans l'épilepsie, les cas d'encéphalite ou de méningite virales, d'hypoglycémie ou d'intoxication. Une paralysie brutale peut être d'origine traumatique (chute, choc occasionné par une voiture, par exemple) ou vasculaire (cardio-myopathie).

• **Soins.** Les symptômes décrits ci-dessus nécessitent une consultation urgente du vétérinaire.

Les signes locomoteurs

Boiterie

• **Symptômes.** Une boiterie peut être le signe d'une douleur occasionnée par une fracture ou une entorse, par une ankylose à la suite d'une fracture ancienne, d'une affection articulaire telles que l'arthrose ou l'arthrite, ou d'un abcès formé après une mauvaise bagarre.

• **Soins.** Si votre chat se met soudainement à boiter, palpez délicatement le membre atteint et essayez de localiser le point douloureux ou une zone chaude d'inflammation sur une articulation.

Fracture

• **Symptômes.** En cas de fracture, la douleur intense empêche votre chat de se servir du membre atteint. Au niveau des segments fracturés, la mobilisation est anormale et associée à un crissement.

• **Soins.** Évitez tout mouvement du membre cassé et immobilisez votre chat avant de le conduire chez le vétérinaire, qui se chargera de réduire la fracture.

Les signes génitaux

On les observe rarement du fait de la fréquente castration des mâles comme des femelles.

• **Symptômes.** Chez la femelle qui n'a pas subi d'ovariectomie (ablation des ovaires), tout écoulement vulvaire est anormal. Le ventre est souvent ballonné, l'animal est fatigué, parfois même très abattu, et des vomissements peuvent survenir.

LES SOINS VÉTÉRINAIRES

Choisir son vétérinaire. Le choix du vétérinaire est une étape fondamentale. À moins d'une véritable urgence, n'arrivez jamais à son cabinet à l'improviste. Renseignez-vous sur ses horaires de consultations, sur la modalité des rendez-vous et, éventuellement, sur les visites à domicile.

La visite chez le vétérinaire et la salle d'attente. Certains chats acceptent sans difficulté de se rendre chez le vétérinaire. Si votre chat n'appartient pas à cette heureuse catégorie et sort les griffes, vous pouvez lui administrer un calmant une heure avant l'heure de quitter la maison; mais il faut savoir que le diagnostic du vétérinaire pourra en être affecté, le comportement du chat étant modifié par la substance calmante. Une fois dans la salle d'attente, ne laissez pas votre chat sortir de son panier mais posez-le près de vous, dans un coin calme.

Le dossier. S'il s'agit d'une première visite, le vétérinaire ouvrira un dossier sur lequel il notera vos coordonnées et tous les renseignements concernant votre chat: nom, race, date de naissance, numéro de tatouage, vaccinations, maladies et interventions chirurgicales antérieures éventuelles.

Pendant l'examen. À la demande du vétérinaire, vous devrez vous-même sortir votre chat de son panier et le maintenir sur la table de consultation.
N'oubliez pas de prévenir le vétérinaire si votre chat est agressif et ne le laissez pas vagabonder dans la salle de consultation.
Répondez aux questions du vétérinaire avec le plus de précision possible. Il est très important de pouvoir donner la date d'apparition des symptômes pour lesquels vous amenez votre chat en consultation, de décrire leur évolution et d'indiquer le nom des médicaments qui lui ont été éventuellement déjà administrés.

• **Soins.** Le maître doit alerter rapidement le vétérinaire pour empêcher une septicémie ou l'apparition d'une insuffisance rénale grave. Le traitement, chirurgical, consiste en une ablation des ovaires et de l'utérus de la chatte.
D'autres affections génitales existent chez la chatte : absence anormale de chaleurs sur un animal non castré, tumeurs de la paroi vaginale, tumeurs des ovaires.

Les signes urinaires

L'observation des urines de votre chat permet de recueillir des informations précieuses sur sa santé. L'urine d'un chat en bonne santé est jaune clair, limpide, avec une discrète odeur de valériane.

• **Symptômes.** En cas d'infection urinaire, l'urine peut être trouble, voire teintée de sang. Le chat se rend alors souvent dans son bac à litière, sans résultat. On parle d'anurie lorsque la miction est impossible ; l'anurie peut être la conséquence de calculs. Une augmentation de la quantité des urines émises peut être au contraire le signe d'une maladie générale (insuffisance rénale ou hépatique, diabète sucré, pyomètre).

• **Soins.** Si votre chat éprouve des difficultés à uriner, une consultation d'urgence chez le vétérinaire est requise. La pose d'une sonde et une analyse d'urine seront les préalables à un traitement médical ou chirurgical.

Chats prenant leur repas
Les symptômes digestifs sont souvent chez le chat des manifestations bénignes. Ce qu'il absorbe ou élimine doit quand même être surveillé.

Les signes digestifs

Augmentation de la soif

Le chat n'est pas un gros buveur. Il trouve en général la ration d'eau qui lui est nécessaire dans sa nourriture. S'il mange des aliments secs (croquettes), il boira davantage que s'il absorbe des pâtées. Mais l'augmentation de la prise d'eau chez le chat peut être le signal d'alarme de nombreuses affections : insuffisance rénale ou hépatique, diabète sucré, infection de l'utérus chez la femelle. Le vétérinaire fera alors pratiquer une prise de sang.

Constipation

• **Symptômes.** La difficulté à déféquer chez le chat est souvent la conséquence d'une alimentation trop carnée et donc d'une insuffisance en fibres chez un animal le plus souvent sédentaire, obèse ou âgé. Le chat se rend néanmoins souvent dans son bac à litière, et fait des efforts inutiles pour vider son intestin.

• **Soins.** Dans le cas d'une constipation chronique, il faut impérativement modifier le régime alimentaire de votre chat. Les cas aigus seront traités par la prise d'un laxatif conseillé par le vétérinaire. On peut également ajouter un peu d'huile de paraffine à la nourriture deux ou trois jours de suite.

Diarrhée

• **Symptômes.** La diarrhée traduit une inflammation ou une simple irritation de l'intestin, ou encore une fermentation anormale du contenu digestif. Occasionnelle, elle peut être une réaction à un bouleversement des habitudes de l'animal. Fréquente ou chronique, elle est plus préoccupante. Prenez la peine de noter l'aspect des selles (très liquides, non moulées, ou, au contraire, molles mais moulées, entourées de mucus), la fréquence des défécations et le volume émis.
En cas d'érosion importante de la muqueuse, il peut y avoir du sang noir (digéré, et donc en provenance de l'intestin grêle) ou rouge vif en cas de rectocolite.

• **Soins.** En présence de diarrhée, laissez votre chat à la diète pendant vingt-quatre heures, puis réalimentez-le progressivement avec de la viande blanche (poulet) et des carottes. Au début, quelques gélules d'ultralevure peuvent arrêter une diarrhée banale. Si la diarrhée persiste ou se teinte de sang, consultez le vétérinaire.

Mauvaise haleine, salivation excessive

• **Symptômes.** Le chat a souvent mauvaise haleine en raison de son régime alimentaire essentiellement carné. L'haleine peut être rendue franchement désagréable si les dents sont encombrées de tartre, ou en présence d'une maladie métabolique. C'est ainsi que l'urémie liée à l'insuffisance rénale est à l'origine d'une haleine fétide dite « urineuse ». La salivation excessive peut être due au tartre qui tache les dents d'une couleur brunâtre ou jaunâtre, mais aussi à la présence d'une stomatite, affection inflammatoire de la muqueuse buccale fréquente chez le chat et dont la cause peut être virale, allergique ou tumorale.

• **Soins.** Des antibiotiques ou des anti-inflammatoires peuvent être requis. Un détartrage régulier évite bien des désagréments (dents qui se déchaussent, développement des microbes, déformation des gencives, gingivite).

Un chat en bonne santé
Avec un régime adapté et une bonne hygiène, votre chat restera longtemps en bonne santé.

Vomissements

• **Symptômes.** Le rejet du contenu de l'estomac se produit fréquemment chez un chat qui avale trop vite. Il arrive aussi que le chat fasse des efforts spectaculaires pour finir par rejeter une boule de poils mêlés de bile. Le chat vomit facilement et on peut considérer comme normaux trois ou quatre vomissements par mois. Il est nécessaire de bien faire la différence entre régurgitation et vomissement. La régurgitation est le rejet de la nourriture. Le vomissement est le rejet du contenu de l'estomac, quel qu'il soit : nourriture, suc gastrique ou bile. Les vomissements peuvent être en relation avec l'alimentation ou indépendants de toute prise de nourriture. La régurgitation peut avoir une origine digestive (gastrite – inflammation de la muqueuse stomacale, occlusion), tandis que le vomissement peut avoir une origine métabolique (rénale, hépatique).

• **Soins.** En cas de vomissements aigus, quelles qu'en soient la nature et l'intensité, mettez le chat à la diète complète pendant vingt-quatre heures. Des rejets qui seraient incoercibles, répétés et associés à d'autres signes, motivent une consultation urgente du vétérinaire.

Les signes respiratoires

Écoulement nasal ou jetage, éternuements

• **Symptômes.** Lorsqu'un chat éternue, il peut s'agir d'une irritation passagère. Mais si les éternuements persistent, si le nez coule et que les yeux larmoient, il s'agit le plus souvent d'une infection virale, responsable du coryza, courant chez le chat. D'autres signes sont fréquemment associés : fièvre, perte d'appétit, toux, difficultés respiratoires. Chez un chat âgé, l'écoulement nasal peut aussi être le signe d'une tumeur des sinus.

• **Soins.** Il faut traiter le coryza avec des antibiotiques, qui éviteront une surinfection bactérienne, et soumettre le chat à des séances d'aérosolthérapie ou lui faire des inhalations qui lui dégageront les narines (nettoyez-les bien au sérum physiologique). Si l'affection est chronique, ou si le vétérinaire soupçonne une tumeur, des radiographies des sinus – sous anesthésie générale – et une biopsie permettront de poser un diagnostic correct.

Essoufflement, difficultés respiratoires

• **Symptômes.** Une accélération brutale de la respiration peut être consécutive à une forte chaleur ou à une émotion violente. Mais l'essoufflement, les difficultés respiratoires peuvent être aussi les signes d'une affection grave : épanchement pleural, tumeur médiastinale (lymphosarcome), hernie diaphragmatique suite à un choc ou une chute, rupture du diaphragme avec intrusion des organes abdominaux dans le thorax.

• **Soins.** Toujours grave, l'essoufflement constitue un motif de consultation urgente chez le vétérinaire. Radiographies et ponctions permettront d'en déterminer l'origine. Quand il fait chaud, laissez le chat à l'ombre, dans une pièce aérée et tranquille.

Chatte et chatons atteints de mycose
Les pertes de poils ne sont pas forcément pathologiques. Il vaut mieux cependant consulter rapidement un vétérinaire qui devra en découvrir la cause : certaines mycoses d'origine parasitaire sont en effet contagieuses.

Toux

• **Symptômes.** Une toux sèche, faible et courte traduit le début d'une irritation de la trachée ou des bronches, c'est-à-dire une trachéite ou une bronchite. Elle est souvent associée à une affection des voies respiratoires supérieures (coryza), mais peut être due également à une infection bactérienne, à une allergie (asthme) ou, chez un chat âgé, à une tumeur pulmonaire (métastases de tumeurs mammaires chez une chatte). Plus rarement chez le chat, la toux peut avoir une origine cardiaque.

• **Soins.** Il faut traiter la toux avec des antibiotiques lorsqu'elle est infectieuse, et avec des anti-inflammatoires lorsqu'elle est allergique. Si elle persiste, le vétérinaire fera pratiquer une radiographie du thorax pour visualiser l'étendue de la gravité des lésions. Parfois, le sirop que vous utilisez pour vos enfants peut être utile.

Les signes cutanés

Abcès

• **Symptômes.** Il n'est pas rare qu'une bagarre avec un autre animal occasionne un abcès au point de morsure ou de griffure, zones souvent situées sur les membres ou sur les reins, ou encore à la base de la queue. Les abcès sont souvent impressionnants. La zone sur laquelle ils se développent est tuméfiée, chaude et douloureuse.

• **Soins.** Il est nécessaire de consulter le vétérinaire, qui débridera l'abcès et désinfectera la plaie avec une solution antiseptique. Si vous êtes loin de chez un praticien, percez l'abcès avec une grosse aiguille bien désinfectée ; puis pressez pour vider le pus et nettoyez au soluté de Dakin. Si le chat a de la fièvre et semble abattu, il faudra lui administrer des antibiotiques pour éliminer l'infection.

Les démangeaisons du chat
Votre chat se gratte ? Rien d'alarmant à cela. Mais n'hésitez pas à inspecter sa fourrure et sa peau, surtout en cas de grattage intense et très fréquent.

Dépilations

Les pertes de poils peuvent être localisées ou diffuses, inégales ou symétriques.

Elles sont courantes chez le chat citadin et pas nécessairement pathologiques. Il arrive qu'elles soient associées à un grattage ou à un léchage intense – qui signale une allergie –, provoquant l'usure des poils.

• **Symptômes.** Lorsque des dépilations rondes de quelques centimètres de diamètre apparaissent sur la tête (entre les oreilles, par exemple), il peut s'agir d'une mycose, fréquente chez le jeune chaton. Des dépilations à l'arrière des cuisses et symétriques sur le ventre sont caractéristiques des animaux castrés. Elles sont dues à un défaut d'hormones sexuelles (testostérone chez le mâle, œstrogène chez la femelle).

• **Soins.** Le vétérinaire devra découvrir la cause de la dépilation et diagnostiquer rapidement les mycoses. Ces affections parasitaires sont en effet contagieuses non seulement pour les autres animaux, mais aussi pour l'homme. Léchage et grattage intempestifs doivent être traités rapidement sous peine d'aggravation spectaculaire, parfois en quelques heures.

Prurit, démangeaisons

Les démangeaisons sont une cause de consultation fréquente du vétérinaire et doivent être surveillées par le maître.

• **Symptômes.** Si le chat se gratte, il faut examiner la peau et le pelage, rechercher la présence de parasites tels que les puces, cause la plus fréquente des démangeaisons. Parfois, seules les déjections des puces sont visibles sous forme de petits points noirs disséminés dans la fourrure : recueillis sur une feuille de papier et humectés d'eau, ils se teintent en rouge. Certains chats sont allergiques aux piqûres de puces et développent un eczéma, qu'il faut soigner convenablement.

• **Soins.** Non seulement l'animal doit être traité avec un produit antiparasitaire efficace (pose d'un collier et utilisation d'une poudre spécifique), mais son environnement doit être désinfecté (litière, corbeille, sans oublier la moquette et le canapé préféré de l'animal), car les puces vivent et se reproduisent en milieu extérieur. Il existe heureusement des produits qui éliminent les puces adultes et les larves disséminées dans le lieu de vie du chat, maison ou appartement. Contre la démangeaison, essayez l'eau vinaigrée ou l'eau de Dalibour.

Les gestes qui sauvent

Savoir reconnaître les signes principaux qui motivent une consultation de vétérinaire en urgence pourra vous être utile si votre chat avale un produit toxique, ou se fait blesser sérieusement par un congénère ou une voiture. N'oubliez pas que la rapidité de votre intervention est la véritable sauvegarde de la vie de votre chat.

Blessures avec hémorragie

Les soins effectués à la maison sur une plaie grave ont toute leur utilité avant une intervention en urgence. Si votre chat s'est fait mordre, heurter par une voiture ou blesser, et qu'il saigne, il faut avant tout arrêter l'hémorragie. Approchez-vous de lui avec douceur pour ne pas l'affoler. Employez une serviette ou une couverture s'il se débat. Appliquez ensuite une gaze ou un linge propre imbibé d'eau oxygénée sur la plaie et pressez fortement quelques minutes pour permettre au sang de coaguler. Si le saignement persiste, faites un bandage compressif et emmenez votre chat chez le vétérinaire sans perdre de temps à nettoyer la plaie.

Brûlures

Les chats courent toujours le risque de s'ébouillanter avec de l'eau ou de l'huile, ou de se brûler gravement en sautant sur une plaque électrique encore chaude. En cas de brûlure légère, baignez la patte dans de l'eau froide avant d'appliquer un tulle gras sur la lésion. En cas de brûlure étendue, un traitement immédiat chez le vétérinaire est vital. N'appliquez surtout pas de corps gras, mais recouvrez d'un linge humide pour atténuer la douleur.

Chutes

Les chats sont fréquemment victimes de chutes, plus ou moins graves, notamment lorsqu'ils vivent en appartement à un étage élevé ; ils tombent par exemple, un soir d'été, parce que la fenêtre est ouverte et qu'ils cherchent à attraper une mouche ou un oiseau.
Les conséquences sont minimes si le chat ne tombe pas de trop haut. Il faut compter avec son extraordinaire capacité de retournement aérien. Les blessures de la mâchoire sont néanmoins courantes. On peut repérer les fractures du palais (ou fentes palatines) en examinant l'intérieur de la bouche. Les fractures de la mâchoire sont visibles à l'œil nu, et, en cas de déboîtement, le chat ne peut plus ouvrir la bouche. Le décollement des plèvres, occasionné par une chute, provoque un pneumothorax (épanchement de gaz dans la cavité pleurale) responsable d'une dyspnée (difficulté respiratoire). Le cas échéant, l'animal doit être mis dans une cage et immobilisé pour une consultation urgente du vétérinaire. Les fractures seront traitées ultérieurement, par la chirurgie le plus souvent.

Coups de chaleur

Ils sont moins fréquents que chez le chien car le chat supporte mieux les écarts de température, mais ils peuvent survenir, par exemple, lorsque le chat reste enfermé dans un véhicule au soleil. La température du corps s'élève rapidement à 41 °C, et il faut agir d'urgence pour la faire tomber.
Transportez le chat à l'ombre, enveloppez-le d'un linge humide et arrosez-le d'eau froide avant de le transporter d'urgence chez le vétérinaire.

Électrocution

Les chatons qui jouent avec les prises de courant ou mâchonnent des fils électriques peuvent souffrir de brûlures graves de la bouche et de la langue, longues à cicatriser, associées à un état de choc ou à un œdème pulmonaire.
Seul le vétérinaire, que l'on consultera en urgence, pourra tenter un traitement.

Transport d'un chat blessé
En cas de chute grave, placez délicatement le chat dans un panier, en le bougeant le moins possible. Conduisez-le d'urgence chez le vétérinaire, qui réduira la fracture par immobilisation dans un plâtre.

Ingestion d'un corps étranger

Des arêtes de poissons, des parcelles d'os ou des aiguilles peuvent facilement se coincer dans le larynx du chat. Si tel est le cas, il faut très rapidement faire appel au vétérinaire, car l'objet ingéré peut s'enfoncer de plus en plus profondément et causer des lésions graves.

Intoxications

Il arrive au chat d'ingérer des substances parfois fort banales pouvant provoquer des empoisonnements graves. Le plus souvent, les intoxications se font par voie digestive à la suite du léchage de son pelage imprégné de toxique (goudron, insecticides organophosphorés ou carbamates). Les signes digestifs prédominent : salivation, vomissements, diarrhée. Les yeux pleurent, les pupilles sont serrées, et parfois des signes nerveux apparaissent (convulsions, troubles de la démarche).
Il peut être indiqué, si les signes sont discrets, de laver l'animal afin d'éviter l'absorption du toxique ; mais si les signes sont sévères, l'animal doit être transporté d'urgence chez le vétérinaire, où il recevra des soins intensifs et extrêmement rapides, et, si c'est possible, un antidote spécifique.

Noyade

Les chats n'aiment pas beaucoup l'eau, mais ils savent nager si les circonstances l'exigent. Attention : la noyade peut survenir si le chat n'arrive pas à sortir de l'eau sans aide. Si vous retirez de l'eau un chat en train de se noyer, suspendez-le la tête en bas en le tenant par les pattes de derrière, pour évacuer l'eau de ses poumons. Respiration artificielle et massage cardiaque peuvent s'avérer nécessaires ainsi que, bien évidemment, l'intervention du vétérinaire.

Piqûres d'insectes

Les piqûres d'insectes surviennent le plus souvent sur la face ou dans la gorge et peuvent être à l'origine d'un œdème allergique de la face et de la gorge, entraînant l'obstruction des voies respiratoires. Il faut conduire d'urgence le chat chez le vétérinaire, qui lui administrera un anti-allergique et effectuera un sondage trachéal ou une trachéotomie, si nécessaire. Parfois l'absorption d'un antihistaminique peut faire rapidement régresser l'enflure.

Plantes toxiques

Les bulbes tels que ceux des tulipes, narcisses, jacinthes, jonquilles sont souvent pour le chat qui les mâchonne à l'origine d'une inflammation de la sphère buccale, de gastrites, voire de troubles nerveux. Les fruits des pommiers d'amour suscitent aussi des troubles nerveux tandis que le ficus peut entraîner une hépatite. Corrosifs pour la muqueuse buccale et digestive du chat, dieffenbachias, poinsettias et philodendrons provoquent en outre des dermatites et des conjonctivites.
Le rhizome du cyclamen peut, lui, être à l'origine d'une gastro-entérite, de troubles nerveux et cardio-vasculaires. Le laurier-rose peut aussi déclencher une gastro-entérite – comme d'ailleurs parmi les plantes de jardin, le cytise, – ainsi que des troubles respiratoires.
Si votre chat vient d'ingurgiter l'une de ces plantes, vous pouvez essayer de le faire vomir en lui faisant absorber de l'eau salée ou de l'eau oxygénée. De toute façon, rendez-vous d'urgence chez un vétérinaire.

Empoisonnements

Les premiers soins.
Si vous êtes sûr que votre chat a ingéré un toxique :
- faites-le vomir en lui faisant absorber de l'eau salée (à raison d'une cuillerée à café de sel dans un verre d'eau) ou de l'eau oxygénée à 5 volumes (2 cuillerées à soupe) ;
- immédiatement après, administrez-lui 3 sachets de Phosphalugel ou du charbon en poudre ou en granulés (2 cuillerées à café) ;
- ne lui donnez pas de lait si vous ne connaissez pas la nature du toxique ;
- déterminez le produit ingéré et apportez-le au vétérinaire en même temps que l'animal ;
- en cas d'impossibilité de déplacement, téléphonez à un centre antipoison.

De multiples causes.
L'ingestion d'acides entraîne des brûlures des muqueuses digestives accompagnées de vomissements et d'une salivation excessive.
Le bicarbonate de soude est un bon contrepoison.
L'ingestion de soude caustique provoque les mêmes symptômes, mais le traitement est à l'opposé du précédent : l'antidote est alors le vinaigre.
L'arsenic entraîne des douleurs abdominales, des vomissements avec une odeur d'ail caractéristique, et, très rapidement, le coma et la mort. Le traitement consiste à faire absorber à l'animal du bicarbonate de soude, du Phosphalugel.
La strychnine est un poison moins répandu depuis quelques années, mais on la trouve encore dans certains appâts contre les rats, les taupes, les renards. Le chat qui a ingéré de la strychnine est pris de convulsions, ses membres se raidissent, son cou est arqué en arrière, la tête tendue. La mort survient rapidement par paralysie des voies respiratoires. Absorbée à faible dose, l'intoxication suscite des crises nerveuses et une extrême agitation. L'antidote est le Gardénal, ainsi que d'autres barbituriques ou anesthésiques. Le chat doit être maintenu dans le noir complet, sans bruit ni manipulation.
Le Méta, employé dans certaines substances destinées à tuer les limaces, provoque des troubles nerveux convulsifs.
Certains insecticides entraînent des troubles sévères : vomissements, crises d'épilepsie, convulsions et pertes d'équilibre.

La stérilisation

La stérilisation définitive est l'une des décisions les plus importantes auxquelles se trouvera confronté le maître d'un chat, mâle ou femelle. En effet, le maintien d'une vie sexuelle chez le chat est difficilement compatible avec la vie urbaine qui est désormais souvent la sienne.

Ovariectomie d'une chatte
Pratiquée sous anesthésie générale, la stérilisation par ablation des organes génitaux est devenue une opération courante.

L'intervention

Il s'agit d'une opération de routine qui consiste en l'ablation des organes sexuels, testicules chez le mâle, ovaires chez la femelle ; chez la chatte, elle a l'avantage de supprimer les chaleurs ainsi que les maladies de l'appareil génital. Cette intervention rend chats et chattes incapables de se reproduire, et stoppe la sécrétion des hormones sexuelles. Les chats cessent de marquer leur territoire en urinant, et les chattes ne sont plus troublées par l'œstrus. Les chats castrés sont plus doux, plus affectueux et plus calmes. La prise de poids n'est pas une fatalité qui accompagne systématiquement la castration, mais il est nécessaire que les animaux castrés ne soient pas gavés par leurs maîtres.
Chez le mâle comme chez la femelle, l'opération se pratique à la puberté, soit entre 7 et 9 mois, sous anesthésie générale. Pour faire pratiquer cette intervention, il est nécessaire de prendre rendez-vous chez le vétérinaire, qui vous recommandera de laisser votre chat ou votre chatte rigoureusement à jeun pendant les douze heures qui précèdent l'intervention. Celle-ci dure quelques minutes pour le mâle, et de dix à vingt minutes pour la femelle. L'animal vous sera rendu le jour même, quelques heures après l'opération. Si vous avez un mâle, il sera nécessaire de remplacer pendant quelques jours sa litière par du papier absorbant : la cicatrice ne pouvant être protégée, les petits grains qui composent la litière risqueraient d'y pénétrer et de l'infecter. Les fils de suture de la plaie seront retirés à la chatte généralement une dizaine de jours après l'intervention.

Les autres solutions

Il existe des alternatives à la castration totale : on peut pratiquer une ligature des trompes chez la femelle, ou du canal spermatique chez le mâle, mais ce sont des opérations plus délicates et plus coûteuses. Elles empêchent la fécondation et la gestation, mais ne suppriment pas les inconvénients liés au marquage du territoire chez le mâle, et aux manifestations bruyantes des chaleurs chez la femelle, qui peut aussi souffrir de diverses affections gynécologiques, au même titre que les femelles non castrées. La castration chimique chez la femelle (injection d'un contraceptif plusieurs fois par an, ou pilule administrée chaque semaine) n'est pas non plus sans inconvénient ; à long terme elle peut favoriser l'apparition d'infections génitales (métrite, pyomètre).

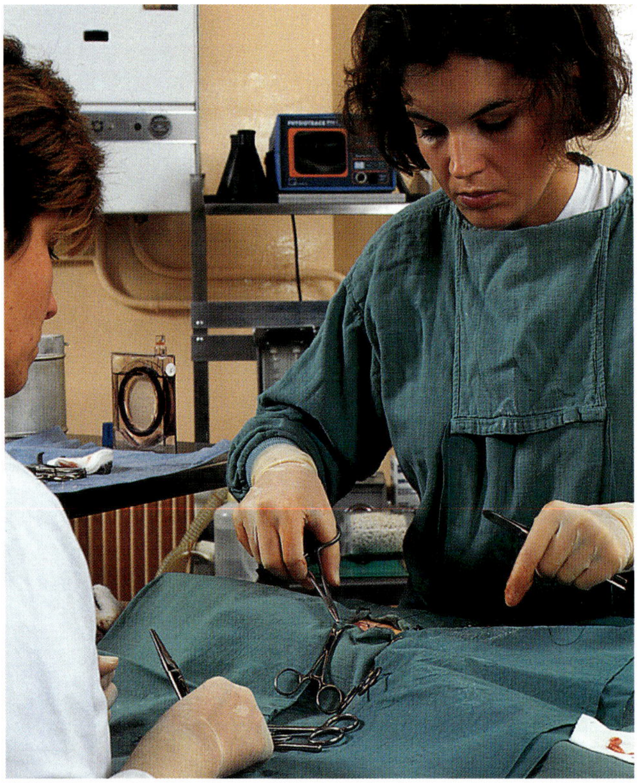

Incision de la peau et du plan musculaire

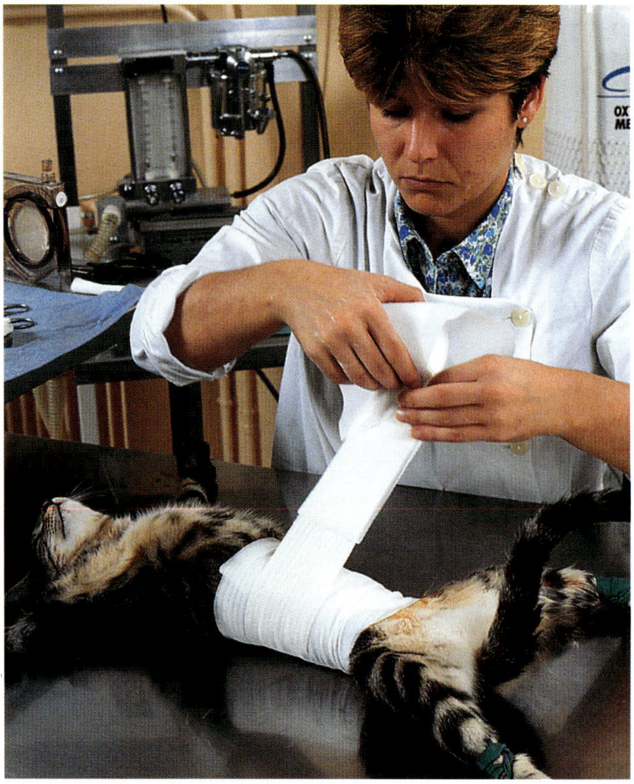

Pose du pansement postchirurgical

Le chat âgé

La longévité du chat est supérieure à celle du chien, et il n'est pas rare de voir ce petit félin atteindre l'âge de dix-huit ou vingt ans, voire même plus. Les signes de vieillissement sont, en outre, beaucoup plus discrets que chez le chien. Mais, comme pour ce dernier, la diététique s'avère être la meilleure des préventions.

Un lent déclin

Si le chat n'est atteint d'aucune maladie, son poil reste brillant, son allure souple et son œil vif. Les notions de jeu, de guet et de chasse demeurent présentes tant que l'animal reste en bonne santé. Certains signes montrent cependant que le chat décline à partir d'un certain âge. Il dort davantage, recherche la chaleur, prend de l'embonpoint ou au contraire maigrit. Ses yeux s'opacifient (il s'agit plus souvent d'une sclérose du cristallin que d'une cataracte, moins fréquente que chez le chien). Ses dents s'entartrent, se déchaussent et peuvent même finir par tomber. Son haleine devient souvent nauséabonde. Détartrage et administration de médicaments spécifiques peuvent limiter ces inconvénients.

Contrairement aux chiens, les chats sont rarement des tousseurs chroniques, et les affections cardiaques se manifestent surtout par des signes généraux tels que l'abattement, le manque d'appétit et les signes respiratoires (dyspnée). De l'arthrose peut apparaître, à l'origine d'une raideur dans la démarche, de douleurs et de boiteries. L'organe le plus menacé chez le chat est sans aucun doute le rein, dont le fonctionnement est altéré à la suite de lésions irréversibles (néphrite). Les symptômes peuvent rester assez frustes pendant plusieurs mois, ou mis sur le compte de l'âge par un maître qui n'est pas averti. Le chat ne dort plus, il mange moins, maigrit, vomit de temps en temps, se met à boire beaucoup et donc à aller plus souvent à sa litière, ce qui est dû à la perte de sa faculté à concentrer les urines.

Le système digestif, corrélativement aux problèmes rénaux, se dérègle : les vomissements se font plus fréquents, la diarrhée devient chronique. Il faut également mentionner les cancers, qui peuvent atteindre de nombreux organes (foie, intestin, ganglion mésentérique, par exemple), et évoluer très insidieusement avant l'apparition des premiers signes.

Les soins

Le vieillissement est un phénomène irrémédiable. Cependant, des mesures d'hygiène et de diététique, ainsi que des traitements ponctuels permettent d'amener l'animal à sa longévité maximale dans les meilleures conditions possibles.

Lorsque le chat atteint d'une maladie grave souffre, ne se nourrit plus ou reste dans un état de prostration permanent, le maître peut être amené à se poser la question de l'euthanasie. Aujourd'hui, l'euthanasie est un acte indolore et rapide qui se déroule en deux temps, et peut être pratiqué en douceur : une première injection endormant le chat avant l'injection définitive. Le cas échéant, faites-vous conseiller par votre vétérinaire.

Chat âgé
Le vieillissement du chat se manifeste notamment par un besoin accru de sommeil et de chaleur, et par la ternissure du pelage.

Les médecines de pointe

L'intérêt croissant pour le chat, qui est en passe de rejoindre le chien comme animal de compagnie favori, le développement du chat de race d'un prix élevé ont peu à peu fait sortir cet animal de son ghetto thérapeutique, et il est devenu aujourd'hui un «patient» à part entière de la médecine vétérinaire.

Des techniques novatrices

Congrès, journées médicales consacrées à la chirurgie du chat ou à son comportement, recherches fondamentales sur les virus qui le déciment, les vétérinaires n'hésitent plus à employer les grands moyens quand c'est nécessaire. Certaines cliniques se sont même spécialisées dans les soins du chat, avec des appareillages spéciaux parfaitement adaptés à la taille et à la morphologie de l'animal.

Des vaccins à la chirurgie : des progrès considérables

• **La sérologie.** La sérologie spécifique des grandes maladies du chat (leucose, péritonite infectieuse féline, etc.) ne pose aujourd'hui plus de problème ; des laboratoires spécialisés ou des tests d'utilisation facile vous donnent les résultats en quelques heures.

• **Les vaccinations.** Elles couvrent une gamme d'affections au moins aussi vaste que chez le chien ; quant aux soins, ils peuvent être aussi sophistiqués. Radiographie, échographie, électrocardiographie et scanner deviennent des moyens de diagnostic de plus en plus couramment utilisés pour le chat.

• **La virologie féline.** C'est un poste important de recherche pour aboutir à des traitements ou, mieux, à des vaccins. La parenté des virus de la leucose féline avec ceux du sida conduit en outre à un intérêt scientifique qui dépasse celui consacré au simple chat. Toute recherche fondamentale sur ces virus immunodépressifs peut profiter à l'homme et à l'animal. Et si c'était à partir du chat que l'on trouvait un jour la solution ?

• **La chirurgie.** La chirurgie de ce petit félin dépasse largement les simples et traditionnelles opérations de convenance (ovariectomies et castrations le plus souvent) ; tout ou presque est possible, tant en orthopédie, réparation des fractures ou chirurgie des tissus mous. Certains vétérinaires font même la dentisterie et fabriquent des prothèses ! Si le maître ne considère pas son chat comme un gadget investi affectivement, il devrait être rassurant pour lui de savoir qu'un cancer peut être traité, qu'il existe pour son chat des spécialistes du cœur, des dermatologues, des ophtalmologistes, bref, que le vétérinaire n'est plus l'artisan inspiré et intuitif de la première moitié de ce siècle, et que, par bonheur pour ses amis, le chat n'est plus le parent pauvre de la médecine vétérinaire.

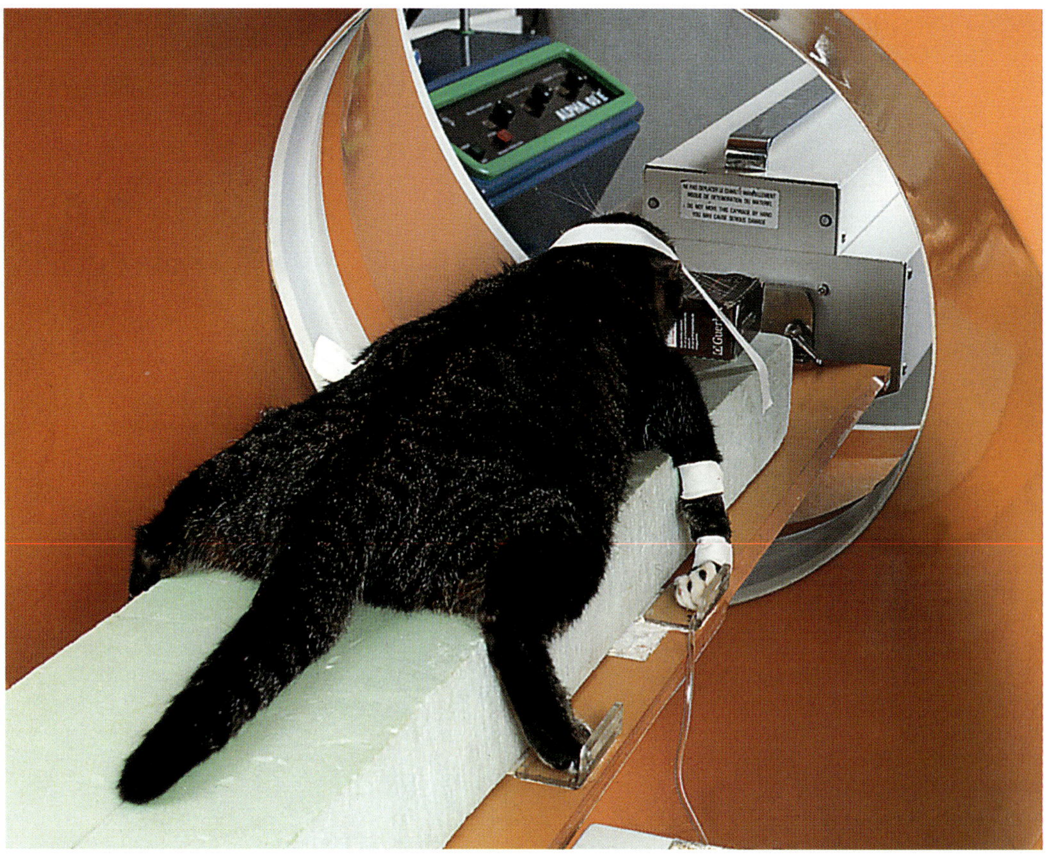

Chat soumis à un scanner
Le scanner fait désormais partie des moyens de diagnostic de plus en plus couramment utilisés en médecine féline.

Séance de radiothérapie

Séance d'échographie

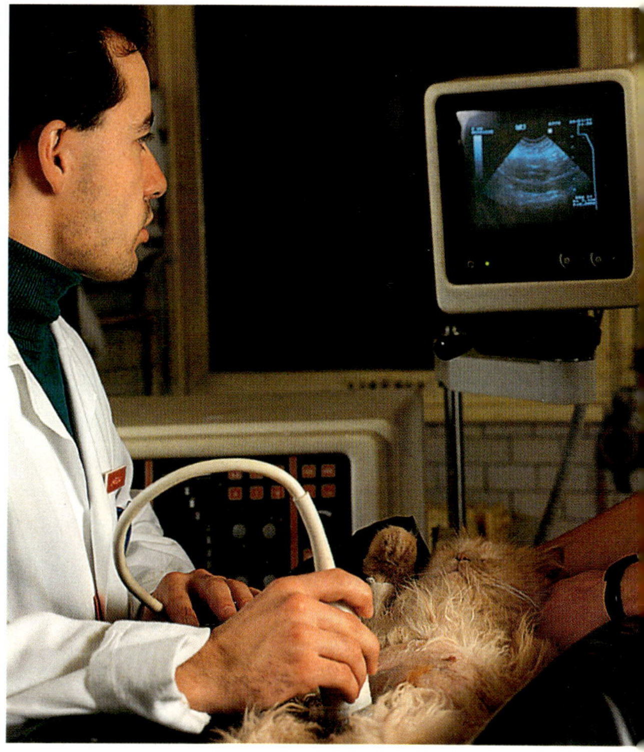

L'exemple du traitement du cancer

Il existe maintenant une véritable cancérologie avec une recherche, des spécialistes praticiens et un matériel thérapeutique de plus en plus sophistiqué. Certes, la chirurgie classique du cancer est encore souvent incontournable, mais on peut concevoir maintenant des soins postopératoires chimiothérapiques et/ou radiothérapiques.

• **La chimiothérapie.** C'est l'utilisation de substances qui, injectées (par voie intraveineuse en général), se fixent électivement sur les cellules cancéreuses et les détruisent. Cette thérapeutique doit être appliquée selon des principes stricts car le choix de la substance, sa combinaison avec d'autres et la durée du traitement se font selon des protocoles précis.

On est parfois limité par la capacité du chat malade à supporter cette chimiothérapie qui, bien sûr, n'est jamais anodine et peut entraîner des vomissements, des nausées, des états de prostration.

• **La radiothérapie.** Elle fait appel à des substances radioactives dont les rayons détruisent les cellules cancéreuses par action directe. La bombe au cobalt fait partie des moyens employés dans ces techniques de pointe. Seul inconvénient, la nécessité d'anesthésier l'animal, car l'application des rayons doit être strictement limitée au siège de la tumeur pour ne pas léser les organes environnants.

Dans le cas d'une tumeur très fréquente chez le chat, le fibrosarcome, on utilise un autre type de radiothérapie : l'implantation postopératoire d'un fil d'iridium sur le siège de la tumeur que l'on vient d'enlever. La radioactivité de ce métal détruit localement les cellules cancéreuses disséminées dans le voisinage de la tumeur. Le chat doit rester quelques jours hospitalisé dans une cage plombée pour ne pas irradier son entourage.

Dans le diagnostic précis de certains cancers, le scanner est maintenant à la disposition des vétérinaires. Cette technique radiologique permet une exploration précise, par tranches, de zones non accessibles à la radiologie normale (encéphale, moelle épinière, etc.). Les tumeurs apparaissent de manière très visible ainsi que les lésions ou malformations.

Échographie et radiographie
Si l'échographie est de plus en plus appliquée en cardiologie, la radiothérapie est, elle, utilisée dans le traitement du cancer.

Les médecines douces

Si le recours aux médecines douces est entré, pour le chien, dans les habitudes de certains maîtres, il n'en est pas encore de même pour le chat. Hormis l'homéopathie, qui connaît ses praticiens et ses adeptes, la difficulté à appliquer une thérapie à cet animal peu facile à manipuler exclut de nombreuses disciplines récentes.

Des applications délicates

Parmi ces médecines « douces », la phytothérapie (traitement à base de plantes) administrée par voie buccale n'a malheureusement guère d'avenir dans la thérapeutique féline : essayez donc de faire boire une tisane à un chat. On pourra en revanche essayer par voie externe les lotions, sans négliger les effets de léchages opiniâtres susceptibles de rendre inopérante toute tentative thérapeutique. L'aromathérapie – forme de phytothérapie utilisant les extraits concentrés – est d'un usage limité, peu de chats consentant à absorber ces extraits. L'acupuncture sera réservée à certains cas ou à certains sujets supportant avec sérénité l'implantation d'aiguilles. Quant à l'ostéopathie, qui requiert des manipulations aussi précises que délicates du squelette en cas de douleurs et de paralysies, elle n'est pratiquée qu'expérimentalement, voire empiriquement.

L'homéopathie

Le principe, *simili similibus curant*, en est bien connu : un produit, administré à des doses normales, causant dans un organisme une certaine action, donnera l'effet inverse administré à des doses infinitésimales. Le venin d'une piqûre d'abeille déclenche par exemple une violente irritation, mais, dilué de manière infinitésimale, il sera employé contre les inflammations. Ce procédé n'est pas si simple qu'il le paraît et le médecin – comme le vétérinaire – homéopathe ne se contente pas d'appliquer des formules et des recettes. Il doit tenir compte de l'état physiologique et neurologique du sujet – en l'occurrence de l'animal –, étudier à fond les circonstances d'apparition des symptômes et leur coexistence avec d'autres facteurs. Si votre chat est de ces heureux compagnons indéfectiblement sereins, il ne sera pas traité de la même façon qu'un animal nerveux. Les médicaments homéopathiques se présentent sous forme de granules, de gouttes ou de teintures. La dilution est donnée par les lettres DH (décimale) ou CH (centésimale). Ils sont à administrer une ou plusieurs fois par jour, en dehors des repas, à des heures précises.

Par exemple, pour soigner un coryza on pourra utiliser Nux vomica et Aconitum napellus 5 CH au tout début, Alium et Sulfur 5 CH s'il y a écoulement. Il existe également un traitement homéopathique des tendances épileptiques ainsi que des phénomènes respiratoires chroniques (Antimonium arsenicosum – Kalium carbonicum). Dans les crises de rhumatismes, on peut utiliser Bryonia alba 4 CH contre la douleur, et pendant des mois Berberis vulgaris et Lycopodium clavatum.

Nombreuses sont les applications de l'homéopathie, mais seul un véritable spécialiste peut prescrire de façon efficace ce qui conviendra à votre chat.

Chat soigné par acupuncture
Soigner un chat par des médecines douces n'est pas toujours aisé. Ainsi l'acupuncture sera réservée aux sujets particulièrement paisibles.

DICTIONNAIRE MÉDICAL

Le chat, comme tout être vivant, n'est pas à l'abri des problèmes de santé. S'il est primordial de connaître et d'apprendre à repérer les principaux signaux d'alarme qui témoignent d'une affection naissante, et de savoir effectuer les gestes qui soigneront un animal accidenté, il est aussi important de pouvoir disposer d'une connaissance précise des maladies elles-mêmes. Ce dictionnaire a été conçu pour vous aider à aborder sereinement les troubles de votre fidèle ami à quatre pattes en vous informant sur les causes des affections internes, maladies graves infectieuses et non infectieuses, zoonoses (maladies transmissibles à l'homme), leurs symptômes et les soins qui peuvent leur être apportés. Il ne peut pas remplacer les visites chez le vétérinaire, mais devrait vous permettre de mieux renseigner celui-ci et de mieux comprendre les soins qu'il préconise.

A

Affections de l'oreille interne et moyenne

Les signes d'infection de l'oreille moyenne sont le plus souvent ceux de l'otite, auxquels vient parfois s'ajouter une inclinaison de la tête du côté de l'oreille atteinte.

• **Symptômes.** Lorsque l'oreille interne est touchée, le chat perd le sens de l'équilibre et de la coordination, et tourne en rond. L'étendue des lésions peut être visualisée sur une radiographie du crâne.

• **Soins.** Le traitement est médical, à base d'antibiotiques et d'anti-inflammatoires, mais, dans les cas graves, il peut être chirurgical.

Arthrose

• **Symptômes.** Cette affection des articulations, qu'on appelle également rhumatisme chronique, est douloureuse et ankylosante. Elle est fréquente chez les animaux âgés, mais on la rencontre aussi chez les chats jeunes à la suite d'affections du squelette (hypervitaminose A et ostéofibrose), accompagnée de douleurs, de déformations et de boiteries.

• **Soins.** Le traitement vise à soulager l'animal par l'administration d'antalgiques.

Le détartrage
Un détartrage régulier atténue la mauvaise haleine du chat et limite les risques d'inflammation des gencives et d'instabilité dentaire.

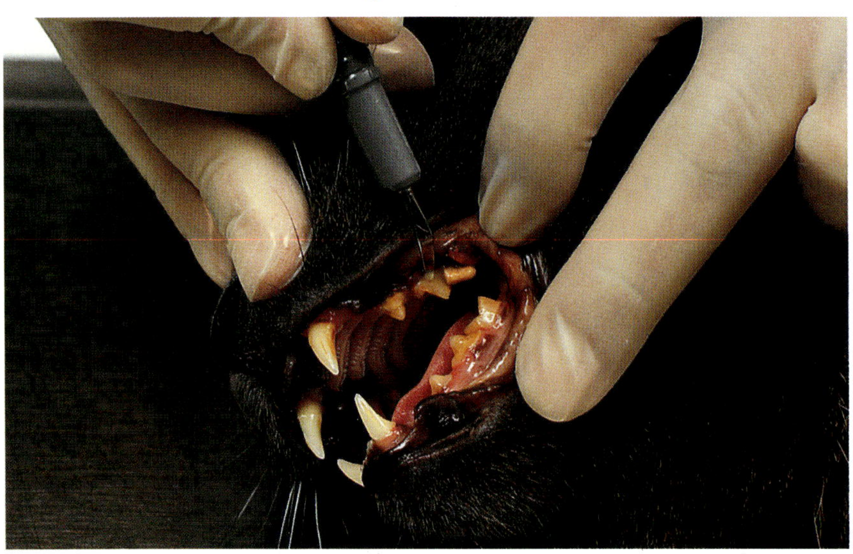

Asthme

• **Symptômes.** Contrairement au chien, le chat peut être sujet à une dyspnée aiguë qui s'installe très rapidement et qui est d'origine allergique. Celle-ci est due à un broncho-spasme et présente de nombreuses similitudes avec l'asthme dont souffre l'homme. Une toux sèche et quinteuse précède souvent l'apparition de la dyspnée. La température rectale n'est pas anormalement élevée et le chat n'est pas abattu.

• **Soins.** La cause allergique est très difficile à identifier. Le traitement médical est à base d'anti-inflammatoires visant à supprimer le broncho-spasme.

B

Bronchite, broncho-pneumonie

Ce sont des affections de l'appareil respiratoire profond, c'est-à-dire des bronches et des poumons. La bronchite, ou inflammation des bronches, peut être aiguë ou chronique. Les formes aiguës sont essentiellement d'origine infectieuse (virale ou bactérienne), ou résultent de l'action d'agents irritants divers (fumées, poussières, insecticides).

• **Symptômes.** Le symptôme dominant est la toux. Si cette toux persiste, on parle de bronchite chronique : des modifications anatomiques se produisent alors, dont notamment un épaississement des bronches.

Une broncho-pneumonie est une affection grave et purulente des petites bronches et des alvéoles pulmonaires avoisinantes. La cause en est infectieuse. Le chat est alors très abattu et fiévreux. Il éprouve des difficultés respiratoires (dyspnée, voire même discordance) et reste en position de sphinx.

• **Soins.** Une radiographie du thorax permet de visualiser l'étendue des lésions. Le traitement, à base d'antibiotiques, dure plusieurs semaines, et des contrôles radiographiques réguliers sont pratiqués.

C

Calculs

• **Symptômes.** Les calculs, ou lithiases, sont, le plus souvent chez le chat, des cristaux de phosphate ammoniaco-magnésiens qui se localisent généralement dans la vessie et l'urètre. Leur taille est minime (celle d'un petit grain de sable) et ils forment avec les débris cellulaires des bouchons qui peuvent obstruer l'urètre et empêcher l'émission d'urine.

• **Soins.** L'anurie (c'est-à-dire l'absence d'urine) constitue une urgence. Le vétérinaire sondera au besoin l'animal sous anesthésie, et traitera l'état de choc, l'insuffisance rénale et l'infection urinaire éventuellement associées.

Cette affection est fréquente chez le chat mâle et sensiblement moins remarquée chez la femelle, peut-être en raison de différences anatomiques (urètre plus large chez la femelle). Elle a indéniablement une origine alimentaire (excès de magnésium, abreuvement insuffisant associé à une alimentation sous forme sèche, etc.). Mais cela n'explique pas tout, et le spasme obstructif qui se produit sur le microcalcul a certainement une cause différente. Ne négligez pas de laisser à boire à votre chat une eau fraîche et pure, outre des aliments de bonne qualité. L'intervention chirurgicale (à l'abouchement de l'urètre à la peau du périnée) est la seule solution efficace en cas de récidives trop fréquentes.

Cardiomyopathies

Ce sont les affections du muscle cardiaque et elles aboutissent à une insuffisance cardiaque. Elles se présentent sous deux formes chez le chat. Dans la forme dilatée, les parois du cœur sont diminuées, et les cavités (oreillettes et, surtout, ventricules) augmentées. La moyenne d'âge des animaux atteints est de neuf ans. Dans la forme non dilatée, les parois du cœur sont au contraire épaissies, et les cavités cardiaques réduites. La moyenne d'âge des chats atteints est alors de six ans.

• **Symptômes.** Les signes cliniques associés aux cardiomyopathies sont l'anorexie, une dyspnée (difficulté respiratoire) plus ou moins prononcée, la paralysie subite à la suite de l'embolisation d'un caillot sanguin dans l'aorte, et enfin, éventuellement, la mort subite.

• **Soins.** Le diagnostic nécessite la mise en œuvre d'examens complémentaires – radiographie et échographie –, car le traitement diffère en fonction du type de cardiomyopathie.

Cataracte

• **Symptômes.** Il s'agit d'une opacification d'une ou de toutes les structures du cristallin, qu'il faut différencier de la sclérose ou fibrose cristallinienne, physiologique chez le vieil animal, et où le cristallin prend simplement un aspect bleuté. La cause peut être héréditaire, inflammatoire (complication d'une uvéite), traumatique ou métabolique (diabète sucré).

• **Soins.** Lorsque l'animal souffre d'une cataracte bilatérale et lorsqu'il est atteint de cécité, le traitement est chirurgical, à condition toutefois que la rétine soit intacte.

Chlamydiose

Il s'agit d'une maladie infectieuse provoquée par une bactérie (*Chlamydia puttaci*), responsable chez le jeune chat d'une conjonctivite et d'une rhinite contagieuses, pouvant se compliquer d'une gastrite hémorragique.

• **Symptômes.** Les symptômes principaux sont le manque d'appétit, l'amaigrissement, une conjonctivite qui débute par un œil avant d'atteindre l'autre, d'aspect purulent avec un œdème des paupières, et une rhinite (jetage suppuré). L'évolution se fait soit vers la mort chez les chatons, lorsqu'elle se complique en pneumonie, soit vers la guérison en trois à quatre semaines.

• **Soins.** Le traitement est à base d'antibiotiques, d'application locale (collyres, pommades) et par voie générale pendant quatre semaines au moins. Les récidives sont fréquentes et les adultes peuvent être porteurs chroniques.

Conjonctivite

• **Symptômes.** Affection inflammatoire des conjonctivites (membranes qui tapissent les paupières), la conjonctivite peut être d'origine allergique ou infectieuse (coryza, chlamydiose). L'œil est rouge, parfois à demi fermé, et peut présenter un larmoiement muqueux ou purulent. Un jetage nasal lui est parfois associé.

• **Soins.** Il faut nettoyer avec un collyre antiseptique les yeux d'un chat qui présente cette affection, mais éviter l'emploi de tout autre médicament sans avis du vétérinaire, car une conjonctivite peut être associée à une affection plus grave.

Constipation, mégacôlon

• **Symptômes.** La constipation est un syndrome caractérisé par l'émission raréfiée de selles desséchées et dures, qui peut en outre être douloureuse (tenesme). Elle peut être d'origine alimentaire (régime mal adapté, insuffisant en fibres) ou consécutive à un traumatisme du bassin, par exemple. Négligée, la constipation vraie peut aboutir à une accumulation des selles dans le côlon appelée coprostase, à l'origine d'une dilatation importante de celui-ci (mégacôlon).

• **Soins.** Le traitement de la constipation est diététique et à long terme. En cas de coprostase, il faut administrer des lubrifiants (huile de paraffine) et des lavements.

Une démarche révélatrice
Un trouble observé dans la démarche d'un chat peut résulter d'un traumatisme (suite à un choc ou à une chute, par exemple) ou traduire une lésion du système nerveux.

Coryza

Il s'agit d'une maladie infectieuse très contagieuse, d'origine virale. Elle se présente comme une inflammation de la muqueuse nasale.

• **Symptômes.** L'incubation dure de deux à quatre jours. Les symptômes essentiels sont une rhinite avec éternuement et jetage, un larmoiement, une stomatite (ulcère sur la langue et sur les gencives, à l'origine de salivation excessive et d'anorexie). La maladie peut évoluer vers la guérison en huit ou dix jours ou se compliquer d'une pneumonie à la suite d'une surinfection bactérienne, ou d'une kérato-conjonctivite ulcéreuse. Dans ce cas, le pronostic peut s'avérer très sombre, surtout chez le chaton ou l'animal immuno-déprimé.

• **Soins.** Il faut impérativement mettre le chat présentant des symptômes de coryza sous antibiotiques par voie générale. Si les narines sont très obstruées et si le chat éprouve des difficultés respiratoires, l'aérosolthérapie peut en outre améliorer son confort. Il existe un vaccin contre le coryza, qui nécessite deux injections à trois semaines d'intervalle, à partir de l'âge de 8 semaines, et un rappel annuel.

Cryptorchidie

On parle de cryptorchidie lorsqu'un ou les deux testicules du chat ne sont pas en place dans le scrotum, et sont restés dans l'abdomen. Il est conseillé de retirer le ou les testicules qui sont dans ce cas, car ils risquent de dégénérer en cancer après l'âge de cinq ans.

Cystite

• **Symptômes.** Inflammation de la paroi vésicale, la cystite se traduit par une difficulté et une douleur à la miction. Le chat rend de nombreuses visites à son bac mais ne parvient pas à uriner, sinon quelques gouttes, parfois teintées de sang. Son état général se dégrade, il ne mange plus et reste prostré ; il a de la fièvre. La cause est le plus souvent infectieuse et peut être associée à des calculs urinaires.

• **Soins.** Affection fréquente chez le chat mâle castré, la cystite ne doit pas être négligée et constitue une urgence si l'animal n'a plus d'émission d'urine. Sinon, un traitement antibiotique limitera l'évolution d'un épisode de cystite. En cas de récidives, des examens complémentaires (analyse d'urine, radiographie) devront être envisagés.

Chat atteint d'une mycose
Des mycoses comme la teigne, assez fréquente chez le chat, sont très contagieuses pour l'homme.

D

Dépilation, chute des poils

• **Symptômes.** La chute des poils est un processus physiologique normal chez le chat qui remplace son pelage par zones successives, mais il arrive qu'elle augmente anormalement : on observe alors des dépilations, appelées aussi alopécies. Nous ne traiterons ici que des dépilations sans démangeaisons associées.
Les alopécies acquises peuvent être consécutives à un traumatisme, à un stress ou à un déséquilibre endocrinien. Elles sont alors diffuses sur une grande partie du corps et symétriques. L'origine en est souvent un manque d'hormones sexuelles chez les chats castrés ou les chattes ovariectomisées.

• **Soins.** Ils sont prescrits en fonction de la cause. Des vitamines sont susceptibles d'aider à la repousse et à la santé du poil (biotine).

Dermatose prurigineuse

• **Symptômes.** La démangeaison, ou prurit, est une cause fréquente de consultation chez le vétérinaire. Hormis les causes parasitaires (gale, puce et poux) ou infectieuses (pyodermites), l'origine des démangeaisons peut être allergique. Le chat se gratte beaucoup et sa peau est recouverte de petites croûtes et papules, principalement sur le dos, la tête et le cou. On parle dans ce cas de dermatite miliaire. Les causes allergiques sont très nombreuses : parasitaire (pullicose), mycosique, alimentaire, médicamenteuse, dues à une carence en biotine ou à une hypothyroïdie. Selon l'origine, la dermatite peut être saisonnière ou non, contagieuse ou non.

• **Soins.** Le traitement est à base d'anti-inflammatoires pour soigner l'allergie. Il doit en outre en corriger les causes quand elles sont reconnues. L'identification d'une allergie reste très problématique, et, même si elle est décelée, elle est parfois difficile à supprimer de l'environnement du chat.

Dermite solaire

• **Symptômes.** Les chats à oreilles blanches sont prédisposés à l'apparition d'une dermite ulcéreuse chronique du bord du pavillon des oreilles, sous l'influence d'une insolation prolongée. Année après année, les lésions réapparaissent, de plus en plus prononcées, lors de l'exposition au soleil. Elles peuvent dégénérer en cancer.

• **Soins.** Le traitement, en début d'évolution, vise à soustraire l'animal aux rayons du soleil et à protéger le bord de ses oreilles avec une crème solaire de type « écran total ».

Diabète sucré

Syndrome caractérisé par une augmentation de la concentration en glucose (sucre) dans le sang, le diabète sucré est une maladie endocrinienne et apparaît le plus souvent chez le chat adulte après l'âge de cinq ans, et, plus tôt, chez les chats obèses. Il faut savoir en effet que les erreurs alimentaires commises par les maîtres (abus de sucre et de sucreries) sont susceptibles de provoquer une hypersécrétion d'insuline (hormone de régulation du taux de sucre, ou glycémie). Certains médicaments tels les corticoïdes et les œstrogènes favorisent également l'apparition du diabète sucré.

• **Symptômes.** Les signes cliniques sont une nette augmentation de la prise de boisson et de la quantité d'urines émises, la polyphagie (augmentation de l'appétit) et, éventuellement, l'apparition brutale d'une cataracte. Lorsque la maladie évolue, l'animal maigrit, vomit, ses urines ont une odeur de pomme reinette caractéristique. En l'absence de soins, il peut entrer en état comateux et mourir.

• **Soins.** Une prise de sang et une analyse d'urine permettent de confirmer le diagnostic. Le traitement consiste en injection d'insuline une ou deux fois par jour.

Par ailleurs, il faut mettre au régime le chat obèse, afin de ramener son poids à la normale.

Difficultés à la mise bas
Également appelées dystocies, elles peuvent être soit d'origine maternelle (étroitesse du bassin, dilatation insuffisante des tissus), soit d'origine fœtale – excès de volume en cas de fœtus unique, grosse tête (race persane). Il convient de surveiller la date de mise bas (si l'on connaît la date de saillie). La gestation dure, en moyenne, entre 58 et 63 jours. Au-delà de 70 jours, l'intervention du vétérinaire est nécessaire et il faut envisager une césarienne. Si la mise bas a commencé, un retard dans la naissance d'un ou plusieurs fœtus est anormale : une durée de plus de quatre heures entre l'expulsion de deux fœtus est souvent liée à un affaiblissement de la chatte ou à un arrêt des contractions. Une césarienne doit alors être pratiquée sous peine de voir mourir les fœtus et une infection utérine se déclarer.

E

Épanchement thoracique et pleural
Il s'agit d'une affection grave résultant d'une accumulation de liquide dans les plèvres (membranes tapissant les côtés de la cage thoracique et se réfléchissant sur les poumons). Elle peut être d'origine inflammatoire (tumeur médiastinale), infectieuse (pleurésie), traumatique (accumulation de sang à la suite d'une hémorragie) ou associée à une affection cardiaque, rénale ou hépatique.

• **Symptômes.** Le chat souffrant d'un épanchement thoracique éprouve des difficultés respiratoires et une discordance : les mouvements de l'abdomen et du thorax ne sont pas synchrones pendant la respiration.

• **Soins.** L'animal doit être manipulé avec beaucoup de précaution. Des examens complémentaires tels que des radiographies, une ponction du liquide d'épanchement, une échographie permettront d'en rechercher les causes et d'envisager un traitement. Si le chat éprouve de grandes difficultés à respirer, une ponction de quelques millilitres de liquide pleural peut le soulager momentanément avec la mise en place d'un traitement consistant en diurétiques, anti-inflammatoires et, éventuellement, antibiotiques.

Encéphalite, encéphalomyélite
Ces affections sont caractérisées par des lésions multiples des diverses parties du système nerveux (cerveau, moelle épinière), dont l'origine peut être virale (rage, infection par le FELV ou le FIV, le virus de la péritonite infectieuse féline, ou PIF), plus rarement bactérienne (tuberculose), ou parasitaire (toxoplasmose).

• **Symptômes.** Ils sont variés en fonction de la localisation cérébrale ou médullaire des lésions. Les signes les plus manifestes sont l'hébétude, l'agressivité, les convulsions, la paralysie.

• **Soins.** Aucun traitement spécifique n'existe en cas d'encéphalite virale. Lorsque l'origine est autre, antibiothérapie, anticonvulsivants et perfusions peuvent améliorer l'état clinique.

Entérite
• **Symptômes.** C'est une inflammation intestinale qui se manifeste par une diarrhée parfois très liquide. Un changement soudain de l'alimentation peut en être la cause, à moins qu'on ne soit en présence d'une infection bactérienne ou virale, grave s'il s'agit du typhus.

• **Soins.** Les diarrhées d'apparition aiguë nécessitent une diète rigoureuse de vingt-quatre heures. Si les symptômes persistent, un antispasmodique sera administré, ainsi qu'un pansement intestinal. Une perfusion peut être nécessaire pour empêcher l'animal de se déshydrater. En cas de diarrhée chronique, il convient de rechercher la cause, qui peut être parasitaire, inflammatoire, tumorale ou métabolique (insuffisance rénale, hépatique ou surrénale ; hyperthyroïdie). Le vétérinaire effectuera un examen clinique complet, nécessaire à un diagnostic correct.

Épilepsie
• **Symptômes.** C'est une affection nerveuse qui se manifeste par des crises convulsives. Les attaques peuvent être courtes et irrégulières, puis plus fréquentes et plus longues. Le prurit (démangeaisons), l'œstrus (chaleurs), la gestation, les désordres gastro-intestinaux, ainsi que la prise de certains médicaments peuvent favoriser l'apparition de l'épilepsie ou augmenter la fréquence des crises.

• **Soins.** Dans le cas où les crises sont fréquentes, le vétérinaire procédera à des analyses afin d'écarter une hypoglycémie, une hypocalcémie, une tumeur cérébrale chez un animal âgé, ou encore une malformation congénitale. Un traitement à base d'anticonvulsivants administrés en permanence devra être envisagé si les crises sont violentes ou se renouvellent fréquemment.

F

Fibrosarcome
Il s'agit d'une tumeur du tissu sous-cutané assez fréquente chez le chat et localisée éventuellement entre les omoplates. Cancéreuse, cette tumeur doit être retirée chirurgicalement le plus rapidement possible.

Les métastases aux autres organes sont rares, mais la récidive locale est fréquente, ce qui peut rendre plusieurs interventions successives nécessaires.

Fractures
Une fracture est une lésion de rupture plus ou moins complète de la trame osseuse qui peut affecter un membre, la mandibule, le bassin ou une vertèbre. Elle est le plus souvent consécutive à une chute.

• **Symptômes.** Lorsque le chat s'est fracturé un membre, il boite et ne pose pas la patte affectée. Une fracture vertébrale ou du bassin provoque une douleur vive, voire une paralysie.

• **Soins.** Le traitement fondamental des fractures consiste à immobiliser la lésion, soit à l'aide d'un pansement ou d'un plâtre, soit chirurgicalement. Le choix se fait en fonction de l'âge du chat, de la localisation de la lésion et du type de fracture.

G

Gale

La gale est une dermatose parasitaire contagieuse pour l'homme. Elle existe sous deux formes dont la plus fréquente est la gale auriculaire, localisée au conduit auditif.

• **Symptômes.** La gale, petit acarien parasite, est à l'origine de démangeaisons internes et de la présence d'un cérumen noirâtre et nauséabond. Cette affection est très contagieuse et peut atteindre les autres chats et chiens de la maison.

• **Soins.** Un antiparasitaire utilisé en traitement local pendant quelques jours fera rapidement disparaître les parasites responsables. La seconde forme est une affection de la peau du chat, localisée à la tête de l'animal. Elle est rare mais très contagieuse et très prurigineuse.

• **Symptômes.** La peau s'épaissit, devient grisâtre et se plisse.

• **Soins.** Le traitement est à base d'antiparasitaires, qui doivent être utilisés avec précaution car ils sont toxiques pour le chat.

Gastrite

Il s'agit d'une inflammation ou d'une irritation de l'estomac. Elle est à l'origine de troubles digestifs avec vomissements.

• **Symptômes.** Une gastrite aiguë, soudaine, peut être due à l'ingestion d'aliments inadaptés ou avariés, de végétaux toxiques, d'agents chimiques irritants, ou d'un corps étranger (ficelle). Cette affection a parfois aussi une origine infectieuse bactérienne ou virale (typhus). Lorsque les vomissements persistent pendant plusieurs semaines, on parle de gastrite chronique. S'ils sont alimentaires, il s'agit plutôt d'une lésion de l'estomac (ulcère, tumeur, inflammation chronique). S'ils sont indépendants des repas et bilieux, il faut rechercher une cause métabolique (insuffisance rénale, hépatique, surrénalienne ; diabète sucré).

• **Soins.** En cas de vomissements aigus, on laissera le chat à la diète pendant vingt-quatre heures et on administrera éventuellement un antivomitif et un pansement gastrique. Si les vomissements sont incoercibles, il faudra consulter en urgence le vétérinaire.

Gingivite, stomatite

• **Symptômes.** Ils peuvent rester discrets si l'inflammation est légère. Mais ce trouble peut être aussi à l'origine de salivation excessive (ptyalisme), voire même d'absence d'appétit (anorexie). On peut repérer la gingivite à un liseré rouge à la base des dents, et la stomatite à de véritables proliférations rouge vif (ulcères) dans le fond de la gorge. Les causes peuvent être locales : tartre, carie, instabilité dentaire, tumeur de la bouche, brûlure par un produit chimique ou le courant électrique. Ces affections sont parfois la conséquence d'une rhino-trachéite virale, d'une insuffisance rénale, d'une immunodépression (infection par le FELV ou le FIV).

• **Soins.** Le détartrage, la prise d'antibiotiques spécifiques et le traitement d'une maladie générale dépistée parviennent à limiter, voire à guérir ces affections.

Glaucome

• **Symptômes.** Dû à une augmentation de la pression interne de l'œil, le glaucome est une affection grave, douloureuse et cause d'une cécité irréversible. Il intervient fréquemment à la suite d'autres lésions (uvéite, tumeur ou saignements internes). La cornée se voile, le globe oculaire s'élargit et devient plus volumineux, l'œil atteint est gonflé et rouge, douloureux à la palpation. Les paupières sont chaudes et congestionnées. La pupille est dilatée. Peu à peu la vue de l'animal baisse, jusqu'à la cécité.

• **Soins.** Le traitement sera d'abord médical et, en cas d'échec, chirurgical et consistant en une énucléation.

H

Hémobartonellose féline

Il s'agit d'une maladie due à l'infection par un micro-organisme, *Hemobartonella felis*, responsable d'une anémie hémolytique. Elle est transmise au chat par l'intermédiaire d'insectes piqueurs et par morsures. Son pronostic est réservé.

• **Symptômes.** Le chat atteint d'hémobartonellose est abattu, ne se nourrit pas et souffre de fièvre ; ses muqueuses sont pâles et jaunes, ses urines très foncées.

• **Soins.** Le traitement est symptomatique : antibiothérapie, corticothérapie et transfusion sanguine, si nécessaire.

Hépatite, insuffisance hépatique

L'insuffisance hépatique est la conséquence d'une altération brutale ou progressive des fonctions du foie.

• **Symptômes.** Ils sont variés dans les formes aiguës : fièvre, vomissements, diarrhées, polyurie, polydipsie. Ils sont alarmants, car ils n'apparaissent que lorsque la majorité du foie est détruite. La cause peut être infectieuse (péritonite infectieuse féline, yersiniose), toxique (empoisonnement au plomb ou aux dérivés chlorés), inflammatoire – à la suite d'une pancréatite ou d'une colite aiguë. Dans les formes chroniques évoluant depuis plusieurs semaines, voire plusieurs mois, l'animal présente un mauvais état général, il est maigre et atteint de troubles digestifs divers : diarrhée ou constipation, appétit diminué. Il est éventuellement atteint d'ictère (jaunisse) et présente une ascite (épanchement de liquide dans l'abdomen). Parmi les causes, très diverses, on compte l'hépatite, la cirrhose et la présence d'une tumeur.

• **Soins.** Ils seront de deux types, selon les formes de la maladie. Le traitement des formes aiguës intervient en urgence. Le chat est le plus souvent déshydraté et doit être placé sous perfusion. Des antispasmodiques et des anti-infectieux lui seront administrés.

Le traitement des formes chroniques est délicat. Très peu de mesures médicales sont réellement spécifiques et directement efficaces. Le régime alimentaire remplit ici une fonction capitale. Les repas doivent être fractionnés pour éviter la surcharge des fonctions hépatiques, ils doivent aussi être riches en protéines si nécessaire.

Hypervitaminose A

• **Symptômes.** Affection ostéoarticulaire, l'hypervitaminose A a une origine généralement nutritionnelle (rations très riches en foie cru, lui-même riche en vitamine A). Chez les jeunes chats, l'affection est plutôt articulaire et sévit sur tous les membres. Elle peut être associée à un retard de croissance. Chez les chats adultes, les lésions se localisent sur la colonne vertébrale : les vertèbres sont soudées les unes aux autres, et l'on parle alors de spondylarthrite ankylosante. Dans les deux cas, le chat présente d'abord des douleurs très vives qui s'atténuent et finissent par disparaître lors de la constitution de l'ankylose. L'animal a de la peine à marcher et à sauter. Il n'arrive plus à faire sa toilette.

• **Soins.** La radiographie des membres ou de la colonne vertébrale confirme la présence de cette affection. Les lésions osseuses sont irréversibles. Préventivement, il faut éviter de nourrir exclusivement son chat avec du foie cru et ne lui proposer ce type d'aliment qu'une fois par semaine.

I

Infection par le FELV et par le FIV

L'infection par le virus de la leucose féline (FELV) ou par celui de l'immunodéficience (FIV) est la cause de maladies graves et incurables chez le chat.

• **Symptômes.** Amaigrissement, anémie, diarrhées chroniques incoercibles, hépatite, développement de tumeurs thoraciques ou abdominales sont les principaux symptômes observés. Le chat atteint peut également développer des maladies intercurrentes comme le coryza, la péritonite infectieuse (PIF), la chlamydiose ou l'hémobartonellose. La transmission de ces virus se fait par contact étroit entre les animaux (léchage, saillies, allaitement). Les virus peuvent rester à l'état latent dans l'organisme pendant plusieurs mois, voire même plusieurs années. Le chaton peut ainsi se contaminer dans l'utérus de sa mère ou encore à partir du lait, et ne développer la maladie que vers l'âge de 4 ou 5 ans. Les symptômes peuvent apparaître à la suite d'un stress ou de perturbations psychologiques.

• **Soins.** Il est possible de confirmer l'infection par des tests effectués à partir d'un échantillon de sang. Le pronostic est généralement mauvais à court terme (de quelques semaines à quelques mois).

Il existe un moyen de prévention de la leucose féline grâce à la vaccination. Celle-ci s'effectue en deux injections la première année ; le rappel est ensuite annuel. Avant d'avoir recours à ce vaccin, il est nécessaire de connaître les résultats du test afin de vérifier que le chat est séronégatif (non porteur de virus). En effet, la vaccination est inopérante chez les chats infectés.

Il n'existe pas, à l'heure actuelle, de vaccin contre le virus de l'immunodéficience féline. Ce virus, très proche de celui du sida, est d'ailleurs un modèle d'étude de la maladie chez l'homme. Si le chat doit faire des saillies, il est prudent de procéder régulièrement à des tests de dépistage, et de les exiger chez les chattes qui seront en contact avec lui.

Insuffisance cardiaque

Elle est due à une diminution de la valeur fonctionnelle de la pompe cardiaque. Elle se complique d'une insuffisance circulatoire caractérisée par des effets secondaires : œdème pulmonaire, ascite (épanchement séreux dans le péritoine). La cause en est variable (sténose, cardiomyopathie).

• **Symptômes.** Chez le chat, les symptômes sont essentiellement une dégradation de l'état général (anorexie, amaigrissement), une difficulté respiratoire, et, éventuellement, une toux.

• **Soins.** Le traitement est établi en fonction de la cause. En cas d'insuffisance veineuse, l'administration de diurétiques améliore l'état clinique.

K

Kératite

Inflammation de la cornée, la kératite est souvent associée à une conjonctivite ; on parle alors de kératoconjonctivite. Les causes sont les mêmes que celles d'une conjonctivite, à savoir allergiques ou infectieuses (coryza, chlamydiose).

• **Symptômes.** L'œil est rouge, la cornée perd sa transparence, devient opaque et bleutée. Après une évolution de plusieurs jours, des vaisseaux apparaissent et viennent irriguer anormalement la cornée, et l'on observe des taches noires correspondant à des dépôts de pigments.

• **Soins.** Le traitement implique l'instillation régulière de collyres anti-inflammatoires et antibiotiques, plusieurs fois par jour, et ce souvent pendant plusieurs semaines de suite.

L

Luxation

• **Symptômes.** Défaut de stabilité articulaire, la luxation de la hanche à la suite d'un traumatisme est fréquente chez le chat. Elle se caractérise par une boiterie du membre postérieur luxé, qui paraît plus long que l'autre membre.

• **Soins.** La luxation peut être réduite sous anesthésie et maintenue pendant quelques jours par un bandage. En cas d'échec, la chirurgie est nécessaire et consiste en l'ablation de la tête fémorale luxée.

Vaccination d'un chat
Faites vacciner votre chat. C'est le meilleur moyen de prévenir des maladies graves, souvent contagieuses et parfois mortelles : rage, typhus, leucose féline…

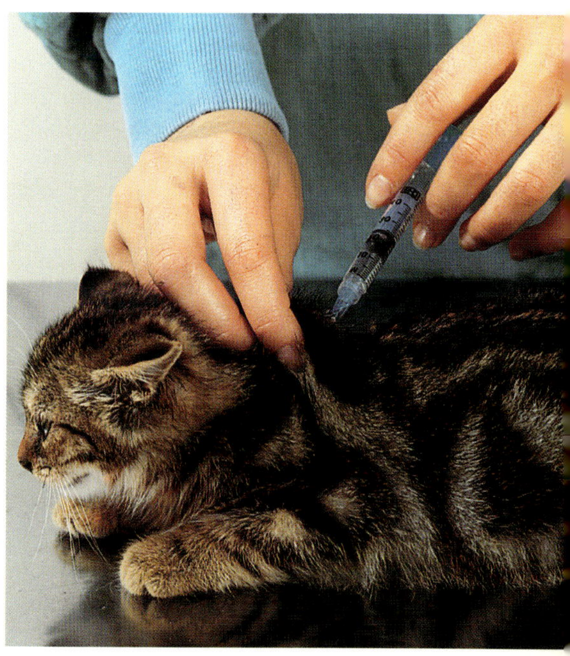

Lymphosarcome

Tumeur maligne, le lymphosarcome est généralement dû, chez le chat, à l'infection par le virus de la leucose féline (FELV). Il peut se localiser au ganglion médiastinal (thorax), au ganglion mésentérique (abdomen), aux reins, à la peau ou au cerveau. Suivant la localisation, les symptômes sont variables, mais le pronostic est toujours sombre.

M

Maladie des griffes du chat

Dite encore lymphoréticulose bénigne d'inoculation, cette maladie est assez fréquente et transmise à l'homme par griffure ou morsure par les chats, les rats et même les furets. Le chat n'est pas infecté par ce microbe et n'en est que le vecteur accidentel et passif.

• **Symptômes.** Les signes de cette affection chez l'homme siègent au niveau du point d'inoculation, où l'on observe un petit abcès ou un granulome pratiquement indolore. Quelques semaines plus tard, les ganglions voisins de cette zone enflent légèrement.

• **Soins.** La guérison a lieu en quelques semaines, après un traitement à base d'antibiotiques et d'antiseptiques locaux.

N

Nécrose de la cornée

• **Symptômes.** La nécrose de la cornée est une affection de l'œil qui est propre au chat. Elle se traduit par une zone noire, au centre de la cornée, composée de cellules mortes. La cause n'en est pas encore connue, mais il semble qu'on observe ce trouble plus fréquemment chez les chats à poils longs (Persans).

• **Soins.** Une intervention chirurgicale (keratectomie) s'impose.

Les dangers de la chasse

Chasseur invétéré, le chat risque parfois d'être contaminé par les proies qu'il capture ou par le léchage, les griffures ou les morsures d'un animal porteur de virus.

Néphrite, insuffisance rénale

Il s'agit d'une altération des fonctions du rein normalement chargé d'épurer l'organisme et d'éliminer les déchets. L'insuffisance rénale peut évoluer sous forme aiguë ou chronique, et se caractérise par une élévation du taux d'urée et de créatinine dans le sang.

• **Symptômes.** L'insuffisance rénale aiguë chez le chat est le plus souvent consécutive à une rétention d'urine, elle-même due à la présence de calculs qui obstruent l'urètre. Chronique, cette affection est très fréquente chez le chat âgé et sa gravité est due à des lésions (néphrite) irréversibles du rein. Elle évolue par paliers – l'animal restant en forme pendant des années –, pour finir par se déclarer et manifester des signes d'alarme aisément repérables : augmentation de la soif, perte de l'appétit, amaigrissement, troubles digestifs plus ou moins fréquents (vomissements et diarrhées). Le vétérinaire confirmera le diagnostic de l'insuffisance rénale en effectuant une prise de sang pour doser l'urée et la créatinine.

• **Soins.** Le traitement de fond est diététique. L'apport en protéines, responsables de l'augmentation du taux d'urée, doit être nettement diminué et de bonne qualité. Il faut éliminer les abats et les conserves pour chats vendues dans le commerce. En cas de crise, si l'animal est très affaibli, ne s'alimente plus et se déshydrate, on le placera sous perfusion pendant quelques jours.

O

Ostéofibrose

Maladie osseuse généralement caractérisée par un défaut de minéralisation des os, l'ostéofibrose est la conséquence d'une résorption osseuse exagérée. L'origine en est nutritionnelle car l'affection apparaît en cas de carence en calcium (régime exclusivement carné), et est encore aggravée par un apport excessif en vitamine D. Elle affecte surtout les jeunes chats.

• **Symptômes.** Ils sont liés à la douleur qu'engendre cette affection : boiterie tantôt d'un membre, tantôt d'un autre, douleur à la palpation, fractures dites « en bois vert » à la suite d'une petite chute.

• **Soins.** Le traitement est d'une part médical, à base d'antalgiques, d'anti-inflammatoires et d'anabolisants, et d'autre part diététique : il faut supplémenter la ration en calcium. Lorsqu'elle évolue, l'ostéofibrose peut entraîner des déformations osseuses irréversibles.

Otite infectieuse

Inflammation du conduit auditif, une otite peut être consécutive à une infection bactérienne, parasitaire (gale auriculaire) ou mycosique.

• **Symptômes.** Une otite est souvent associée à une démangeaison, à une douleur intense, à un port des oreilles anormal (oreille tombante). Non soignée, elle ne tarde pas empirer et risque de s'étendre à l'oreille moyenne, puis interne.

• **Soins.** Le vétérinaire examinera les deux conduits auditifs à l'aide d'un otoscope et effectuera, si nécessaire, un prélèvement. Le traitement est le plus souvent à base d'anti-infectieux et d'anti-inflammatoires.

P

Paralysie

• **Symptômes.** Il s'agit d'une suppression de la mobilité, voire de la sensibilité, d'un groupe musculaire. On parle de parésie si la mobilité est conservée mais diminuée. Une paralysie peut être consécutive à un traumatisme (choc causé par une voiture, chute), à une compression (tumeur), à une embolie vasculaire dans l'aorte, chez le chat atteint d'une insuffisance cardiaque, par exemple. Elle est dite « d'origine centrale » lorsque la lésion est située dans le cerveau ou la moelle épinière, et « d'origine périphérique » lorsqu'elle se trouve sur un nerf – dans ce cas, le membre est flasque.

On parle d'hémiplégie lorsque la paralysie ne touche qu'un côté du corps, de paraplégie lorsque celle-ci atteint les seuls membres postérieurs, et de tétraparésie lorsque les quatre membres sont touchés. Certains organes internes peuvent également être atteints, tels que la vessie ou l'intestin. Contrairement à ce qui se produit chez le chien (surtout pour certaines races comme le Teckel), les hernies discales sont rares chez le chat, du fait de l'anatomie du canal médullaire et de la moelle épinière.

• **Soins.** Selon la conclusion de l'examen clinique du vétérinaire, le traitement pourra être médical (administration d'anti-inflammatoires) ou chirurgical.

Parasites intestinaux

Ceux qui, installés dans l'intestin, sont à l'origine de maladies graves sont peu nombreux, mais leur présence en grande quantité est source de problèmes. Ils sont faciles à éviter si l'on a compris leur mode de développement et que l'on applique des règles élémentaires de prévention. La plupart des parasites sont des vers ronds (ascaris) ou plats (ténias), mais certains organismes microscopiques (coccidies, flagellés, toxoplasmes) peuvent contaminer l'intestin et, pour ceux qui se multiplient en trop grand nombre, être à l'origine de diarrhées chroniques, notamment chez le chaton. Ce trouble rétrocède facilement lorsqu'on applique un traitement approprié.

• **Les ascaris (espèces toxocara et toxascaris).** Ce sont des vers ronds, épais et blancs qui peuvent atteindre dix centimètres de long dans l'intestin du chat. Ils répandent leurs œufs par l'intermédiaire des excréments de l'animal. Ces œufs sont viables dans la nature pendant plusieurs années et éclosent dans l'intestin du chat qui les ingère. Les larves migrent par le sang dans les tissus (foie, poumons, mamelles) et se retrouvent dans l'intestin à l'âge adulte. Le chaton peut ainsi être contaminé par le lait maternel. Rarement gênants chez le chat adulte, ils peuvent en revanche provoquer des troubles graves chez le chaton. Les larves qui migrent dans les poumons peuvent être à l'origine d'une bronchite dite « venimeuse ». Celles qui se développent à l'âge adulte dans l'intestin peuvent être à l'origine de diarrhées ; on voit alors le chaton s'affaiblir et rester chétif – en dépit du fait qu'il mange beaucoup – maigrir, présenter un ventre ballonné, se déshydrater et, en cas d'infestation massive, rejeter des vers dans ses selles et dans ses vomissements. Les ascaris adultes s'éliminent facilement grâce à des vermifuges spécifiques. Le chaton malade devra néanmoins être traité pour les diarrhées, et réhydraté.

• **Les ténias.** Ces vers plats vivent leur vie de larves sur d'autres animaux et notamment les puces en ce qui concerne l'espèce diphylidium – très rebelle –, fréquemment rencontrée chez le chat adulte. Le chat se contamine lorsqu'il ingère par mégarde une puce en se léchant. Son poil ternit et on constate alors la présence dans les selles ou aux marges de l'anus d'anneaux de ténias ressemblant à des grains de riz. Si votre chat est infesté par des puces, il faut non seulement l'en débarrasser rapidement, mais aussi le vermifuger à l'aide d'un produit spécifique.

• **Soins.** Préventivement, il est recommandé de vermifuger régulièrement les chatons et les chats adultes avec des produits prescrits par le vétérinaire, en fonction du type d'infestation et du mode de vie de l'animal.

Poux

L'infestation par les poux, ou phtiriose, est plus rare que celle par les puces (pullicose) et se rencontre essentiellement en milieu rural. Ce sont les animaux en mauvais état ou malades qui en sont préférentiellement atteints.

• **Symptômes.** Les poux sont des parasites permanents. Leur action sur la peau est très irritante et provoque une dermite prurigineuse avec squamosis (pellicules). On peut en outre observer des lentes (œufs) fixées à la base des poils.

• **Soins.** Le traitement est en tous points comparable à celui de la pullicose.

Procidence de la troisième paupière

Encore appelée « corps clignotant », la troisième paupière n'est pas visible sur un animal en bonne santé. Elle peut cependant venir recouvrir une partie de l'œil lorsqu'il y a lésion de la cornée, sensibilité cornéenne à la lumière ; elle fait alors office de protection. Mais, chez un chat dont l'œil est intact, la procidence du corps clignotant peut signifier tout autre chose. On la constatera par exemple dans certains troubles digestifs aigus ou chroniques. Elle peut aussi traduire un désordre neuro-végétatif ou un état de « mal-être » psychologique. Le traitement sera fonction de la cause. Il est intéressant de signaler l'utilisation de cette troisième paupière lors des opérations dites « de recouvrement conjonctival » pour guérir des lésions cornéennes rebelles. Elle est alors suturée à la paupière supérieure, couvrant totalement l'œil et venant, par des échanges cellulaires, combler les ulcères ou réparer les blessures de la cornée.

La pseudotuberculose, ou yersiniose

C'est une maladie constatée dans tous les pays du monde, qui peut évoluer chez de nombreuses espèces de mammifères et d'oiseaux. Le chat peut se contaminer en ingérant rongeurs ou oiseaux infectés. La maladie peut être aiguë et présenter des signes de septicémie ou de gastro-entérite, mais elle reste le plus souvent chronique et caractérisée par un état de prostration, une anorexie et un ictère (jaunisse).

La maladie est transmise à l'homme par contact direct. Le chat élimine le bacille responsable dans ses selles pendant plusieurs semaines et, par le léchage alterné de sa région ano-génitale, de son pelage et de son maître, il expose celui-ci à la contamination. Chez l'homme, la maladie évolue sous forme généralisée, septicémique ou localisée. Le traitement de choix est l'antibiothérapie.

Puces

Ce sont des parasites qui ne vivent pas en permanence sur le chat. Les puces se reproduisent dans le milieu extérieur et pondent leurs œufs dans les parquets, sur les tapis, et bien sûr dans la corbeille du chat. En cas d'infestation du chat (pullicose), il faut impérativement traiter l'animal mais également son environnement, à l'aide de produits spécifiques conseillés par le vétérinaire.

• **Symptômes.** Les puces causent des démangeaisons et sont parfois à l'origine de dermatites allergiques (dermatites miliaires) généralisées. Les infestations massives se rencontrent souvent chez les chats débilités et peuvent provoquer une anémie sévère, les puces se nourrissant de sang.

• **Soins.** Dans la plupart des cas, la présence de puces sur un chat n'est pas dramatique, mais il faut choisir soigneusement les produits antiparasitaires efficaces. Ils existent sous forme de colliers, de sprays, de poudres ou encore de liquides absorbés par voie percutanée. Des médicaments antiprurigineux seront administrés à l'animal allergique. L'homme est très occasionnellement infesté par les poux ou les puces du chat.

Pyomètre, métrite

Affection due à une infection ou à une inflammation utérine, elle est liée au cycle sexuel et intervient le plus souvent deux mois après les chaleurs de la chatte.

• **Symptômes.** Les principaux symptômes sont l'abattement, l'anorexie et les écoulements vulvaires purulents, si le col utérin est ouvert. En l'absence d'écoulement, prise de sang et radiographie de l'abdomen confirmeront l'infection.

• **Soins.** Le traitement médical est souvent insuffisant. Il est plus prudent d'envisager la chirurgie et de retirer les ovaires et l'utérus, car la suppuration en cause peut se compliquer d'insuffisance rénale en l'absence de soins.

R

Rage

Maladie virale due à un rhabdovirus, la rage peut frapper tous les mammifères et est transmissible à l'homme. Elle est réputée « légalement contagieuse ». Longtemps épargnée par la rage, la France connaît, depuis 1984, une recrudescence de la maladie. Il s'agit d'une forme vulpine, transmise éventuellement par le renard et d'autres animaux sauvages. La contamination se fait par contact étroit : morsure, griffure ou léchage.

• **Symptômes.** Ce sont ceux d'une encéphalite, avec modification du comportement, agressivité, paralysie et convulsions. Le diagnostic est difficile chez l'animal vivant, car il faut distinguer la rage d'autres maladies présentant les mêmes symptômes. L'évolution conduit toujours à la mort, en deux à dix jours. Il est alors indispensable de confirmer ou d'infirmer le diagnostic de rage pour envisager la prophylaxie des personnes ayant été en contact avec le chat.

• **Soins.** La vaccination contre la rage est obligatoire pour tous les carnivores domestiques dans les zones contaminées et pour le passage de nombreuses frontières. Elle se pratique dès l'âge de trois mois, à la suite de quoi un certificat officiel valable un an, jour pour jour, est délivré. Le rappel annuel est obligatoire avant la date de péremption.

La législation prévoit que tout animal mordeur ou griffeur doit être mis sous surveillance sanitaire pendant quinze jours, qu'il soit ou non vacciné, et quelle que soit sa région géographique. Il doit donc subir trois visites chez le vétérinaire : le plus tôt possible après la morsure, puis sept jours après et encore quinze jours plus tard. Un certificat est délivré à chaque visite. Si l'animal est en parfaite santé à la troisième visite, on peut être certain qu'il n'a pas pu transmettre la rage au moment de la morsure et de la griffure. La contamination n'est en effet possible que quelques jours avant l'apparition des symptômes.

Dans les régions contaminées, tout animal recueilli par la fourrière est abattu, sauf s'il est tatoué, auquel cas le délai est étendu à cinq jours pendant lesquels le propriétaire peut récupérer son chat, à condition toutefois de présenter le certificat de vaccination antirabique de l'animal.

• **Départements contaminés par la rage.** Ardennes, Bas-Rhin, Meurthe-et-Moselle, Moselle restent déclarés atteints par la rage, essentiellement en raison de leur proximité avec des pays où règne la maladie.

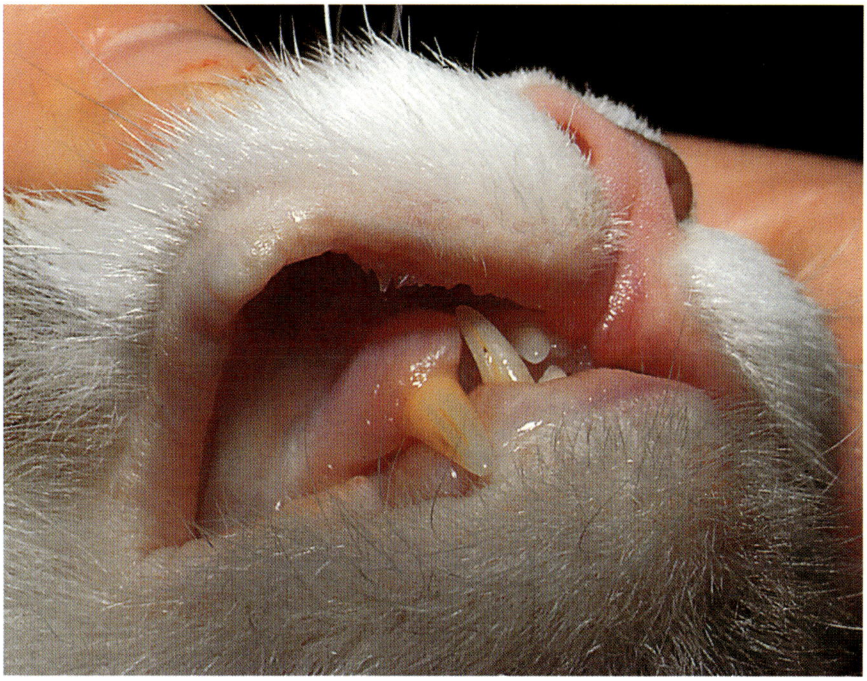

Chat atteint d'un ulcère
Très gênantes pour l'animal chez qui elles provoquent dépilations, démangeaisons, lésions ou ulcères cutanés, les maladies de la peau sont une cause fréquente de consultation chez le vétérinaire.

Rhinite chronique

• **Symptômes.** C'est une affection des cavités nasales qui se manifeste par des éternuements et un jetage nasal récidivant. Si le chat a le nez bouché, sa respiration est bruyante et il peut bouder sa nourriture, car il a perdu l'odorat.

• **Soins.** Une antibiothérapie et des séances d'aérosolthérapie peuvent faire régresser les symptômes en quelques jours. Un drainage chirurgical des cavités nasales peut néanmoins s'avérer nécessaire. La présence d'un corps étranger (épillet) ou d'une tumeur peut être à l'origine des mêmes symptômes.

S

Syndrome éosinophilique félin

• **Symptômes.** La cause en est mal connue et désigne, chez le chat, trois types de lésions : l'ulcère éosinophilique, la plaque éosinophilique et le granulome linéaire. Le premier consiste en une lésion bien circonscrite, brillante, sans poil. Ni douloureux ni prurigineux, il est souvent localisé sur la lèvre supérieure. La plaque éosinophilique est, elle, une lésion très prurigineuse, bien circonscrite, surélevée, suintante, localisée en particulier sur l'abdomen et la face interne des cuisses ; elle peut être unique ou multiple. Le granulome linéaire est bien circonscrit lui aussi ; la lésion, linéaire comme son nom l'indique, peut être unique ou multiple, et souvent localisée sur la face postérieure des cuisses.

• **Soins.** L'administration de corticoïdes permet le plus souvent la régression des lésions, qui peuvent néanmoins récidiver. Les causes des lésions étant très floues, surtout dans les cas de prurit ou d'alopécies étendues, le traitement causal est incertain et les récidives sont fréquentes.

T

Tartre dentaire

Le tartre qui se dépose sur les dents du chat a tendance à s'insinuer sous la gencive et est à l'origine de la mauvaise haleine due à la pyorrhée (infection), et d'une instabilité dentaire.

Un traitement médical peut limiter à court terme ces inconvénients. Le détartrage doit être effectué par le vétérinaire. Il est pratiqué sous anesthésie générale. Selon les chats, il peut s'avérer nécessaire tous les six mois ou tous les trois ans, car la vitesse d'entartrement des dents dépend des sujets.

Teigne

Mycose cutanée, la teigne est une infection de la peau, des poils et des griffes par des champignons microscopiques, les dermatophytes. Cette infection est fréquente chez le chat.

• **Symptômes.** Cliniquement, la teigne se caractérise par des dépilations diffuses ou plus souvent localisées, rondes, de quelques centimètres de diamètre, de préférence sur la tête et le pavillon des oreilles de l'animal. Elle peut être également localisée aux griffes et est alors très tenace. Certains chats hébergent des dermatophytes sans présenter les lésions décrites ici. Dans la plupart des cas, les teignes n'entraînent pas de démangeaisons et n'affectent pas l'état général de l'animal, mais elles sont extrêmement contagieuses pour l'homme et les autres animaux carnivores.

• **Soins.** Les lésions uniques seront traitées grâce à un antifongique local. Si elles sont étendues et multiples, il faudra traiter tout le corps (grâce à des bains) et administrer un traitement par voie orale pendant quatre à six semaines.

Tiques

Les tiques appartiennent à la famille des acariens (très petits arachnides), contrairement aux poux et aux puces qui, eux, sont des insectes. Ce sont des parasites temporaires qui se nourrissent du sang de l'animal avant de tomber. Les chats qui vivent à l'extérieur les récoltent dans les herbes et les broussailles.

• **Symptômes.** L'infestation est maximale au printemps et à l'automne. Contrairement aux chiens, les chats ne sont pas atteints par la piroplasmose (affection parasitaire sanguine transmise par les tiques).

• **Soins.** Frottez la peau infectée du chat avec un coton imbibé d'éther avant d'extraire la tique avec une pince à épiler, ou servez-vous d'un « tire-tique ». On peut aussi tuer ce parasite en vaporisant sur lui un produit spécifique qui entraînera son dessèchement et sa chute, ou utiliser des feutres spéciaux, imbibés d'une substance qui tue les tiques par contact.

Toxoplasmose

Elle consiste en une affection parasitaire pouvant évoluer dans toutes les espèces animales sous forme latente (infection toxoplasmique) ou évolutive (maladie toxoplasmique). Le chat joue un rôle dans la transmission de cette maladie puisque le cycle biologique du parasite, *Toxoplasma gondii*, comporte une phase de reproduction dans l'intestin grêle du chat, aboutissant à l'émission dans les selles d'ookystes (œufs), qui se transforment en quelques jours en ookystes sporulés, capables de résister plus d'un an en milieu humide.

L'infection toxoplasmique chez le chat peut présenter un risque pour la femme enceinte dépourvue d'anticorps, qui ne devra pas nettoyer elle-même le bac à litière du chat si celui-ci est contaminé par le parasite. Par ailleurs, au cours de cette période, le bac devra être changé quotidiennement. Il faudra veiller à ne pas donner au chat de la viande mal cuite ou du lait susceptible de contenir des ookystes.

Des examens peuvent être pratiqués sur l'animal pour rechercher l'infection toxoplasmique (prise de sang, analyse des selles). La maladie toxoplasmique est très rare chez le chat. Elle est due à la présence du parasite dans les différents organes, et notamment dans l'œil, où il est à l'origine d'une uvéite ou d'une rétino-choroïdite.

Tuberculose

Comme d'autres mammifères, les chats peuvent transmettre à l'homme les

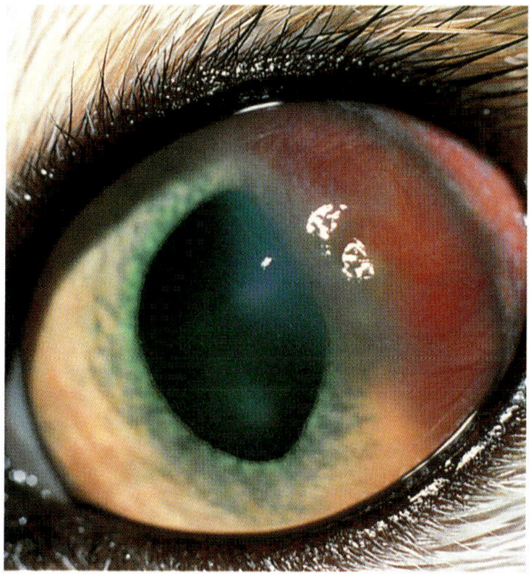

Kératite

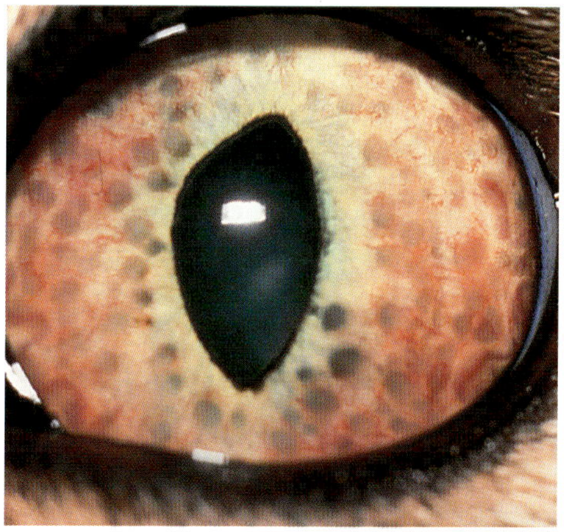

Uvéite

Cataracte bilatérale

Œil larmoyant, conjonctivite

Procidence de la troisième paupière

Troubles oculaires du chat

Il est très important de déceler rapidement les troubles oculaires du chat, certains risquant d'entraîner la cécité de l'animal.

Leur origine peut être très variée :

- héréditaire,
- inflammatoire,
- traumatique ou métabolique pour la cataracte et la kératite,
- allergique ou infectieuse pour la conjonctivite,
- troubles digestifs,
- neuro-végétatifs ou psychologiques pour la procidence de la troisième paupière.

Ils peuvent aussi être le signe d'une affection générale grave (c'est le cas de l'uvéite) ou la suite d'autres lésions (certains glaucomes). Certaines affections oculaires du chat lui sont spécifiques : c'est le cas de la nécrose de la cornée, qui touche particulièrement les chats à poils longs et dont la cause demeure inconnue, et la procidence de la troisième paupière, dont l'origine peut être très variée. Tout symptôme affectant les yeux impose une consultation rapide du vétérinaire.

bacilles tuberculeux qui les infectent s'ils ont été en contact eux-mêmes avec des bovins tuberculeux ou des personnes tuberculeuses. Les symptômes chez le chat sont variables, pulmonaires ou cutanés. Ces affections deviennent rares aujourd'hui, mais, en raison du grand danger de contamination, on ne doit pas traiter une tuberculose féline (ou animale en général). L'euthanasie de l'animal est la seule éventualité à envisager du point de vue de l'hygiène publique.

Tumeurs mammaires

• **Symptômes.** Fréquentes chez les chattes âgées non castrées ou opérées tardivement, ces tumeurs sont très souvent malignes, c'est-à-dire cancéreuses dans 90 % des cas. Localement, elles sont souvent multiples, à croissance rapide et mal délimitées, infiltrantes. Une radiographie thoracique permet la mise en évidence de métastases dans le poumon si elles évoluent depuis plusieurs semaines. Elles peuvent également se nécroser et s'ulcérer (suintement qui pose des problèmes hygiéniques), ce qui nécessite une intervention, même si le pronostic n'est guère favorable.

• **Soins.** Seul le traitement chirurgical est envisageable. Il consiste en l'ablation large et précoce de la tumeur, s'il n'y a aucune métastase pulmonaire. La présence de métastases rend le pronostic très mauvais à court terme. Selon la nature histologique des tumeurs, radiothérapie ou chimiothérapie peuvent être envisagées pour éviter les récidives, dans le meilleur des cas.

Typhus, ou panleucopénie infectieuse

Maladie virulente, contagieuse, spécifique aux félidés, le typhus est dû à un virus, le parvovirus.

• **Symptômes.** Le typhus se caractérise par un état de grande prostration associé à une gastro-entérite et à une diminution des globules blancs du sang. L'incubation dure de deux à dix jours, puis la maladie évolue sous forme suraiguë (mort en douze heures à vingt-quatre heures, après une fièvre suivie d'hypothermie) ou sous forme aiguë : phase accompagnée de fièvre, de prostration et de déshydratation. Les signes digestifs sont variables : anorexie, soif exagérée, vomissements bilieux, mousseux, apparition de diarrhées parfois striées de sang, ventre douloureux.

• **Soins.** L'évolution est rapide et se fait en quelques jours, soit vers la mort, soit vers la guérison à force de soins intensifs : perfusion, antibiothérapie, antispasmodiques, pansements digestifs.

Préventivement, il existe un vaccin qui nécessite deux injections la première année chez le jeune chat, puis un rappel tous les deux ans.

U

Ulcère de la cornée

Dû à une perte de substance de la cornée, l'ulcère peut être d'origine infectieuse ou traumatique (coup de griffes).

• **Symptômes.** L'œil est rouge, à demi fermé, douloureux, et le chat se frotte avec ses pattes.

• **Soins.** Un examen ophtalmologique permet d'apprécier la gravité de l'ulcère. S'il est superficiel, un collyre spécifique permettra une cicatrisation rapide. S'il est plus important, un recouvrement conjonctival peut être nécessaire : le vétérinaire ferme les paupières par quelques points de suture pendant une dizaine de jours pour activer la cicatrisation.

Uvéite

Affection inflammatoire de l'iris et des structures avoisinantes, l'uvéite peut atteindre un œil ou les deux yeux, et être le signe d'une affection générale grave : infection par le FELV, le FIV, le virus de la PIF, la toxoplasmose.

• **Symptômes.** L'œil est rouge, larmoie ; la pupille est serrée et l'iris change parfois de couleur. Le chat souffre et fuit la lumière.

• **Soins.** Cette affection est toujours grave, surtout si elle est associée à une maladie générale. Le traitement est local (collyre) et général, à base d'antibiotiques et d'anti-inflammatoires administrés par voie buccale.

V

Vaccination

La vaccination est le meilleur moyen de prévenir des maladies graves, souvent contagieuses et parfois mortelles : rage, typhus, leucose féline…

CALENDRIER DES VACCINATIONS*

Maladie	Vaccination	1er rappel	2e rappel	Rappels suivants
Typhus	à 9 semaines	après l'âge de 3 mois	un an après le 1er rappel	tous les 2 ans
Coryza	à 9 semaines	après l'âge de 3 mois	un an après le 1er rappel	tous les ans
Chlamydiose	à 9 semaines (conseillé dans les effectifs)	après l'âge de 3 mois	un an après le 1er rappel	tous les ans
Leucose (FELV)	à 9 semaines	après l'âge de 3 mois	un an après le 1er rappel	tous les ans
Rage	après l'âge de 3 mois (en 1 ou 2 injections)	1 an après le vaccin		tous les ans

* Hormis celui de la rage, aucun vaccin n'est obligatoire, mais tous sont vivement recommandés.

Renseignements pratiques

Protection du chat domestique

La loi protège le chat contre les mauvais traitements et son utilisation dans les expériences médicales est, en principe, strictement définie. À la campagne, les chats errants qui, autrefois, étaient trop facilement abattus, sont mieux protégés par la nouvelle loi du 6 janvier 1999. La fourrière attend les vagabonds campagnards et urbains et les sociétés de protection animale, véritables pépinières pour les adoptions généreuses, sont nombreuses et bien organisées.

De nouvelles mesures pour les chats errants ou perdus

Désormais, chaque commune doit disposer soit d'une fourrière communale apte à l'accueil et à la garde des chiens et chats trouvés, soit passer un accord avec une fourrière voisine, afin de bénéficier de ses services. Les chats errants, ramassés dans une commune, y sont conduits et gardés huit jours ouvrés, qu'ils aient une identité ou pas. Si l'animal a une identité, le propriétaire est immédiatement recherché et il récupérera son animal après avoir acquitté les frais de garde. Le propriétaire d'un chat non identifié, mis en fourrière, ne pourra le reprendre qu'à condition de le faire tatouer à ses frais. Dans les départements officiellement déclarés infestés par la rage, seuls les chats vaccinés contre cette maladie peuvent être rendus à leur maître, les autres devant être euthanasiés après expiration du délai de garde. Après ce délai de huit jours, un animal qui n'a pas été réclamé par son propriétaire est considéré comme abandonné et le gestionnaire de la fourrière pourra le donner à une association de protection ou à une fondation, seules habilitées à proposer les animaux à l'adoption, après 50 jours de garde dans leurs locaux. Ou bien, après avis des services vétérinaires, il pourra faire euthanasier l'animal.

Le maire peut, de sa propre initiative, ou à la demande d'une association de protection animale, faire capturer les chats non identifiés vivant en groupe dans des lieux publics de sa commune afin de les faire stériliser et tatouer, avant de les relâcher dans ces mêmes lieux. Le suivi de ces chats sera assuré conjointement par un représentant de la commune et de l'association. Ces dispositions ne sont applicables que dans les départements indemnes de rage. Des dérogations peuvent toutefois être accordées après une évaluation du risque rabique.

Le tatouage obligatoire

Tous les chats donnés ou vendus par leur éleveur doivent être auparavant identifiés par un procédé agréé par le ministre de l'Agriculture. L'identification est à la charge de celui qui cède l'animal. Dans les départements officiellement déclarés infestés par la rage, l'identification est obligatoire pour tous les carnivores domestiques.

Des activités sous contrôle

Quiconque possède un élevage ou une animalerie, s'occupe d'une fourrière ou d'un refuge doit déclarer son activité à la préfecture de son département. La loi exige qu'au moins l'une des personnes au contact des animaux possède un certificat de capacité (connaissance des besoins biologiques, physiques, comportementaux et d'entretien des animaux de compagnie).

Les mauvais traitements

La nouvelle loi a voulu encore mieux protéger les animaux victimes de mauvais traitements. Le fait d'exercer, publiquement ou non, des sévices graves ou de commettre un acte de cruauté envers un animal domestique ou apprivoisé, ou bien tenu en captivité, est puni de deux ans d'emprisonnement et de 200 000 F d'amende. À titre de peine complémentaire, le tribunal peut interdire la détention d'un animal, y compris à titre définitif.

Reste à confondre le coupable. Chaque fois que l'on voit un chat misérable ou mutilé, il faut prévenir le commissariat de police et la société de protection animale voisine. S'il s'agit d'un chat dont on connaît le maître, les témoignages des voisins seront très utiles. L'abandon est considéré comme un mauvais traitement. Celui qui abandonne son animal risque, en plus d'une amende, de devoir payer des dommages et intérêts à la société de protection qui se sera portée partie civile. Enfin, pour lutter contre la vente sauvage de chatons plus ou moins maladifs et détenus dans des conditions précaires, il est désormais interdit de céder, à titre gratuit ou onéreux, des chiens, des chats et autres animaux de compagnie dont la liste est fixée par un arrêté du ministre de l'Agriculture et du ministre chargé de l'Environnement, dans les foires, marchés, brocantes, salons, expositions ou toutes autres manifestations non spécifiquement consacrées aux animaux.

Droit de cité pour le chat

La loi Thôme-Patenôtre du 9 juillet 1970 est toujours en vigueur. Elle autorise la présence de chats dans tous les immeubles locatifs, y compris les H.L.M. Un propriétaire n'a donc pas le doit d'interdire la présence d'animaux familiers dans les locaux d'habitation à louer. Le chat, en revanche, ne doit pas causer de nuisance. Une personne qui vit dans un petit appartement avec une colonie de chats risque d'être confrontée aux plaintes de voisins incommodés par l'odeur et le bruit. Un seul chat peut aussi miauler toute la journée. Le propriétaire de l'animal, après constat d'huissier, a plusieurs solutions : se séparer de son chat – ou de ses chats –, ce à quoi il se refuse généralement ou bien déménager, ce qui n'est pas évident. Il peut aussi aller jusqu'au procès et faire appel à l'avocat d'une société de protection animale pour assurer sa défense.

Assurances

Les chats causent rarement des accidents. De toutes façons, l'assurance multirisques habitation couvre les dégâts que pourrait provoquer l'animal.

Il existe des assurances, sortes de sécurité sociale féline, qui remboursent une partie des frais médicaux en cas de maladie ou d'accident du chat. Plusieurs compagnies d'assurance et mutuelles proposent des contrats. En règle générale, l'animal n'est protégé que s'il est âgé de plus de 8 semaines, vacciné et en bonne santé. Selon les compagnies, l'assurance le couvre jusqu'à un âge plus ou moins avancé : 8, 10, 12 ans et, lorsqu'il a plus de 10 ans, le montant de la prime augmente. Le pourcentage de remboursement des frais de chirurgie, hospitalisation, médicaments se situe autour de 70 % et le maximum des remboursements annuels va de 8000, 10000 à 16000 F par an, selon les contrats.

Le prix des cotisations varie aussi suivant l'âge de l'animal et les formules choisies. Les tarifs sont très variables : 42 F, 100 F ou 117 F par mois, comme le sont les risques couverts.

Les exclusions sont nombreuses. À titre d'exemple, ne sont pas remboursés : les vaccinations, les produits anti-parasitaires, le tatouage, les stérilisations, les prothèses, les interventions de chirurgie esthétique, la contraception, l'euthanasie, l'incinération, les frais de dépistage, les frais occasionnés du fait de maladies héréditaires les plus courantes. Autant dire que si un chat est bien soigné et s'il n'a pas de problèmes majeurs de santé, il n'est pas forcément rentable de l'assurer. Si l'on préfère néanmoins le faire, il faut se documenter auprès du centre d'information et de documentation de l'assurance et choisir la formule la plus intéressante.

Décès

Le chat vit en moyenne une quinzaine d'années et, dans la plupart des cas, il meurt doucement de sa belle mort.

Toutefois, s'il est malade et qu'il souffre, le vétérinaire vous conseillera l'euthanasie sous la forme d'une injection d'anesthésique qui l'endormira définitivement et sans douleur. Ne refusez pas a priori cette solution et laissez-vous conseiller par le vétérinaire.

Si vous êtes propriétaire d'un jardin ou d'un terrain à la campagne, vous pourrez y enterrer votre chat, dans une fosse que vous prendrez soin de creuser très profonde et à l'écart des habitations. En ville comme à la campagne, le vétérinaire peut se charger de la dépouille et la faire enlever. La fourrière municipale se charge de l'enlèvement des animaux morts, qui finissent à l'équarrissage.

L'incinération des animaux, moins onéreuse qu'une place au cimetière d'ailleurs très rare, se pratique heureusement de plus en plus. Elle est collective (et coûte 290 F) ou individuelle (520 F) et, dans ce dernier cas, les maîtres peuvent récupérer les cendres de leur animal familier. Les cimetières pour animaux sont rares et les concessions chères, sauf dans les cimetières gérés par des associations.

Les sociétés de protection animale

Ces associations ont pour objectif, comme leur nom l'indique, de protéger les animaux. Leur réseau couvre l'ensemble du territoire. Leurs refuges, surtout à la veille des vacances, sont malheureusement surpeuplés d'animaux abandonnés, les chats étant encore plus nombreux que les chiens. Certains propriétaires irresponsables n'hésitent pas à abandonner leur chat dans la nature, sous prétexte que l'animal saura y survivre, alors qu'il n'a jamais connu que la vie protégée en appartement !

Il existe différentes sortes de refuges : des établissements gérés par les grandes sociétés de protection animale et d'autres par des particuliers qui ont souvent de graves problèmes d'intendance et se voient parfois contraints de fermer leur refuge, faute de pouvoir assurer les soins et l'entretien de leurs pensionnaires.

• **La Société protectrice des animaux (S.P.A.).** C'est la plus ancienne des associations, née en 1845, à l'initiative du général Grammont, qui fut aussi l'auteur de la première loi de protection animale. La S.P.A. compte actuellement 80 délégations, 60 refuges, et de nombreux clubs de jeunes qui assurent des actions de protection. Avec 1 200 enquêteurs sur le terrain, elle compte aussi 40 000 membres. Elle a des filiales dans toute la France et, comme les autres sociétés de protection, vit de dons, de legs et des cotisations de ses membres. La S.P.A. passe des conventions avec les municipalités pour assurer le service public de la fourrière. Adopter un chat à la S.P.A. coûte 500 F. Cette somme couvre les frais de vaccination et des tests de leucose, de stérilisation, de tatouage et d'examen vétérinaire, et sert à dissuader les trafiquants d'animaux qui pratiquent la revente en fraude aux laboratoires. La S.P.A., qui reçoit les chats abandonnés et recueille les chats perdus, multiplie les initiatives pour leur trouver de nouveaux maîtres : elle organise des fêtes au moment de Noël, des opérations de promotion avec la télévision, des campagnes de presse et occupe, ainsi que d'autres associations de protection, des stands offerts par les clubs félins dans les diverses expositions félines.

• **Assistance aux animaux.** Cette association ne recueille que les chats abandonnés par leurs maîtres, qui doivent signer une déclaration en déposant l'animal. Elle ne joue pas le rôle de fourrière et ne pratique pas l'euthanasie. Elle compte environ 75 000 membres et une trentaine de filiales comportant le plus souvent un refuge. Les chats recueillis sont soignés, vaccinés, stérilisés et tatoués avant d'être proposés à l'adoption pour 500 F. Des inspecteurs de l'association sont chargés pendant un certain temps de suivre l'adopté et l'adoptant au domicile de ce dernier.

• **La Fondation Brigitte Bardot.** Cette association possède un refuge d'accueil en région parisienne et un refuge maison de retraite. Sa vocation est d'intervenir dans les cas urgents et extrêmes, de voler au secours des animaux traumatisés, d'alerter les autorités et de se porter partie civile lors d'actions intentées en justice. Elle met tout en œuvre pour placer les animaux trouvés auprès de particuliers, après des enquêtes sérieuses. L'animal tatoué, stérilisé et vacciné est remis à ses nouveaux maîtres contre une participation de 400 F.

• **La Confédération des S.P.A. de France.** Elle regroupe 250 associations adhérentes en France et 461 000 adhérents individuels. Un chat vacciné, tatoué et, dans certains cas, ayant subi le test de la leucose peut être adopté à la S.P.A. principale de Lyon pour 450 F. Ce prix varie selon les les différentes filiales de la Confédération.

• **L'École du chat.** Créée en 1978 à Paris par Michel Cambazard, l'École du chat a entrepris de protéger les populations félines des cimetières et des parcs, celles qui vivent dans les sous-sols des H.L.M. ou dans les jardins des hôpitaux – autant d'animaux qui étaient jusque-là mis en fourrière et euthanasiés en masse. Son action a débuté au cimetière Montmartre et ne cesse de s'étendre. Avec des bénévoles très actifs dans la région parisienne, l'École du chat a une filiale à Marseille, l'École du chat phocéen.

En Suisse

Les expériences sur les animaux sont strictement réglementées et limitées. Les cantons délivrent les autorisations d'expérimentation, surveillent la tenue des animaleries et l'exécution des expériences sur les animaux. L'amputation des griffes du chat et autres félidés est interdite.

Il est interdit de maltraiter les animaux, de les négliger gravement, de les surmener inutilement et de les abandonner. Les mauvais traitements sont punis de prison ou d'amende. Les peines sont différentes selon les cantons. En règle générale, l'euthanasie est rarement pratiquée sur les animaux errants qui, après un séjour en fourrière, sont confiés aux sociétés de protection animale, qui décident de leur sort. La loi prévoit dans tous les cas que les animaux restent pendant cinq ans la propriété de leur maître. Mais, dans les cas critiques, les chats sont placés auprès de nouveaux maîtres.

En Belgique

Depuis la loi du 4 mai 1995, les mauvais traitements sont punis d'un emprisonnement de un à trois mois et d'une amende pouvant aller jusqu'à 1 000 F belges ou de l'une de ces peines. Des peines plus sévères prévues par le Code pénal peuvent également être infligées. L'exploitation d'élevages de chiens, chats, de refuges pour animaux, de pensions et d'établissements commerciaux pour animaux est désormais soumise à l'agrément du ministère de l'Agriculture. Il est interdit de commercialiser des animaux domestiques sur la voie publique, ainsi que dans les foires et marchés. Toute personne qui recueille un animal errant, perdu ou abandonné est tenue de le confier, dans les quatre jours, à l'administration communale de l'endroit où elle a trouvé l'animal, ou de laquelle elle dépend. Celle-ci le place dans un refuge où l'animal doit être tenu à la disposition de son propriétaire pendant au minimum 15 jours après le placement.

Achat et pedigree

Le pedigree constitue la généalogie du chat de race. C'est aussi le document qui certifie cette généalogie. Il est établi au terme d'une série de démarches utiles à connaître surtout si vous envisagez de vous lancer dans la promotion particulière que représentent les expositions et les concours félins, ou même si vous envisagez simplement l'achat d'un chat de race.

Le pedigree : une carte d'identité prestigieuse

Le pedigree atteste la race, le sexe, la couleur du pelage et des yeux. Il porte la date de naissance de l'animal qui est enregistrée sous son nom suivi de l'affixe (désignation de l'élevage) de la mère.

L'arbre généalogique des trois générations précédentes est mentionné, ainsi que le nom et l'adresse du propriétaire. Le pedigree n'est autre que la carte d'identité très complète de votre chat. Et, si l'on vous fait cadeau d'un chat aussi bien né qu'exotique, vous devrez faire transférer son pedigree sous votre nom, au titre de nouveau propriétaire.

Désormais, le monde félin possède un livre généalogique reconnu par le ministre de l'Agriculture. Une véritable révolution dans un secteur où la diversité régnait jusqu'ici : plusieurs livres des origines étaient en effet gérés par différentes associations félines n'ayant pas toutes les mêmes critères. Pour répondre à la directive 91 / 174 de la C.E.E. visant à une harmonisation des pedigrees, des représentants des associations félines détenant un livre des origines ont donc travaillé dès 1996 sur les statuts d'une « Fédération pour la gestion du Livre officiel des origines félines » (L.O.O.F.). Celle-ci a vu le jour le 11 juillet 1996 et a reçu un agrément ministériel le 4 novembre suivant. Neuf associations félines ont été les premières à adhérer au L.O.O.F. : l'Association féline des amis du Persan, l'Association internationale féline, le Cercle félin du Nord-Pas-de-Calais, le Cercle félin de Paris, l'Association des chats de France, la Fédération club européen du chat, la Fédération internationale du chat, le Livre des origines des races félines et la Société centrale féline de France. La F.F.F. (Fédération féline française), qui regroupe les Cat Clubs a, à son tour, adhéré au L.O.O.F. à titre probatoire. Seules habilitées à délivrer des pedigrees, ces associations sont les intermédiaires obligés pour les éleveurs qui souhaitent obtenir des pedigrees reconnus par le ministère de l'Agriculture.

Les animaux importés, inscrits dans un livre généalogique reconnu par la F.I.Fe (G.C.C.F. britannique ou Governing Council of the Cat Fancy, C.F.A. américain ou cat Fanciers' Association, par exemple), peuvent obtenir un pedigree et leur inscription au L.O.O.F.

Si vous avez l'intention de présenter votre chat en exposition, mieux vaut qu'il soit nanti d'un pedigree en bonne et due forme. Faute de quoi, il ne pourrait être admis qu'en classe chat de maison.
Si vous désirez vous lancer dans l'élevage des chats, vous avez tout intérêt à faire l'acquisition de femelles dotées de pedigrees sérieux et prestigieux. Leurs chatons s'en vendront d'autant mieux et vous pénétrerez dans l'univers passionnant de l'amélioration des races. Pour obtenir une portée de chatons présentant toutes les qualités qui correspondent au standard de la race, il faut renforcer celles de votre chatte. Arpentez les allées des expositions, cherchez l'élu de rêve. Jetez votre dévolu sur le champion dont les caractéristiques pallieront les petites faiblesses de votre femelle et confirmeront ses perfections. Si, par exemple, elle a l'oreille un peu trop grande, choisissez un mâle en tout point conforme au standard dans ce domaine pour compenser.

Obtention du pedigree

Pour obtenir un pedigree et l'inscription au L.O.O.F. de vos chats, il faudra vous plier à un certain nombre de formalités. Une portée devra être déclarée dans sa totalité en indiquant le nombre de chatons, leur sexe, leur race, leur couleur, leur numéro de tatouage et leur nom qui doit commencer par la lettre de l'année.
La demande de pedigree devra être envoyée dans un délai de 8 mois maximum après la naissance des chatons. Les chats qui ne peuvent prétendre à un pedigree sont inscrits au R.I.EX. (Registre initial et expérimental), qui est un livre d'attente. Cette inscription permettra aux représentants de la troisième génération d'être en mesure d'accéder au livre des origines.
Sont ainsi enregistrés au R.I.EX. :
– les chats dont l'un des deux parents n'est pas inscrit au L.O.O.F. ;
– tout chat né du croisement d'une race à poil long et d'une race à poil court ;
– tout chat n'étant pas issu de trois générations de race pure ;
– tout chat issu de deux races différentes, bien qu'appartenant à la même catégorie (Siamois et Burmese, par exemple).
Dès qu'il est inscrit au Livre des origines ou au R.I.EX., le nom du chat ne peut être changé.
Seuls les chats appartenant aux races reconnues par le L.O.O.F. pourront faire l'objet d'une inscription au Livre des origines, même s'ils sont le produit de chats inscrits. C'est ainsi que les chats issus de croisements de races différentes ne seront inscrits au R.I.EX. qu'après acceptation du programme d'élevage.
Le Livre des origines est fermé depuis le 1er janvier 1992 pour toutes les races reconnues en championnat. Mais il peut être réouvert pour certaines races comme l'Européen par exemple, après l'envoi d'un dossier complet à la Commission des standards. Les pedigrees sont délivrés dans un délai de 4 à 6 semaines après réception du dossier complet.
Le L.O.O.F. ne délivrera de pedigrees que pour un maximum de trois portées en deux ans ou de deux portées par an pour une chatte, quel que soit le nombre de chatons dans les portées.
Le chat avec pedigree porte un nom auquel est associé un affixe, c'est-à-dire le nom de la chatterie d'où il vient. Prenons un exemple : un chat, nommé Snow Man, provient d'une chatterie connue sous le nom de Petmark. La désignation officielle du chat sera donc Snow Man de Petmark, l'affixe étant généralement placé après le nom du chat. Le pedigree ne peut être ni cédé, ni vendu.

L'acquisition d'un chat de race

Les chatons dotés d'un pedigree coûtent, bien entendu, beaucoup plus cher que ceux qui n'en ont pas. Il faut compter environ 3 000 F pour un chat ordinaire, de 3 000 à 4 000 F pour un Siamois, selon sa qualité, 6 000 F pour un Persan tabby, apte à la reproduction et aux expositions, et beaucoup plus s'il s'agit d'un sujet exceptionnel. Les tarifs augmentent sensiblement avec les titres de champion remportés par les parents au fil des concours. On peut également se procurer, pour des sommes moins élevées (moins de 1 000 F), des chatons de race sans pedigree et des chats de race présentant un petit défaut (couleur de robe, par exemple).
Les éleveurs fixent librement les prix, qui ne sont soumis à aucune limitation par la loi.

Où acheter un chat de race ?

Les sources sont nombreuses et le choix est vaste. Si vous voulez un chat d'exposition, choisissez-le dans un club affilié au L.O.O.F. Ce qui ne veut pas dire que vous trouverez un chaton de la race voulue au moment où vous aurez décidé d'en faire l'acquisition. L'éleveur n'a pas de portées disponibles tout au long de l'année, surtout s'il est sérieux et sait limiter la reproduction de ses chattes. Mieux vaut savoir attendre un chaton qui présentera toutes les garanties de la race, plutôt que d'en acheter un dans le premier élevage venu. Les éleveurs de chats sont le plus souvent des particuliers qui vendent les portées de leurs femelles. Pour les contacter, il suffit de demander leur adresse à votre vétérinaire qui connaît non seulement les éleveurs mais aussi les portées récentes ou à venir. Vous pouvez également vous adresser à un club félin, qui vous fournira la liste des éleveurs membres du club. Il s'agit, à de rares exceptions près, de passionnés qui permettent la reproduction de leurs animaux dans le strict respect des règles de la félinotechnie et qui sont donc susceptibles de proposer à la vente des chatons de très haute qualité.
L'éleveur vous présentera les parents du chaton, pour que vous puissiez imaginer ce qu'il deviendra, à l'âge adulte. Les animaux appartenant à un éleveur sont généralement toilettés, bien nourris et vivent dans de bonnes conditions d'hygiène. Les risques d'acheter un chaton malade ou déficient sont donc très limités. Nés dans une famille, habitués de bonne heure au contact humain, les cha-

tons vendus par les éleveurs ont toutes les chances de se montrer parfaitement sociables et câlins à l'âge adulte. Si vous n'êtes pas fixé sur la race, n'hésitez pas à former votre goût et votre choix dans les expositions, qui réunissent toutes les races possibles. Les éleveurs sont présents et renseignent volontiers. Les petites annonces seront un atout supplémentaire si vous ne pouvez consacrer beaucoup de temps à la recherche de l'élu. La presse animalière est prodigue en annonces provenant de clubs félins et d'éleveurs particuliers. Mais on en trouve aussi dans les quotidiens et les journaux de petites annonces. Selon la nouvelle loi, l'éleveur, inscrit au Répertoire national des entreprises, doit obligatoirement faire figurer dans une petite annonce son numéro d'identification, la date de naissance des chatons, l'inscription à un livre généalogique reconnu par le ministère de l'Agriculture. Celui qui n'est pas inscrit au Répertoire des entreprises doit faire figurer le numéro de tatouage des chatons ou de leur mère, la date de naissance des chatons, le nombre des chatons de la portée et l'inscription à un livre généalogique reconnu par le ministère de l'Agriculture. Ces nouvelles mesures ont pour but de limiter le travail au noir et de protéger les consommateurs désireux d'acquérir un chat.

Les particuliers qui souhaitent placer une portée mais ne font pas pour autant de l'élevage systématique proposent parfois de très beaux spécimens à des prix abordables. Aujourd'hui, le Minitel et Internet ont pris le relais de la presse pour la vente ou le don des chatons. N'hésitez pas à les utiliser.

Les commerces où l'on peut se procurer des chatons ou des chats adultes ne manquent pas. Il existe même des grandes surfaces spécialisées dans les animaux familiers et leur univers. À la suite de critiques sévères sur les pratiques contestables de certains marchands (chatons en mauvaise santé, tromperie sur les races, etc.), des améliorations ont été constatées, mais il faut rester prudent et vigilant. Assurez-vous que les conditions d'hygiène sont irréprochables ; une litière souillée n'est pas un très bon signe ; les cages ne doivent pas être exposées en plein soleil ou aux courants d'air ; rappelez-vous que la promiscuité favorise les maladies, d'où le risque d'acheter un animal contaminé ; et il n'est pas rare de trouver pour 1 000 ou 1 500 F un simple chat de gouttière pompeusement baptisé « Européen »...

L'adoption

Adopter un chat dans une société de protection des animaux représente une bonne action et mérite des félicitations. C'est aussi faire l'acquisition, moyennant 500 F environ, d'un animal qui n'est certes pas de pure souche, mais qui est dûment vacciné, tatoué, stérilisé, qui a subi un test de leucose et un contrôle vétérinaire sérieux. Si, par malchance, l'animal tombe malade en arrivant chez son nouveau maître, la S.P.A. assure quinze jours de soins gratuits.

L'acte de vente : papiers et formalités

Soyez vigilant, surtout si vous vous êtes laissé séduire par un chat vendu dans un établissement commercial. Les règlements sont précis et mieux vaut les connaître pour éviter les mauvaises surprises, toujours possibles.

Seuls les chatons âgés de plus de 8 semaines peuvent être vendus.

Depuis le 1er janvier 1992, tous les chats vendus ou donnés gracieusement doivent être obligatoirement tatoués.

Au moment de la vente, l'éleveur ou le commerçant doit remettre à l'acheteur :

– le carnet de vaccination du chaton ;

– sa carte de tatouage, obligatoire depuis l'arrêté du 30 juin 1992), dont l'acheteur renverra une partie au Fichier national félin. Cette carte doit comporter le numéro d'identification de l'animal, sa race, son signalement précis, le nom et l'adresse du vendeur et les coordonnées de l'acheteur ;

– un contrat de vente indiquant les caractéristiques de l'animal, son numéro de tatouage, les noms de ses parents, et précisant s'il s'agit d'un chat d'exposition ou de compagnie. Le document doit également mentionner le prix de vente, le mode de paiement (il est recommandé de payer par chèque ou par carte bancaire pour avoir une preuve, en cas de litige), les coordonnées de l'éleveur et celles de son vétérinaire, les coordonnées de l'acheteur, la date de la transaction, les signatures du vendeur et de l'acheteur, le pedigree éventuel du chat, ainsi qu'une fiche de conseils sur les caractéristiques et les besoins de l'animal.

Quatre maladies du chat, considérées comme des vices rédhibitoires, entraînent la nullité de la vente. Un délai de suspicion permet de déterminer si elles peuvent être imputables, ou non, à l'éleveur.

Pour la leucopénie infectieuse, ou thyphus du chat, le délai de suspicion est de 5 jours après la vente ; il est de 21 jours après la vente pour la péritonite infectieuse féline, ou P.I.F., et de 15 jours après la vente pour l'infection par le virus leucémogène félin, ou leucose. En ce qui concerne l'infection par le virus de l'immuno-dépression, ou F.I.V., un délai de suspicion n'a pu être fixé.

L'acheteur dispose ensuite d'un délai de 30 jours à compter de la date de la livraison de l'animal pour déposer une requête en garantie. Si le chat est mort dans l'intervalle ou a dû être euthanasié, le délai pour une action en nullité de vente est de 15 jours.

En ce qui concerne d'autres maladies, considérées comme des vices cachés, l'acheteur doit contacter dans les plus brefs délais un vétérinaire pour prouver qu'elles ont bien été contractées avant la vente. Même s'il prend ces précautions, le remboursement des frais médicaux engagés n'est pas garanti.

Il est de toute façon fortement recommandé de faire examiner un chaton par un vétérinaire dans les trois jours qui suivent son achat.

Vacances du maître voyages du chat

Le chat n'est pas un voyageur et, lorsque son maître part en vacances sans lui, il faut trouver des solutions pour le faire garder. Ou alors, il est du voyage et il faut se préoccuper de son sort et assurer son confort… et celui de ses voisins. Sachez que plus vous voulez voyager loin, plus vous aurez de formalités à accomplir. Renseignez-vous !

Faire garder son chat

Vous pourrez faire garder votre chat… par des amis, par d'autres propriétaires de chats à qui vous rendrez le même service à l'occasion, ou encore par des particuliers qui se proposent pour cette tâche par voie d'annonces dans la presse animalière. La garde du chat au domicile des maîtres fait également partie des prestations de certaines sociétés de services, qui envoient des étudiants ou des personnes âgées s'occuper de l'animal. C'est un service sérieux, mais il vous en coûtera environ 850 F par semaine. Certains éleveurs amateurs prennent aussi des chats en pension, moyennant 10 F par jour. Les animaux y sont en règle générale bien soignés.

Prendre le train

Pour facile qu'il soit, le transport des chats n'est pas gratuit. Un billet de train coûte actuellement 32 F ; il doit être acheté en même temps que celui du voyageur et composté avant le départ.

Prendre l'avion

S'il pèse moins de 5 kg, votre chat sera en principe accepté en cabine, à condition d'être enfermé dans un sac aéré qui ne devra pas dépasser un certain volume (le total des trois dimensions ne devra pas excéder 115 cm). Le nombre des animaux admis sur un même vol est limité. Plus vous prévenez la compagnie à l'avance, plus vous augmentez vos chances de pouvoir garder votre animal en cabine. Si ces conditions ne sont pas réunies, votre animal voyagera en soute climatisée. Pour le transport en soute, l'animal voyagera dans une caisse à claire-voie ou dans une cage métallique, étiquetée et portant vos nom et adresse. Vous pouvez vous procurer ce type de cage dans les commerces spécialisés ou à l'aéroport, moyennant 400 F environ.
Le transport du chat est taxé, soit au forfait, soit en fonction du poids brut, au tarif de l'excédent de bagages. Le jour du départ, vous devez vous présenter à l'aéroport plus d'une heure avant le départ, car l'enregistrement de l'animal s'ajoute aux formalités habituelles. Avant d'enfermer l'animal dans sa caisse, il sera utile de lui administrer un calmant et de lui donner à boire. Il est interdit d'introduire de la nourriture dans la cage pour le voyage. Pensez à vous renseigner sur les vaccins nécessaires pour tout voyage à l'étranger et, de toute façon, munissez-vous de son carnet de santé.

Prendre le bateau

Les chats ne sont pas fervents de croisières ni de l'air du large… Actuellement d'ailleurs, la plupart des compagnies de navigation ne prennent aucun animal à bord pour les voyages au long cours, laissant ce soin aux compagnies aériennes. Les ferries acceptent les animaux et un chat dans son panier voyage gratuitement. Un certificat antirabique est exigé pour la Corse. Certains chats vivent néanmoins en famille à bord de yachts privés et se comportent aussi bien qu'à terre.

Partir à l'étranger

Les chats qui passent une frontière doivent montrer patte blanche, c'est-à-dire être en bonne santé. Pour un chaton de moins de 3 mois, un certificat de bonne santé attestant que l'animal n'est pas contaminé par la rage suffit. Mais il faut savoir que cette attestation n'est valable que dix jours et qu'elle doit être renouvelée dans le pays de destination si le séjour dépasse cette durée. Pour le chat adulte, le carnet de santé tient lieu de passeport. Tous les pays n'ayant pas les mêmes règlements sanitaires, renseignez-vous à l'avance auprès des consulats.
En règle générale, un certificat de bonne santé, valable 10 jours, suffit au chaton de moins de 3 mois. Les adultes doivent posséder un certificat de vaccination antirabique datant de moins d'un an et de plus d'un mois. Certains pays exigent en plus un certificat de bonne santé. La Grande-Bretagne a supprimé la quarantaine, mais multiplie les conditions : l'animal doit être identifié par micropuce, et, six mois après, subir une analyse de sang pour vérifier s'il est bien vacciné contre la rage. Il doit être traité contre les parasites locaux 24 à 48 heures avant le départ. Tout cela étant attesté par des certificats vétérinaires officiels. Avant de partir, il est donc plus prudent de téléphoner à l'avance au consulat du pays concerné pour obtenir tous les renseignements sur les formalités à accomplir.
Pour les chats adultes, un certificat de vaccination antirabique datant de moins d'un an et de plus d'un mois est requis. Certains pays exigent également un certificat de bonne santé. D'autres n'acceptent l'animal que si le certificat de vaccination antirabique est accompagné d'une attestation stipulant que le chat vient d'une région où la rage n'a pas sévi depuis six mois. Et, dans tous les cas, le vaccin contre la rage sera exigé à l'entrée en France au retour.

Départements concernés par la rage

Ardennes, Bas-Rhin, Meurthe-et-Moselle, Meuse et Moselle restent déclarés atteints par la rage. Si vous vous rendez dans l'un de ces départements, n'oubliez pas le certificat de vaccination antirabique de votre chat. En effet, si votre animal fait une fugue et qu'il est recueilli par la fourrière, il sera abattu, sauf s'il est tatoué et que vous êtes à même de présenter dans les cinq jours son certificat de vaccination.
Sur tout le territoire national, votre chat, s'il mord ou s'il griffe, sera soumis à une surveillance sanitaire de quinze jours.

Expositions et concours

Véritables festivals du chat, les expositions et les concours consacrent des champions soigneusement préparés par leurs maîtres. Mais l'amateur de chat profane pourra avec autant de plaisir que de profit pénétrer dans les arcanes des classes, des titres et des races de ces stars.
La première exposition féline, historique, eut lieu au Crystal Palace de Londres en 1871. Elle réunissait 170 chats – chats anglais à poil court et Persans – et son succès fut si grand que ce genre de manifestation ne devait cesser de s'étendre.
En France, le Cat Club organisa la première exposition en 1925 ; l'intérêt du public fut, là aussi, immédiat. Interrompues pendant la Seconde Guerre mondiale, les expositions félines reprirent progressivement. Elles sont nombreuses aujourd'hui et se déroulent sous l'égide des différentes associations ou clubs, tant à Paris qu'en province et bien sûr à l'étranger. Les plus importantes accueillent des chats de différents pays et un très large public.
On pourrait penser que les éleveurs exposent leurs chats dans un but purement lucratif. En réalité, ce hobby est loin d'être gratuit. Les frais d'inscription et de transport sont élevés, et encore accrus si le champion concourt hors de nos frontières. Si la participation aux concours peut être un violon d'Ingres pour le maître, elle peut aussi représenter un véritable travail à plein temps, voire se transformer en une passion… Les expositions permettent en outre aux éleveurs de valoriser leur production, peut-être de remporter des prix, en tout cas d'échanger des informations entre membres de la même corporation, et de contribuer à l'amélioration des races.
Les expositions ont lieu en hiver, saison où la fourrure des races à poil long est la plus opulente, en automne et au printemps, lorsque les Siamois sont au mieux de leur forme.

Comment participer à une exposition ?

Pour concourir, un chat doit obligatoirement avoir un pedigree, c'est-à-dire être inscrit au L.O.O.F. Depuis la loi du 6 janvier 1999, le L.O.O.F. (Livre officiel des origines félines) est le seul organisme habilité à fournir des pedigrees félins qui ouvrent le droit à l'usage du nom des races. Les chats nés en France après le 6 janvier 1999 et n'ayant pas ce pedigree L.O.O.F., agréé par le ministère de l'Agriculture, ne pourront plus concourir dans les expositions organisées par les associations membres du L.O.O.F., les clubs affiliés et partenaires.
Les titres des associations dissidentes ne sont plus reconnus depuis le 1er septembre 1999.
Aucune exposition de style américain (C.F.A., T.I.C.A., etc.), organisée sur le territoire français, ne pourra être prise en compte par le ministère de l'Agriculture. En l'absence d'un pedigree L.O.O.F. ou d'un pedigree étranger reconnu par le L.O.O.F. (pour les chats nés à l'étranger chez des éleveurs étrangers), les chats ne pourront en aucun cas participer à une exposition sous le nom de chat de race. Ils figureront dans la catégorie « chat de maison ». Dès le début, une dizaine d'associations félines se sont affiliées au L.O.O.F. et sont donc habilitées à délivrer les pedigrees reconnus par le ministère de l'Agriculture. Les chats importés issus de parents inscrits au L.O.O.F. ou au livre des origines d'une association affiliée à la F.I.Fe peuvent obtenir un pedigree. Une exposition doit réunir au minimum 80 chats. Si le nombre de candidats est inférieur, la manifestation s'intitulera « présentation » et ne délivrera aucun titre. Le calendrier des expositions est adressé largement à l'avance aux membres des différentes associations. Si vous désirez poser votre candidature pour participer à une exposition, vous recevrez une note explicative sur les règlements et les classes, et un formulaire de participation que vous remplirez et renverrez en temps voulu, avec la somme à payer. La clôture des engagements a lieu en principe six semaines avant l'exposition, aussi bien en France qu'à l'étranger. S'il s'agit d'une exposition très réputée, il est conseillé d'envoyer son engagement dès qu'on en reçoit l'annonce.
Les expositions ont presque toujours lieu le samedi et le dimanche. Leur catalogue est publié et comporte la liste des exposants, assortie de leur adresse.

Comment préparer votre chat à une exposition ?

Pour participer à une exposition, le chat doit montrer patte blanche.
Les règlements sanitaires des expositions sont extrêmement stricts. Votre chat devra être en bonne santé et ses vaccins devront être à jour. La vaccination antirabique est exigée pour tous les chats de plus de 3 mois venant de l'étranger ou des départements français déclarés infestés de rage par le ministère de l'Agriculture. La vaccination doit être pratiquée plus de 30 jours et moins d'un an avant la date d'expiration. Les vaccins contre le typhus, le coryza et la leucose sont vivement recommandés.
L'identification par tatouage est obligatoire. Les photocopies des certificats antirabiques et le numéro de tatouage sont exigés à l'inscription, et le carnet de santé de votre chat vous sera demandé dès l'entrée. Inutile de vous déranger si votre animal souffre d'une maladie de peau, si son nez coule ou s'il tousse !
Les chats présentés en exposition doivent avoir au moins trois mois révolus. Les chattes en gestation depuis plus de quatre semaines ne sont pas acceptées. Sont également éliminés de la compétition les chats monorchides ou présentant une anomalie des testicules, les animaux nains, aveugles ou sourds, les animaux dopés, maquillés (teints, poudrés ou ayant subi un tipping), ceux qui ne présentent pas le nombre de doigts normal ou auxquels on a fait extraire les griffes, les chats

sales ou porteurs de parasites. Ceux-ci sont, du reste, refoulés dès l'entrée, et vous perdriez vos droits d'admission.
Quelques semaines avant la manifestation, des vitamines ajoutées à une alimentation particulièrement soignée donneront de l'éclat au poil de votre chat. Il devra être vermifugé. Sa fourrure sera brossée quotidiennement, et vous accorderez la plus grande attention à sa toilette. La fourrure d'un chat à poil long devra paraître épaisse et bouffante, en particulier autour de la tête. Celle d'un chat à poil court sera lustrée avec un morceau de velours ou une peau de chamois. N'oubliez pas de nettoyer les yeux, les oreilles, les dents et les griffes. Habituez progressivement l'animal à rester en cage pour que, le jour venu, il supporte sans agressivité les contraintes liées à l'exposition. Vous aurez naturellement intérêt à habituer le chat dès son plus jeune âge à se laisser approcher et porter par des inconnus. Un animal qui se débat et cherche à griffer et à mordre ne sera pas autorisé à passer devant les juges. Et sachez que les tranquillisants sont interdits.
Une semaine avant l'exposition, vous lui ferez un shampooing. Les animaux à robe claire seront talqués et brossés. Cette dernière opération pourra être renouvelée la veille du concours, à condition que vous fassiez disparaître toute trace de poudre au moment crucial, sous peine de disqualification.
Pour le jour du concours, prévoyez une mallette pour le transport, de la litière et un bac, une assiette et un bol blancs, de la nourriture, de l'eau, la brosse et le peigne du chat, un désinfectant non toxique pour la cage, une couverture. Pour la cage, vous aurez besoin de vous munir d'un coussin, ou d'un panier pour présenter des chatons.

Comment se déroule une exposition ?

Chaque association-membre a ses propres règlements, mais, à quelques détails près, les expositions se ressemblent. La manifestation commence par un contrôle vétérinaire aux alentours de 8 h 30. Le chat est examiné avec grand soin et son carnet de santé vérifié. Tout animal malade, présentant le moindre défaut ou suspecté de maladie est aussitôt éliminé, dans le souci d'éviter tout risque de contagion. Si, au cours de l'exposition, un animal présente soudain des symptômes de maladie, le vétérinaire de l'exposition l'exclura immédiatement, ainsi que tous les chats présentés par le même exposant.
Après le contrôle vétérinaire, l'exposant admis à concourir se verra attribuer un numéro de cage par chat inscrit. Ce numéro servira à identifier l'animal lorsqu'il passera devant ses juges, et permettra de conserver l'anonymat du propriétaire.
L'exposant se rendra ensuite auprès de la cage qui lui a été attribuée et la préparera pour accueillir le chat. Il pourra y déposer un simple coussin blanc (ou bleu si le chat est blanc), ou un panier pour des chatons. Le fond de la cage sera garni avec les cocardes et rubans précédemment gagnés, le devant étant réservé aux récompenses qui seront gagnées pendant l'exposition en cours.
Les champions et championnes qui ne concourent pas peuvent également avoir leur cage décorée de leurs trophées. Le nom de la chatterie (sans l'adresse) peut figurer sur la cage.
Il est interdit de déplacer un chat dans une cage autre que celle qui lui a été attribuée, ou de changer les numéros des cages. Il est également interdit d'y afficher des annonces comme « À vendre » : les expositions ne sont pas organisées dans un but commercial mais esthétique et promotionnel. Rien n'empêche cependant de commander un chaton à un éleveur au cours d'une exposition.
Le concours proprement dit commence dès le samedi matin, aussitôt après le contrôle vétérinaire. Le chat recevra un dernier coup de brosse, à rebrousse-poil, pour faire bouffer la collerette, ou un coup de chiffon à lustrer pour paraître à son avantage. Les juges occupent une partie de la salle accessible au public et officient derrière une grande table. Ils ont seuls le droit d'émettre des commentaires sur les animaux présentés. Un commentaire intempestif venant du public pourrait entraîner la disqualification de l'animal présenté.
Les chats attendent leur tour dans leur cage, à proximité de la table. Des assesseurs en blouse blanche les déposent l'un après l'autre sous les yeux du jury. La table est désinfectée après l'examen de chaque chat.

Les classes des concours félins

Suivant les règlements du L.O.O.F., les chats concourent dans différentes classes :
• **La classe de Champion C.A.C. (Certificat d'aptitude au championnat) et C.A.P. (Certificat d'aptitude au prémoriat).** Elle s'adresse à tous les chats inscrits au L.O.O.F., âgés de 9 mois au moins le jour de l'exposition, les titres décernés à l'étranger étant acceptés. Il faut trois C.A.C. en France avec deux juges différents pour être champion. La classe C.A.P. est réservée aux chats castrés.
• **La classe de Champion International C.A.C.I.B. (Certificat d'aptitude au championnat international de beauté) et de Premier International C.A.P.I.B.** Cette classe est réservée aux chats ayant obtenu trois titres avec trois juges différents, dans deux pays différents, ou cinq titres uniquement en France avec trois juges internationaux différents.
• **La classe de Grand Champion International et de Grand Premier International C.A.G.C.I. (Certificat d'aptitude au grand championnat international).** Cette classe s'adresse aux chats ayant obtenu trois titres dans trois pays différents avec trois juges différents ou cinq titres uniquement en France avec quatre juges internationaux différents.
• **La classe de Champion d'Europe et de Premier d'Europe C.A.C.E. (Certificat d'aptitude au championnat européen et C.A.P.E.).** Elle est ouverte aux chats ayant obtenu trois titres avec trois juges différents dans trois pays différents, ou cinq titres uniquement en France avec cinq juges internationaux différents.

• **La classe de Grand Champion d'Europe et de Grand Premier d'Europe C.A.G.C.E. (Certificat d'aptitude au titre de grand champion d'Europe) et** C.A.G.P.E. Cette classe concerne les chats qui ont obtenu quatre titres avec quatre juges différents dans cinq pays différents, ou six titres uniquement en France avec cinq juges internationaux différents.

• **La classe d'honneur.** Elle est réservée à tous les chats déclarés « Grand Champion d'Europe ou Grand Premier d'Europe ».

Il sera attribué un seul prix par catégorie (race, couleur et sexe confondus). Notons que la classe d'honneur ne donne accès ni au « Best Variété » ni au « Best in Show ».

• **La classe portée.** En fonction des départements, la classe portée pourra être supprimée. Elle ne concourt pas pour les « Best in Show ».

• **La classe des 3/6 et 6/9 mois.** Dans cette catégorie, le classement maximal pouvant être obtenu sera celui « d'Excellent Premier ». Ils concourent pour les « Best Variété », « Best in Show », « Best of Best » et « Best Suprême ». Les jeunes de 8 mois ayant obtenu un C.A.C. dans un autre club seront admis.

• **La classe « Chats de maison ».** Cette catégorie s'adresse à tous les chats ne présentant pas les critères d'une race déterminée. Tout chat inscrit en « chat de maison » devra obligatoirement être castré. Pour les femelles, un certificat de stérilité, indiquant le numéro de tatouage et établi par un vétérinaire, sera exigé. Il n'y a qu'une seule catégorie pour les poils court et long et l'âge minimal pour concourir est de 9 mois.

• **La classe adulte.** Les chats adultes âgés de 9 mois au moins y concourent par race, couleur, sexe et classe. Un seul titre sera décerné par race. Ces chats concourent également pour les « Best Variété », « Best in Show », « Best of the Best » et « Best Suprême ».

• **La classe novice.** Cette classe, qui regroupait jusqu'ici les chats candidats au R.I.EX. a été supprimée depuis le 1er janvier 2000. Cependant, elle pourrait être maintenue pour certaines races telles que l'Européen.

Qui sont les juges ?

Être juge dans une exposition suppose une solide expérience. Le candidat commence par être steward, puis élève-juge. Il passe ensuite un examen théorique ne comportant pas moins de 40 questions et un examen pratique. Pour devenir juge national, il faut avoir 85% de bonnes réponses. L'art de ces spécialistes est en effet difficile. Il faut un coup d'œil d'expert pour faire la différence entre un chat exceptionnel et un chat excellent.

Les juges sont bénévoles et seuls leurs frais de déplacement leur sont remboursés.

Les critères selon lesquels les chats sont jugés ne sont ni simples ni évidents pour le néophyte ou le profane, certains chats pouvant figurer dans plusieurs catégories. Ils sont répartis en trois groupes : poil long, poil mi-long, poil court, et s'affrontent suivant une série de classes rigoureusement définies.

Les critères de jugement

Chaque chat inscrit dans l'une de ces classes est jugé selon deux critères :

– son aspect d'ensemble, autrement dit sa condition physique : corpulence, œil brillant, regard vif, fourrure souple et soyeuse ;

– le standard de la race et celui de la couleur, pour lesquels il existe une échelle de points officielle.

Selon les races, un nombre de points défini est accordé à chacun des traits principaux – fourrure (qualité et couleur par rapport au standard), yeux (forme et couleur), corps, queue (droite ou courbée, peignée, fournie, etc.), tête (fine, triangulaire...), oreilles, pattes et pieds –, l'ensemble devant totaliser 100 points. Certains défauts, insignifiants aux yeux de non-initiés, peuvent entraîner la disqualification du chat. Les points, assortis des commentaires de chaque juge, sont notés sur un formulaire. Des mentions allant de bon à excellent sont attribuées en fonction du nombre de points obtenus. En cas d'ex aequo, les deux animaux sont remis devant les juges qui les réexaminent pour les départager. Le dimanche, en fin d'après-midi, les résultats sont annoncés officiellement.

Les titres

• **« Best Variété ».** Les chats castrés, dits « neutres », adultes et jeunes concourent ensemble pour ce titre qui sera attribué éventuellement au meilleur sujet d'une même race et/ou d'une même couleur quelle que soit sa classe et le nombre de chats.

• **« Best in Show ».** Ce titre s'adresse aux trois catégories suivantes : poil court, mi-long, long et sera attribué éventuellement à un mâle adulte ou de 6/9 mois, à une femelle adulte ou de 6/9 mois, à un mâle neutre adulte ou de 3 à 6 mois et à des femelles neutres adultes et de 3/6 mois.

Il pourra y avoir une série supplémentaire de « Best in Show », lors d'une spéciale de race.

• **« Best of Best ».** Ce titre récompense le meilleur chat de l'exposition, choisi parmi les « Best in Show ».

• **« Best Suprême ».** Les organisateurs de l'exposition peuvent décider des modalités d'application de cette distinction. Le « Best Suprême » est choisi parmi les « Best of Best » de l'exposition et seuls les juges toutes races pourront voter pour le « Best Suprême ».

Un seul titre sera décerné par exposition et deux jugements maximum sont autorisés par week-end par une ou deux associations et avec des juges différents.

Tout chat dont le propriétaire ne sera pas en mesure de justifier son titre repassera dans la classe inférieure. Par ailleurs, tout titre donné par un juge n'étant pas reconnu par le L.O.O.F. sera refusé. Selon le règlement, le chat devra à nouveau concourir dans cette même classe.

Un jury « toutes races » déterminera aussi les meilleurs de chaque catégorie. Les

quatre chats vainqueurs de ce concours pourront alors se mesurer et l'un d'eux sera sacré plus beau chat de l'exposition, titre envié mais purement honorifique. Outre les coupes, les heureux propriétaires des chats récompensés reçoivent cocardes et rubans qu'ils pourront accrocher au grillage de la cage avant de repartir pour d'autres expositions. Ces prix flatteurs sont un baume pour la fierté des maîtres, mais il ne faut pas oublier qu'ils sont aussi le résultat de plusieurs mois, voire de plusieurs années d'efforts pour obtenir des chats sans défaut.
Quant aux propriétaires déçus de ne pas compter parmi les élus, il leur reste le droit de demander des explications techniques aux juges qui ont noté leurs héros. Un chat très bien noté lors d'une exposition peut parfaitement ne rien obtenir à la suivante. Tout dépend de sa forme du moment et du jeu de la concurrence, très sévère dans l'ensemble des manifestations.

Les clubs félins

En France

Après avoir connu d'innombrables clubs et associations, le monde félin est maintenant régi par le L.O.O.F., seul organisme habilité à délivrer des pedigrees reconnus par le ministère de l'Agriculture. Il réunit d'ores et déjà une dizaine d'associations: l'A.C.F. (Association des chats de France), l'A.F.A.P. (Association française des amis du Persan), l'A.I.F. (Association internationale féline), la F.F.F. (Fédération féline française), le C.I.F. (Cercle félin d'Île-de-France), le C.F.N.P.C. (Cercle félin du Nord-Pas-de-Calais), le C.F.P. (Cercle félin de Paris), le Club européen du chat), la F.I.C. (Fédération internationale du chat) et le L.O.R.F. (Livre des origines des races félines).

• **Le Cat Club.** C'est le club le plus ancien de France. Il a été créé en 1913 par le docteur Jumaud, à Saint-Raphaël. Une section s'est ensuite ouverte à Paris, à l'initiative de Mme Ravel, qui présida longtemps aux destinées du Cat Club. Devenu autonome en 1924, le Cat Club a ouvert son propre livre des origines. Il est affilié à la F.F.F. et, au plan international, à la F.I.Fe.

En Suisse et en Belgique

Les clubs félins de Suisse et de Belgique fonctionnent comme leurs homologues français. Les uns sont affiliés à la F.I.Fe, d'autres au G.C.C.F. britannique ou à la C.F.A. américaine. Premier créé en Suisse, le Cat Club de Genève a ouvert son livre des origines en 1934. Il organise deux expositions internationales par an.

Adresses utiles

Services d'urgence vétérinaire

Un serveur avec un seul numéro, S.O.S. Véto, peut être utilisé dans toute la France: le 08 36 68 99 33. Il fonctionne à partir de 19 heures durant toute la nuit, le samedi et la veille des jours fériés à partir de 16 heures, le dimanche et les jours fériés, toute la journée. Ce service peut communiquer les coordonnées d'un vétérinaire qui se déplace à domicile. Après 20 heures et le dimanche et les jours fériés, tapez le numéro du département après avoir appelé le serveur.
En province, le numéro du vétérinaire de garde est signalé sur le répondeur de votre praticien habituel.

Sociétés de protection

France

• **30 Millions d'Amis**
40, cour Albert 1er, 75008 Paris
Tél.: 01 56 59 04 44
• **Confédération des S.P.A. de France**
25, quai Jean-Moulin, 69002 Lyon
Tél.: 04 78 38 71 71
• **Société protectrice des animaux (S.P.A.)**
siège social:
39, boulevard Berthier 75017 Paris
Tél.: 01 43 80 40 66
Minitel 3615 SPA
Site internet : www.spa.asso.fr
• **Refuge de Gennevilliers**
30, avenue du Général-de-Gaulle
92230 Gennevilliers
Tél.: 01 47 98 57 40
(ouvert du lundi au samedi de 9 h à 16 h 30 et les dimanches et jours fériés de 9 h à 11h30)
• **S.P.A. secours animalier 24 h sur 24**
(si vous trouvez un animal blessé)
Région parisienne: Tél.: 01 60 26 04 60
• **Dispensaires S.P.A.**
Amiens Tél.: 03 22 52 16 30
Le Cannet-Rocheville
Tél.: 04 93 69 92 95
Grenoble Tél.: 04 76 09 43 67
Liévin Tél.: 03 21 45 25 55
Lyon Tél.: 04 78 52 61 17
Marseille Tél.: 04 91 79 30 60
Orléans Tél.: 02 38 83 15 22
Paris Tél.: 01 46 33 94 37
Perpignan Tél.: 04 68 85 47 84
Le Petit-Quevilly Tél.: 02 35 63 20 27
Toulon Tél.: 04 94 03 33 00
Toulouse Tél.: 05 34 60 15 15
• **Fondation Brigitte-Bardot**
45, rue Vineuse, 75116 Paris
Tél. 01 45 05 14 60
Minitel 3615 FBB
Site internet :
www.fondationbrigittebardotfrance.fr
• **École du Chat**
110, rue Championnet, 75018 Paris
Tél.: 01 42 23 21 16

Belgique

• **Associations de protection Chaîne bleue mondiale (A.I.S.B.L.)**
39, avenue de Visé, 1050 Bruxelles
Tél.: 2673 52 30
• **Société royale Croix bleue de Belgique**
170, rue de la Soierie, 1190 Bruxelles
Tél.: 2376 32 62
• **Association nationale des sociétés protectrices des animaux**
5, boulevard Jules-Graindor,
1070 Bruxelles
Tel.: 2524 29 15

- **Conseil national de la protection animale**
  92, avenue Mozart, 1 180 Bruxelles
  Tél. : 2345 14 92

Canada

- **Fédération des Sociétés canadiennes d'assistance aux animaux**
  102 30 Concourse Gate,
  NepeanOn K2E ZV7
  SPCA 5215, rue Jean Talon Ouest,
  Montréal QC H4P 1X4

Suisse

- **Jeunesse suisse pour la protection des animaux**
  8640 Rapperswil, Zürcherstr. 86
  Tél. : 211 21 37
- **Protection suisse des animaux (P.S.A.)**
  4008 Basel, Dornacherstr. 101
  Tél. : 61 361 15 15
- **Société genevoise de protection des animaux**
  avenue de Cavoitanne 1233 Berney,
  Tél : 22 757 1323
- **Société suisse de protection des animaux**
  8002 Zürich, Alfred Escher-Str. 76
  Tél. : 201 25 03

Associations félines

France

- **A.C.F. (Association Les Chats de France)**
  207, rue de la Ville-de-Paris,
  95 530 La Frette-sur-Seine
- **A.F.A.P.**
  11, allée du Parc, 59 120 Loos
  Tél. : 03 20 07 17 17
- **A.I.F. (Association internationale féline)**
  38, avenue du Président-Wilson
  75116 Paris
- **Cat Club et F.F.F.**
  75, rue Claude-Decaen, 75012 Paris
  Tél. : 01 46 28 26 09
  Site internet : http://members.aol.com/clubchat/catclub.htm
- **Cercle félin d'Île-de-France**
  7, rue Chaptal, 75009 Paris
  Tél. 0148 78 43 54
- **C.F.N.P.C. (Cercle félin du Nord-Pas-de-Calais)**
  5, square Berlioz, 59820 Gravelines
- **CFP (Cercle félin de Paris)**
  12, rue Janssen, 75019 Paris
- **Club européen du chat**
  Les Pascarons, 84 220 Murs
- **F.I.C. (Fédération internationale du chat)**
  15, rue des Acacias, 91 270 Vigneux
- **L.O.R.F. (Livre des origines des races félines)**
  La Folie - 74570 Évires
- **S.C.F.F. (Société centrale féline de France)**
  24, rue de Nantes - 75019 Paris
  Tél : 01 40 35 18 04

Belgique

- **Amicale belge du Cat**
  Chemin des Thiers, 23, 4130 Hesney
  Tél. : 43 80 14 24
- **Association féline belge**
  Rue J.-Demoulin, 63,
  4000 Liège
  Tél. : 42 24 32 57
- **Félins Fan Club de Belgique**
  Try des Mâles,
  5190 Jemeppes-sur-Sambre
  Tél. : 18 43 14

Canada

- **Canadian Cat Association**
  220 Boulevard Advance
  Brampton Ontario
  Canada L6T 4J5
  Tél. : 905 4591481
  Site internet : www.cca-afc.com

La chaîne féline francophone 5CFF a pour but de mieux faire connaître les félins auprès du public et de dénoncer et combattre la cruauté envers les chats et, plus généralement, les animaux.
Site internet : www.pages.infinit.net/yendred/chainefeline.htm

Suisse

- **Fédération féline helvétique**
  Solothurnerstrasse, 83, 4053 Bâle
  Tél. : 61 361 70 64
- **Cat club de Genève**
  5, chemin du Joli-Bois,
  1292 Chambésy
  Tél. : 22 758 17 67

En cas de décès

Inhumation

- **Cimetière pour chiens et autres animaux domestiques**
  4, rue du Pont-d'Asnières,
  92 600 Asnières
  Tél. : 01 40 86 21 11

Incinération

- **S.I.A.F.**
  3, rue du Fort,
  94 130 Nogent-sur-Marne
  Tél. : 01 48 76 68 18
- **Animaux Services**
  18-22, route de Tremblay,
  93 420 Villepinte
  Tél. : 01 43 83 76 33
- **Cremadog**
  ZA du Moulin à Vent,
  78 280 Guyancourt
  Tél. : 01 30 57 31 29

Divers

Gardes et pensions

- **Ani-Maisons** Tél. : 08 04 50 08 36
- **Canihome** Tél. : 01 43 88 27 27
- **Home company** Tél. : 04 94 86 10 16
- **Homesitting** Tél. : 04 93 20 71 71
  Paris Tél. : 01 42 93 41 24
- **Milpat** Tél. : 08 25 88 88 00
- **Animado** (Paris) Tél. : 01 42 61 19 00
- **Royaume des Animaux**
  Tél. : 01 30 50 12 58
  Voir aussi S.P.A. et Confédération des S.P.A. de Lyon, qui disposent d'adresses de pension, et Minitel 3615 CHATDOG.

Assurance

- **Centre de documentation et d'information de l'assurance (C.D.I.A.)**
  2, rue de la Chaussée-d'Antin,
  75009 Paris
  Tél. : 01 42 47 90 00
- **Fichier national félin**
  Tél. : 01 44 93 30 30
- **Librairie zoothèque**
  38, avenue du Général-de-Gaulle,
  94 700 Maisons-Alfort
  Tél : 01 43 68 61 74

Définitions et sigles usuels

• **C.A.C.** Certificat d'aptitude au Championnat (pour les sujets non castrés seulement).
• **C.A.C.E.** Certificat d'aptitude au Championnat d'Europe (pour les sujets non castrés seulement).
• **C.A.C.I.B.** Certificat d'aptitude au Championnat international de beauté (pour les sujets non castrés seulement).
• **C.A.G.C.E.** Certificat d'aptitude au Grand Championnat d'Europe (pour les sujets non castrés seulement).
• **C.A.G.P.E.** Certificat d'aptitude au Grand Premior d'Europe (pour les sujets castrés).
• **C.A.P.** Certificat d'aptitude au Premoriat (pour les sujets castrés).
• **C.A.P.E.** Certificat d'aptitude au Premior d'Europe (pour les sujets castrés).
• **C.A.P.I.B.** Certificat d'aptitude au Premior international de beauté (pour les sujets castrés).
• **C.F.A.** Cat Fanciers'Association, association féline des États-Unis.
• **Classe.** Chacune des grandes divisions d'un embranchement d'êtres vivants: par exemple, classe des oiseaux, des insectes, des mammifères. Le chat appartient à la classe des mammifères. Chaque classe est elle-même subdivisée en ordres.
• **Concours.** Compétition au cours de laquelle sont jugés et récompensés par un certificat les meilleurs sujets.
• **Croisement.** Accouplement d'individus appartenant à des espèces différentes (à distinguer du métissage); les produits obtenus sont des hybrides, souvent stériles.
• **Défaut.** Par défaut, on entend toute imperfection notable par rapport au standard de la race et à ses qualités spécifiques.
• **Espèce.** Ensemble d'individus (animaux ou végétaux) semblables par leur aspect, leur habitat, féconds entre eux, mais ordinairement stériles avec tout individu d'une autre espèce. Le chat domestique est l'une des espèces appartenant au genre *Felis* de la grande famille des Félidés.
Au sein d'une même espèce, il peut exister plusieurs populations. Ainsi, dans l'espèce des tigres, on trouve les tigres du Bengale, les tigres de Sibérie, les tigres de Sumatra...
On parle alors de sous-espèces géographiques. Pour les populations de chats domestiques, on parlera de races.
• **Étranger (chat)** [*foreign*, en anglais]. Chat au corps longiligne, élégant, de type siamois ou oriental.
• **Exposition.** Manifestation ayant pour but premier de sélectionner les meilleurs sujets de l'espèce en appréciant leur conformité au standard de leur race; le second objectif d'une exposition est de mieux faire connaître les chats de race.
• **Famille.** Division d'un ordre qui regroupe les genres d'animaux (ou de plantes) ayant de nombreux caractères communs. Les noms scientifiques internationaux des familles sont latins; leur désinence française en zoologie est *-idés*. Exemples: canidés, ursidés, félidés... Le chat est rattaché à la famille des Félidés.
• **F.I.Fe.** Fédération internationale féline (à l'origine seulement européenne, mais regroupant désormais des clubs félins du monde entier).
• **G.C.C.F.** Governing Council of the Cat Fancy, association féline britannique.
• **Genre.** Ensemble des êtres vivants situés dans la classification entre la famille et l'espèce et groupant des espèces très voisines. La famille des Félidés compte quatre genres, parmi lesquels le genre *Panthera* (auquel appartiennent notamment le tigre et le lion) et le genre *Felis* constitué par 26 espèces sauvages (comme *Felis concolor*, le puma) et une espèce domestique, *Felis catus*, le chat domestique.
• **Lignée.** Ce terme désigne une famille d'individus fortement consanguins.
• **L.O.O.F.** Nouveau Livre officiel des origines félines.
• **Mariage.** Accouplement de chats de races ou de couleurs différentes.
• **Métissage.** Accouplement d'individus de la même espèce mais de races différentes; les sujets obtenus sont des métis. Il n'y a pas d'équivalent, en félinotechnie, des termes de « bâtard » (animal dont un des parents seulement est de race) ou de « corniaud » (animal dont aucun des parents n'est de race), qui sont d'usage en cynotechnie.
• **Nom.** Si un chat (il en est de même pour un chien) a un pedigree, son nom doit commencer par une lettre déterminée selon l'année de sa naissance: P pour 1999, R pour 2000, S pour 2001, T pour 2002 (les lettres K, Q, W, X, Y, Z ne sont jamais attribuées).
• **Ordre.** Division de la classification des animaux (ou des plantes) intermédiaire entre la classe et la famille. Dans la classe des mammifères, on trouve, par exemple, l'ordre des insectivores et l'ordre des carnivores. Le chat est un carnivore.
• **Pedigree.** C'est un document délivré pour les sujets de race par une société féline (par exemple, la Fédération française féline, F.F.F.), qui établit l'ascendance de l'animal et témoigne de sa qualité de chat de race et de son inscription au Livre des origines (L.O.O.F.). Les chats qui ne peuvent prétendre à un pedigree mais répondent à certaines conditions favorables peuvent être répertoriés sur un livre d'attente, le Registre initial et expérimental (R.I.EX.).
• ***Pinch.*** Ce terme désigne une forte démarcation entre les joues et le museau.
• **Race.** Une race peut se définir comme une subdivision de l'espèce, qui regroupe un ensemble d'animaux possédant en commun un certain type héréditaire: caractères morphologiques, physiologiques, et même psychologiques.
• **R.I.EX.** Livre d'attente et de filtration des races pouvant permettre aux produits de trois générations de la race en question d'accéder au L.O.O.F.
• **Sélection.** L'apparition d'une race ou d'une variété peut résulter d'un processus de sélection naturelle, de mutations naturelles ou de la sélection artificielle opérée par l'homme. Que la sélection s'effectue librement dans la nature ou dans le cadre d'un programme d'élevage, des métissages (à distinguer des croisements) se produisent, spontanément entre animaux ou de façon contrôlée par les éleveurs.
• **Standard.** Ensemble des caractéristiques des différentes parties du corps ainsi que de la robe auquel un individu d'une race déterminée doit satisfaire.
• ***Stop.*** Point qui marque sur la tête la séparation entre le crâne et la face; selon les races de chat, ce stop peut être très marqué ou au contraire plutôt effacé.
• ***Tabby.*** Par opposition aux pelages de couleur uniforme, le caractère tabby désigne un pelage montrant des rayures foncées sur un fond plus clair; une robe tabby est donc une robe rayée.
• ***Ticking.*** Dans un pelage tabby, les zones claires entre les rayures sont constituées de poils (dits « agouti ») dont chacun présente une alternance de bandes de pigments clairs et de bandes de pigments foncés; c'est cette tiqueture, ou ce tiquetage, qu'on appelle le ticking.
• ***Tipping.*** Lorsque, sous l'effet de certains gènes, la bande de pigments foncés se trouve repoussée vers l'extrémité du poil alors que la base du poil s'éclaircit, on parle de tipping, le mot *tip* voulant dire extrémité.
• **Variété.** Une variété correspond à la fraction des animaux d'une même race que des traitements particuliers de sélection ont eu pour effet de distinguer des autres sujets de la race. Dans l'espèce féline, cette notion recouvre le plus souvent des variétés de couleur de robe.

Index général

Les numéros de page en italique renvoient aux illustrations. Les noms d'origine des races sont en italique quand ils diffèrent du nom vernaculaire.

P

Q

R

S

T

U

V

Y

DANS LA MÊME COLLECTION

Le Larousse du chien

Comportement, soins, races
Sous la direction du docteur vétérinaire Pierre Rousselet-Blanc
376 pages, 21,5 x 28 cm.
Plus de 450 photographies et dessins en couleurs.
178 F

- Une encyclopédie qui fait un tour d'horizon complet sur le chien (comportement, vie au quotidien, maladies...).
- Une présentation de toutes les races actuelles, avec, pour chacune, l'origine, les aptitudes, l'aspect physique, l'élevage...

Le Larousse du cheval

Équitation, loisirs, soins, races
Sous la direction de Bertrand de Perthuis
360 pages, 21,5 x 28 cm.
Plus de 450 photographies et dessins en couleurs.
210 F

- Un ouvrage qui présente le monde du cheval sous tous ses aspects : le comportement et les aptitudes du cheval, les soins quotidiens et l'élevage, l'équitation et les autres activités équestres (jeux, courses, randonnée).
- Les principales races de chevaux et de poneys.
- Les métiers du cheval, les fédérations, les records.

Poissons et aquariums

Installez et faites vivre votre aquarium
336 pages, 21,5 x 28 cm.
420 photographies et dessins en couleurs.
180 F

- Un ouvrage complet et très illustré pour installer et entretenir un aquarium d'eau douce ou d'eau de mer.
- Un guide des espèces très riche avec des fiches signalétiques illustrées pour :
  – 176 poissons d'eau douce et d'eau de mer
  – 45 plantes
  – 32 invertébrés.

GUIDES PRATIQUES

Votre chien
Votre chat
Vos poissons d'aquarium
Vos oiseaux de cage et de volière (à paraître en avril 2001)

Chaque ouvrage : 208 pages, 16,5 x 24 cm.
Plus de 200 photographies et dessins en couleurs.
104 F

Une collection de guides complets pour prendre soin de vos animaux familiers, en connaître les races et vivre en harmonie avec eux.

- Un texte, d'une grande rigueur scientifique, écrit par des vétérinaires et des spécialistes.
- Des encadrés pour approfondir des sujets précis.
- Des fiches de questions-réponses qui traitent de cas concrets.
- Un guide illustré avec, pour chaque race, variété ou espèce, les caractéristiques et des conseils pratiques.

LAROUSSE

Crédits photographiques

h = haut ; b = bas ; g = gauche ; d = droit ; m = milieu

page 9, Labat-Lanceau – Cogis ;
page 10, Lanceau – Cogis ;
pages 10/11, Dagli Orti G. ;
page 11, Charmet J. L. ;
page 12-h, Edimedia ;
page 12-b, Charmet J. L. ;
page 13-h, Coll. R. Viollet ;
page 13-b, Coll. Christophe L. ;
page 14, Labat – Cogis ;
page 15, Lauros-Giraudon ;
page 17, Czap D. – Top ;
page 20, Walker T. – Jacana ;
page 21, Schafer K. – Bios ;
page 22, Ferrero-Labat – Jacana ;
page 23, Simon – Cogis ;
page 24, Lanceau Y. – Jacana ;
page 25, Labat – Cogis ;
page 26, Labat-Lanceau ;
page 27, Labat – Cogis ;
page 28-h, Labat-Lanceau ;
page 28-m, Labat-Lanceau ;
page 29, Lanceau – Cogis ;
page 30, Lepage – Cogis ;
page 31, Labat-Lanceau ;
page 32-hg, Labat-Lanceau ;
page 32-hd, Labat-Lanceau ;
page 33-h, Labat-Lanceau ;
page 33-m, Labat-Lanceau ;
page 34, Hermeline – Cogis ;
page 35, Hermeline – Cogis ;
page 36, Varin – Cogis ;
page 39, Excalibur – Cogis ;
page 40, Lanceau – Cogis ;
page 41, Labat – Cogis ;
page 42, Dalton S. – Oxford Sc. Films ;
page 48-h, Labat-Lanceau ;
page 48-b, Labat-Lanceau ;
page 49, Labat-Lanceau ;
page 51, Gissey – Cogis ;
page 53, Labat-Lanceau ;
page 55, Hermeline – Cogis ;
page 57, Labat – Cogis ;
page 58, Labat-Lanceau ;
page 59, Gissey – Cogis ;
page 61, Labat – Cogis ;
page 62, Remy – Cogis ;
page 64, Lanceau – Cogis ;
page 65, Fotogram-stone ;
page 67, Labat – Cogis ;
page 68, Giambi N. – Fotogram-stone ;
page 69, Remy – Cogis ;
page 70, Lanceau – Cogis ;
page 71, Varin – Cogis ;
page 72, Fleury – Cogis ;
page 74, Berne E. – Fotogram-stone ;
page 75, Lanceau Y. ;
page 76, Potier – Cogis ;
page 77, Labat – Cogis ;
page 79, Excalibur – Cogis ;
page 80, Lanceau – Cogis ;
page 81, Garguil – Cogis ;
page 82, Remy – Cogis ;
page 83, Labat – Cogis ;
page 84, Hermeline – Cogis ;
page 86, Nicaise – Cogis ;
page 87, Labat – Cogis ;
page 88, Lanceau – Cogis ;
page 89, Labat – Cogis ;
page 91, Lanceau – Cogis ;
page 101mg, Labat – Cogis ;
page 101 bd, Lanceau – Cogis ;
page 102, Labat-Lanceau – Cogis ;
page 103, Labat-Lanceau – Cogis ;
page 104, Labat-Lanceau – Cogis ;
page 105, Labat-Lanceau – Cogis ;
pages 106/107, Excalibur – Cogis ;
page 108, Excalibur – Cogis ;
page 109, Labat – Cogis ;
page 110, Lanceau – Cogis ;
page 111, Excalibur – Cogis ;
page 112, Labat – Cogis ;
page 113, Labat – Cogis ;
page 114, Labat – Cogis ;
page 115, Labat – Cogis ;
page 116, Lanceau – Cogis ;
page 117, Lanceau – Cogis ;
page 118, Excalibur – Cogis ;
page 119, Labat-Lanceau – Cogis ;
page 120, Nicaise – Cogis ;
page 121, Lanceau – Cogis ;
page 122, Labat – Cogis ;
page 123, Lanceau – Cogis ;
page 124, Lanceau – Cogis ;
page 125, Lanceau – Cogis ;
page 126, Lanceau – Cogis ;
page 127, Excalibur – Cogis ;
page 128, Excalibur – Cogis ;
page 129, Excalibur – Cogis ;
page 130, Labat-Lanceau – Cogis ;
page 131, Lanceau – Cogis ;
page 132, Labat – Cogis ;
page 133, Labat – Cogis ;
page 134, Lacz – Cogis ;
page 135, Excalibur – Cogis ;
page 136-mg, Excalibur – Cogis ;
page 136-bd, Excalibur – Cogis ;
page 137, Labat – Cogis ;
page 138, Excalibur – Cogis ;
page 139-m, Excalibur – Cogis ;
page 139-b, Excalibur – Cogis ;
page 140, Labat – Cogis ;
page 141, Labat – Cogis ;
page 142, Labat – Cogis ;
page 143, Excalibur – Cogis ;
pages 144/145, Labat – Cogis ;
page 146, Labat – Cogis ;
page 147, Labat – Cogis ;
page 148, Excalibur – Cogis ;
page 149-h, Labat – Cogis ;
page 149-b, Labat – Cogis ;
page 150, Excalibur – Cogis ;
page 151, Excalibur – Cogis ;
page 152-mg, Excalibur – Cogis ;
page 152-bd, Labat – Cogis ;
page 153, Potier – Cogis ;
page 154-h, Varin – Cogis ;
page 154-b, Varin – Cogis ;
page 155, Varin – Cogis ;
page 156, Labat – Cogis ;
page 157, Labat – Cogis ;
page 158, Lanceau – Cogis ;
page 159, Excalibur – Cogis ;
page 160-h, Excalibur – Cogis ;
page 160-b, Lacz – Cogis ;
page 161, Labat – Cogis ;
pages 162/163, Labat-Lanceau – Cogis ;
page 164, Lanceau – Cogis ;
page 165, Labat-Lanceau – Cogis ;
page 166, Labat – Cogis ;
page 167, Labat – Cogis ;
page 168, Labat – Cogis ;
page 169, Labat – Cogis ;
page 170, Lanceau – Cogis ;
page 171, Lacz – Cogis ;
page 172, Lanceau – Cogis ;
page 173, Lanceau – Cogis ;
page 174, Lanceau – Cogis ;
page 175, Excalibur – Cogis ;
page 176, Lanceau – Cogis ;
page 177, Lanceau – Cogis ;
page 178, Lanceau – Cogis ;
page 179, Excalibur – Cogis ;
page 180, Lanceau – Cogis ;
page 181, Excalibur – Cogis ;
page 182, Excalibur – Cogis ;
page 183-mg, Labat – Cogis ;
page 183-bd, Lanceau – Cogis ;
page 184, Excalibur – Cogis ;
page 185, Labat – Cogis ;
page 186, Lanceau – Cogis ;
page 187, Lanceau – Cogis ;
page 188, Lanceau – Cogis ;
page 189, Excalibur – Cogis ;
page 190, Excalibur – Cogis ;
page 191, Lacz – Cogis ;
page 192, Lanceau – Cogis ;
page 193, Lanceau – Cogis ;
page 194, Lanceau – Cogis ;
page 195, Labat – Cogis ;
page 196, Lanceau – Cogis ;
page 197-g, Labat – Cogis ;
page 197-d, Schwartz – Cogis ;
page 198-hg, Français – Cogis ;
page 198-bg, Lanceau – Cogis ;
page 198-bd, Hermeline – Cogis ;
page 199-hg, Schwartz – Cogis ;
page 199-hd, Labat – Cogis ;
page 199-bd, Schwartz – Cogis ;
page 200-hg, Français – Cogis ;
page 200-bd, Schwartz – Cogis ;
page 201-hg, Schwartz – Cogis ;
page 201-md, Français – Cogis ;
page 201-bd, Bernie – Cogis ;
page 202-h, Lanceau-Labat – Cogis ;
page 202-m, Varin – Cogis ;
page 202-b, Amblin – Cogis ;
page205-hg, Labat – Cogis ;
page 205-hd, Labat – Cogis ;
page 205-mg, Excalibur – Cogis ;
page 205-md, Excalibur – Cogis ;
page 205-bg, Labat J.M. – Cogis ;
page 205-bd, Labat – Cogis ;
page 207, Varin – Cogis ;
page 208-h, Labat – Cogis ;
page 208-m, Excalibur – Cogis ;
page 208-b, Excalibur – Cogis ;
page 212-h, Labat-Lanceau ;
page212-m, Labat-Lanceau ;
page 212-b, Labat-Lanceau ;
page 217-h, Labat-Lanceau ;
page 217-m, Labat-Lanceau ;
page 217-b, Labat-Lanceau ;
page 218, Labat – Cogis ;
page 219, Labat-Lanceau ;
page 220, Labat-Lanceau ;
page 222, Gissey – Cogis ;
page 223, Labat – Cogis ;
page 224, Labat – Cogis ;
page 225, Labat – Cogis ;
page 226, Labat-Lanceau ;
page 228-g, Labat-Lanceau ;
page 228-d, Labat-Lanceau ;
page 229, Damman – Cogis ;
page 230, Labat-Lanceau ;
page 231-g, Labat-Lanceau ;
page 231-d, Labat-Lanceau ;
page 232, Amblin – Cogis ;
page 233-mg, Hermeline – Cogis ;
page 233-bd, Schwartz – Cogis ;
page 234, Labat-Lanceau – Cogis ;
page 235, Cogis ;
page 236, Héripret D. ;
page 239, Labat-Lanceau ;
page 240, Cogis ;
page 243, Héripret D. ;
page 245-hg, Jégou Dr ;
page 245-hd, Jégou Dr ;
page 245-mg, Jégou Dr ;
page 245-md, Jégou Dr ;
page 245-bd, Jégou Dr ;

Remerciements

Nous remercions tous les éleveurs et les particuliers qui ont bien voulu nous prêter leur concours afin de nous permettre d'effectuer les prises de vues illustrant cet ouvrage ; le magasin « Sanpat », centre Italie 2, Paris 13e pour le prêt de nombreux objets ; l'école vétérinaire de Maisons-Alfort ; Docteur Anne Caron vétérinaire à Paris.

Photogravure Maury
Imprimerie Graficas Estella, Estella.
Dépôt légal : septembre 2000. – 517429/01
Imprimé en Espagne (Printed in Spain)
10068812 (1) 16 (CSBL 135), août 2000.